中国社会科学院　学者文选

曾昭耀集

中国社会科学院科研局组织编选

中国社会科学出版社

图书在版编目(CIP)数据

曾昭耀集 / 中国社会科学院科研局组织编选. —北京：中国社会
科学出版社，2012.12（2018.8重印）
（中国社会科学院学者文选）
ISBN 978-7-5161-1940-2

Ⅰ.①曾…　Ⅱ.①中…　Ⅲ.①拉丁美洲—文集　Ⅳ.①K773-53

中国版本图书馆 CIP 数据核字（2012）第 307978 号

出 版 人　赵剑英
责任编辑　赵　丽
责任校对　林福国
责任印制　郝美娜

出　　　版　中国社会科学出版社
社　　　址　北京鼓楼西大街甲 158 号
邮　　　编　100720
网　　　址　http://www.csspw.cn
发 行 部　010-84083685
门 市 部　010-84029450
经　　　销　新华书店及其他书店

印刷装订　北京市十月印刷有限公司
版　　　次　2013 年 3 月第 1 版
印　　　次　2018 年 8 月第 2 次印刷

开　　　本　880×1230　1/32
印　　　张　15.75
字　　　数　408 千字
定　　　价　89.00 元

凡购买中国社会科学出版社图书,如有质量问题请与本社营销中心联系调换
电话:010-84083683
版权所有　侵权必究

出 版 说 明

一、《中国社会科学院学者文选》是根据李铁映院长的倡议和院务会议的决定，由科研局组织编选的大型学术性丛书。它的出版，旨在积累本院学者的重要学术成果，展示他们具有代表性的学术成就。

二、《文选》的作者都是中国社会科学院具有正高级专业技术职称的资深专家、学者。他们在长期的学术生涯中，对于人文社会科学的发展做出了贡献。

三、《文选》中所收学术论文，以作者在社科院工作期间的作品为主，同时也兼顾了作者在院外工作期间的代表作；对少数在建国前成名的学者，文章选收的时间范围更宽。

中国社会科学院

科研局

1999 年 11 月 14 日

目　录

政治经济篇

自　序

　　我退休已经10年。虽然也有一些研究成果，但从没有考虑过要出什么文集。没有想到今年三月收到所领导转来的《中国社会科学院学者文选》编辑委员会的征稿通知，知道自己可以出一本文集了。我不知其他作者获悉这个消息后是什么心情，反正对我来说，还真有点喜出望外。为什么呢？原因很简单，像我这样年逾古稀的学者，尽管由于生不逢时，生命的黄金年代都牺牲于20世纪六七十年代可怕的政治内乱之中，留下的成果不是很多，且由于拉美研究基础薄弱，几乎是在自我摸索中前行，很多见解多属浅尝辄止，但自己毕竟是我国最早跟随北大罗荣渠先生和人大李春辉先生致力于拉美史研究和教学的学者之一，多少有一点开拓者的治学经验和执著精神，也有一份小小的开拓者的贡献。如能在中国拉美学研究的历史上留下一点系统的东西，自然于自己是一种精神的安慰和奖赏，对学术的发展和对后来者的居上也肯定有一点值得一提的意义。

　　《文选》选录了我发表于《中国社会科学》、《教育研究》、《历史研究》、《世界经济与政治》、《中国评论》、《现代化研究》、《拉丁美洲研究》等学术期刊上的论文27篇，按专题分为三个部分。第一部分为"教育篇",第二部分为"历史篇",第三部分为"政治经济篇"。我不是教育专家,也不是主要研究拉丁美洲史,为什么要按这样的一个顺序来编排呢?为什么要把"教育篇"排在首位呢?坦率地说,这并不是我的刻意安排,而是客观事实使然,是因为我的学术生涯曾经有过一个大的历史曲折。我1960年毕业于北京师范大学历史系。毕业后即留校任历史系世界现代史助教。当时恰逢拉丁美洲史学科在中国第一次进入大学课堂,我就是第一批被分配从事拉美史教学与研究的青年教师;为此,我毕业后即被保送去北京大学历史系拉丁美洲史研究班进修拉美史,受业于罗荣渠先生。三年后回北师大历史系工作。我的第一份工作,就是给受聘在师大历史系讲授拉美史的人大教授李春辉先生当助教。除了一般的助教工作外,我的一项主要任务就是帮李春辉教授印制拉美史教材。值得自豪的是,李春辉先生编写的中国第一部拉美通史教材——《拉丁美洲史稿》,就是经我的手在北京师大教材科铅印出版的(1964年)。拉美史的教学在北师大历史系只坚持了一年。1965年,北师大成立"外国问题研究所",我即被调去这个所工作,但我仍然坚持拉丁美洲史研究。我的处女作《第一次世界大战期间美帝国主义对多米尼加的侵略》一文就是在这个时期发表的(载《光明日报》1965年5月19日史学版),这是我和我的一位同事合作完成的论文。此期间,我还集中研究了尼加拉瓜民族英雄桑地诺领导的反帝爱国斗争,并给《外国历史小丛书》撰写了一份关于桑地诺反帝斗争的书稿。可惜,这个让我难以忘怀的拉美史研究的起步阶段实在是太短促了!还没有来得及喘口气,灾难性的"文化大革命"已降临中国大地,不但我的"外国历史小丛书"书稿莫名其妙地丢失了,而且自己也在"文化大革命"中蒙冤受辱,遭到了百般的政治折磨，直到 1980 年才恢复工作。然而，恢复工作后的我，已经很难继续十几年以前的拉美史研究，因为"外国问题研究所"已经改组为"外国教育研究所"，我被分配担任《外国教育动态》杂志的编辑，只能在业余时间兼搞一点拉美教育研究和拉美史研究了。总之，从 1960 年大学毕业到 1980 年的这 20 年，我虽然在"文革"前的几年中搞了一点拉美史研究，参与了一些拉美史学科的创业工作，但主要的精力还是用于学习，研究成果不多，没有什么像样的东西可以入选这本文集。因此，我个人历史的这一页只能是令人遗憾地翻过去了。我真正的研究生涯是在改革开放之后的 80 年代开始的。可以说，80 年代是我学术生涯的第一阶段（1980—1988）。而这个阶段我的主要任务就是研究教育。这就是我为什么把"教育篇"排列在本文集首位的原因。

到 80 年代中后期，中国社会科学院拉丁美洲研究所准备增设拉美史研究室，加强拉丁美洲史研究。得知这个消息后，北京大学罗荣渠教授和人民大学李春辉教授均力荐我去拉丁美洲研究所工作。我自己当然非常愿意，因为这是我唯一能够延续我早年学术理想的地方。1988 年调拉美所后，我的主要工作就是参与编写《拉丁美洲史稿》第三卷（1993 年出版）和研究墨西哥政治制度发展史（1996 年以《政治稳定与现代化——墨西哥政治模式的历史考察》为题出版），同时，为哥伦布首航美洲 500 周年学术讨论会准备学术论文。这是我学术生涯的第二阶段（1988 年至 90 年代初），相对来说是最短的一个阶段。这个阶段我的主要任务是研究拉美史。所以，我把"历史篇"排在本书的第二位。

到 90 年代初，拉美所设置拉美史研究室的计划没有能实现，我的任务又做了新的调整，要我重点研究拉美政治，并主持拉美政治研究室的工作。这是我学术生涯的第三阶段，相对来说，也是我研究时间最长和研究成果最多的阶段（1993年至今），选录的论文也相应地多一点。因为这个阶段我主要研究拉美政治，而在我看来，政治和经济是不可分的，所以，本书的这个部分就命名为"政治经济篇"。

以上就是我之所以按"教育篇"、"历史篇"和"政治经济篇"的顺序编排本文集的原因。读者从这里可以看到，我是完全按自己学术生涯三个阶段的顺序来编排的。一般的文集不是按专题编排，就是按时间编排，而在我这里，专题和时间是统一的。所以，本文集既不是单纯按专题排列，也不是单纯按时间顺序排列，而是按专题与时间顺序相结合的原则排列：不但同一专题领域的论文按时间顺序排列，而且三个专题领域的顺序也是按时间的先后排列的。这是本文集编排的一个特点。需要说明的是，本书的三个专题研究领域虽然是按时间顺序排列，但三个专题领域之间并不相互割裂，而是相互交叉的，90年代之后甚至可以说是并驾齐驱的。对于研究工作来说，多领域的相互交叉有很多好处，它有助于拓展研究的视野，增进学术构思和学术探索的深度。我感到，我从这种多领域的交叉研究中受益匪浅。

除了编排上的这个特点，文集的主题思想也应该提一下。文选之为书，由于其选编的时间跨度大，内容宽泛，通常都难有一个统一的主题思想。本文集虽然也是时间跨度大（上下三十年），内容也宽泛（政治、经济、历史、文化），但却有一个明确的主题思想。我的研究，无论是"教育篇"的课题，还是"历史篇"的课题，或"政治经济篇"的课题，都以适应时代的需要为己任，志在为祖国的发展、民族的振兴以及国家的现代化服务。所以，我研究拉美的目的主要在于总结拉美国家在解决发展问题进程中的经验和教训，探索发展中国家现代化的规律，以给我国的现代化事业提供尽可能科学而有用的历史借鉴。这就是我这文集的主题思想。这个思想从本书的第一篇论文到最后一篇论文，都可以看得很清楚。有人说，我的研究是"遵命研究"。这话说得并不错，我的三个专题研究领域的变动和调整，的确都是按领导的意图作出的，但我觉得这并没有什么不好，是我所乐意遵奉的，因为我的具体的研究方向虽然有过三次调整，但大范围的方向仍然没有变，都是围绕拉美的发展问题展开，探索拉美发展问题的真理。而这正是我努力的方向。这一点让我不由得想起了鲁迅先生。鲁迅先生也曾承认他的文学是"遵命文学"，不过他说，他遵奉的"决不是皇上的圣旨，也不是金元和真的指挥刀"，而是"那时革命的前驱者的命令"，是他"自己所愿意遵奉的命令"。我当然不能同鲁迅相比，但我愿意学习鲁迅。鲁迅所处的时代同我们现在的时代已相去甚远，但民族要振兴、祖国要富强的理想仍然是一样的；"革命的前驱者"的具体的"命令"虽然已经变化，但他们所寻求实现的长远理想的"命令"仍然是一样的。我想，在我们的研究工作中遵奉这样的"命令"，当属正大、豪迈之举。

关于本书的主题思想，还有一点也应该提一提，这就是关于第三世界国家现代化的发展规律与社会主义信念的问题。本文集的第一篇论文虽然揭示了义务教育普及程度受社会生产力发展程度以及受国内外经济关系和政治关系制约的规律，指出第三世界国家实现发展目标的极端艰难性，但并没有明确指出发展中国家的出路何在；而本文集的最后一篇论文则把这个问题提得尖锐多了，它不但探索了资本主义世界体系中后发国家现代化进程的发展规律，而且还得出了"社会主义必然胜利"的结论。从《文集》第一篇论文问世到最后一篇论文问世的近 30 年，是世界连续发生巨大变化的 30 年，也是我在研究中艰苦求索的 30 年。其间的曲折和进步，反映了我个人艰苦求索的心路，也反映了本文集主题思想的逐步深化。两年前，我的一位年轻的朋友在看了我最后的这篇论文后，曾问我："曾先生，你到现在还相信社会主义？"我听他提出这样的问题，自然容易想象，他的社会主义信念大概由于某种原因已经有点动摇。但是，我还是肯定地告诉他："是的，我相信。"我不但自己相信，而且我还深信，任何一个知识分子，只要他对广大第三世界国家人民的遭遇和痛苦抱有同情心，对世界日益加剧的贫富分化深感忧虑，只要他是真正为追求真理而从事研究的，他们最后都会确立起这样的信念；他们都会相信，不管当前世界的斗争多么复杂，社会的矛盾显得多么尖锐，亦不管人类历史的发展会有多少曲折，要经历多么长的时间，要通过什么样的途径，全球性社会化大生产力的发展最后总会突破阻碍其发展的资本主义世界体系的桎梏，开辟出通向美好社会的康庄大道；人类总会在将来的某一天进入一个共同富裕的大同社会。

还有一个问题需要加以说明，这就是旧文新编要不要进行修改的问题。重读十年、二十年以前写的文章，觉得还有点意思，但有些地方又觉得不满意，于是就想动手加以修改。但是转念一想，这样做似乎并不妥当，因为这样一改就看不出这些文章的历史面目了，说不清楚这些文章到底算是什么时候写的了。无论是文字还是思想，都不可避免地带有历史的印迹，抹掉这些印迹，并不是历史主义的做法。所以最后我还是决定，除了核对引用的文字，纠正个别错别字及个别技术错误之外，我坚持对原文不改动的原则。而且，在每篇论文的后面我都注明了该文最初发表的时间和刊物名称。

最后，我特别要感谢我的老伴和首都图书馆的王松霞女士，由于我患有严重眼疾，选编文集的大部分工作都是在他们两人的帮助下完成的。

2012 年 5 月　于北京

教　育　篇

第三世界国家普及义务教育
历史经验的两点思考

　　普及义务教育的思想早在十六世纪空想社会主义者托马斯·莫尔就提出来了。严格意义上的义务教育制度，从最初提出的时候起，到现在也已经有两个多世纪的历史了。如果说当初在某些新兴资产阶级国家的议会舞台上，曾经就义务教育制度的必要性一类问题进行过长达几代人的激烈争论的话，那么今天人们谈论的大多是义务教育年限延长的问题，义务教育内容和方法改革的问题。然而，如果我们把眼光转向广大的第三世界国家，景况又是另一个样子，那里普及初等教育进展缓慢，困难重重，人民为普及义务教育而进行的斗争，较之发达国家人民一个世纪前所进行的斗争，不仅没有减缓，而且更复杂、更艰巨了。在人类历史上从来没有过今天这样奇怪的现象：一方面是科学技术突飞猛进，教育经费不断增长，文化教育地位不断提高；另一方面，则是文盲的人数逐年增多（请看下表），人类世界普及义务教育的前景似乎愈来愈黯淡。这是什么原因呢？人们说这是第三世界国家人口增长率太高所造成的。不错，这是一个很重要的原因，人类如果不学会控制自己的繁衍速度和数量，其后果是不堪设想的。但是，除了人口增长率太高的原因，还有没有别的原因呢？考察一下第二次世界大战以来第三世界国家普及义务教育的历史，我认为答案是肯定的，而且有的原因，其重要性并不亚于第三世界的人口增长率。本文试从两个方面谈谈自己对这个问题的一点很不成熟的看法，以求教于教育界的老前辈和师友们。

1950 年到 1982 年世界文盲数　　　　（单位：百万）

1950 年	1960 年	1970 年	1982 年
700	735	783	824

（根据教科文组织出版的《学会生存》一书及教科文总干事阿乌杜·M. 姆博 1982 年 9 月 8 日在巴黎第十六届国际扫盲日集会上的讲话编制。）

一

义务教育是整个国民教育体系的一个组成部分，自然服从一般教育的发展规律。但是，它有没有自己独特的规律呢？我认为是有的。

首先，义务教育以传授基础文化知识和读、写、算等基本技能为主要任务，并不是直接的职业训练。所以，从长远的观点看，它虽然有利于生产力水平的提高，但在义务教育的年限范围内又是和社会生产对劳动力的需要相矛盾的。这一点在美国义务教育发展的历史上也是很明显的，美国最初的强迫教育主要不是为了生产，而是为了资产阶级政权的稳固和安全。资产阶级在神话般地创造生产力的同时，也带来了农民的破产，城市的膨胀，社会的动乱，道德的败坏，儿童的惨遭虐待和剥削。所有这些都严重地威胁着资本主义所谓民主政治制度的存亡。当时美国政府实施义务教育的一条基本原理就是"作为自我保护的措施，政府必须要把所有的孩子都培养成良好的公民"①。美国政府的这种出自资产阶级长远利益的措施和当时主要利用手工劳动力的雇主们、家长们的直接经济利益发生了矛盾，正是这种矛盾才导致了强迫教育法的产生。尽管如此，义务教育制度的普遍实行，则是到了十九世纪末工业革命完成几十年之后，社会有了较多的剩余劳动，资产阶级真正感到使用文盲、童工不如雇用稍有文化的工人合算的时候才开始的。英、法、德等发达国家普及义务教育的历史也大抵如此。第二次世界大战后第三世界国家推行义务教育制的事实亦复如此。譬如拉丁美洲国家颁布义务教育法大都有半个世纪以上的历史，少数国家甚至有一个多世纪的历史，但时至今日，也只有阿根廷等很少几个国家基本上普及了初等义务教育，其原因就在于人民过于贫困。譬如哥伦比亚、厄瓜多尔和秘鲁这些国家目前都还有上百万的儿童得不到必需的食品、衣服和住房条件，② 这些孩子自然上不了学，所以，这三个国家的文盲率都高达 20% 以上（哥伦比亚 20%，厄瓜多尔 25.8%，秘鲁 27.5%）。美洲的海地，非洲的马里、乍得等国家，情况更为严重。这几个国家都是农业国，农村人口都占全国人口的 80% 或 90% 以上，生产力水平很低。据 1978 年统计，人均国民收入，海地为 278 美元，马里为 87 美元，乍得为 158 美元，连糊口都十分困难，所以这三个国家的文盲率都高达 80%—90%。由此我们可以引出义务教育发展的第一条规律：义务教育普及程度不可避免地要受到社会生产力发展程度的制约，这就是说，没有起

---

① Peter P. De Boer, *Compulsory Attendance*, 见《教育百科全书》1971 年版，第二卷第 375 页。

② 据统计，1980 年，哥伦比亚和厄瓜多尔各有一百万儿童，秘鲁有八十万儿童得不到最必需的衣食和住房条件。见 Ernesto Pollitt, *Poverty and Malnutrition in Latin America*, Early childhood lntervention ProgramsU. S. A. 1980, 第 4 页。

码的社会剩余劳动，就不可能普及最起码程度的义务教育；没有相当多的社会剩余劳动，就不可能普及相当高程度的义务教育。在这一方面，大多数第三世界国家的问题并不是缺少发展教育的热忱，并不是不想通过发展教育来提高劳动力的质量，促进国家经济的发展，而是没有足够的经费来普及义务教育。欧美教育经济学所谓智力投资的经济效益高于物的投资的经济效益的论断，对于目前大多数第三世界国家来说，是没有多大实际意义的。

其次，义务教育是一种普遍的、全民的教育，它要求在全国任何一个角落都要有同等程度的发展。这一点又是和一般的普通教育不同的。

按照欧美教育经济学的理论，经济发展了，作为再投资的"人力资本"的教育经费也就更多了，因此普及义务教育的速度和程度也就有可能提高了。但是，第三世界国家发展义务教育的事实又是和这个理论大相径庭的。巴西在七十年代曾经创造过世界有名的所谓"经济奇迹"，国民经济的增长率高达 10% 以上。经济的发展可谓快矣。可是，它的义务教育普及得怎么样呢？它至今仍有七百多万儿童上不了学，小学年龄（7—14 岁）儿童的入学率不仅没有提高，反而从 1970 年的 68% 降到了 1980 年的 67%。多米尼加也是这种情况。在 1970 年以后的十年中，多米尼加的文盲率不仅没有下降，反而从 23.3% 回升到了 42.6%。在亚洲，印度也有类似的情况。印度从 1947 年独立之后，历次五年计划都强调普及义务教育。它的国民经济发展速度也不很慢，以国内生产总值来算，从 1970 年到 1978 年，增长了 1.4 倍，但是到 1981 年，印度竟还有文盲四亿四千万，文盲率高达 60% 以上。整个第三世界的情况也大抵如此。据联合国教科文组织总干事姆博 1982 年 9 月 8 日在巴黎第十六届国际扫盲日集会上的讲话，目前第三世界国家平均有 40% 的人目不识丁，世界的文盲数从 1970 年的 7.6 亿增加到了 1982 年的 8.24 亿。这种情况，看起来似乎很奇怪：经济发展了，文盲反而增多了。其实，这正是很多第三世界国家依然如故或变化不大的半殖民地半封建性质的经济结构所产生的一种必然的结果。这种经济结构的特点是单一产品制，依赖国外初级产品市场；工业基础薄弱；超经济剥削严重，收入分配极不平衡，从而造成了城市经济畸形发展，农村经济停滞的极度不平衡的状态，自然也就造成了农村教育极端落后的局面。我们常说，对于第三世界国家来说，所谓普及义务教育的问题，实际上就是普及农村教育的问题，道理也就在这里。由此我们又得出了义务教育发展的另一条规律：普及义务教育只有在地区经济发展及收入分配基本平衡的基础上才有可能实现，显然，这是一个生产关系的问题。对于社会主义国家来说，凭借社会制度的优越性，地区经济发展及收入不平衡的问题可以较为容易地得到解决，但对大多数第三世界国家来说，这个问题现在已经成为普及义务教育的一个严重障碍了。

以上两条规律告诉我们，除了人口增长过快的原因之外，人民生活贫困、城乡经济发展的极度不平衡以及国民收入分配的不合理，也是第三世界国家义务教育之所以不能普及的重要原因。当然，城乡经济发展不平衡和国民收入分配不合理也是一个人民生活贫困的问题，主要是农村人民生活贫困的问题。

至此，我们便遇到了一个值得深思的问题。欧美教育经济学家说，教育是造成发达国家之所以发达的最重要的原因，而这里的结论却是，人民生活贫困乃是第三世界国家之所以连初等义务教育都不能普及的主要原因。欧美教育经济学家所描绘的是一种发达国家的良性循环：发达的教育导致发达的经济，发达的经济导致更发达的教育，由此往复循环，使发达国家愈来愈发达；我们这里所勾画的则是一种第三世界国家的恶性循环：贫困的经济导致落后的教育，落后的教育又导致贫困的经济，由此往复循环，使第三世界国家总也摆脱不了贫穷落后的命运。这到底是怎么回事？为什么在两个世界之间竟是如此的不相通？难道在这两个命运截然相反的"循环"之间竟没有一点关系么？难道就找不到任何一种途径使得第三世界国家能够冲出恶性循环，转为良性循环么？

近二十多年来，世界上很多善良的教育家都在思考这个问题，都在寻求这个问题的答案。英国的约翰·希恩在他所著的《教育经济学》一书中说，发达国家与发展中国家教育经费的比重总的说来是相似的（通常占国民收入的3%到5%），但入学率差别却很大，这是一个值得注意的问题。联合国教科文组织国际教育发展委员会的专家们也注意到了这个问题，他们说："同公平合理完全相反，那些最没有社会地位的人们往往享受不到普遍受教育的权利……在一个贫穷的社会里，他们是首先被剥夺权利的人；而在一个富裕的社会里，他们是唯一被剥夺权利的人。"[1] 他们还对发达国家和第三世界国家不平等的情况作了对比统计：1968年，工业化国家的人口只占世界人口的三分之一，它们的学龄人数只占世界学龄人数的四分之一，而这些国家的入学人数却占了世界入学人数的一半，它们的教育经费甚至占了世界教育经费的90%（1200亿美元）；而占世界人口三分之二，占世界学龄人数四分之三的发展中国家，其入学人数只占世界入学人数的一半，教育经费只有工业化国家教育经费的十分之一（120亿美元）。这的确是一个惊人的对比。他们认为，之所以如此，主要是因为"迄今教育已无例外地受到我们时代冷酷的规律

---

[1] 教科文组织国际教育委员会编著：《学会生存——教育世界的今天和明天》，上海译文出版社1979年版，第111页。

的支配，这个规律就是世界财富和资源分配不平等的状况趋向于扩大"。①《发展中社会的教育战略》（Estrategia educativa para sociedades en vía de desarrollo）一书的作者亚当·柯尔（Adam Curle）也很重视这个问题，他特别注意发达国家与发展中国家在国民收入方面日益扩大的差距：在五十年代的十年中，差不多有一百个发展中国家的人均收入只增长了 10 美元（从 90 美元左右增至 100 美元多一点），而同一时期，发达国家中的荷兰却增加了 300 美元，英国、西德、瑞士增加了 400 美元，美国和加拿大增加了 500 美元。但是所有这些教育理论家在谈到第三世界国家的出路的时候，几乎都没有能跳出"教育救国"的框框，说是"教育作为传递知识的媒介"，可以"把聚积在人类共同体一端的科学和技术重新进行平均分配，把它有组织地、合理地从这一端转移到另一端"，从而"克服这种不平衡的状态"。② 这样，他们又不能不陷入上面所说的第三世界国家恶性循环的难题之中，找不到出路。他们之所以如此，主要是因为他们没有看到或有意无意地掩盖了这样一个事实：第三世界国家人民的贫困，从根本上说来，并不是教育落后造成的，而是发达国家的垄断资产阶级利用其科学技术的优势加强了对第三世界国家人民的剥削和压迫的结果。对于这一点，只要正视事实，是不难看清楚的。我们且举拉丁美洲的事实为例。在第二次世界大战后的三十年间，发达国家垄断资产阶级的所谓跨国公司，空前猛烈地加强了对拉丁美洲国家的渗透和扩张。据统计，从 1950 年到七十年代，美国各跨国公司在拉丁美洲的子公司从 2061 家增加到了 5000 多

---

① 教科文组织国际教育委员会编著：《学会生存——教育世界的今天和明天》，上海译文出版社 1979 年版，第 89 页。

② 同上书，第 83 页。

家，几乎控制了拉丁美洲工业生产和外贸业务的三分之一。西德、日本、意大利等发达国家的跨国公司也加紧侵入拉美各国。到1975年，各国跨国公司在拉美的销售额高达800亿美元。日本的势力尤其扩张得迅速，从1970年到1979年，日本在拉美的私人投资从五亿美元猛增至五十亿美元，九年中增加了十倍。各外国跨国公司通过购买当地企业、办合伙企业以及签订生产协定等手段控制拉美各国经济。比如在巴西，500人以上的企业中，属于外国跨国公司子公司资本的企业就占44.4%。外国资本在拉丁美洲的利润率远远超过了在它们本国的利润率。据安第斯条约组织的一份文件指出，美国在拉丁美洲每投资一美元，就实际获利四美元。巨额利润的绝大部分汇回本国，仅1978年一年，美国就在拉美获利七十八亿美元，其中六十亿汇回美国，留下用作再投资的只十八亿美元。与此同时，由于外国资本投资于拉美制造业，拉美各国资本货①和工业原料的进口便显著增加，拉美各国的市场也为外国公司所占领，这样就造成了资金外流，造成了巨额的国际贸易支付逆差，弄得拉美国家债务累累。到目前为止，仅巴西和墨西哥两国外债的累计数字就已经超过了九百亿美元。总之，发达国家的垄断资产阶级利用第三世界国家的贫穷落后和发展经济的强烈愿望，以各种好听的名义，把它们淘汰下来的工业技术、设备以及一些造成环境污染的企业转移到第三世界国家，剥削那里的廉价劳动力，然后又把获得的巨额利润汇回本国，用于发展本国的经济和现代科学技术。这就是当今世界之所以富国愈富、穷国愈穷的秘密所在。也就是为什么很多第三世界国家工业发展了，而劳动人民的贫困状况依然如故，甚至更坏，

---

①　资本货（capitalgoods）亦译资本货物。系指生产其他货物时使用的经济货物，包括工厂建筑物、机器、机车、车辆、牵引机等设备。

以致连初等义务教育都不能普及的主要原因之一。譬如，占巴西人口一半左右的最贫困阶层在巴西国民收入中所占的比例，就随着巴西经济的增长而逐年下降，从 1960 年的 17.7% 下降到了 1970 年的 14.9%，随后又下降到了 1976 年的 11.8%。①

由此可见，在发达国家的良性循环和第三世界国家的恶性循环之间存在着一种内在的不合理的关系：发达国家的良性循环正是以第三世界国家的恶性循环为代价的。因此，要想实现世界各国经济和教育发展的普遍的良性循环，就得改变这种不合理的关系，改变目前的不合理的国际经济秩序，而不仅仅是普及和发展教育。正如马克思说的："一方面，为了建立正确的教育制度，需要改变社会条件；另一方面，为了改变社会条件，又需要相应的教育制度，因此，我们应该从现实情况出发。"② 在这里，重要的是要从现实情况出发，而不是从主观的愿望出发。欧美的教育经济学之所以不对，并不在于它强调科学技术的重要作用有什么不对，而是因为它掩盖了现实国际环境中两个世界的真实关系——剥削与被剥削的关系以及发达国家在现代科学技术使用目的上的资本主义性质。

总之，义务教育虽然只是整个教育体系的一个组成部分，但却是牵涉面最广的一部分。它不仅是一个国家经济发展程度的尺度之一，反映了该国社会生产力发展的水平，而且也是一个国家政治发展程度的尺度之一，反映了该国生产关系、民主程度以及人民斗争发展的状况；不仅如此，在当今的世界，它还受着国际经济关系和政治关系的严重影响，反映着第三世界各国人民反对

---

① 参见《教育，痛苦的现实》，巴西《圣保罗州报》1982 年 5 月 19 日。

② 《卡·马克思关于现代社会中的普及教育的发言记录》，《马克思恩格斯全集》，第 16 卷，人民出版社 1974 年版，第 654 页。

国际垄断资产阶级剥削和压迫的斗争的进展状况，使得普及义务教育成了一种具有国际性革命意义的事业。所以，普及义务教育对于第三世界国家来说，实在不是一件简单容易的事情。美国有一位教育家在谈到美国义务教育制度的时候说，关于美国义务教育制度的知识，"不仅是了解教育发展的不可缺少的一把钥匙，而且也是了解美国社会史全过程的一把钥匙"①。这句话确实是很有些道理的。

二

第三世界国家普及义务教育之所以进展缓慢，困难重重，除了上述原因之外，教育体系内部结构的不合理也是一个很重要的原因。

现在第三世界国家普及义务教育的环境已经和发达国家一个世纪前普及义务教育的环境大不相同。首先，发达国家开始普及义务教育的时候，这些国家虽然已经开始工业革命或已经完成了工业革命，但是新的技术相对地说还比较简单，社会生产所需要的技术教育还只是教育体系中的一个不很重要的旁支系统，而且一般都还通过带学徒的办法在生产中培养。现在则不同了，由于科学技术的迅猛发展，整个生产的面貌和社会面貌都发生了巨大变化，体力劳动与脑力劳动的结合已经成了一种不以人的意志为转移的必然的趋势，它不仅是现代生产劳动的基本特征，也是现代教育的基本特征。因此，义务教育的范围及其与社会生产的联系大大地加强了。它不仅要为年青一代的进一步教育奠定智力

---

① Peter P. De Boer, Compulsory Attendance,《教育百科全书》1971 年版，第 2 卷。

（包括普通知识的传授，基本技能的培养以及思维能力的基本训练）的基础，不仅要为年青一代成为合格的、进步的国家公民奠定正确的人生观、道德观、价值观和社会政治观的基础，而且还要为年青一代成为现代生产者奠定职业技术教育的基础。

　　其次，发达国家开始普及义务教育的时候，它们本身就是当时社会生产力最发达的国家，也是科学技术最发达的国家，在那里，教育与经济、教育与科学技术之间的关系是一种在本国社会生产力发展的基础上很自然的发展的、相互依存、相互促进、互为因果的关系。但是，现在第三世界国家就不同了，它们曾经遭受过发达国家长时期的殖民主义统治，现在虽然政治上取得了独立，但生产力的发展水平和科学技术的发展水平都远远落后于发达国家，存在着几十年甚至上百年的差距；在这种情况下，这些国家要生存，要发展，就不能在自己落后的技术基础上，按照发达国家一、两个世纪前走过的老路慢慢地爬行，而是要尽可能地引进和利用现代科学技术的成果，迅速提高本国的社会生产力，走自己民族独特的发展经济的新路。这种新的形势给第三世界国家的教育提出了前所未有的重大任务——引进、传播和发展当代先进科学技术，并为生产系统吸收和利用这种先进科学技术成果培养必要数量和质量的人才。这也是我们通常所说的"教育先行"（顺便说一句，"教育先行"这个概念，只是在这个意义上才是正确的，如果把它扩大到教育与经济的一般的关系上去，那就错了）。这样，第三世界国家的教育就出现了一种从未有过的复杂的教育体系：一方面要在本国的经济基础上普及全民义务教育，另一方面又要尽可能发展为引进和利用外国先进科学技术服务的高、中等教育，特别是高、中等科学技术教育。前者是一种自下而上的教育系统，后者是一种自上而下的教育系统。两种教育系统既相互联系、相互促进，又相互矛盾（主要是在教育经费的分配上存在着很大的矛盾），究竟应该如何把两种教育系统科学地结合起来，形成为一个合理的教育体系，使之在教育结构的内部形成一种良性的循环，以促进国民经济的迅速发展，则是二次大战以来第三世界国家所面临的一个重大的教育战略问题。

如果考察一下二次大战以来第三世界国家教育发展的历史，我们可以看到，在处理上述两种教育系统的关系上，大体上有两种不同的战略：一种是重点发展高、中等教育的战略，一种是重点普及初等义务教育的战略。采取第一种战略的主要是拉丁美洲和亚洲的一些独立较早的国家，巴西和印度就是比较典型的例子。巴西是一个在相当程度上靠外国资本发展工业的国家，联邦政府的教育经费主要用在为引进外国科学技术服务的高等教育上，比如在巴西 1970 年的教育经费中，高等教育经费差不多等于小学教育经费的七倍，因此巴西的高等教育发展很快。1960 年巴西每 1 万居民中还只有大学生 13.3 人，到 1981 年就增加到 117.7 人，几乎增加了 8 倍。1960 年巴西大学生的人数只占大学适龄人口（20—24 岁）总数的 1.57%。到 1976 年就增加到了 12.61%。与此相反，巴西初等义务教育的发展则一直很慢，即使是在经济发展最快的六十年代末到七十年代前半期，小学的实际入学率也一直停留在 70% 左右（1970 年为 73%，1973 年为 72%，1974 年为 73%）。印度的情况也很相似，从 1965 年到 1974 年十年中，印度学龄儿童的入学率只从 74% 上升到 78%；而大学生人数占大学适龄人口（20—24 岁）总数的比率却从 2.84% 猛升至 9.05%。1947 年独立以后的二十五年中，小学入学人数一共只增加了两倍半，而大学生人数则从 22.5 万增加到 240 万，几乎增加了十倍，1978 年又增加了 60%，达到 380 万人。印度的国内生产总值虽然只有日本的十分之一多一点 ①，而它的大学生总数却仅仅次于苏联，居世界第三位。实践证明，采取这种战略的效果并不好。首先是初等义务教育遭到了严重的削弱。因为本来有限的经费大部分花在高等教育上，留给初等义务教育的就更少了。据统计，1980 年巴西 7—14 岁应该享受初等义务教育的儿童一共有 2507 万人，但是因为经费拮据，无法提供必要的教学条件，能够上学的只不过 1843 万人，差不多有四分之一的儿童无处就学，而且巴西的小学，条件极差，几乎 70% 是单班学校，留级率和退学率都高达 20%—25%，有的地区，比如巴西东北地区，至今还有一半左右的人口没有受过任何教育。其次是知识分子过剩，造成严重的失业现象。据印度劳工就业部统计，到 1971 年底，印度失业的知识分子人数达到了 229.5 万人，其中 35.4 万人（15.4%）是大学毕业生。3.9 万人（1.7%）是研究生和科学研究工作者。这种情况给印度带来了严重的社会问题，最后不得不从 1975 年起，一再削减高等学校的入学率。据教科文组织统计，印度大学生人数占大学适龄（20—24 岁）人口总数的比率从 1974 年的 9.05% 减至 1975 年的 6.63%，再减到 1976 年的 5.97%，又减至 1977 年的 5.78%。

采取第二种战略的，主要是非洲一些新独立的国家。这些国家独立后，大都在普及义务教育方面提出很高的要求，有些国家甚至提出要实行八年制、十年制义务教育，而且他们也的确在经济上付出很大的代价来实现这个目标。比如，阿尔及利亚 1970 年就拿出了国民收入的 7.4%（占国家预算的 31.6%）来办教育，马里 1978 年的教育经费占政府预算的 30.5%，贝宁甚至拿

---

① 1977 年日本的国内生产总值为 693833（百万）美元，而印度则只有 99691（百万）美元（见中国社会科学出版社出版《世界经济统计手册》1981 年版）。

出国民收入的 8.1% 来办教育。60 年代初期才独立的坦桑尼亚一直很重视教育，1980—1982 和 1981—1982 两学年的教育经费都占国民生产总值的 5%，占政府预算的 20%。由于他们的努力，的确取得了很大的成绩。仅就入学率看，阿尔及利亚、刚果、坦桑尼亚等国家都已经接近普及初等义务教育的目标，坦桑尼亚甚至每个村子都办起了小学。然而他们也同样遇到了困难，这就是人们所说的，"学校办多了，生产搞少了"，经济陷入了混乱，最后也是不得不从过高的目标上退下来。好些国家后来都放弃了八年制义务教育的目标。达荷美最后不得不决定在若干年内不再增加学生数量；坦桑尼亚近年来的问题更突出。据 1982 年 10 月 20 日开幕的坦桑尼亚革命党第二次代表大会的文件透露，1977 年以来，由于教育与工业畸形发展，再加上国际经济衰退、天灾和战祸，坦桑尼亚经济严重恶化，好些工厂不得不关闭或停产，工业在国内生产总值中所占的比重从 1977 年的 10.4% 降到了 1981 年的 5.8%。

根据以上的历史事实，我们大体上可以得出如下的结论：采取第一种战略的国家，大都大量引进外国资本，全力发展工业，因而经济上有较大的发展，但是如前面所说的，由于遭受国际垄断资产阶级的残酷剥削，这些国家的发展是以牺牲自己国家劳苦人民的利益为代价的，因而离普及义务教育的目标不是越来越近，而是越来越远（加上人口增长率过高的因素）。采取后一种战略的国家，大都在普及初等义务教育方面有较显著的成就，然而因为走了另一个极端，经济上不免要遭受挫折，而经济上的挫折终归又要影响义务教育的普及，所以最后还是殊途同归，造成了与采取第一种战略的国家同样的结果。可见，上述两种战略都是有缺点的、片面的，都是没有解决好普及初等义务教育和发展高、中等教育的关系问题。同时我们还可以看出，对于第三世界国家来说，重要的是要把富于时代色彩的现代化的宏伟目标同本国的实际情况（社会生产力发展的水平，经济结构的现状及其发展）结合起来，设计出有科学根据的、符合本国国情的、具有自己民族特点的教育发展模式，以便让有限的资财在满足社会经济发展对教育的需求方面作出尽可能大的贡献。

应该说，第二次世界大战以来第三世界国家普及与发展教育的历史经验已经提供了必要的资料，使我们有可能对第三世界国家现代教育发展模式作出一个大致的设想和认识，至少在教育结构的以下几个方面可以做出比较符合实际的分析。

首先是高等教育。高等教育承担着引进、传播与发展现代先进科学技术的艰巨任务，无论对于哪一个发展中国家都是至关重要的，但是在财力有限的情况下，决不能像巴西和印度那样敞开发展，而应该根据国家的需要和财力，尽可能地讲求少而精（指正规大学）。这一点是很重要的，因为在科学技术迅猛发展的今天，人们在心理上往往更加看重高等教育，而忽略基础义务教育，容易造成教育结构上头重脚轻的畸形发展，以致削弱了教育的基础而导致教育质量的降低和财力上的浪费。日本在十九世纪末经济起飞阶段，一个帝国大学便承担起了博采西方先进科学技术之长、切实培养本国科技人才及现代化组织管理人才的重担，这个经验值得注意。即使到了今天，日本高等教育经费在国家教育预算中的比例也很小。以 1975 年为例，日本高等教育（包括初级学院和大学）经费只占全部教育经费的 10.7％，不及小学教育经费（37.8％）的三分之一。这一点较之印度将整个国家教育预算的 32％用于高等教育和巴西把联邦教育经费的八分之七用于高等教育的做法要优越得多了。

其次是中等专业教育和技术教育。这一类教育承担着直接培养农、工、商各经济部门知识劳力的任务，和工农业生产力水平的提高有着直接的关系，是变国外先进科学技术为本国实际生产力这一战略任务的主要承担者，自然在教育体系中占有越来越重要的地位。第二次世界大战后，拉丁美洲有些国家经济发展很快，原因之一，就是及时而积极地举办了各种形式的职业技术教育，满足了工业迅速发展对知识劳力的需要。但是，也应该看到，专业技术教育是由社会经济发展的需要决定的，而且是很花钱的，其发展的规模和招生的数量都必须有科学的根据，严格而切实的计划，任何主观随意的做法都是有害的。

从第三世界国家的经验看，以上两级教育的发展规模和速度从来都是令人头痛的问题。多了快了，会超出国家财力所许可的范围，影响经济的发展，影响义务教育的普及，造成失业，带来严重的社会问题；少了慢了，也同样会影响经济的发展，造成失业（经济发展的速度一减慢，不但创造新的就业机会没有可能，而且原有的就业规模都难以保住），带来严重的社会问题。所以，长期以来，不少的教育家都在探索和试验新的预测方法，寻求合理而可靠的计算公式，以便使第三世界国家能够摆脱盲目性，制定出发展高、中等教育的最佳方案。比如，《发展中社会的教育战略》一书所介绍的刘易斯（Lewis）的计算公式便是一例。刘易斯为了计算发展中国家大、中学校学生在全国人口中所应有的比例及其每年应招生的数量，设计了如下的公式：

$$X = \frac{N\ (a+b+c)}{M}$$

"X"表示应招收的大（中）学生数在大（中）学适龄人口总数中应占有的比例，"N"表示高（中）等文化程度劳动力数额和成年人总数之比，"M"表示大（中）学学龄人口总数和成年人总数之比，"a"表示公民正常减员率，"b"表示因人员外流而引起的非正常减员率，"c"表示因经济增长而需要的高（中）等文化程度劳动力数量的增长率。

这个公式究竟有多少科学性，是需要用实践来检验的，据亚当·科尔（Adam Curle）介绍，刘易斯曾经用这个公式预算过尼日利亚中等学校所应有的招生额。计算的结果是：

$$X = \frac{0.01\ (0.025\ +\ 0.005\ +\ 0.08)}{0.04} = 2.4\%$$

这个结果认为，在尼日利亚当时那样的社会经济条件下，每一百个中学适龄人口中，平均只应该招收两三个中学生。这样，它就给尼日利亚政府提供了一个国家资源所能允许的中等教育发展规模和速度的依据。据科尔评论，这个公式虽然还有值得商榷的地方，但离开这个公式太远也是不行的。

最后是义务教育本身的问题。义务教育是国民的基础教育，是一个国家物质文明建设和精神文明建设的基础，是国家力量的最根本的源泉。它从根本上决定着整个民族在思想水平、政治素质、文化修养、生产能力、创造能力等各个方面水平的高低和优劣。因此，普及义务教育天经地义地应该是一个国家国政之根本。这一点，在发达国家的历史上是不曾有过怀疑的。但是现在，在科学技术竞赛一天比一天激烈的紧迫环境里，人们往往容易仓促应付眼前的需要而忽视初等义务教育这个根本，从历史经验来看，这一点是必须给予特别注意的。但是，大力普及义务教育也必须遵循前面所说的义务教育本身的发展规律，应该看到，普及义务教育是一个把差不多四分之一到三分之一的广大人口暂时地从劳动力或半劳动力转为非劳动力的大问题，这个"暂时"的长短（义务教育年限）是不能按人的主观愿望确定的，而是由社会剩余劳动的多寡决定的，而且首先是由农业剩余劳动的多寡决定的，正像马克思所说的那样，"超过劳动者个人需要的农业劳动生产率，是一切社会的基础"[①]。当人们衣食尚且无保障的情况下，要他们去送一个可以帮助谋生糊口的孩子上学，那是不现实的。同时，义务教育的年限也是由一个国家的产业结构的情况决定的。第三世界国家发展教育的经验证明，以第一产业为主的农业国或农业地区，其教育经费哪怕是提高一个很小的比例也是不容易的，而以第二、第三产业为主的国家，则可以支付较多的教育经费。比如旅游收入占国民生产总值三分之一，以"西印度群岛疗养院"著称的巴巴多斯，就有可能拿出国民生产总值的 8.5% 来发展教育，义务教育的年限就可以长达九年；义务教育不仅免费，而且还提供午餐、车费、书本费等补贴，全国几乎没有文盲。但是对于一个人口十之八九都从事农业的国家来说，义务教育年限的确定，就必须十分谨慎了。

总之，少而精的高等教育，主要以满足专业技术人才需要为目的的中等教育，旨在提高全民劳动力素质的普遍而扎实的初等义务教育，由这样三级教育所组成的教育体系，可能是一般第三世界国家目前较为适宜的教育结构模式。在这个体系中，包括着两个系统——自上而下的高、中等教育系统和自下而上的初、中等教育系统；中等教育则是这两个系统的接合点。高、中等教育系统负责当代先进科学技术的引进、传播、发展和利用；没有它，便没有国家经济的现代化，初、中等教育系统便失去了迅速发展的可靠的经济基础。初、中等教育系统是整个教育体系的基础，是社会生产发展的基础，因而也是国家经济发展的基础。没有它，高、中等教育系统和国民经济的发展便一起失去了根基。作为两个教育系统接合点的中等教育，起着承上启下的作用，对

---

① 马克思：《资本论》（第 3 卷），《马克思恩格斯全集》，人民出版社 1974 年版，第 25 卷，第 885 页。

第三世界国家来说，是对国民经济发展起着决定性作用的一级教育。没有它，上下便不能贯通，普及与提高便不能统一，合理的教育体系便无由形成。但是，在整个教育体系中，最根本的、最具有战略意义的还是作为国民基础教育的义务教育。人类自从有了文字之后，以读、写、算为基本内容的学校基础教育，便成了人类知识大厦所以建立和扩展的重要基石，没有这个基石，人世间任何美妙的科学殿堂、技术宝库以至现代化生产系统这个庞大无比的"车间"，都是不可能建立起来的。一切进步人类，无论过去和现在，都是在不断地加固和扩充这块基石，将来更会是这样，这是历史所一再证明的一条真理。愿全世界的教育工作者，全世界进步人类，都为普及和发展全民的义务教育而努力奋斗。

（原载《教育研究》1983 年第 10 期）

论师范教育的发展规律和我国
师范教育体制的改革

　　新的世界技术革命激起了世界性的教育改革浪潮。这股浪潮也冲击着我国的师范教育。半个多世纪以来曾经争论过多次的师范教育体制问题又重新提了出来，并成为师范教育改革讨论中的一个核心问题。从目前讨论的情况看，大致有三种意见。一种意见认为，美国师范教育体制从师范学校发展到师范学院，最后走向衰落并逐步被综合大学和文理学院所取代的变化过程，证明"当国民教育高度发达起来"的时候，"师范教育体制的消亡是一种历史的必然，是不以人的意志为转移的客观规律"，因此主张创造条件，逐步过渡到取消师范教育体制。① 另一种意见认为，"教师工作是一种专门的职业，当教师必须经过专门的训练"，"各级师范教育，作为培养师资的专门教育体制，有着它自身的特点和规律"，因此，应该强调师范性，应该维护和发展现行的独立师范教育体制。② 第三种意见认为，高等师范教育

　　① 《天津师范大学学报》1983 年第 3 期及 1984 年 3 月 9、23 日《光明日报》。
　　② 参见《教育研究》1983 年第 1、2 期，1984 年第 3 期。

"是高教性和师范性的矛盾统一体"，高教性与师范性矛盾双方的对立统一是师范教育发展的规律，高等师范教育的一个根本问题就是要"把高教性和师范性有机地结合起来，融汇在一起"，因此主张继续发展独立的高等师范教育体制。①

不难看出，这次讨论虽然还是两种体制之争，但同过去的历次争论有所不同。过去的争论大多只就两种体制的优缺点展开争辩，而这一次则注意到了国外师范教育发展的动向，提出了师范教育发展规律的问题，并力图由此出发探讨师范教育体制改革的途径。应该说，这是一个很大的进步。但是，究竟什么是师范教育发展的规律，怎样从这一规律出发，设计出能够适应新的世界技术革命的要求并适合我国国情的现代师范教育体制，则仍然是没有解决的问题。而这个问题不解决，有些同志就会从所谓"师范教育体制必亡"的认识出发，盲目学习外国；有些同志又会从师范教育的所谓"特殊规律"出发，墨守成规，不思更张。显然，这两种做法都是不利于贯彻教育工作要"面向现代化，面向世界，面向未来"的指导方针的。本文拟就这一问题发表一些不成熟的看法，以求教于关心这一讨论的同志。

师范教育一定要适应社会经济文化发展的要求

近四十年来，世界师范教育的发展存在着两种相反的趋势：一种是以美国为代表的独立师范学院日渐衰落的趋势②；再一种就是以日本为代表的独立师范教育机构日渐"复活"和发展的

---

① 参见《北京师范大学学报》1984 年第 4 期。
② 1948 年，美国有独立师范学院 250 所，到 60 年代末，大约只剩下了 20 所。

趋势①。在我国当前正在进行的"师范教育体制"之争中，表明这两种相反趋势的事例似乎已经成了争论双方所一再援引的有力证据。但是，美、日两国师范教育的发展既然呈相反的趋势，而且两国又都是发达国家，那就无论哪种趋势都不能说是师范教育发展的必然趋势，更不能据此得出所谓"师范学院必亡"、"师范教育体制必亡"或二者"必存"的结论。所以，摆在我们面前的任务应该是透过这两种相互矛盾的现象，探索隐藏在其后面的本质联系，从而找出师范教育发展的基本规律，而不应就事论事，争论其孰是孰非，孰优孰劣。

师范教育和一般教育一样，是一种复杂的社会现象。社会的基本矛盾是生产力和生产关系的矛盾，经济基础和上层建筑的矛盾。由于这些矛盾的发展，推动了社会的前进，推动了新旧社会的代谢。而这些矛盾的承担者则都是人，是社会的人（在阶级社会里是划分为阶级的人），因此，人自身的发展和社会发展的矛盾，也是社会发展过程中的一个带有普遍性的矛盾。解决这个矛盾的方法就是发展教育。在发展教育的过程中，教育者（主要是教师）自身的发展又和社会的发展，特别是和教育的发展构成矛盾。解决这个矛盾的方法就是发展师资培训，到了近代叫作发展师范教育。由此不难明白，探讨师范教育发展的规律，应该紧紧围绕教育者自身发展与社会发展的矛盾，考察师范教育是怎样在解决这个矛盾的过程中向前发展的，究竟有哪些因素决定

---

① 1945年，日本按照美国教育使团的意见，废除了公费制的、义务制的独立师范学校系统，改由各类高校培训教师。但从50年代开始，日本各界要求由"定向大学"培养教师的呼声日益高涨。1962年，教育职员养成审议会提出《改善教师养成制度》的建议，规定在课程上要明确体现师资养成的目的。1964年，该审议会又提出《教师养成课程之基准》改革方案，规定要为小学教师设计一种适应包班制教学的培养课程。1978年更创办兵库教育大学和上越教育大学。

着或影响着师范教育的产生和发展。

从师范教育发展的历史看，直接影响师范教育产生和发展的因素主要有下面四个：

第一是国民教育的发展。师范教育大抵是社会生产力发展到普通劳动者也都需要最起码的读、写、算能力，因而出现了国民义务教育的时代的产物，而且是随着社会生产力的发展和国民教育的发展而不断发展的。以美国为例，当第一次工业技术革命在马萨诸塞州、纽约州等地产生了巨大影响，激发了普及识字教育的愿望，出现了低水平的、面向劳动阶级子女的初等教育时，就从欧洲引进了兰喀斯特导生制①的师资培训制度，成为美国师范教育之先声。从 19 世纪 30 年代开始，特别是内战之后，美国工业迅猛发展，初等义务教育进展很快，导生制已不符合师资培训要求，便大力开办师范学校，发展师范教育。第二次工业技术革命开始之后，工业的发展要求普及中等教育，于是，培训中、小学教师的师范学院应运而生。第二次世界大战后，人类进入新的技术革命时代，科学技术以从未有过的速度向前发展。而科学技术上的任何一项新进展，无不要求教育的支持，因而引起了各级各类学校课程的革新和教学方法、教学技术的改革，从而也就引起了近三十年来世界师范教育的大规模的改革运动。这次改革运动是这样的急迫，以至不少人把它称之为"师范教育的危机"。时至今日，改革运动仍在继续发展，按日本教育家的说法，80 年代是教育教师的年代。所有这些都说明，直接影响师范教育

---

① 兰喀斯特（Lancaster Joseph 1778—1838），英国教育家。1798 年在伦敦创立"导生制"（又称"相互教学制"）大众教学制度。学生分成小组，每组配一导生（成绩优秀者），教师只对导生授课，然后由导生照样复述给其余学生。该制度在 19 世纪初期曾一度流行于欧洲、北美和拉丁美洲，成为这些地区对平民儿童进行初等教育的一种主要方法。

的，首先是国民教育的发展和变革。

第二是教育科学的发展。师范教育是培训教育工作者（首先是培训教师）的专业教育；没有教育科学和教育理论，也就无所谓教育工作者的专业教育。因此，师范教育是在17世纪捷克大教育家夸美纽斯等人的早期教育理论出现之后才逐步产生出来的。因为只是到了这个时期，教师专业训练的必要性才逐渐为人们所认识。关于这种认识，19世纪20年代美国师范教育之父詹姆斯·G. 卡特的话很有代表性，他说：教师的职业"需要有一种专门设计的培训机构……这种机构必须有一整套理论的知识和相应的实践技能"。① 到19世纪下半叶，师范教育和教育科学的研究活动在欧美各主要资本主义国家迅速发展起来。当时的师范教育主要是以裴斯泰洛齐和赫尔巴特的教育学说作为专业教育的理论基础的。第二次工业技术革命特别是第一次世界大战之后，在资本主义国家，美国实用主义教育家杜威的教育理论对师范教育影响最深；而在十月革命之后，社会主义国家的师范教育则是以马克思主义指导下的教育学和心理学作为专业教育的理论基础的。第二次世界大战后的三十多年来，教育科学有了很大的发展，出现了斯金纳的新行为主义心理学和程序教学法，皮亚杰和布鲁纳的认知心理学，布鲁纳的知识结构论和发现教学法以及苏联的现代发展性教学理论。不仅如此，在教育科学方面还出现了许多新的分支科学，如幼儿教育学、顾问教育学②、中等教育学、高等教育学、教育管理学、成人教育或继续教育学、教学技术学、体育教育学、特殊教育学、师范教育学、教育未来学、教

---

① 《教育百科全书》，美国，1971年版。

② Counselor education，由于教育变得日益复杂，学生对自己的学习不容易安排得当，需要有专门的研究人员为他们提供参考意见，使他们能恰当地估价自己，更好地和教师合作，共同搞好个别化教学。由此而产生了所谓"顾问教育学"。

育经济学、教育社会学，等等。所有这些，都给师范教育以深远的影响，促成并推动了近三十年来世界师范教育的改革运动。由此可见，教育科学的发展对师范教育的产生和发展是具有直接的作用和影响的。

第三是信息技术的发展。教育的基本任务之一是传授知识，而知识也是一种信息。因此，信息载体及信息传递技术的发展直接影响到师范教育的产生和发展。在人类历史上，最初只有语言这种自然形态的信息载体，人们称之为第一载体。使用这种载体无需专门的学校和教师，自然也无需师范教育。后来，人类发明了文字，人们称之为信息的第二载体。第二载体的出现在人类历史上是个划时代的进步，因为它使人类获得了过去因距离遥远、无法亲身经历而不可能获得的知识，促进了人类知识的积累和传播。文字是语言的符号，不属于人的自然本能，因此需要有专门的训练才能掌握，于是便产生了专门从事这种文字训练的学校和教师，从而在教育史上开辟了学校教育的时代。不过，由于当时社会条件的限制以及信息技术的落后，从信息第二载体的发明到学校教育的普遍发展，中间经历了长达两三千年的时间。只是到了近代，欧洲的社会经济发展提出了普及教育的要求，同时由于我国发明的活字印刷术传入欧洲，大大改进了信息技术，因而促进了学校教育的发展。17 世纪夸美纽斯编写的教科书和他所创造的班级授课制与教学理论，就是在这种新的社会背景和新的信息技术基础上才得以出现的。19 世纪上半叶，以印刷机为核心的信息技术由于产业革命而迅速发展起来。这种被马克思称之为"科学复兴手段"、"创造精神发展必要前提的最强大的推动力"的信息技术的巨大进步，改变了过去只有少数人能读书、写字和受教育的状况，普及初等教育的运动在几个发生产业革命的国家以空前的规模发展起来。廉价的课本、练习本、阅读材料（报刊和图书）成批成批地进入学校，进入课堂，进入家庭。适应产业革命需要的学校教育制度形成起来了；适应这种新的教育制度需要的师范教育也就随之产生并发展起来了。进入 20 世纪以后，人类又发现了信息的第三载体——电磁波。运用这种载体，人们不仅可以超越空间的界限传递信息，而且还可以在瞬间同时接收到语言、音响的信息和图像、文字的信息。40 年代以来电子计算机的发明和飞速发展，不但解决了大规模、高速度收集、储存和交流信息的问题，而且还能进行信息处理，使相当一部分繁重的脑力劳动得以由机器代替。这在人类历史上又是一个划时代的进步。现代信息技术的这种巨大进步，不但必然要影响到教育以及为教育服务的师范教育的发展，而且已经在教育理论、教学内容、教学手段和方法方面引起了世界规模的改革运动。师范教育发展同信息技术的发展之密不可分是再明显不过的了。

第四是国际文化联系的发展。师范教育产生于马克思、恩格斯所说的"一切国家的生产和消费都成为世界性的了"，"各民族的精神产品成了公共的财产"的时代①，因此，师范教育从一开始就是一种国际现象。这一点往往不大为人注意，但在世界师范教育发展的历史上却起了十分重要的作用。瑞士教育家裴斯泰洛齐的教育理论和方法传到德意志，德国成了世界上第一个建立师范教育系统的国家。裴斯泰洛齐和德国教育家赫尔巴特的教育理论和方法远涉重洋，传到美国，在美国师范教育史上掀起了19 世纪 60 年代的所谓"裴斯泰洛齐浪潮"和 90 年代的所谓"赫尔巴特浪潮"，整个美国的师范教育和初等教育都为之改观。日本自明治五年（1872 年）确定以"培养师资"为最紧迫的课

---

① 马克思、恩格斯：《共产党宣言》，《马克思恩格斯选集》第 1 卷，人民出版社 1972 年版，第 254、255 页。

题之后，大力兴办官立师范学校，聘请美国人斯科特（M. M. Scott）为教师，致力于新教学法的传习和新知识的传播，教育立国，传为美谈。到 20 世纪初，世界各国，不论社会制度如何，发展程度如何，几乎毫无例外地都兴起了师范教育。60年代以来在新的世界技术革命背景下所发生的师范教育改革运动则更是一场世界规模的文化传播运动。经济落后国家赶超先进国家的历史证明，各国经济发展不平衡的现象和师范教育的发展很有关系。19 世纪初经济上还远远落后于英国而到 19 世纪中叶以后却先后一跃而为世界资本主义头等强国的那些国家，如德国、美国、日本，无一不是较早地吸收了世界先进教育研究成果和科技成果，较早地发展了师范教育，从而提高了国民教育质量，提高了生产力的发展水平。这一历史事实，不但显示了师范教育对于促进国民教育发展和国家现代化的巨大能动作用，而且也证明了国际文化传播在师范教育发展历史上不可忽视的作用。

综上所述，我们可以得出如下结论：第一，师范教育是一定社会的生产力和以生产力为基础的国民教育、教育科学、信息技术以及国际文化联系发展到一定阶段的产物，简言之，即社会经济文化发展到一定阶段的产物。一定社会的师范教育由一定社会的经济文化所决定，又给予巨大的影响和作用于一定社会的经济文化。第二，师范教育是随着社会经济文化的发展而发展的，也就是说，它是通过解决其与社会经济文化发展的矛盾来求得自身的发展的，而且也只有通过这个矛盾的解决，它才有可能解决教师自身发展与社会发展的矛盾，从而促进教育和社会的发展。第三，师范教育的发展以及师范教育所赖以存在和发展的各种主要因素如教育科学、信息技术等的发展，都是"世界性"的事业，其发展的成果也都是国际社会所能共享的财富，是落后国家师范教育所能利用来发展自己，实现教育先行，从而促进经济现代化的良好条件。因此，当代师范教育的发展离不开国际先进文化的传播；师范教育必须面向世界，适应世界科技文化（特别是教育科学）发展的先进水平。总之，一定社会的师范教育一定要适合一定社会经济文化发展的要求，而且一定要适应世界科技文化发展的先进水平。这就是师范教育发展的基本规律。

掌握了师范教育的基本规律，我们就不难发现，无论是美国师范学院日渐衰亡的趋势也好，还是日本独立师范教育机构日渐"复活"的趋势也好，总的说来，只不过是这两个国家按照各自的社会条件调整其师范教育与社会经济文化发展不相适应部分的一种表现形式而已（具体原因参见下文），换句话说，都是师范教育发展的基本规律在这两个条件不同的国家发挥作用的具体表现。

师范教育发展的辩证法

师范教育的基本规律是通过师范教育内部的矛盾运动体现出来的。所以，有必要进一步讨论师范教育内部的矛盾运动，探讨师范教育发展史上经常发生的所谓"学术性和师范性之争"的问题。

师范教育的学术性与师范性之争，到现在已经有一个多世纪的历史了。一个问题的争论持续这么久，而且大有和师范教育长期共存的趋势，这到底是怎么回事？到底反映了师范教育的一种什么样的特殊规律性？为了弄清这个问题，不能不对这一争论的渊源加以考察。学校教育的历史比师范教育的历史早得多。在师范教育诞生前的长达一千多年的学校教育中，教师是无所谓专门训练的。没有专门训练，当然并不等于没有教学法，只不过那时候的教学法还停留在朴素的经验阶段，无需专门的训练。譬如在中世纪，讲授经院哲学的教师只要诵读课本就行了，因为课本的编写法本身就包含着教学法。19 世纪初期兰喀斯特制度所培训的导生，也只要照搬老师所教的东西就行，因为这种制度的最大的特点就是教师（导生）个人基础文化教育和教学方法教育的内在结合。但是，到 18 世纪末和 19 世纪初，由于产业革命时期科学技术的重大发展，知识的门类越来越多，专门研究教育现象、儿童学习过程和教学方法的教育学科也出现了。其必然的结果就是中世纪的和兰喀斯特制度那样的师资早期培训制度行不通了，教师的教育专业训练开始从教师个人的学术文化教育中分离出来，教师需要专门的职业训练这一认识开始在一些人的头脑中占据了应有的地位。于是，一场要不要改变传统的师资培训方法，要不要给教师以专门的教育专业训练的论战开始了。这就是人们所说的"学术性和师范性"之争的由来。论战的结果对师范教育的发展颇有影响。英国师范教育之所以发展较慢，不能不说和论战的一方长期失利有关。因为直到 20 世纪初，伦敦郡议会教育顾问威廉·加尼特也还怀疑是不是所有的教师都要经过专门的教育专业培训。① 尽管师范教育在某些国家或某段时期内的发展比较缓慢，但教育科学的不断发展及由此而引起的师范教育的日益发展，则是一种不可逆转的历史趋势。

师范教育制度的确立，说明教师的培训工作已经起了质的变化，即由过去的单专业（基础文化或学科专业）培训变成了双专业（学科专业和教育专业）培训。于是，在不同的时期内，如何把学科和教育这两个专业的培训在新的条件下重新结合起来，就成了师范教育发展中一个独特的、带有根本性的问题。解

① 参见古丁斯、拜拉姆、麦克帕兰主编《师范教育中心任务的改变》（Changing Priorities in Teacher Education）英国，1982 年版，第 2 页。

决这个问题，包含着要解决三个方面的矛盾：一个是教师学科专业水平（学术文化水平）够不够的矛盾；一个是教师教育专业水平（师范性）够不够的矛盾；还有一个是两个专业的教学水平在满足社会经济文化发展的需要方面平衡不平衡的矛盾。师范教育诞生以来从未停止过的"学术性与师范性"之争，就是师范教育在不断解决其与社会经济文化发展的矛盾的过程中所碰到的这种种矛盾的集中表现。在这些矛盾中，主要矛盾与矛盾的主要方面往往是随社会经济文化的发展而不断转化的。在更多的情况下，教师学科专业水平够不够的矛盾是主要的矛盾，因为在社会经济文化发展的挑战面前，首当其冲的便是教师的学科专业水平。比如在1957年苏联第一颗人造卫星上天的挑战下，美国舆论界对师范教育的学术水平就指责甚多，美国政府不得不在60年代制订了新的师范教育标准，并在许多大学试验五年制教学硕士学位课程计划，借以提高教师的学术文化水平。前述美国师范学院急剧退出教育发展舞台的趋势，就是在这样的历史背景中发生的。当教师的普通文化水平和学科专业水平基本上能够满足社会经济文化发展的需要时，教育专业水平够不够的矛盾就会上升为师范教育的主要矛盾。前述日本在40年代取消师范学校，改由四年制大学培养师资，而60年代以来独立的师范教育机构又日渐"复活"，情况就是如此。他们越来越觉得，40年代确立的新体制尽管提高了教师的学术文化水平，但也给师范教育带来了"专业精神的不振作"、"教育内容的不完善"、"供求关系的不调和"等不良后果，因此，又不能不做适当的调整，加强教育专业课程，并重新开办专门的师资培训机构。有时候，两个专业的培训水平也有可能达到社会经济文化发展所需要的某种平衡，但是，社会经济文化的本身及其对师范教育的要求是不断发展的，因而这种平衡也只能是暂时的。出现了新的不平衡，又需要在新的高度上来解决双专业培训中的各种矛盾。这就是为什么在师范教育界，"学术性与师范性"的争论总是连绵不断的基本原因所在。

总之，师范教育不同于其他各类教育的一个根本特点，就在于它是一个双专业的人才培训体系。在这个体系中，既存在教师学科专业水平和能力够不够的矛盾，又存在教师教育专业水平和能力够不够的矛盾，还存在双专业培训之间平衡不平衡的矛盾。这三个矛盾所构成的矛盾的总体又和社会经济文化发展的要求构成师范教育发展的基本矛盾。这些矛盾出现、解决、再出现（在新的基础上）、再解决……从而推动师范教育的不断发展，就是师范教育发展的辩证法。

良好体制的标准

师范教育发展的上述规律告诉我们，在研究师范教育体制改革的时候，一定要认真调查世界科技文化发展的情况和经验，仔细研究本国社会经济文化各个领域的发展变化及其对师范教育的要求，研究在新的要求面前师范教育内部主、次要矛盾及主、次要矛盾方面的转化情况，进而研究师范教育体制需要做些什么调整和改革，才能比较妥善地解决教师自身发展和社会发展的矛盾。据此，我认为我国新的、良好的师范教育体制至少应该能满足以下五个方面的要求：

第一，在师范教育与社会经济文化发展的关系上，应该能了解和预测社会经济文化发展对师范教育的要求，能迅速适应中、小学教育结构、教育和教学内容以及课程设置等方面的变革，促进科学技术尽快转化为实际生产力的进程，从而为社会主义的现代化建设作出贡献。在这方面，从我国目前的情况看，有四个问题需要特别加以注意：（一）农村师范教育的问题。农业是国民经济的基础。农村教育上不去，农业现代化的任务就会落空，并会直接影响整个国民经济的发展。20 世纪 20 年代美国产业史上发生的第一个巨大变化——工业人口超过农业人口，在相当大的程度上得力于老罗斯福的所谓"独特的农村文明"建设政策。当时，美国曾大力发展乡村师范教育，在师范学院和师范学校普遍开设"农村教育"、"农村社会学"、"特殊农村问题"等课程，为农村的智力开发和现代化建设做了充分的准备。这一点很值得我们借鉴。我国农村人口占全国人口的 80%，农村的小学校数和学生数分别占全国小学校数和小学生人数的 90% 以上和 80% 以上，而占全国小学教师 80% 以上的农村小学教师却大多没有受过师范教育。党的十一届三中全会以来，农村经济发展迅速，农村的经济结构和教育结构也正在发生巨大的变化，而我们的师范学校却仍然只讲授几门传统的普通课程。师范教育的这种落后局面已经和农村经济文化发展的需要发生了尖锐的矛盾，必须尽快予以解决。（二）职业师范教育的问题。随着城乡现代化建设的发展，特别是城市第三产业和农村商品生产的发展以及农村小城镇的建设，各行各业都需要大量的管理人才、技术人才、信息情报人才、各种专业人才、各类服务人才……发展职业教育，满足社会对这些人才的需求，不但对于我国现代化建设具有重要的战略意义，而且对于教育本身的健康发展也是必不可少的。发展职业教育，就要有从事职业教育的教师，就要发展职业师范教育。50 年代以来，世界上很多国家都用大量的资金发展职业教育。美国对付苏联第一颗人造卫星挑战的重大措施之一，就是大力发展中等以上职业教育。从 1956 年到 1975 年 20 年间，美国接受中等以上职业训练的人数增加了四十多倍。与此同时，苏联也十分重视职业教育，为了进一步发展职业师范教育，苏联于 1984 年 5 月公布了关于完善教育和职业技术教育系统师资培训工作的新决议，提出进一步发展工程师范教育、完善工程师范教育网等措施。我国历来不重视职业师范教育；直到目前，这个领域几乎还是一个空白。这种局面也必须尽快改变。（三）教师继续教育的问题。在以电子技术为核心的新的世界技术革命的时代，由于信息技术的惊人发展，知识增长的速度从来没有像今天这么快，而且会越来越快。因此，过去那种认为一个训练期就足以使学生掌握一门终生受用的专业的概念，已经成了时代的错误。当今的教育制度应该是"终身学习和再学习"的教育制度，为这种教育制度服务的师范教育，也必须是"终身学习和再学习"的师范教育。由于十年内乱，我国师资培训工作欠债甚多，大量教师"先天"不足。[①] 在这种情况下，如不改革体制，建立适当的在职培训制度，系统解决教师继续教育的问题，师范教育的任务是不可能完成的。（四）师资的培养如何适应精神文明建设需要的问题。历史证明，重大的技术革命和随之而来的产业革命，总是要引起社会生活的深刻变化；新的生活方式和旧的生活方式之间必然会发生尖锐的矛盾，引起一系列的社会问题、道德问题和意识形态问题。我们现在就处于这样一个时代。历史性的巨大进步、暂时的不相适应的痛苦以及历史潮流中并不罕见的沉渣泛起，都会一齐出现在历史舞台上，给思想工作，特别是给学校思想教育工作带来过去的教师所不熟悉的新的特点和新的困难。师范教育并不造就直接从事物质文明建设的工程师、农艺师……而是要造就从事社会主义精神文明建设的"人类灵魂的

---

① 以甘肃为例，如果师范教育体制不变，全省在职不合格高、初中教师和小学教师的轮训任务分别需要 23 年、57 年和 21 年才能完成。参见《人民教育》1983 年第 11 期。

工程师"。很自然，我们的教师能不能牢固地树立起共产主义的世界观，能不能在思想战线上适应新时期的需要，成为合格的社会主义精神文明建设的"工程师"，就成为师范教育体制改革中不能不加以认真考虑的重要因素之一。以上四个问题，是解决我国师范教育与社会经济文化发展的矛盾所面临的几个实质性问题。不能解决这几个问题的师范教育体制，自然算不得合适的师范教育体制。

第二，师范教育系统和非师范教育系统，构成为整个教育系统中的两大部类。前一部类的学生来自后一部类，毕业后又作为教师回到后一部类；两大部类的关系是一种密切的相互依赖的交换循环关系。良好的师范教育体制必须能吸收后一部类的优秀人才，以达到两大部类之间在最高水平上的交换，形成相互促进、相互支持的良性循环。只有这样，师范教育才能提高质量，真正发挥其在整个现代化教育建设中的战略作用。这个问题，在世界上只有少数几个国家解决得比较好，其办法无非是：（一）给教师这种双专业人才以与其双专业学力、社会地位和社会责任相称的物质待遇；（二）给师范生以较其他各类学校学生更优惠的奖学金待遇；（三）严格而合理的教师选拔制度和证书制度；（四）灵活而开放的师范教育体制，即在双专业培训上实行两大部类分工合作的制度。我国师范教育由于十年内乱时期的严重破坏和所谓"反师道尊严"的恶劣影响，在教育系统两大部类的关系上早已形成了一种令人担忧的恶性循环。打破这种恶性循环，建立起良性循环，是此次师范教育体制改革所必须解决的又一个问题。

第三，在师范教育内部双专业培训的关系上，新的体制应该是比较灵活的，能够根据师范教育发展的规律和实际情况的变化，分清主要矛盾和次要矛盾，并注意二者转化的可能和时机，不断地、及时地给以调整，以适应社会经济文化发展的需要。从目前多数地区的情况看，教师学术文化水平不高，不能胜任所教学科的教学工作（有些地区，甚至许多教师在所教课本的考试中不及格），是双专业培训工作中的主要矛盾。对此，应该采用多种形式，有计划地加以解决。抓住主要矛盾并不等于忽视次要矛盾。在教育专业方面，可以根据不同的情况采取多层次的方法，比如可以设想：一般的教师只要求懂得基本的教育原理，掌握基本的教育、教学技能，这也就是说，一般教师的教育专业教学，开课不宜太多；学校教育工作领导人则要求对教育学、心理学、教学论、教学法等教育专业的理论和实践有较多的了解和训练；县以上重点学校和教育部门的领导人则必须具有高等教育专业的学历，对于教育专业的主要学科，包括教育学、心理学、教学法、教育史、教育哲学、教育管理学、教育经济学、教育社会学等，都要有一定的了解，并具有一定的教育科学研究能力。这种多层次的教育专业培训自然是应该相通的，是可以通过在职进修等途径逐级提高的。采用这种制度既可以使活跃在教学第一线的教师的学术文化水平得到提高，又可以保证科学的教育理论对教育教学工作的切实指导，还可以合理解决目前师范教育双专业培训中的尖锐矛盾。新的师范教育体制应该在这方面有所创新。

第四，如前所述，师范教育的产生和发展是同教育科学的产生和发展分不开的；师范教育的强大生命力全在于教育科学的欣欣向荣。因此，在师范教育的教育专业培训和教育科学研究的关系上，新的体制应该能有效地吸收世界最先进的教育研究成果，促进教育科学的实验和研究，促进教育科学理论和实践的结合：一方面能迅速地将广大教师的实践经验上升为理论，另一方面又能迅速地把理论上的研究成果转化为实际的教学"生产力"。据美国教育家莫里斯·L. 比格估计，在教育史上，一种新的教学理论往往要 25 年至 70 年才能变成学校的实践①。这种情况如果不采取措施加以改变而让它继续存在下去，同新的世界技术革命的时代是很不相称的，同我国社会主义现代化建设对教育改革的要求也是不相称的。我国新的师范教育体制应能在这个方面有所突破。

最后，新的体制还应该具有比较高的经济效益。目前，在有关师范教育体制改革的讨论中，有的同志主张搞一个把几乎所有各类学校（包括各类职业学校）教师双专业培训工作都包下来的、大而全的封闭式体制。我以为这是不符合提高经济效益的原则的，是不可取的。发展中国家都存在一个资金短缺的困难，应该想方设法用较少的钱办更多的事。因此，我国新的师范教育体制应该以最大限度地发挥现有各级师范院校的潜力为主，充分调动一切有条件培训师资的其他各级各类学校的积极性，在统一的计划和组织下，共同培训师资，共同把师范教育办好。

新的师范教育体制如果能够满足以上五个方面的要求，我认为就是一个按师范教育发展规律办事的体制，就是一个好的体制。

必须实行开放体制

三十多年来，我国的师范教育虽然在党的领导下取得了很大的成绩，为教育事业的发展建立了不可磨灭的功勋，但用前面所

---

① ［美］莫里斯·L. 比格：《学习的基本理论与教学实践》，中译本，文化教育出版社 1983 年版。

说的五条标准来衡量，它的整个体制显然不能适应社会经济文化发展的要求，是非改革不可的。

多年来，我国的师范教育体制是由中、高两级师范院校以及其他一些专门师资培训机构所组成的一种独立型的体制。这种体制是适应过去那种统得过死的、僵化的经济体制和单一普通教育型的初、中等教育体制的要求而形成起来的。它的最大特点是体制的单一性和封闭性，只承认师范教育双专业培训在独立师范院校范围内的"相互结合"，不承认其他形式的结合，因而导致师范教育独立体制的绝对化、僵硬化。根据我国师范教育的实际情况，参照其他国家的经验，这种体制主要有以下三个弱点：

第一，单一的封闭的体制表面上似乎十分重视师范教育的师范性（教育专业培训），但是，由于它在解决双专业培训的矛盾上只容许采用独立师范教育体制内部的结合形式，不容许采取教育系统两大部类之间合作的结合形式，从而不能利用该体制之外的优越的智能环境，实际上是束缚了师范教育的发展，削弱了师范教育的师范性。因为采用这种体制，不但该体制内部所培养的师范生很难在学术文化上达到先进的水平，而且，由于数量上远远不能满足社会文化发展的需要，造成大部分教师毫无教育专业训练可言。这种情况在实行开放体制的国家是比较少见的。现在的情况更严重了，一则是新的世界技术革命和我国的四化建设对教育提出了更高的、更急切的要求，二则是经济体制改革、产业结构和劳动力结构的迅速变化引起了教育结构和教育体制的巨大变动，社会所需要的教师，特别是各类职业、技术教育的教师，无论在数量上或质量上都是现行的单一、封闭体制所无法满足的。据估计，到 20 世纪末，如果普及九年制义务教育，如果新招职工都要经过职业训练，那么，所需新教师至少得在一千万以上。① 面临这样大的任务，怎么办呢？有的同志主张不惜一切代价，大规模扩充现行体制。这种设想即便在物力上做得到，在人力上，即在独立体制的师资质量上也是无法保证的。前事不忘，后事之师。"大跃进"年代用这种办法曾经在数量上达到过成倍乃至几倍的增长，但师范教育的质量也差不多以同样的速度下降，最后不得不来个大反复。② 历史证明，这种办法在处理教育系统两大部类的交换关系方面，无异是舍良性循环而求恶性循环，实在是不可取的。正确的办法应该是打破封闭的独立的师范教育体制的束缚，广开师路，利用一切可资利用的现代智能环境和第二部类中各种有条件的教育机构（如综合大学、理工科大学、各种专业学院、重点大专、中专学校以及重点普通高中等），通过各种形式培养师资。只有这样，我们才能在人力、物力都还不宽裕的情况下，维持和发展教育系统中两大部类的良性循环。这种办法，就是在早已实行开放体制，但由于种种原因教师来源仍无充分保障的日本，也被认为是提高教师质量的良策。比如1984年3月，日本首相的教育咨询机构"文化与教育恳谈会"就提出了"向社会广开师路，提高师资质量"的建议。当前，我国有不少条件很好的大学，每年的毕业生很大一部分都从事教育工作，可是由于受传统的封闭师范教育体制的束缚，宁愿让自己的毕业生毫无当

① 钱学森同志估计，到公元2000年，如果我国人口增至12亿，全国普及小学教育，小学毕业生一半进三年制职业学校，其余升初中；初中毕业生多半进中专，小半升高中；高中毕业生多半进大专，小半升大学，那么，整个教育系统在校学生约为2.2亿，需要大专和大学毕业水平的教师2200万左右（钱学森：《关于教育科学的基础理论》，《华东师范大学学报（教育科学版）》1984年第4期）。

② 从1957年到1960年，高等师范学校从58所增至227所，中等师范学校由592所增至1964所，到1963年前者减至61所，后者减至490所（见《中国教育年鉴》，中国大百科全书出版社1984年版）。

教师的职业准备，也不创造条件开办教育系、师范教育中心或开设教育专业方面的课程，这样的体制难道是合理的吗？

第二，单一的、封闭的体制不利于教育科学的发展。教育系统两大部类之间良性循环的重要条件之一，就是整个高教系统都要利用自己的优越条件，关心基础教育的发展，积极参加教育科学的研究和建设。在这一方面，有的国家是做得比较好的，譬如美国，很多的教育成果，如有名的发现法、程序教学法和机器教学等，是哈佛大学等著名大学研究出来的；很多的师范教育改革方案如"能力本位师范教育"计划、社区化师范教育计划、师范教育微型教学法等是密执安州立大学、佐治亚大学、马里兰大学、印第安纳大学、斯坦福大学等校提出来的。美国著名的耶鲁大学甚至还承担了新哈文学区中学教师的再培训任务。然而，在我国，由于多年来实行师范教育的封闭体制，教育科学的研究任务一般和师范院校系统以外的教育系统不发生关系，这就人为地缩小了教育科学研究的阵地，束缚了教育科学的发展，因而也就束缚了师范教育本身的发展。近三十年来，教育的概念已经发生了根本性的变化，教育不再被人们看成是纯粹消费性的福利事业，而是恰如其分地被看成为生产性的事业，被看成是经济发展的强大支柱。因此教育科学的研究早已超出了师范教育系统的范围，成了几乎所有经济部门和社会科学研究部门注意的对象和研究对象，如教育经济学成了经济研究的重要领域，教育哲学成了哲学研究的重要领域，教育社会学成了社会学研究的重要领域，等等。作为科学研究重要阵地的各类高等学校，特别是综合大学，自然也不应该对此熟视无睹，听凭封闭的师范教育体制的框框把自己拒之于教育科学研究的领域之外。在这种历史性的趋势面前，仍然像过去那样一味坚持单一的、封闭的师范教育体制，自然是不合时宜的，是不利于教育科学和师范教育的发展的。

　　第三，单一的、封闭的师范教育体制不能顾及本体制之外的社会文化环境的变化，总倾向于按照幼儿园、小学、初中、高中四级学校课堂教学对教师文化水平的要求，设计各级师范教育的培养规格，形成一套"中师毕业教小学，师专毕业教初中"的僵化模式，因而不能及时地根据社会文化环境的变动而把握住师范教育双专业培训中主、次要矛盾的转化状况，对双专业培训的要求进行适当的调整，不断提高教师的素质。这样，自然就不能实现教育系统两大部类之间在最高水平上的交换，促进二者之间的良性循环。列宁曾经指出：社会主义国家必须进行有步骤的、坚持不懈的工作，使人民教师"具有真正符合他们的崇高称号的各方面的素养"①。列宁在这里所说的"符合他们的崇高称号的各方面的素养"，同他们所处的社会文化环境是密切相关的。当社会的文化水平提高之后，如果教师的文化水平保持不变，不但会直接影响整个社会教育质量的进一步提高，也会使教师的社会、经济地位相对地降低。因此，随着社会文化环境的日益改善，不断提高教师的培养规格是绝对必要的。正因为如此，在发达国家师范教育发展的历史上，小学教师的资格标准是提高得很快的。以德国为例，19世纪末，小学教师还只是由五年制的师范学校（招收高小毕业生）培养，1902年改由六年制的师范学校培养，十几年后改为两年制的教育专科学校（招收高中毕业生）培养，60年代初又改为三年制的教育学院培养，现在，则进一步要求具有和大学毕业生同等的学术文化水平。八十多年间，小学教师的资格标准提升了四次。美、日等国也莫不与此相类似。我国的情况如何呢？差不多就在这同一时期，即从清光绪二十九年（公元1903年）"癸卯学制"（规定小学教师也由五年

---

① 《列宁选集》第4卷，人民出版社1972年版，第678页。

制的初级师范学校培养）至今的八十余年间，我国小学教师的资格标准甚至在经济、文化相当发达的地区都几乎没有什么大的变化。这在世界师范教育发展史上是不多见的。究其原因，单一的、封闭的师范教育体制长期不变，当属其中之一。

以上三点，说明单一的、封闭的师范教育体制是不符合我国当前社会经济文化发展的需要的，必须予以改革。改革的方向，应该是实行多样的、开放的体制。这里所说的"开放体制"是相对于原来的封闭体制而言的。它不能像有些同志所说的那样是什么"师范教育体制衰亡"后的"由大学培养教师"的体制，而只能是根据师范教育发展的规律，发挥教育系统两大部类的积极性，因时因地制宜地采用多种形式培养师资的体制。在目前以及以后相当长的一段时期里，这个体制还是应该也只可能以现有的师范院校为主体；不过，这个系统不宜再作大规模的发展（少数落后地区除外），而要着眼于充分挖掘它的内在潜力，同时利用其他各类高等学校的优势，发展多种形式的师范教育。按照发达国家的历史经验，随着普及义务教育的实施和普及义务教育年限的不断延长，为原来年限较短的普及义务教育服务的、程度较低的各级师范学校是必然地要被更高级的师范教育机构所取代的，因此，我们在制订师范教育发展规划的时候，必须瞻前顾后，考虑得远一些，尽可能避免浪费。

单一的、封闭的师范教育体制改为多样的、开放的体制，必然会产生一个新的问题，这就是如何实现统一和多样、集中和分散、原则性和灵活性相结合的问题，也就是如何改革师范教育的管理体制问题。师范教育决定着一个国家培养什么样的教师，举办什么样的学校，把未来的一代铸造成什么样的人，对国家民族的前途和命运关系极大。因此，无论在什么时代和什么社会，师范教育一般都由国家举办，政府领导。从我国情况看来，现行的师范教育管理体制是集中管理的体制，是适应单一的、独立的师范教育体制而建立起来的。这种管理体制显然是不适应多样的、开放的体制的。那么，在实行多样的、开放的体制的情况下，如何改革管理体制以保证国家对师范教育的领导呢？从很多国家的经验看，最重要的是要立法，制订师范教育法规。凡是需要统一的、集中的或属于原则性的东西，都应该用师范教育法规明确规定下来，比如各级师范院校设置标准和审批手续；综合大学、理工科大学及各类技术、专业学院和学校开设师范教育系、科、班的标准和审批手续；各级师范教育机构教师资格标准；各级师范教育思想政治工作规程；各级师范教育课程标准；各级师范生实际能力标准；各级教育学位及教师证书标准；试用教师转正标准及其考查办法；教师在职培训办法和制度等；都属于这一类。至于其他方面，比如师范教育机构的组织形式是独立院校，还是附设于其他中等学校、大学和研究所；双专业培训是分段进行，还是二者混合进行；是采用正规学校教育的办法，还是采用广播、电视、函授等非正规学校教育的办法；是招收应届毕业生，还是从民办教师或社会知识青年中招生；是恪守法定的最低规格，还是适当提高规格；教育科学的研究、教学和实践的结合形式是以大学、师院为核心，还是以实验学校或独立的研究所为核心等，都可以由各师范教育部门因地制宜，变通执行，不必求其整齐划一，以发挥其主动性、积极性和创造性。

世所公认，当代世界的经济竞争，实质上是科学技术水平、管理领导能力以及国民智力、创造力的竞争。从一定的意义上也可以说，就是人自身发展的竞争、教育的竞争。而整个教育大系统能不能解决人自身发展与社会发展的矛盾，为社会培养出足够的合格人才，关键之一又在于师范教育能不能解决教师自身发展与社会发展的矛盾，培养出足够的既有一定思想品德修养和学术文化水平、又有必要的教育专业水平的教师。所以，在当前的教育体制改革中，我们一定要认清师范教育所具有的这种举足轻重、关乎全局的战略地位。如果我们墨守成规，或对它自身的改革漠然置之，就会犯历史性的错误。

　　现在，无论国内国外，新技术革命的浪潮都在蓬勃兴起，社会经济文化环境都因此而发生急剧的变化，我们的师范教育也面临着一系列过去所不熟悉的新问题。这种形势，对于我国师范教育的发展既是一场严重的挑战，又是一种新的机遇。我们能不能利用这种机遇，能不能利用当代世界的新的智能环境，把师范教育推向世界先进水平，从而发挥师范教育对社会经济文化发展的能动作用，就看我们能不能按师范教育发展的规律办事，妥善地进行师范教育体制的改革。在改革中，不加分析地照搬外国模式是不正确的，用我国师范教育发展历史中的某些事实来证明现行体制的合理性也是不妥当的。只要我们遵循邓小平同志提出的教育要面向现代化、面向世界、面向未来的指导方针，用马克思主义的立场、观点和方法切实地研究世界教育发展的经验和我国的国情，探索师范教育的发展规律，一个具有中国特色的、现代化的社会主义师范教育体制是一定可以建立起来的。

　　　　　　　　　　　（原载《中国社会科学》1985 年第 4 期）

关于墨西哥师范教育发展史的政治思考

　　近几年来，主张教育"转轨"、以"教育的经济倾向"取代"教育的政治倾向"，提倡抽象"人性"、"人性复归"，反对"教育为无产阶级政治服务"方针的非政治教育观①颇为流行，一时间竟成为一种时髦的思潮。尤其值得注意的是，这种思潮大多首先出现在一些师范院校的讲坛上和论坛上，因此对整个教育界的影响特别大，这就不能不促使我们从政治的角度对师范教育发展的历史做一点思考。

　　墨西哥是一个发展中国家。墨西哥师范教育的历史可以追溯到19世纪初墨西哥独立后的改革时代，这比起欧洲师范教育的出现虽然已晚了一百多年②，但较之我国师范教育的历史③则还是早了半个多世纪。因此，研究墨西哥师范教育的历史、发展趋

---

　　① 参见《延边教育学院学刊》1989年第3、4期；《教育研究》1989年第1、5期。

　　② 欧洲最早的师范学校是法国牧师拉萨尔1681年在法国锐姆斯创立的一所短期师资培训机构。

　　③ 1897年，盛宣怀（1844—1916）在上海创办南洋公学，设"师范院"，为中国师范教育之始，而中国的第一所师范学校则是1902年张謇所办的通州师范学校。

势和经验，对于了解师范教育的发展规律，鉴别近年来的各种教育思潮，思考我国师范教育的改革，当不无裨益。

墨西哥师范教育史的分期及其动因

墨西哥师范教育发展的历史大体上分为三个时期。

第一个时期，从 1821 年独立到 1910 年资产阶级革命，是墨西哥师范教育从萌芽到取得初步发展的时期。独立前，墨西哥虽然也有学校系统，但因为规模还小，教师大都由神职人员兼任，教师职业尚未从牧师的职业中分离出来，教师专业训练的必要性尚未为人们所认识，因此没有产生专业教育意义上的师范教育。独立后，由于法国启蒙思想家和百科全书派的思想以及自然主义的教育理论传入墨西哥，在墨西哥掀起了一股反对宗教干预学校的潮流。与此同时，民众教育思想也开始成长起来。曼努埃尔·科尔多尼乌和阿古斯丁·布恩罗斯特罗等自由主义思想家于 1822 年创立兰喀斯特协会，开始在墨西哥推广兰喀斯特教育制度①，创办兰喀斯特学校，并从国外引进一些新的教学方法，如使用地图、沙盘以及听写练习等等。1833 年，墨西哥第一代自由主义者、思想家法利亚斯执政。他试图通过建立公共教育制度来传播自己的价值观。在他执政期间，政府颁布一系列反教权主义的改革法令，如 1833 年的教育自由法令和关于创建师范学校的法令等。但是，由于桑塔安纳独裁政权的复辟，这些法令全都被废弃。1842 年，墨西哥政府决定，由兰喀斯特协会领导墨西

---

①　兰喀斯特教育制度是英国公谊会教师丁·兰喀斯特所创立的一种教学组织形式；是年长的、成绩优良的学生（一般称为导生）教年龄较小、学习较落后的学生的一种教学制度，亦称"导生制"。

哥初等教育工作，并创办了几所师范学校。这些师范学校虽未突破兰喀斯特的框框，但仍不失为墨西哥师范教育之先河。

1854 年 3 月，墨西哥爆发反桑塔安纳独裁统治起义——阿尤特拉革命，从此开始了反对教会与军人封建特权的斗争，其中包括教育改革。1857 年宪法确立"教育自由"的原则。这部宪法是对封建势力的沉重打击，引起教会和保守势力的反抗，从而爆发了墨西哥历史上的改革战争。

1857 年至 1860 年的改革战争以自由主义改革派的胜利而告终。战争后的第二年，墨西哥政府即颁布法令（1861 年法令），筹建一所师范学校。1867 年，胡亚雷斯总统颁布《教育组织法》，开始组织和发展全国范围的世俗教育。次年 1 月，又颁布法令，规定初等教育为义务教育。领导教育改革的主要人物是实证主义思想家加维诺·巴雷达。他在 1867 年创办国立预备学校，并确立预备学校的目的是为未来墨西哥社会的领导人建立一个"共同的真理库"，以改造未来墨西哥资产阶级的行为，使之成为经济界和政界成功的领袖[1]。他反对教权主义，提倡实证科学和实用主义，提倡秩序与进步，他说，"墨西哥人如果继续用巫术去理解世界，那么，墨西哥是不可能有自由、秩序和进步的"[2]。此后，墨西哥教育有了较大的发展，到 1870 年，全国已开办了 4000 所学校。在此期间，知识界对于教育的理论和方法开始发生兴趣，出现了《教育与知识之声》等专门性教育报刊和第一批有关教育理论的论文。1869 年，议会对 1867 年《教育组织法》进行修改，规定在联邦区建立初等义务教育学校，并

---

① 玛丽·凯·沃恩：《墨西哥国家、教育与社会阶级》，北伊利诺依大学出版社 1982 年版，第 20 页。

② 《墨西哥百科全书》第 3 卷，1978 年版，第 1092 页。

决定在一部分施行小学后教育的学校中，开设教学法课程。另外，1876 年迪亚斯上台后，独裁政权得到了实证派知识分子的支持。学校教育的目的是为保证墨西哥社会的秩序，培养人们对独裁政治的忠诚和提高社会生产力[①]。师范教育在迪亚斯时期发展很快，创办了好几所真正按专业要求培训教师的师范学校，如瓜达拉哈拉师范学校（1881 年）、普韦布拉师范学校（1881 年）、哈拉帕师范学校（1886 年）、墨西哥城师范学校（男校，1887 年）、科阿胡伊拉师范学校（1888 年）以及墨西哥城女子师范学校（1889 年）等。到 1907 年，全国已有师范学校 26 所。与此同时，在墨西哥实行了近 70 年的兰喀斯特教育制度开始衰落。1890 年 12 月，第二次全国教育大会决定废除兰喀斯特教育制度，采用正规的学校教育制度，并规定每个教师最多只能教 50 名学生。由此可见，墨西哥师范教育是在墨西哥人民长期反对教会统治的政治斗争中，在兰喀斯特教育制度由兴而衰的过程中逐步发展起来的。

　　第二个时期，从 1910—1917 年资产阶级革命到 1940 年，在墨西哥历史上称之为民族主义时期，也是墨西哥师范教育民族民主改革的时期。在这个时期，逐渐形成了墨西哥至今仍然遵循的民族、民主和科学的教育方针。根据这一方针，墨西哥政府于 1921 年建立了由著名的民族民主主义思想家、教育家何塞·巴斯孔塞洛斯为领导的公共教育部，负责全国教育系统的组织和管理、教师的选拔和任免以及公立学校教师的工资待遇等。为了普及初等义务教育，巴斯孔塞洛斯大力兴办新型农村学校和乡村师范学校；在乡村师范学校开设农业、农村工业、农村生活研究、

---

　　① 参见玛丽·凯·沃恩《墨西哥国家、教育与社会阶级》，北伊利诺依大学出版社 1982 年版，第一章。

农村附属小学见习和实习、农村学校的组织与管理等课程。他派出大批勇于献身的教师去落后的农村办学。他还创造了一种灵活的师资培训的形式——"文化讲习团"。文化讲习团通常由一名视导员、几位社会工作者、一名护士或助产士、一名娱乐指导员、几名农学、工学、手艺及音乐教师以及几位扫盲专家组成，有的还配备有全套师资力量，装备有全套教学设备，实际上是一所流动师范学校。文化讲习团根据当地的需要，帮助培训教师、指导文化教育扫盲和经济发展工作。三个月后迁往他地。

　　1934年执政的卡德纳斯政府在工农运动的推动下，实行了墨西哥历史上最激进的改革。在教育方面，卡德纳斯实行了以兴办社会主义学校为主要目标的教育改革。他主持修改1917年宪法，删去宪法中"教育自由"的条文，明确规定"国家兴办的教育是社会主义教育"，并制定了新的教学大纲，号召在中小学传授社会主义学说。他想通过举办社会主义教育的和平道路，实现类似于苏联社会主义革命的目标。为此，他进一步加强乡村教师的培训，创建中学教师进修学院。从1934年到1940年乡村教师从11432人增至15616人。这些人大都成了卡德纳斯主义者，他们同农民生活在一起，很多人在对抗教士阶层的社会特权和卡西克政权的斗争中牺牲。

　　第三个时期，1940年至今，是墨西哥师范教育正规化、制度化时期。二次大战爆发后，墨西哥进入一个以发展经济为主要目标的新时期。1946年，墨西哥再次修改宪法，取消了有关"社会主义教育"的条文。此后，由于有利的国际经济环境，墨西哥经济发展很快，到1950年，工业总产值已超过了农业总产值，60年代末，工业产值的年平均增长率高达8％，70年代初，工业产值已高出农业产值两倍。在这种情况下，落后的教育和师范教育已经不能适应国家经济发展的需要，因此，墨西哥政府在

1960 年制定《教育发展与改善十一年规划（1960—1970）》，决定大力发展教育，特别是师范教育。据统计，1957 年墨西哥中等师范学校和高等师范学校共有 120 所，在校学生 27000 多人，到 1977 年，分别增加到 397 所，19 万多人，20 年间，前者增加 2.3 倍，后者增加 6 倍。随着民族文化水平的不断提高，社会对师范教育的质量要求也越来越高。1969 年政府对师范教育学制进行改革。提高中等师范学校招生资格，由招收小学毕业生，改为招收初中毕业生。取消乡村师范学校，创办联邦教师培训学院，加强教师在职培训。

经过 60 年代的改革，墨西哥师范教育已形成一个相当完备的、严格制度化的体系。目前，墨西哥师范教育系统由中等师范学校、高等师范学校和专门师范学校三类师范学校组成。中等师范学校包括幼儿教育师范学校和初等教育师范学校。所设教育专业课程比我国师范学校齐全得多，设有教育技术入门、教育学、普通教学法、教育通史及墨西哥教育史、学校卫生、普通心理学及教育心理学、学校法、学校组织及教学管理专题讨论、教育方针及集体动力学等问题专题讨论等。高等师范学校培养中等学校（相当于初中）和中等师范学校教师。其专业设置和我国高等师范院校不同，它完全按照普通中等学校的课程分类和中等师范学校的需要设置专业，一般只设数学、自然科学、社会科学、外语、学校指导和西班牙语 6 个专业。其中学校指导专业（开设人际关系、应用心理学、脑力卫生、临床心理学、评价学、职业指导、教育人类学、教育社会学、教育调整研究和教育计划等课程）是我国师范教育所没有的。所有 6 个专业都开设公共教育专业课，所设课程尤其比我国高等师范院校多，设有心理学、教育工艺学、生理学、解剖学、应用社会学、特殊教育原理及职业指导等 11 门。

专门师范学校培养工农业职业教育教师、体育教师和各类特殊儿童教育教师。分工业劳动师范学校、农牧业劳动训练师范学校、体育师范学校和特殊教育师范学校四类学校。特殊教育师范学校按特殊儿童的种类分别开设智力缺陷儿童教育专门课程、盲童教育专门课程、听力及语言障碍儿童教育专门课程、运动器官残废儿童教育专门课程以及违法犯罪儿童教育专门课程。

墨西哥师范教育不但系统完整，而且有严格的管理体制。墨西哥公共教育部对各级各类师范学校的教师资格有严格的规定，执行严格的证书制度和聘任制度。公立学校的教师必须由公共教育部聘任，私立学校的教师也要按法律的规定由有关机构聘任。各类师范学校实行严格的考试和证书制度。所有中等师范学校的学生均授予肄业证书（或叫学习证书），只有经过专业考试并且合格者，才授予教师职业证书，同时授予学士学位证书（相当于我国的高级中学毕业证书）。高等师范学校的学生毕业后授予师范教育硕士学位；在高等师范学校研究班读完研究生课程并且成绩合格者，授予博士学位。

以上是墨西哥师范教育发展史的一个简单的回顾。这里有一个近几年来讨论较多的问题，这就是教育史分期问题。究竟是什么决定了教育（包括师范教育）的发展呢？非政治教育论者认为，是生产力。他们说，教育发展的历史是以生产力的性质来划分的，手工生产力产生了古代教育，机器生产力产生现代教育；因而，凡现代教育都是生产性的、非政治的。纵观墨西哥师范教育的历史，上述论点是不能成立的。从墨西哥师范教育一个半世纪的发展历史可以看出，直接影响墨西哥师范教育产生和发展的主要是三个因素。首先是政治的因素，即新兴资产阶级和封建阶级的斗争。从 19 世纪初开始慢慢成长起来的墨西哥资产阶级，经历了独立革命、阿尤特拉革命、1910—1917 年革命、卡德纳斯改革以及称之为"制度革命"的战后改革等几乎整整一个半世纪的政治斗争，才确立了自己的政治统治，从而也确立了较为完备的教育体制和师范教育体制。其次是宗教的因素。天主教在墨西哥发展史上起着特殊作用。自 16 世纪 70 年代强大的耶稣会进入墨西哥后，发起以宗教政治为目的的教育运动，并创办培训教师的学校，形成一支不可忽视的传统力量。墨西哥的师范教育发轫于民族国家形成时期国家举办公共教育的需要，这就要打破天主教对教育的垄断，墨西哥人民为此进行了近一个世纪的斗争。第三是科学文化因素。历史证明，师范教育是在教育理论和教学理论日益发展，教师职业培训的必要性日益为人们所认识的条件下诞生，并随着教育科学的发展而发展的。而科学理论的传播是没有国界的，所以，尽管墨西哥的机器生产力到 19 世纪末才开始形成，但现代教育思想如启蒙思想家的教育理论以及实验主义思想家的教育理论却在 19 世纪初叶和中叶传入墨西哥，并对它的师范教育发展产生巨大的影响。总之，墨西哥师范教育产生、发展的过程是一个多因素交互作用的复杂过程。这些因素正是在墨西哥经济基础上形成、变异和发生作用的。在这个过程中，生产力对教育发展的决定性作用不是直接的、单线条的，而是经过生产关系、政治、文化等许多中间环节曲折发生的。这就是说，一个国家教育（包括师范教育）发展的阶段性并不是直接地由孤立的、脱离社会阶级属性的生产力发展的阶段性决定的，而是由一国的生产方式、经济基础及与之相适应的政治等上层建筑的发展阶段性决定的。非政治教育论者抛弃马克思主义的历史唯物主义理论，用一种机械的"唯生产力标准"构筑的非政治教育发展理论是经不起历史实践的检验的。

墨西哥师范教育经济职能和墨西哥政治

非政治教育论者的另一个重要论点是，现代教育的发展趋势是越来越经济化，现代教育的本质特点是它的经济职能，是它的生产力性质，因此，教育必须"转轨"，或"转变功能"，必须以教育的"经济倾向"取代教育的"政治倾向"，甚至提出要"把产业化作为教育发展的战略措施"，树立"以教育获取利润的观念"，实行教育的"商品化"。为此，首先要"摆脱"国家财政控制这条"无形的绳索"，实行学校的"全价收费"，自由竞争[①]。

如果说，二次大战前，墨西哥教育界还很少讨论教育的经济职能的话，那么，二次大战后，随着世界科学技术的突飞猛进和墨西哥经济的迅速发展，墨西哥教育界的确是越来越重视教育的经济职能了。70年代以来，墨西哥公共教育部一再强调，在新的形势下，必须考虑教师职能的社会性和经济性[②]。政府制定的发展教育的五大目标之一，提出要"把终结性教育（指职业技术教育）和国家、社会所需要的生产、服务系统联系起来"[③]。墨西哥师范教育的新教学大纲也强调社会经济发展及其对师范教育的新要求，特别重视对教师能力的培养。为适应经济发展的需要，70年代以来，墨西哥的职业技术教育有较大发展。据墨西哥公共教育部统计，1970—1971学年，全国职业技术学校共有

---

① 参见《教育研究》1989年第6期，第9期，《延边教育学院学刊》1988年第3/4期。

② 墨西哥公共教育部：《关于墨西哥教育的报告》，墨西哥1979年版，第75页。

③ 墨西哥公共教育部：《墨西哥教育报告》，墨西哥1981年版，第8—9页。

276 所，到 1978—1979 年，增至 1436 所，8 年间增加了 4.2 倍，1984 年更增至 3700 多所。在这种形势下，各类职业课教师的培训工作就成为师范教育发展的当务之急。因此，墨西哥政府大力发展高等技术学校和工业职业师范学校，仅 1977—1978 一年，前者在校学生增加 36.2%，后者在校学生增加 5.5%。据专家预测，到 2000 年，墨西哥高级中学的在校生将由 1980—1981 学年的 106 万人增至 580 多万人，其中将有 380 万人接受职业技术教育。可见，墨西哥的职业师范教育将有一个更大的发展。所有这些都说明，教育经济职能的加强的确是战后墨西哥教育发展史上一个突出的发展趋向。现在的问题是，这种趋向是否如非政治教育论者所说，是同教育的"政治倾向"相排斥，因而必须用"经济倾向"取代教育的"政治倾向"呢？是否必须"摆脱"国家财政的"绳索"去实行教育的"产业化"、"商品化"呢？墨西哥教育发展的历史实践对这个问题的回答是否定的。

墨西哥也曾经历过从革命时期到以发展经济为主要目标时期的历史转折，这就是 1940 年。这一年以后的两届政府（卡马乔政府和阿莱曼政府）都把政策的重点由 30 年代的重新分配有限的资源转到提高生产力和经济效益方面，集中力量实行城市工业化，并相应修改宪法，删除宪法中维护工农利益的有关社会主义教育的条文。结果，城市经济虽然繁荣了，但由于社会严重两极分化，受教育机会分配不均的情况显著恶化，600 万名学龄儿童中，能上学的不到 250 万人，农村儿童入学率只有 5%[①]。阶级斗争也随之激化。1952 年 R. 科蒂内斯执政后，看到政府的政策如继续右倾有可能引起政治危机，又把工作的重心重新移到农村，大力举办

---

① 迈克尔·C. 迈耶，威廉·L. 谢尔曼：《墨西哥历史进程》，美国 1987 年版，第 645 页。

农村教育。1968 年，奥尔达斯政府的教育预算增至占政府总预算的 26%，成了全世界教育预算最高的国家之一。1973 年，政府制定《联邦教育法》，明确规定"教育属公共服务"（而不是生产力），教育投资"属社会福利范畴"，"国家付给教师合理报酬"，等等。1980 年，墨西哥教育出现了前所未有的光明前景：不但文盲的比例不断下降，而且文盲的绝对数也开始下降。

由此可见，战后墨西哥教育的成功并不是教育"摆脱"国家财政束缚，实行什么"产业化"、"商品化"的结果，而是人民大众进行了政治斗争，促使政府调整了卡马乔、阿莱曼两届政府政策，适当照顾工农利益，大力举办以教育为主的社会福利事业的结果，也就是说，是适当调整了生产关系和阶级关系的结果。这种调整，反过来为经济发展创造了必要的社会政治条件——政治的团结统一和社会的安定，使墨西哥经济能较快发展，在危机时期能渡过难关。可以说，这是墨西哥革命制度党之所以能长期执政，维持其一党专政的一项相当成功的统治术。有些史学家把这种统治术称为政治的"钟摆"效应①：当一届政府政策的"钟摆"摆到了右的警戒线，过多地损害了工农阶级的利益，有可能引起反抗时，下一届政府政策的"钟摆"就从右向左摆，当它摆到左的警戒线，威胁到统治阶级的统治时，下一届政府政策的"钟摆"又回过头来往右摆，如此往复不止。在这种生产关系和阶级关系不断调整的政治进程中，师范教育作为国家上层建筑的一部分，发挥着重要作用。从墨西哥全国科学技术委员会 1981 年颁布的《教育调查核心计划》的内容看，墨西哥教育系统有如下七项职能：（一）分配职能（主要是入学机会

---

① 参见托马斯·E. 斯基德莫尔，彼得·H. 史密斯：《现代拉丁美洲》，牛津大学出版社 1984 年版，第 7 章。

和教育效益的公平分配），（二）为国家经济发展作贡献的职能（教育系统与生产系统，劳动力市场的联系），（三）发展文化的职能（改善文化环境），（四）充分提供教育的职能，（五）确保训练和发展智力的职能，（六）社会化职能（灌输所要求的各种价值观和态度），（七）研究和计划的职能（为国家制定教育政策提供科学依据）。这些职能都不是生产实体或生产力直接创造物质财富的职能，而是参与综合调整社会有机体中生产力与生产关系，经济基础与上层建筑相互关系的职能。从这里可以看出，在教育与政治经济的关系上，教育既可以作为国家的一项公共福利事业，成为国家用以调节国民收入再分配，从而调整生产关系和阶级关系的一种最有利的砝码，也可以作为一个塑造公民灵魂的伟大工程师，成为国家解决社会政治矛盾的一种最民主的手段。这两者对促进经济的发展都是有重大作用的。

总之，墨西哥教育发展的历史经验表明，教育并不是作为生产力直接行使经济职能的，而是作为上层建筑的一部分，通过政治的、法律的、意识形态的等上层建筑的中介，通过培养国家所需人才以及帮助国家巩固、发展或改造一定的生产关系和政治制度的努力而对经济发生作用的。师范教育的任务就是要通过自己的理论创造和实践来保证整个教育系统正确地行使这些职能。如果像非政治教育论者所主张的那样，割裂教育与国家的联系，将国家所办的学校全部化为私有的、以赚钱为目的的自由产业，那么，与自由买卖关系相对立的义务教育将无存身之地，而主要为实施义务教育服务的师范教育自然也难以存在和发展。

人的发展问题的提出意味着什么？

在战后墨西哥师范教育发展史上，还有一个值得注意的趋势，这就是随着世界科学技术的日益发展，墨西哥政府越来越把"人的发展"看成是社会发展的主要目标。1946 年宪法明确规定，教育的主要目标在于"和谐地发展人的全部能力"。70 年代以来，墨西哥政府反复强调"一个国家决不可能超出其教育发展达到的程度而向前发展"[1]，并以此作为制定教育政策的出发点。墨西哥前教育部长索拉纳把国家的教育政策称为"发掘（人的）潜力的艺术"。墨西哥政府还提出教育的"人道主义"原则。这说明，人的发展问题确已成为墨西哥教育发展的核心问题。但是，人的发展问题提出的本质意义究竟是什么呢？非政治教育论者认为，这说明"人的问题已日益被确认为主体"，说明"现代人和传统人的根本区别"在于他是"属于他自己的""自由人"，说明"从社会需要出发"而培养各种"人力"的教育是"压抑人性的"，"非人道"的教育，只有"从人的完善发展的需求出发"的"人的教育"才是符合"人道"的教育，说明现今的"时代性问题"就是"要使人是人"，实现"人性复归"，因此，现代教育应该是实现"人"的价值的"人"的教育，而不能是"工具价值"（指培养为一定社会服务的"人力"）的阶级的教育。[2] 他们的结论是，教育应该是非政治的，超政治的。然而，墨西哥教育发展史所证明的，恰恰是相反的，不但实际生活中不存在这种超政治教育，就是在师范教育的论坛上和官方的宣言中，也不曾见到这样超尘脱俗的观点。

关于"教育自由"和"人道"一类提法，在墨西哥宪法的历次修改中有一个值得深思的变化过程。早在 1857 年墨西哥宪法中，"教育自由"已作为一个原则确定下来，这是在反桑塔安

---

[1] 墨西哥公共教育部：《墨西哥教育报告》，墨西哥城，1981 年。
[2] 参见《教育研究》1989 年第 5 期。

纳独裁统治的阿尤特拉革命中提出的口号，它反映了人民反封建压迫，追求自由生活的愿望。其实，当时参与制定宪法的议员们对"教育自由"的理解是简单的，如议员费·索托等人就把"教育自由"理解成教育市场的自由。他们说，教师是无需专门培养的，市场供求法则将自然而然地，公正地决定教师的命运："生意好"，"顾客多"，需要教师就多；"生意不好"，"顾客少"，教师就不得不改行，从事其他职业。只要教育自由，教师的职业就会给那些没有生意的律师和失业的哲学家提供传播知识的机会，从而为他们开辟一条恰当的职业之路。这种理论对于当时教育界反宗教控制的斗争是有力的武器，但对于师范教育的发展却没有起到好的作用，所以很快就失去了生命力。1910 年资产阶级革命胜利后所制定的 1917 年宪法，保留了"教育自由"的旗帜，同时规定了教育的世俗性原则，宣告墨西哥人民反教会以及反大庄园主阶级封建统治斗争的胜利。1934 年，卡德纳斯主持制定的宪法把"教育自由"修改成"社会主义教育"，如前所说，这是在世界资本主义经济危机中广大工农民众普遍觉悟和动员的结果，反映了他们要求消灭阶级压迫、争取劳动阶级解放和教育权利的愿望。随着工农运动的低落和资产阶级力量的壮大，社会主义教育被资产阶级政府取缔了。在 1946 年修改宪法时，"社会主义教育"的旗帜被砍掉，代之以"人的发展"和"人道主义"的旗帜。由此可见，墨西哥宪法中有关教育条款的一系列变化是整整一个世纪政治斗争的结果。显然，这里所说的"教育自由"、"社会主义"、"人的发展"、"人道主义"，都是政治斗争的旗帜，都是为一定阶级的政治服务的。"人的发展"并不是什么非政治的"人"的宣言；这一点，我们从墨西哥宪法教育条款中有关"民主"概念的解释可以看得更清楚。宪法规定，"民主"就是指墨西哥社会的"法定的结构和政治制度"。

因此，墨西哥教育所提出的"人的发展"这一概念中的"人"，是指墨西哥"法定的结构和政治制度"下的人，决不是什么非政治的不食人间烟火的抽象的人。其实，按社会需要培养人，是教育发展的规律，早已成为理论界的共识。美国社会学家戴维·波普诺指出，"每个社会都力求使其成员的行为符合该社会的利益"①。联合国教科文组织的教育家皮烈博士更明确地指出，师范学校必须根据文化、教育制度、社会、政治、社区、教育专业理论、教育专业智能等多方面的需求来培养教师②。

总之，战后墨西哥师范教育强调"人的发展"问题，只不过是在当今世界科学技术迅猛发展时代，墨西哥社会对自己公民素质的要求提高在教育上的反映。它并未超出墨西哥"法定的结构和政治制度"。因此，不可能引出非政治教育的结论。

思考所及的几点结论

根据以上三个部分的内容，思考所及，可以得出如下几点结论：

第一，墨西哥师范教育发展的历史证明，无论是在教育发展史分期及其动因问题上，还是在所谓现代教育的"经济化倾向"和"人的发展"问题上，非政治教育论者的论点都是经不起历史实践的检验的，因而，他们由此得出的反对教育为一定阶级的政治服务的非政治教育观是错误的。

第二，墨西哥教育发展的历史经验证明，教育在任何时候都

---

① 〔美〕戴维·波普诺：《社会学》，辽宁人民出版社1967年版，上册，第227页。

② 参见林永喜《师范教育》，台湾文景出版社1986年版，第15页。

是不可能脱离政治的，不仅如此，教育还是政治斗争的最民主的方法，即可以通过教育方式（包括行使上述的多种教育职能），巩固与发展一定阶级的政治，缓和与解决政治矛盾，从而为经济发展创造安定的社会政治条件的方法；它不同于特定时期政治斗争的最高形式——武装斗争的方法，也不同于我国"文革"时期群众大批斗的所谓"大民主"的方法。在这个意义上，我们可以说，教育就是民主形式的政治，亦即"教育政治"，而那种不民主的群众大批斗形式的政治，我们可以称之为"非教育政治"。战后墨西哥政局之所以比较稳定，重要原因之一就是它的"教育政治"搞得比较好，能够使教育系统同国家的政治发展相配合，形成一种制度化的、参与解决社会政治冲突的、弹性的、调节机制。这一点对于我们无疑是有借鉴作用的。所以，我们的结论是：基于历史的教训，我们不能要"非政治教育"（这是骗人的，实际上不存在的），也不要"非教育政治"。而是要"教育政治"。.

第三，联系我国政治发展的历史经验，可以看出，"非政治教育"同"非教育政治"在一定条件下是相互转化的，这就是所谓"物极必反"规律。"非政治教育"无限制的发展，带来严重的资产阶级自由化，其结果必然转化为"非教育政治"——"大民主"（动乱）；"非教育政治"的严重发展，不可避免地会伤害和打击很多人的积极性，使他们对政治感到厌恶，从而又转化为"非政治教育"：如此下去，以致形成一种政治生活的恶性循环，在"非教育政治"时期，许多人免不了会染上"政治狂热病"，导致"非教育政治"的极端化，而在"非教育政治"时期过后，许多人又会患"政治恐惧幼稚病"或"政治消沉幼稚病"，为"非政治教育"的再度流行创造条件；然后又是资产阶级自由化……显然，如果这种政治的恶性循环不予终止，患这类政治病的人会越来越多，会造成一种很不正常的、对经济发展极不利的、轮番动乱的政治局面。这是不能不引起我们警惕的，尤其应该引起肩负教育理论与实践指导大任的师范教育界的注意。

（原载《拉丁美洲研究》1990 年第 2 期）

论教育在现代化进程中的战略地位

——关于中国和拉美国家教育改革经验的比较思考

问题的提出

早在中国共产党第十二次代表大会上就已提出把教育和科技列为社会主义现代化建设三大战略重点之一。随后，党的十三次代表大会又提出"把发展科学科技和教育事业放在首要位置，使经济建设转到依靠科技进步和提高劳动者素质的轨道上来"；第十四次代表大会进一步强调，"必须把教育摆在优先发展的战略地位，努力提高全民族的思想道德和科学文化水平，这是实现我国现代化的根本大计"。可见，中国共产党和中国政府始终十分重视教育在现代化进程中的战略地位，而且，10多年来教育战线已经取得了不容置疑的成就。但是，从最近报道的一些情况来看，形势仍然是严峻的。由于教育投资的主渠道政府投资日益困难，一些地方政府领导人对在本世纪末实现普及九年制义务教育的目标信心不足，许多中小学校长整天为筹措教育资金奔走，不少中等专业学校也从助学金制，改为收费制，而且学费越来高，许多学生因付不起昂贵的学费而无法继续求学，因而导致大量中小学生辍学，有的农村学校初中三年的流失率高达 50% ①，高校"经商热"，挤了人才培养和科学研究这两项主业……与此同时，在一些地区特别是经济落后的农村，拖欠教师工资的现象屡屡发生。基于此，对"教育危机"忧虑的文章又不时见诸报端，有些文章呼吁，"让那些经济上尚未彻底翻身的农家子弟在文化上先翻身"，"给贫困家庭的学生一条出路"②。因此，当前教育战线上存在的问题十分尖锐地摆在全国人民面前，应该引起高度重视。为什么过去几十年在教育战线上没有出现过的问题如今却如此尖锐地表现出来，这是一个值得深入研究的问题。从发展中国家教育改革的经验来看，其中一个重要的原因就是人们对教育在现代化进程中的战略地位的理解和认识存在着误区，在宣传导向上还存在着某些片面性。十年来，我们的舆论一直在强调教育的生产力性质，教育与商品经济、市场经济的接轨，以及教育对经济的决定作用，以为这样一宣传，就足以把教育摆到优先发展的战略地位上。其实，这是一种不切实际的想法，是同迟发展国家现代化发展的规律、同教育自身发展的规律不相符的。本文试从中国和拉丁美洲国家教育改革经验的比较思考上来探讨这个问题。

教育怎样在现代化建设的全局上发挥战略作用

第二次世界大战以后，在国际事务中出现了两件具有重大意义的大事：一件是新的世界技术革命；另一件是第三世界的崛

---

① 《光明日报》，1993 年 12 月 28 日。

② 同上。

起。这两件大事在很大程度上决定了当代世界发展的基本方向，同时也决定了发展中国家只有实现现代化才可能有自立于世界民族之林的前途。因此，发展中国家为实现现代化而普遍进行的教育改革，就成了当代世界发展的主要内容之一。拉美国家的教育改革是走在发展中国家的前头的。当许多亚非国家还在为独立、解放而斗争的时候，拉美国家就已开始致力于为满足经济现代化需要的教育改革并逐渐形成了强大的教育改革的潮流。墨西哥70 年代初的教育改革和 80 年代末的教育现代化运动，巴西 60 年代末的高等教育改革和 70 年代初的初、中等教育改革，智利1966 年和 1970 年的教育改革，阿根廷 1966—1971 年的教育改革，秘鲁 60 年代末和 70 年代初的教育改革，哥伦比亚 1969 年的中等教育改革和 70 年代中后期的教育合理化改革，委内瑞拉1973 年的中、初等教育改革和 70 年代的高等教育改革，等等，都是拉美现代教育史上有影响的教育改革运动。中华人民共和国成立后，也进行了深入的教育改革，并取得了历史上从未有过的巨大成就，但是，由于全国工作的重点一直没有转移到经济建设上来，由于"左"的干扰和破坏，中国同发达国家之间在教育发展水平上本来已经缩小的差距又扩大了，本该在 60 年代进行的教育现代化改革不得不推迟到 70 年代以后才切实开展起来。1985 年 5 月，中国颁布了《中共中央关于教育体制改革的决定》，第二年颁布《义务教育法》，1993 年，中共中央和国务院又以建设有中国特色社会主义理论为指导，总结了党的十一届三中全会以来教育改革和发展的经验，制定并颁布了《中国教育改革和发展纲要》。所有这些都标志着中国教育改革和发展已进入了一个崭新的阶段。

对于这个教育改革潮流，几乎所有发展中国家的领导人和教育界人士都有一个共识，那就是：面对激烈的国际竞争和新技术革命的挑战，必须把教育摆在优先发展的战略地位。中国把这种共识写进了《中国教育改革和发展纲要》，明确指出"教育是社会主义现代化建设的基础，必须坚持把教育摆在优先发展的战略地位"。许多拉美国家的领导人也都有类似的看法。墨西哥总统萨利纳斯就曾明确指出，墨西哥的教育体制必须改革，"没有这个改革，国家是不可能实现现代化、达到社会公正的"。此后，他又强调："祖国的命运取决于国民教育所采取的方向"。[①] 古巴共和国主席卡斯特罗 1986 年也指出，"在本世纪、下世纪，乃至永远，摆在我们面前的一切的一切，都和教育质量有关"[②]。可见，发展中国家对教育的重要性是有明确的认识的。但是，各国在理解教育的重大战略意义方面还存在着差别，有的是用经济主义目标模式来看待教育的重要性，有的是用人的社会化目标模式来看待教育的重要性。前者把教育看成是生产力，把对教育的投入看成是生产性投资，是"人力资本"，追求的是纯粹的经济利益。后者认为，教育的目的是要把人塑造成一定社会所要求的，在生产力、生产关系、政治制度、文化习俗、生活方式、价值观念、道德面貌等各方面都符合该社会需要的成员，以达到社会的一体化发展。尽管这两种看法都把教育摆在十分重要的地位，但它们在确定教育发展的方针和选择教育发展的战略上却是明显不同的，因而其教育发展的结果也不一样。从巴西和古巴两国教育改革的经验中可以清楚地看出它们的不同。

巴西 70 年代的教育改革基本上是在经济教育观的指导下进行的，教育被看成是一种能够导致经济增长和变革的巨大力量，

---

① 墨西哥联邦政府、公共教育部：《教育现代化纲要，1989—1994》，墨西哥 1989 年。

② 转引自曾昭耀《古巴教育述评》，《教育研究》1989 年第 3 期，第 30 页。

是一种生产力，尽管改革的法令也规定要延长义务教育年限，普及义务教育，实行普通中等教育与职业教育结合，推行中等义务职业教育制度，并发展系统的非正规教育，加强成人扫盲教育和成人补习教育，以解决教育不适应巴西经济发展需要的矛盾。但是，由于巴西社会生产关系不合理，贫富分化严重，教育的发展被市场经济中的统治阶级所支配，结果联邦教育经费的一半以上被投放到了高等教育，造成高等教育迅速膨胀，而初中等教育步履维艰，7—14 岁儿童的实际入学率仍然停留在 67.4%（1983年），1980 年仍有 1871.7 万文盲，比 1970 年还增加了 57 万。巴西教育部部长埃斯特·菲格雷多·费拉兹不得不承认"巴西教育制度的失败"。与此相反，古巴革命后的教育改革则是按人的社会化目标模式进行的，古巴领导集团不是完全从经济的角度来看待教育，而是从整个社会的变革、发展和进步来看待教育的战略意义。卡斯特罗 1961 年就说过，教育落后不仅仅影响经济的发展，它还是政治上受压迫、经济上受剥削的标志。因此，在古巴，教育不仅仅是发展生产力的手段，而且，它本身就是发展的目标，发展教育不仅是社会进步的首要任务，而且还是民族独立和人民解放的最高旗帜，也就是古巴革命的最高旗帜。由于古巴政府奉行这样的发展理论和教育思想，30 年来，它能够做到以国民生产总值 10% 以上的资金发展教育，并把普及初等教育作为国家的中心任务之一，进而普及初中教育；从一开始就把发展农村教育看成是完成革命主要目标的基本战略，并逐步在农村普及中等教育，努力从根本上解决城乡不平等问题；把成人教育列为教育改革的重要任务，并在完成扫盲任务之后，相继发动了普及成人初、中等教育的"战役"。现在，古巴已基本上普及了中等教育，全国人口的识字率已高达 95% 以上，被国际教育界赞扬为"一个有成熟的教育制度的国家"。

上述两个拉美国家教育改革的经验提醒我们，仅从经济职能上去看待教育的重要性是片面的，表面上似乎是把教育置于宁可牺牲经济也要"超前发展"的地位，但实际上是降低了教育的作用，因为教育本来就有多种功能。按墨西哥全国科学技术委员会1981年颁布的《教育调查核心计划》的分析，墨西哥教育系统有7种职能，即"分配职能"（主要是入学机会和教育效益的公平分配）、"为国家经济发展作贡献的职能"（教育系统与生产系统以及劳动市场的联系）、"发展文化的职能"（改善文化环境）、"充分提供教育的职能"、"确保训练和发展智力的职能"、"社会化职能"（灌输所要求的各种价值观和态度）以及"研究和计划的职能"（为国家制定教育政策提供科学依据）。美国社会学家戴维·波普诺也说："人们已确认了教育的5个主要目的：（1）社会化；（2）社会控制；（3）选择和分配各种社会角色；（4）同化新来者和维护亚文化；（5）为社会变革和变化做准备。"① 所有这些职能或目的，都不是生产实体或生产力直接创造物质财富的活动，而是参与综合调整社会机体中生产力与生产关系、经济基础与上层建筑相互关系的活动。从这里可以看出，教育绝不只是为国家创造与发展生产力的工具。它既可作为国家的一项公共福利事业，成为国家用以调节国民收入再分配，从而调整生产关系和阶级关系的一种最有利的砝码，也可作为塑造公民灵魂、解决社会政治矛盾的一种最民主的手段，这两者对促进经济的发展都是有重大作用的。片面地强调它的经济功能，而不去发挥它的其他各种重要功能，就是降低了教育的作用。不仅如此，经济教育观试图通过教育来解决发展中国家的经济发展

① 戴维·波普诺：《社会学》下册（中译本），辽宁人民出版社1987年版，第291页。

问题，也是不现实的，因为发展中国家之所以落后，绝不只是教育落后造成的。这一点已被广大发展中国家现代化进程的事实所证实。

在这里，我们要特别谈谈拉美国家的教育与政治的关系问题。对于发展中国家来说，现代化建设中最大的难题并不在经济，而在政治。这几乎为拉美学者所公认。经济学家在谈到50年代到70年代中期墨西哥经济成就时，都认为这是个"奇迹"（年均增长率高达6%），但政治学家则认为，墨西哥的"真正奇迹"并不在于经济，而在于政治，在于墨西哥几十年的持续的政治稳定，如果没有政治的稳定，经济的发展是不可能的，而政治的稳定对处于现代化进程中的发展中国家来说，是最难实现的。因为发展中国家的现代化同发达国家历史上的现代化是不同的。发达国家的现代化是原发型的现代化，这种现代化是一个自发的、逐步成熟的自然过程，绵延数个世纪之久，其所带来的矛盾或危机不是集中的，通常可以一个危机解决之后再处理另一个危机，而且还有它们所征服的殖民地做"安全阀"，可以把国内解决不了的危机转嫁到殖民地去。而发展中国家的现代化是诱发型的现代化，赶超型的现代化。这种现代化是一个在国家领导下自上而下的、自觉的定向的进程，早发展的发达国家几百年现代化进程所陆续提出和实现的目标，诸如权威集中、国家整合、社会动员、经济发展、教育普及、政治参与、社会福利，等等，几乎都一股脑儿提到了这些国家现代化的日程上，导致危机丛生，难以招架。美国著名政治学家亨廷顿有一句名言："现代性产生安定，但现代化则招来不稳定"①，就贴切地反映了这种情况。

---

① S. P. 亨廷顿：《转变中社会的政治秩序》（中译本），台北，黎明文化事业公司1985年版，第36页。

而且，现代化变革的速度越快，就愈容易造成政治上的不安定。

所以，对于发展中国家来说，现代化的一个关键问题，就是要解决政治安定的问题。在这一方面，教育是有重大作用的。教育问题解决好了，它可以成为安定的因素，解决不好，又可能成为动乱的因素。所以，只把教育同经济联系起来，或只把学校看成是向学生进行教育的场所，而看不到教育系统本身就是社会的缩影，是整个社会政治、经济、文化和思想变化的一个庞大的系统，那是远远不够的。

那么，怎样才算把教育问题解决好了，怎样才能把教育系统变成发展中国家政治安定的一个因素呢？根据拉美国家现代化建设的经验，最根本的一条就是要实现教育的公正，也就是受教育权利和教育机会人人平等。一个政治安定的国家必然是社会流动的渠道畅通、青年人有用武之地、能够施展其聪明才智，并能公平地获得发展机会的国家，也就是我们所说的"政通人和"的国家。在各种社会流动的渠道中，教育系统是最重要的一条渠道。把教育的事情办好了，国家的政治稳定就在很大程度上有了保证，政治稳定了，经济才有可能取得大的发展，经济的现代化和迅速发展反过来又可以促进政治稳定，从而形成现代化发展的良性循环。在拉美国家中，墨西哥之所以能够创造出保持 60 多年政治稳定的"奇迹"，从而实现稳定发展，主要的经验之一就是在这方面做得比较好。

总之，发展中国家现代化建设的特点是国家对现代化进程的领导和推动，政治起着十分重要的作用。因此，必须把教育的政治职能摆在十分重要的地位上，至少不能低于经济职能。邓小平同志在 1989 年曾多次指出："十年最大的失误是教育。"这里所说的失误并不仅指学校政治思想教育，还包括教育事业没有发挥好其本身所应有的政治职能。这一点人们似乎还不大注意。有的人只强调领导干部要懂经济，而不强调要懂政治。其实，对于发展中国家来说，领导教育事业固然应该懂经济，但更重要的是要懂政治。因为政治是经济的集中表现，是真正决定全局的东西。拉美教育改革和发展的某些成功经验对于人们认识这个道理一定会有帮助。

教育应适应市场经济体制建设的需要

如果教育体制的改革是要以人的社会化为目标，是要发挥教育在各方面的职能，特别是它的政治职能，那么，我们又怎样按照《中国教育改革和发展纲要》的要求，使我们的教育体制与社会主义市场经济体制相适应呢？

其实，关于这个问题，中国教育界已经讨论了多年。起初，建立社会主义市场经济体制的目标还没有提出来，讨论的是关于"社会主义教育与社会主义商品生产到底是怎样的关系"的问题（1987 年）。当时有两种意见。一种意见认为，在商品经济条件下，竞争是社会主义教育发展的必然趋势，是教育的特性之一；教育必然要商品化，只有使教育商品化，实行"谁受益、谁出钱"的原则，教育才能充满活力，才能解决教育的经费问题。另一种意见则与此针锋相对，认为商品经济所遵循的原则是"优胜劣汰"，而教育的目的则在于使每个青少年都获得学习的机会，得到合理的发展，教育本身的这种性质和特点决定了它不能商品化。自 1992 年中国提出进一步深化改革开放、建立社会主义市场经济体制的目标之后，这场讨论又得到进一步深化，成了一场关于"教育改革与社会主义市场经济体制"问题的讨论。对此，同样也有两种意见。一种意见认为，"商品经济和市场所奠定的诸多观念的价值……也应当成为我国教育现代化的基本取向"，"价值规律和利益原则""对教育同样是最重要的"；"能够适应经济建设的新的教育机制的重要特征之一，就是使学校能够在市场中获得自我发展的能力"，如果教育"仍然是'赔钱'的事业，那么教育之轮就不可能真正飞转"。甚至有些权威人士也认为必须"改变那种把教育投资当做福利、消费性投资的观念"，认为在社会主义市场经济条件下，"劳动者的收入本身就包含着一定量的教育费用"，应该承担起家庭投资的义务，若不然，"养不教，父之过"，就违背了中华民族的优良传统。另一种意见则认为，教育和市场经济不是同一种性质的社会现象，各有各的规律；教育是国家的事业，实行市场经济丝毫也不能取代和减轻国家对教育的责任和领导。

关于怎样看待和认识教育在建立市场经济体制过程中的战略地位问题，拉美国家教育改革的经验对我们是很有启发的。

拉美在16世纪初至19世纪初长达3个世纪的殖民统治时期和独立后1个世纪左右基本都实行单一产品的种植园经济，生产方式十分落后。在这种落后的生产方式的基础上所形成的教育体制具有两个明显特点：第一，教育只是统治者的特权、地位和身份的标志，除了培养统治机器、各部门的官僚以及统治阶级所需要的律师和医生外，几乎同劳动人民不发生关系。第二，只有教育自身各等级之间的纵向联系，没有与其他社会经济部门之间的横向联系，也就是说，教育没有发挥社会经济职能。由于这两个特点，拉美的教育体制在长达400年的时间里，一直是脱离生产的封闭式的体制，无论教材、教法还是制度都是僵化的、没有生气的。

第二次世界大战以后，拉美各国的社会生产力有了较大的发展，经济结构逐渐发生了变化。绝大多数国家都先后开始了工业化进程。经济上的这一变化与传统的教育体制发生了尖锐的矛盾。这种矛盾主要表现在以下两个方面。

首先，教育不适应现代化社会生产发展的需要。现代化的大生产对劳动者的文化水平和技术能力的要求越来越高，而传统的、封闭式的教育体制则原本是适应封建社会统治者的需要建立起来的，它不但不能满足现代化生产对劳动者素质的日益提高的要求，而且还不断强化国家机器的非生产性质，从而造成整个上层建筑对生产力的束缚。70 年代一份有关危地马拉人力资源的研究材料指出，危地马拉具有大学文化程度的人才大约 70% 和中等文化程度人才的 50% 以上都为公务部门所吸收，结果造成学生纷纷攻读人文学科而不肯学习科学技术。这种情况不仅间接地决定了危地马拉教育与生产相脱离的性质，而且还不断强化着国家机器的非生产性质，因而不利于生产力的发展。

其次，教育跟不上科学技术发展的形势。现代工业的技术基础是革命的，它必然地要带来劳动的变革、职能的更动和工人的全面流动，这就要求所有的社会成员都要有一定的文化和技术基础，要求不断提高全民义务教育的程度。但是，传统的、封闭的教育体制则阻碍教育的自身发展，因为这种体制脱离社会生产的需要，所培养的人大都不能转化为现实的生产力，不能为社会创造更多的物质财富。因而也就必然要削弱教育自身所赖以发展的经济基础。

由于以上原因，拉美各国政府在第二次世界大战后都开始制定新的教育发展方针。墨西哥政府于 1973 年颁布联邦教育法，提出了教育目标与经济目标相结合的原则，要求教育必须具有“灵活”和“开放”的性质，能够反映墨西哥“社会结构的变化”。巴西政府提出了教育的发展应该服务于一定的经济模式的方针，认为教育应该为国家的经济发展提供熟练的人才，等等。由此可见，拉美战后的教育改革就是要改革沿袭了几百年之久的、与社会生产相脱离的、封闭的教育体制，是要解决教育与经济现代化不相适应的矛盾。拉美国家尽管都是资本主义国家（除了古巴），都实行市场经济，但它们在现代化进程中并没有提出"教育商品化"、"教育市场化"之类的问题。从 80 年代开始，拉美国家又普遍开始了从国家干预下的进口替代工业化发展战略向市场导向的面向出口和有选择进口替代相结合的新的发展战略的转变，开展了所谓"经济市场化"、"企业私有化"、"贸易自由化"的经济改革，步子是迈得很大的。但是，它们不但没有提出什么"教育竞争"、"教育商品化"、"教育市场化"、家庭为孩子的教育进行"生产性投资"、通过教育市场化来求得教育的"自我发展"之类的命题和口号，不但没有人公然反对"把教育投资当做福利、消费性投资"的观念，而且还大张旗鼓地宣传教育的福利性质、平等性质。《墨西哥联邦教育法》明确规定："本法规定具有公共及社会利益性质"、"国家、其各下属权力机构以及经官方批准或承认的私人办学机构所从事的教育属公共服务"，教育的宗旨之一是要"创造人们在自由的前提下，合理分配物质及文化财富的条件"，"国家实施免费教育"，"国家、其下属权力机构及私人办学机构对教育进行投资属社会福利性范畴"，"国家所有居民有受教育的同等机会"，等等。1989 年颁布的墨西哥《教育现代化纲要》也规定："我们要改革那种阻碍国家进一步发展、阻碍给所有墨西哥人以平等机会的东西"；"支持以福利为目的的经济增长"；教育改革的目标是要"让高质量的教育和平等的机会真正向一切人开放，实现平等的增长"。总之，在一些拉美政治家的思想中，经济的运作机制是市场竞争；而教育的运作机制是机会平等；市场竞争的原则是残酷无情的"优胜劣汰"，而机会平等的原则是人道主义的援助和福利。二者的性质和职能恰好是相反的。

对于资本主义社会来说，只有把市场经济同社会公正结合起来，资产阶级的统治才是安全的。市场经济的自由竞争必然会引起贫富分化，激化阶级矛盾，而教育是一般劳苦民众借以提高自己的地位、改善自己的处境的唯一的渠道，是他们希望之所在，梦想的寄托。如果教育也实行这种竞争，那贫苦群众就毫无出头之日了，社会阶级矛盾就更激化了，社会的安全连同市场经济制度本身的安全也都会受到威胁。因此，拉美的政治家用市场机制来驱动经济的高速发展，同时又用"公平"机制来缓解市场竞争所带来的社会冲突，安抚那些市场竞争中的失败者、破产者，防止社会的爆炸。教育就是这种公平机制的手段之一。因为教育可以通过政府拨款的形式，进行国民收入的再分配，给因经济原因无法上学的人以平等的就学机会（如免费义务教育等），给经济竞争的失败者以福利的补偿。

中国是社会主义国家，所要建立的是社会主义市场经济体制。市场竞争毕竟是要遵循优胜劣汰的原则的，必然会带来贫富的分化，造成更多更复杂的社会矛盾和利益冲突，这一点是任何市场经济所不可避免的。另外，教育有其自身的发展规律，教育活动不同于市场活动，平等的教育权是公认的公民权，这些事实大概也是不可否定的。所以，尽管社会制度不同，拉美国家在处理市场经济和教育改革的关系方面的经验还是宝贵的，值得借鉴的。拉美国家的经验之所以宝贵，是因为它告诉人们，教育应该是社会发展和社会公正的强有力的杠杆，而不是抛向市场的商品。社会主义国家是为劳动人民服务的，它的原则是既要建立社会主义市场经济体制，尽可能快地把经济搞上去，也要讲求社会公正，走共同富裕的道路。当然，社会主义国家的教育也要适应社会主义市场经济体制建设的需要。不过适应的方式不是把市场经济的运行机制生硬地搬到教育系统中来，而是更好地发挥教育体制的社会公平机制，为市场经济体制的建设创造良好的、安全的社会环境和文化环境。我们正是要从社会发展的这个全局上来认识教育的战略地位。

结 论

通过比较思考，我们得出的结论是：当代世界范围的经济竞争，归根结底是教育的竞争；没有上等的教育，就没有上等的人才，也就没有上等的国力。这是教育之所以在现代化进程中具有优先发展战略地位的道理之一。政通人和，社会安定，是经济发展的首要条件；合理的社会主义教育体制是达到政通人和、社会安定的根本之道，这是教育之所以在现代化进程中具有优先发展战略地位的道理之二。市场竞争与社会公正的结合是社会主义市场经济健康成长的必由之路，合理的社会主义教育体制是实现此种结合的根本途径，这是教育之所以在现代化进程中具有优先发展战略地位的道理之三。总之，教育不只是一个经济问题，它同时也是一个政治问题，一个关于各社会阶层如何公平分配发展资料的很现实的政治问题，一个贫困阶层特别是农村贫困阶层人民有无可能平等地享受教育权利，并通过教育的渠道实现其社会流动的很现实的政治问题。《中国教育体制改革和发展纲要》明白无误地要求教育体制不但要同社会主义市场经济体制相适应，而且也要同社会主义政治体制和科技体制相适应。只看到教育的经济职能一面，看不到教育的政治职能一面，是思想认识上的一个误区。

（原载《拉丁美洲研究》1994 年第 2 期）

教育：跨世纪的希望和挑战

——80年代以来拉美教育的新发展

人类又进入了一个世纪之交的年代。在当今年代，人们深信，科学技术是社会发展的真正力量之所在。全世界所有国家都毫无例外地把眼光转到了科技和教育，相信有了现代教育，就有现代科技；有了现代科技，就有自立于世界民族之林的综合国力；有了强大的综合国力，和平与发展才会有真正的保障。于是，教育就成了各国人民，特别是发展中国家人民跨世纪的希望。但是，发展教育对于发展中国家来说，并不是一件容易的事情，它是同一个国家的政治、经济条件分不开的；跨世纪的希望，实际上是一场真正的跨世纪的挑战。近20年来拉美教育发展与改革的事实足可以证明这一点。

一 教育发展战略的再选择

80年代以前，拉美国家实行的是进口替代工业化的发展战略。当时，国家的工业化和国内市场是受国家保护的，教育改革所要解决的问题是如何满足这种受国家保护的经济发展的需要。现在，拉美国家的经济发展战略已经变了，在市场完全开放、经济日益国际化和国内社会问题日益严重的情况下，教育的发展应选择何种战略，是拉美国家教育改革所面临的第一个严重挑战。

发展教育属精神文明建设。精神文明建设和物质文明建设一样，都有一个生产与分配的问题。物质文明建设有一个物质生产和物质财富分配的问题；精神文明建设也有一个精神生产或知识生产（科学研究和技术开发）和知识分配（教育机会和教育体制）的问题。在拉美，无论是知识生产还是知识分配，都存在严重的问题。知识生产的问题主要是知识生产的依附性，几乎所有最有活力、最现代化的部门都掌握在跨国公司手里，最优秀的人才都在国外培养，本国生产部门对技术的需求疲软，造成技术革新乏力，技术贡献特别是高技术贡献稀少。由于资金短缺，吸收进口高科技的能力也有限。这种情况不改变，拉美国家在今后的国际经济竞争中必然处于不利地位。知识分配的问题主要是教育机会不均等，"愈富者分配愈多，愈穷者分配愈少"。像危地马拉和海地这两个国家，文盲竟占人口总数的 44.9% 和 47%。所以，普及教育仍是拉美国家的当务之急。要改变知识生产的依附地位，就要大力提高教育质量，大力发展本国的高等教育，特别是研究生教育，培养自己的高科技人才，也就是要解决一个教育现代化的问题；而要解决知识分配不公的问题，则又要大力普及教育，特别是普及基础教育，也就是要解决一个教育民主化的问题。这就是说，拉美国家同时面临着基础教育和高等教育的双重挑战，同时面临着教育民主化和教育现代化的双重挑战。但是，拉美国家的财力不容许它们在普及和提高、在民主化和现代化这两个方面都达到发达国家的水平。怎么办呢？怎样才能合理地调配有限的教育资源呢？这就是近年来拉美国家在教育发展战略选择问题上所讨论的主要问题。

　　教育资源的配置无非是采取两种办法，一种是由政府按一定的规划进行调配，一种是通过市场机制自发地进行配置。80年代以前，拉美国家大多实行前一种办法，教育的管理是高度集权制的。80年代以来越来越多的国家采用后一种办法，即实行分权制和私有化。事实证明，分权制和私有化虽然能调动地方和私人的积极性，但同时也把地区发展不平衡和社会不公等问题带进了教育领域，导致教育的更加不平等，从而违背了教育的民主化原则。因此，围绕教育分权制和私有化问题，拉美教育界一直存在严重的分歧。赞成者认为，按新自由主义的理论，教育经费所占国家预算的比重会相对日渐减少，而教育需求则日渐加大，必须提倡私人办学；而且，公私竞争还可以提高教育效益。反对者则认为，市场竞争无法保证社会对教育的投资，而且，私立学校比公立学校收费高得多，它们又从不考虑和照顾国民收入分配不公的各种因素，因此，会带来更多的社会问题。

　　事实上，拉美的教育私有化并不是80年代才开始的。由于西方人力资本理论的影响，拉美国家早在60年代就实行了奖励和扶持（提供财政补贴）私立学校的政策，私办教育很快发展起来。譬如阿根廷的各级各类私立学校从1961年的3342所增加到1977年的8730所，学生人数从52.9万增加到155.9万。委内瑞拉私立学校的注册人数从1971年的25万增加到1980年的58万。在哥伦比亚的中、高等教育中，私立学校已经占了优势。所以，对私办教育的评价应该以这30多年的实践为依据。应该承认，在有些拉美国家，私办教育是有成绩的，它的确给学生提供了更多的选择机会，同时也减轻了国家的财政负担。譬如在智利，由于私办教育的发展，高等教育的公共教育开支从1981年的 1.71 亿美元减少到 1988 年的 1.15 亿美元[1]。但更应该看到，教育私有化和市场化带来的问题也是很严重的。私办教育往往把非赢利性的教育事业变成了少数人捞取巨额利益的工具，甚至还利用国家的补贴损公肥私。如巴西等国的一些私人部门就非法创办了被人们称之为"蜕化的私立大学"，以合法的形式从事非法活动。而且，私立大学大都以追逐利润为目标，对有利可图的专业趋之若鹜；而对无利可图的专业则无人问津；挂名"高等教育"，却根本不从事国家所需要的科学研究。更不用说，面对这类学校，穷人只能是望而兴叹而已。更严重的是，单纯的市场机制，往往还把大批穷人的孩子卷进了市场，从而使得义务教育无法落实。据国际劳工组织公布的数字，在拉美 10—14 岁的少年儿童中，已经有 730 万成了拉美劳动力的组成部分。如果再加上 10 岁以下的童工，这个数字可能达 1200 万。他们的劳动时间长，工资特别低，甚至没有工资，而且还没有社会保险。这是市场力量给人类带来的悲剧[2]。

关于教育发展战略的论战尽管还在继续，但基本的意见还是一致的，那就是，在教育发展的问题上，还是应该由国家来进行有力的宏观调控；私人积极性应该得到保护，但私人积极性的发挥也应该服从国家的领导，不能任凭市场竞争法则那只"看不见的手"去自发地支配教育的发展方向和调节教育资源的配置。譬如墨西哥 1989 年颁布的《教育现代化纲要》就只要求高等教育在财政上尽可能做到自给，而且，其战略原则是要"有助于同贫困和不平等作斗争，体现教育的民主主义和民众主义

---

① 墨西哥《至上报》1992 年 5 月 30 日。
② 参见埃菲社圣何塞 1994 年 10 月 22 日西文电。

的性质"①。

二　教育如何为国际经济竞争服务

冷战结束后，拉美各国同美国等西方发达国家的关系，主要变成了一种由于经济的集团化和全球化而日益强化的相互依赖和相互竞争的关系。在这种关系中，拉美各国由于知识生产和经济发展的依附性特点造成的不利地位越来越明显。教育如何在改变这种不利地位的斗争中发挥作用，教育如何为关系着国家命运和前途的国际经济竞争服务，就成了拉美各国教育改革所面临的第二个严重挑战。

传统的拉美高等教育是一个相当封闭的体系，没有为生产建设服务的科学研究功能和技术开发功能。因此，在一个很长时期内，拉美高校的科研力量是十分薄弱的。第二次世界大战之后，随着经济的发展，经过多次的改革，这种情况虽有所改观，但总的说来，拉美高校仍很少在本国的经济发展中运用和发挥自己的科技开发能力。与世界科技发展的水平相比，拉美科技的地位是不高的。到 80 年代中期，拉美的人口占世界人口总数的 8.3%，而国民生产总值只占世界生产总值的 6%；制成品的出口总值只占世界制成品出口总值的 1.8%；科学发明者的人数只占世界科学发明者人数的 1.3%；工程师和科学家人数只占世界工程师、科学家人数的 2.5%；每个科学家平均所使用的资金不及发达国家科学家的 1/3；国家投入科研的经费只占世界科研经费的 1.3%。80 年代以来，虽然有些国家开始增加科研经费，据拉美经委会和联合国教科文组织资料，巴西科研经费所占国内生产总

---

① 　参见墨西哥公共教育部：《教育现代化纲要》，1989 年版，第 1 部分。

值的比重由 30 年代初的 0.58% 提高到 80 年代末的 0.61%，同期人均科研与开发经费由 9.3 美元提高到 14.3 美元；同期古巴科研经费占国内生产总值的比重由 0.72% 提高到 0.93%，人均科研与开发经费由 19.8 美元提高到 23 美元，墨西哥、哥伦比亚、智利、哥斯达黎加、萨尔瓦多、危地马拉等国的科研经费也有程度不同的提高；但同发达国家相比，差距还是很大的。另外，拉美的科学研究过分集中于农、林、渔 3 业，而对制造业的研究和开发则很薄弱，如阿根廷 1980 年用于农、林、渔 3 业的研究与开发经费占科研总经费的 26.2%，而用于制造业的仅占6.3%。巴西、哥伦比亚等国的情况也大体如此。这种状况很不利于拉美制成品在国际市场上的竞争，更不利于拉美国家参与高增值商品的市场竞争。

现在，这些问题已经引起拉美各国有识之士的深切关注。由于新的世界技术革命，国际经济结构和国际分工体系已经发生了重大的变化。在六七十年代以前，发达国家主要是通过工业化而进行扩张的。当时的国际分工，先是发达国家生产和提供工业制成品，殖民地附属国生产和提供原材料和初级产品；后是发达国家主要生产和提供资本和资本货物，发展中国家生产和提供初级产品和轻工业产品。六七十年代以后，发达国家经过新的科技革命，已经掌握了微电子技术、生物技术等高新技术，进入了所谓"后工业化"时代，改变了它们原先的通过工业化而进行扩张的条件，使它们有可能把自己的发展与扩张建筑在高新技术的所谓"后工业服务"的基础上。于是，世界开始出现新的国际分工，这就是发达国家把它们对高新技术的控制和垄断作为其全球性竞争的最重要武器，为世界提供所谓"后工业服务"，而发展中国家则充当发达国家这些"后工业服务"的市场，并为发达国家生产和提供标准化的工业产品。

对于拉美国家来说，出口是解决它们偿付外债以及生产现代化所需外汇问题的唯一途径，而要使自己的出口产品在国际市场上具有竞争力，它们又不得不求助于发达国家新的工业技术。这样，国际分工发展的结果，不是发展中国家知识生产和经济发展的依附性日渐减少，而是这种依附性越来越严重。其不可避免的结果就是国际社会的两极分化现象越来越加剧。所以，拉美国家的政治家、思想家、经济学家和教育家现在都已清楚地认识到，要想从根本上解决自己国家的现代化问题，就必须改变自己国家在知识生产上，也就是在科学技术上所处的依附地位，就必须实行"以科学的发展为基础的战略"，就要把教育，把培养科技人才，发展高新技术，摆在最优先发展的战略地位上，就要尽快实现教育的现代化。只有这样，拉美国家才有可能"获得更自由的发展"，才能对付发展中国家所无法控制的"外部因素和外部形势的恶化"①。

基于这种认识，近十几年来，拉美国家教育改革的重要措施之一，就是下大力气创办或办好一流的、高质量的大学。巴西1993 年创办的州立北里约热内卢大学就是一个典型的例子。这所大学以美国麻省理工学院和加利福尼亚工学院为榜样，设计一整套以基础学科及由此而产生的技术学科为基础的学科体系，同时要求学生必须选修 21 世纪新领域的科技知识，负有使巴西文明与未来全球实际协调一致的使命，因而被称为"面向第三个一千年的大学"。该大学既重视基础教学又重视能力训练。它还十分重视科学研究工作，把知识创造工作摆在优先地位。一年多来，该大学已装备了价值 2000 万美元的实验设备，并聘请了 20

①　埃利亚·莫鲁姆·埃斯皮诺萨：《生产现代化与墨西哥高等教育》，载《未来的大学》1990 年第 5 期。

多名俄罗斯杰出科学家在实验室和研究中心工作①。

在建设高质量大学的同时，拉美国家还普遍加强了高校的研究生教育。如墨西哥 1959 年还只有 5 所大学开设研究生课程，到 80 年代，开设研究生课程的高校已超过 100 所，研究生人数从 1970 年的 4055 人增至 1989 年的 4.3 万人。高校的科学研究工作和技术开发工作普遍受到了重视，譬如秘鲁农业大学创办了现代化放射性同位素实验室。委内瑞拉中央大学成立了开发研究中心。墨西哥蒙特雷高等理工学院前不久投资 2000 万美元建立了先进技术中心，负责新技术的开发、转让和推广工作，并向各公司、企业提供设计图纸和制成品。该学院还与美国福特基金会合作，制订了在最近几年培训 3000 名程控统计技术人员的计划。巴西圣保罗大学和圣保罗技术研究学院的教师和研究人员还专门创立了自己的企业，以便把科学研究的成果直接应用于生产实践，转化成实际的生产力。

三　教育民主化建设中的新创造

80 年代的债务危机后，拉美各国普遍执行了"新自由主义"政策，社会的两极分化空前加剧，教育机会越来越不平等，教育的发展越来越不民主。所以，如何实现教育的民主化，是拉美教育改革面临的第三个严重挑战。

对于拉美国家来说，所谓教育民主化，实质上就是如何在贫困地区普及和提高基础教育的问题。

拉美国家国民收入分配不公、贫富分化问题已越来越严重。据拉美经委会的统计，拉美的极端贫困人口已达 1.83 亿。国际

---

①　参见巴西《标题》周刊，1994 年 9 月 24 日。

劳工组织 1994 年 10 月在基多公布的一份调查报告还指出，在社会贫困化问题上，拉美地区属世界之最，比亚洲和非洲还要严重①。

社会贫困化的结果，首先就影响了教育的发展。80 年代末，拉美 15 岁以上人口的文盲率仍高达 15.3％，6—11 岁儿童入学率只有 87.3％，中等教育的入学率不到 55％，就是经济发展水平较高的墨西哥，80 年代末仍有 420 万名 15 岁以上人口是文盲，170 万名 10—14 岁儿童上不了学②。而到 2000 年，拉美地区的人口将从 1990 年的 4.37 亿增加到 5.26 亿，平均每年净增890 万人。这种人口形势对教育的压力显然是十分沉重的。

面对十几年来拉美社会贫困化的挑战，面对拉美各国社会和地区存在的巨大差距，拉美各国的教育家认为，仅仅依靠传统的正规教育的途径，是很难实现教育民主化的目标的。因此，它们在联合国教科文组织等国际机构的援助下，进行了一系列旨在为贫困儿童提供优质教育的改革和实验，取得了一些成绩。智利的"900 所学校"计划和哥伦比亚的"新学校"计划就是两个较为成功的例子。

"900 所学校"计划是在智利军政府"还政于民"之后，新上台的文官政府在教育政策上的一大创举。该计划开始于 1990年 3 月，目的是要在最贫困的学校（按两个标准选定：学生出身都很贫苦；学校教学条件不好，学生学业成绩普遍低下）提高初等教育的质量，使社会经济条件最差的孩子也能享受到真正平等的教育机会。该计划最初在全国 900 所最贫困学校实施，资金主要来自瑞典和丹麦两个国家的援助。到 1992 年，实施该计

---

① 拉美经委会《经济与发展通报》，1992 年版，第 4—13 页。
② 参见墨西哥教育部《教育现代化纲要》，1989 年版，第 7—8 页。

划的学校已增加到 1385 所小学，占全国公立小学总数的 15%，学生 22 万多人，占全国小学学生总数的 20%。该计划的具体目标主要是：（一）提高 1—4 年级学生的读、写、算技能；（二）提高课堂教学的质量；（三）训练视导员，使之能承担教学指导人员的任务；（四）改变教师对待贫困学生的错误态度，使教师懂得自己对学生成绩好坏所负的责任；（五）在教师中提倡并推广集体备课制度；（六）加强学校与社会的联系，实行学校和社区的一体化。

"900 所学校"计划由智利政府教育部负责领导，并从智利各主要的教育研究机构聘请一批专家，组成管理机构，全面负责该计划的实施。在一般情况下，计划的实施由建校开始，然后把重点转到视导员和教师的在职培训工作上。计划的具体实施，主要靠视导员，视导员每年集训 3 次，每次一周。教师的在职培训由视导员负责，培训内容分 12 个单元（数学教学法和语文教学法各 6 个单元），每单元两小时。在数学教学中，强调要把数学当做一门能应用于儿童生活实际的功课来教学，而不是当做一门抽象的学科来教学。在语文教学中，强调首先要训练儿童自己表达思想的能力，然后再把重点转到学习语法和规则上。

"新学校"计划是哥伦比亚在美国国际开发署、世界银行和联合国儿童基金会等国际机构的资助下，在六七十年代农村单班制实验学校的基础上实施的一项为农村地区儿童提供优质完全小学教育的计划。1978 年，大约有 500 所学校采用这种"新学校"教育模式，到 1989 年，发展到 17948 所，计划到 90 年代中期，发展到 4.1 万所。

"新学校"教育模式有一个适合农村儿童生活方式的灵活的升级制度。儿童可以按自己的学习速度从一个年级升入另一个年级，允许儿童因为要参加农业劳动或因为有病或其他合理的原因而暂时离校，并允许他们随时返校，接受教育。这种灵活的升级制度之所以可能，是因为"新学校"进行了教学改革，课程不再以学期、学年为单位组织教学，而是按单元组织教学。在新的教学制度下，学生如果暂时退学（在农村是常有的事），他无论什么时候复学，都可以接着学习下一个单元的功课，而无须采用传统的"留级"或"蹲班"的办法，重复学习已学过的功课。

"新学校"计划鼓励主动、积极的教学，强调发展学生的思维能力、分析能力、研究和创造的能力以及运用知识的能力。"新学校"计划编写有适用于2—5年级学生的教学法指南和学生用书。"新学校"还提供机会，让学校与社区保持紧密的联系。

"新学校"计划有严格的教师培训制度。为达到培训的目的，还专门编写了一本题为《建设新学校》的培训手册。参加培训的教师一般要参加4个专题研讨会，并参观示范学校（每个学区1所）；在专题研讨会上参训教师交流采用新学校模式的经验。

"新学校"计划有一个全国性的管理系统。中央设全国协调委员会，负责制定政策和提供技术援助。每个行政区设区委员会，由该行政区的教育干事、财政部的教育干事以及该行政区的计划协调员等成员组成，专门负责"新学校"计划的实施。

哥伦比亚教育行政部门已经对"新学校"计划所创办的新学校进行了多次评价，结果表明，"新学校"计划是在农村师资力量较薄弱的情况下进行的，其学生在学业成绩、创造性和公民教育方面，同传统农村学校的学生相比，一点都不差，甚至还要更好些。新学校的学生都是最贫穷的学生，依靠传统的农村学校要想给这些最贫穷的学生提供完全的小学教育是难以做到的。

（原载《拉丁美洲研究》1995 年第 5 期）

拉美国家的教育改革与社会和谐

近20年来，拉美国家虽然普遍进行了教育改革，但却不断发生令人担忧的学生运动，这是值得研究的一个问题。本文拟就拉美国家教育改革同社会和谐的关系问题作一点初步的探讨。

拉美国家的教育改革与学生运动

20 世纪 80 年代开始的拉美新自由主义经济改革，使国家生活的各个方面都受到了巨大的压力，不得不进行"跟进性"的变革，教育也不例外。

20 多年来，拉美已经进行了两个阶段的教育改革。第一个阶段的教育改革是一场为回应 80 年代拉美债务危机和新自由主义经济改革的挑战而进行的一场改革，称"第一代教育改革"（primera generación de reformas educativas），也叫"新自由主义的"教育改革。改革的主要内容是改变拉美的教育服务模式。

拉美国家历来都有一种共识，即认为教育的主要功能是促进经济增长和人的发展，减少社会不公正状况。因此，教育通常被看做"公共消费"，在许多情况下都实行免费教育政策；政府拨

款是教育经费的主要来源；基础教育一般不允许或很少允许私人
参与。70 年代以后，欧洲出现了教育自由化、政府拨款减少、
学校关注成本和提高收入，高等学校实行企业化管理的新潮流。
在这种潮流的影响下，拉美国家为适应新自由主义经济改革的需
要，也在 80 年代进行了类似的教育改革，对教育系统进行了结
构调整。通常的办法是将原来属于由中央政府或联邦政府的教育
拨款、地区协调、学校管理、教师合同等职责都转移到各省、各
市和各学校，同时进行精简公共机构、缩减政府开支等所谓合理
化改革。在缩减教育开支的进程中，一般都寻求提供公共教育服
务的替代形式，如同非政府机构（如社区组织、私立机构、教
会、宗教组织等）签订合同，由这些非政府机构资助办学，促
进公共教育服务的"私有化"。① 在这一方面，智利是很典型的。
智利的教育改革措施主要有三：第一是将学校下放给 325 个市，
教育部只管制定标准，确定课程和教材、进行监督与评估。第二
是将历史上按学校预算拨款的资源分配制度改为由学生付款的制
度，鼓励发展私立初、中等"教育企业"。第三是将公立中等职
业学校转让给私人经办。② 由于教育的自由化和产业化，拉美国
家大都在 80 年代和 90 年代初经历了一个从国家主导的公共教育
发展模式到产业化的新自由主义教育发展模式的转化进程，经历
了一个私立学校增长的高潮时期。

　　在新自由主义发展模式下的教育改革，虽然学生数量有了一
定程度的增长，但同时也带来了许多社会问题，出现了拉美现代
教育史上严重的教育危机。这种危机主要表现在教育的社会分

　　① *Las Reformas Educativas en America Latina*, documento del Encuentro Latinoamericano y del Caribe en Bogotá, 2001。

　　② Adriana Puiggrós, *Educación y sociedad en América Latina de fin de siglo: del liberalismo al neoliberalismo pedagógico*, http://www.tau.ac.il/X_ 1/puiggros.html。

化。首先，最贫困人口只能受到质量最低的教育，并产生了许多孩子早辍学的现象。其次，穷人孩子能够受到学前教育的比例很低。如在墨西哥贫穷的恰帕斯州，能受到此种教育的儿童仅占适龄儿童的 38%，还不及首都的一半。再次，重高等教育而轻基础教育。国家花在大学生身上的经费所占人均国内生产总值之比是初等教育学生的 7 倍多。因为最有权势的人最有可能受到高等教育（如在哥伦比亚，61.3% 的大学生来自 40% 的最富有的家庭，只有 3.4% 的大学生来自 20% 的最贫穷的家庭）。所以，政府教育拨款的大部分好处都落到了富人的手里，从而加剧了社会的分化。

由于教育的社会分化加剧，反对新自由主义教育政策的学生运动此起彼伏，并呈日益高涨之势。譬如在阿根廷，大学生开展了大规模的反"排斥性大学"（即那些以企业行为方式进行市场运作的大学）的斗争。这些大学以谋取经济利益为目的，完全违背了大学的性质和宗旨。学生们都认为，不能让这样的大学存在下去。他们还召开全国大学高级会议，坚决保卫自由的、公共的、自治的和免费的大学。在智利，大学生也不断举行抗议斗争，要求同政府进行对话，讨论高等教育的政策问题。在厄瓜多尔，因学费问题而发生了严重的冲突，学生联合会号召进行为期 6 周的罢课斗争（1997），政治空气非常紧张。[1] 在危地马拉，由于政府为克服高校财政危机而出卖公共固定资产，对公共财产实行私有化，从而爆发了高等教育危机。在海地，学生们上街游行，反对政府在国际货币基金组织和世界银行的压力下对包括国有大学、国有电话公司和电力公司在内的国有企、事业单位实行

---

[1] Liz Reisberg ， "New Paradigms in Ecuador"，*International Higher Education*，1997。

私有化。在尼加拉瓜，发生了学生反对政府削减大学预算、保卫大学自治的斗争，并与警察发生了冲突（1995），酿成了一场严重的流血事件。在秘鲁，发生了大学生有组织地反对藤森政权的斗争。在波多黎各，大学生发布了反对政府"教育私有化"政策的决议，决定要采取一切必要的手段（包括进军、封锁交通和罢工）来制止削减大学预算，号召各界人民为捍卫公共免费优质教育而斗争。在乌拉圭，发生了大学生和教师占领教学大楼、反对政府新自由主义教育改革的斗争（1997），等等。

拉美第一阶段教育改革中出现的教育危机，使得拉美教育改革不得不走向反省和深化的阶段，从而开始了拉美国家的第二阶段的教育改革，亦即第二代教育改革（segunda generación de reformas educativas）。第二代教育改革开始于 20 世纪 90 年代新自由主义政策遭到广泛谴责、北美三国签订自由贸易协定（1992—1993）、世界贸易组织已经成立（1995）的年代，带有某种纠偏的性质，力图与拉美经委会提出的《公正的生产改革》相适应，把教育公正列为主要的改革内容之一。譬如智利为贫困儿童增加了教育经费，让极端贫困家庭 4 至 5 岁幼儿享受免费（包括享受免费膳食）学前教育，为基础教育学龄儿童增设了 6 千所全日制学校，并从 1990 年开始推行"提高贫困地区基础教育质量计划"（又称"900 所学校计划"）和"农村边远地区学生教育计划"，将义务教育的年限从 8 年延长到 12 年，向贫困学生提供为期 12—15 年的教育贷款（1994）。与此同时，智利还推出一项特别奖学金计划，给予那些在技术学校学习的年轻人以特别的帮助。为了解决学生的学费问题，智利还创造了一种学费筹备制度，叫做"助学储蓄卡制度"。具体的做法是鼓励所有孩子的父母运用银行储蓄卡事先为孩子上大学准备经费；当他们的孩子有条件上大学的时候，国家也将提供一笔与他们银行卡上累积利息相等或加倍的资金援助。这就是说，只要孩子的父母或监护人现在就开始为他们孩子的教育作出努力，他们将从政府得到一笔相当于他们储蓄卡利息两倍或三倍的奖金。目前，智利银行已发行这样的银行卡六万多张。其他国家，譬如哥伦比亚、巴西等国也都在教育公正方面作了多方面的努力。哥伦比亚的所谓"新学校"教育改革、巴西的所谓"唤醒巴西"、"人人受教育"运动，都是在拉美有相当影响的教育改革措施。

拉美第二代教育改革的另一项主要目标是提高教育质量和加强教育的实用性，以适应世贸组织成立后国际市场竞争的需要。为提高教育质量，拉美国家扩大了高等教育融资渠道（如墨西哥设立了"高等教育现代化基金"，给予在全国性高校竞争中成绩优异的大学以高于一般高校的联邦政府拨款；建立了科研拨款制度，奖励和推进科学研究工作；鼓励公立大学通过争取科研项目等途径扩大资金来源等），加强了研究生教育和高校科研工作，（如从 1994 年到 1998 年，巴西高校培养的硕士研究生增长了 16%，博士研究生增长了 28%，目前每年培养的博士研究生达 4000 人①），实行了新的评估制度和质量管理模式〔如墨西哥将质量问题强化为当代教育政策理论的"明星概念"，并按"国际质量学会"（IIQ）的要求进行高等教育的质量评估，成立了全国高等教育评估委员会和全国高等教育评估中心；阿根廷建立了全国大学评估和认证委员会（CONEAU），完成了大学评估工作的立法工作等〕，加强了高等教育的国际合作〔譬如同欧盟委员会制定了在高教领域进行合作的"拉美学术培训"计划（ALFA）、同欧洲大学联合会（CRE）签署《都灵行动计划》、同西

---

① 王留栓：《墨西哥高等教育改革进程及成果》，《拉丁美洲研究》1997 年第 5 期。

班牙安达卢西亚国际大学合作成立拉维达集团（el Grupo la Rábida）、同"美国大学拉丁美洲奖学金计划"（LASPAU）进行学术交流与举办信息技术专题讨论会、创建"美洲学院"，经常组织"美洲专题讨论会"等]。

为加强教育的实用性，拉美国家进行了多种多样的教育改革。如阿根廷将中等教育的后三年（即高中阶段）改为多样化"后义务教育"，设立了 5 个不同专业方向的职业培训课程，以加强职业技术教育，并将原来的高等教育分为"第三级教育"和"大学教育"两种，以着重发展"第三级教育"的高等职业技术教育。[①] 玻利维亚 1994 年颁布《玻利维亚教育改革法》，规定初等教育分"初步学习"、"基本学习"和"应用学习"三个阶段，要求学生在第三阶段结束时能掌握最基本的科学知识与技能；中等教育分"技术学习阶段"和"多样性学习阶段"两个阶段，前一阶段要求掌握当地发展所需要的基础技术知识与技能，第二阶段设"中等技术培训"和"文理学习"两种选择；高等教育培养高级专业技术人才和研究生人才。[②] 在墨西哥，政府把最关心的重点转到了中等教育，因为"在用企业家眼光和全球化眼光观察了墨西哥的现实之后，在考虑了有可能确保中等教育特别是高等教育的毕业生的更高生产率和竞争力的教学计划的内容之后"，墨西哥政府认为中等教育具有承上启下、决定其毕业生有无能力上大学或就业的重要性。[③] 在巴西，政府改进了中等技术教育，将技术教育从中等教育分离出来，并采取灵活的

---

①　参见 *Estructura del Sistema Educativo Argentino*，（http://www.fmmeducacion.com.ar/Sisteduc/estructu.htm.）

②　República de Bolivia, *Ley de Reforma Educativa*, 7 de Julio de 1994.

③　El Sol de Mëxico, *La necesidad de revisar el rumbo de la educación*（http://www.sep.gob.mx/wb2/sep/sep_07sol170803）.

入学方式，使技术教育大众化。等等。

拉美第二阶段的教育改革取得了一些成就，特别是高等学校学生的数量有了大幅度的增加。整个拉丁美洲高等学校的在校学生数从1984年的590万增加到1998年的近800万；按布鲁纳的说法，拉美的高等教育大体上已经从一种精英教育过渡到了一种大众教育（高校入学率超过了15%）。尽管如此，拉美的教育改革仍存在严重的问题。教育公正虽然被响亮地宣传为拉美教育改革的共同目标，但实际上并没有取得明显的进展。由于教育私有化的倾向一天天严重，相当大一部分贫穷的、农村的和边远的适龄儿童仍不能上小学；即使上了学，也只能受到质量最低的教育，并且很早就不得不辍学。很多高中毕业生因为家庭贫困，也上不起大学。所以，近年来拉美反对教育私有化的学生运动仍然此起彼伏，日益高涨。譬如在2007年的头两个月，仅墨西哥的瓦哈卡州就发生了275起教育冲突。[①] 在拉美各国众多的教育冲突中，最突出的是1999—2000年墨西哥国立自治大学的罢课斗争和2006年智利的中学生运动。墨西哥国立自治大学的罢课斗争起因于大学当局在国际货币基金组织和世界银行的压力下企图对每个学生征收70美元的学费。这个事件发生后，拥有近27万学生的墨西哥国立自治大学举行了罢课斗争，反对政府对公共教育的打击，提出废除收费条例、取消一切不合法收费、恢复自由入学制度、取消对学生的住校限制、尊重学生的职业选择、协商解决大学生面临的问题、撤销一切对参加反抗运动的学生、教师和工人的制裁、取消入学考试和毕业考试等强烈要求。在社会各界的支持下，罢课学生还在罢工委员会的领导下关闭了学校，迫

---

① Alfonso Cruz en Oaxaca , *Resueltos*, 101 *conflictos educativos en Oaxaca*, Jueves 1 de Marzo de 2007.

使大学委员会通过新的"学费支付条例",取消学费定额的强制性,该校校长巴尔内斯也不得不宣布辞职。① 墨西哥国立自治大学的这次学生运动从 1999 年 4 月 20 日开始到防暴警察最后撤出大学城,整整持续了一年之久,其中罢课斗争也持续了 207 天,是这所最高学府历史上持续时间最长的一场斗争,对墨西哥的政治发展有深刻的影响。

2006 年智利的学生运动起因于大学入学考试收费的提高。2006 年 4 月,当学生们得知大学入学考试费用又一次提高时,他们即组织游行示威,发动了罢课斗争,提出了废除 1990 年颁布的《教育组织法》、取消教育市管制度、实行大学入学免费考试制度、实行统一的中学生免费交通制度等要求。经过近两个月的斗争,特别是 6 月 5 日全国总罢课之后,巴切莱特总统终于答应成立由各方代表 66 人组成的总统教育改革顾问委员会,研究解决教育改革问题。运动的领导人尽管对顾问委员会的组成还有意见,但鉴于很多人对顾问委员会抱有希望,他们决定恢复上课。但是由于总统顾问委员会行动缓慢,迟迟没有下文,运动在缓和了近两个月之后又在 8 月 8 日重新爆发,直到 12 月总统顾问委员会最后的报告完成、总统宣布将对该报告进行分析研究,然后提交立法机构之后,才逐步宣告结束。这一次学生运动从 2006 年 4 月开始,一直延续到这年的年底,历时 9 个月,全国有几百所中学的近百万人参加,是智利历史上规模最大、持续时间最久的一次中学生运动。这次学生运动的最大的特点是表现出了强大的组织力量,他们不但组织了"智利中学生全国大会",

---

① 180-*Movement for Democracy and Education*,http://www. corporations. org/democracy/intl. html。*El rector de UNAM Francisco Barnés de Castro*http://www. angelfire. com/in2/mexicocity/adios. html.

而且还成立了运动的领导机构"中学生协调大会",还运用了现代媒体和通讯手段向社会进行宣传,赢得了智利各界民众和众多大学的支持,被不久前在智利首都圣地亚哥召开的"国际青年大会"誉为"南美洲的榜样"和"世界的榜样"。①

几个值得深思的问题

拉美的教育改革本意是想通过改革建立起一种合理的、各方面关系都理顺的、稳定而又有活力的教育秩序,但是结果却适得其反,不但没有带来社会的和谐,反而激化了矛盾,引起了整个社会的不安。这里面有几个值得深思的问题。

一 关于教育发展道路的选择问题

从上述教育改革和学生运动的简单回顾可以看出,拉美学生运动最集中的目标是反对教育私有化、商品化和产业化,反对新自由主义的教育发展道路。

在拉美国家教育发展的历史上,教育一直被人们看成是一种公益事业,一种社会福利事业,但自从拉美经济走上了新自由主义的发展道路之后,拉美的教育现代化进程就面临着一个如何处理教育同市场经济关系的问题:是继续坚持教育的公益性还是舍弃教育的公益性而转向教育的商业性?是继续坚持教育的社会化功能,还是舍弃教育的社会化功能而转向教育的产业化功能?这是一个教育发展道路选择的难题。

关于这个问题,拉美国家从一开始就有两种意见,一种意见

---

① *Movilización estudiantil de 2006 en Chil*,http：//es. wikipedia. org/wiki/Protestas _ escolares_ chilenas_ de_ 2006.

认为，在市场经济的条件下，教育必然要商品化和私有化，只有使教育商品化和私有化，实行"用金钱购买教育服务"的原则，教育才能充满活力，才能解决教育的经费问题。他们说，公立学校实行的是一种"零风险"财政制度，是一种"给供方以直接补贴的制度"，这种制度"把所有的教育工作者都变成了国家的官僚，它压制创新，也没有校际之间的竞争"，"是业已死亡的苏联的苏维埃化的模式"；公立教育之所以发生危机，其根源就在于实行这种制度，因此必须予以改革，实行由学生和家长支付学费的制度。① 另一种意见则与此针锋相对，认为市场经济所遵循的原则是"优胜劣汰"的原则，而教育的目的是要使每个青少年都获得学习的机会，得到合理的发展；教育本身的这种人权性质和特点决定了它不能商品化和私有化。这是两种完全对立的意见和方案，有没有第三种意见和方案呢？也就是说，发展市场经济是不是非有市场化的教育不可？有没有一条可以取二者之所长，将市场经济同公益教育结合起来的道路呢？考察拉美教育发展的历史，笔者认为是可以找到这样的一条道路的。事实上，拉美大多数国家虽然他们从 20 世纪 80 年代开始就实行一种以"经济市场化"、"企业私有化"和"贸易自由化"为主要内容的经济改革，但是，在教育改革进程中，拉美各国政府却并没有如我们很多人所想象的那样公开提出过"教育商品化"、"教育私有化"和"教育市场化"一类口号。在那里，不但没有人公然反对"把教育投资当做福利、消费性投资"的观念，而且还大张旗鼓地宣传教育的福利性质和平等性质。譬如《墨西哥联邦教育法》开宗明义就规定："教育具有公共及社会利益性质"，并

① Santos Mercado Reyes, "*La revolucióneducativa que México necesita : lossubsidios deben otorgarse a la demanda, nunca a la oferta*", 2003.

规定"国家、其下属权力机构及私人办学机构对教育进行投资属社会福利性范畴","国家实施免费教育","国家所有居民有受教育的同等机会",教育的宗旨是要"创造人们在自由的前提下,合理分配物质及文化财富的条件",等等。1989 年颁布的墨西哥《教育现代化纲要》也规定教育改革的目标是要"让高质量的教育和平等的机会真正向一切人开放"。总之,在拉美一些政治家看来,经济的运作机制是市场竞争,而教育的运作机制是机会平等;市场竞争的原则是残酷无情的"优胜劣汰",而机会平等的原则是人道主义的援助和福利。二者的性质和职能是相反的。为什么教育不能同经济一样实行市场原则呢?因为只有把市场经济同社会公正结合起来,社会才是安全的。市场经济的自由竞争必然会引起贫富分化、激化阶级矛盾,而教育是一般劳苦民众借以提升自己的地位、改善自己处境的唯一渠道,是他们希望之所在,如果教育也实行市场竞争的原则,那贫苦群众就毫无出头之日,社会阶级矛盾就会更加激化,社会的安全连同市场经济制度本身的安全也都会受到威胁。所以,聪明的政治家和对社会负责任的教育家通常都主张用市场机制来驱动经济的高速发展,同时又用"公平"机制来缓解市场竞争所带来的社会冲突,安抚那些市场竞争中的失败者、破产者,防止社会的爆炸。教育就是这样的一种公平机制,它可以通过政府拨款的形式,进行国民收入的再分配,给经济尚无法上学的人以平等的就学机会(如免费义务教育等),给经济竞争的失败者以福利的补偿。在这一方面,拉美国家是有成功的经验的,譬如古巴就是一个被公认为世界发展教育事业最成功的国家(目前它已提出普及高等教育的宏伟目标),一再得到联合国教科文组织的赞扬。它之所以获得成功,最基本的经验就是领导高度重视,投入大量资金,实行免费教育,全社会都致力于办学,全社会都由此受益。如果古巴也实行教育私有化和产业化方针，把学校变成赚钱的机器，那么它就绝不可能获得如此大的成就，古巴社会也就绝不可能在美国的长期封锁和压力下获得如此的和谐和稳定。

总之，在当代经济全球化的趋势下，我们不但不能削弱公共教育，而且还要更好、更快地发展公共教育；教育的发展既不能走右的极端，也不能走左的极端，必须走市场经济同公益教育相结合、社会公益与私人积极性相结合的现代化道路。

二　关于教育平等与社会公正的问题

从上述教育改革和学生运动的简单回顾可以看出，拉美学生运动的根本目标是要争取教育平等的权利。在拉美，教育不公正的情况是十分严重的。拉美教育不但存在地区的不平等（如巴西最富各州平均每个注册学生的教育开支相当于最穷各州的 6 倍多）、城乡的不平等和男女的不平等（危地马拉农村土著男孩平均能受到 1.8 年教育，而女孩则只能受到 0.9 年教育；70% 的土著青年妇女没有受过任何教育），而且还存在教育自身的不平等，即贫困公立学校与富裕私立学校之间的古典性对立和公立教育系统内部不同等级的区别（如高等教育的学生数虽然只占学生总数的 6.3%，却花了整个教育经费的 23%）。之所以如此，有各种各样的原因，如许多拉美国家的教育是根据欧美发达国家的社会需要和文化特点设计的，并不适合发展中国家的需要；提供给最贫困阶层的教育其实是为满足其他社会阶级的需要而准备的，而且也不是按贫困阶层的利益管理的，等等，但是最根本的原因还是社会制度的不公正，也就是说，拉美教育分配的不平等主要是由 20 世纪 80 年代以来拉美大多数国家所选择的新自由主义发展模式决定的。新自由主义改革所要建立的制度从根本上说是一种但求资本收益而不管社会平等的资本主义制度，它赞扬

"社会达尔文主义"的残酷竞争，反对追求社会公共利益的社会主义。按照社会达尔文主义理论，只有那些"最有能耐、最高明的"个体，才能在"物竞"中获得"天择"，成为享有荣华富贵的少数精英。但是，这些"天择"人物是在一定的社会经济条件下产生的；正是这个"一定的社会经济条件"使得他们享受到最好的教育，学到丰富的科学、技术和文化知识，因而成为当代社会的少数权贵精英，同时又使得广大贫穷民众享受不到发展所需要的教育条件，继续处于贫困状态。拉美社会不平等状况不断恶化的事实证明，只要各国政府仍然坚持新自由主义的发展模式，教育不公平的问题就不可能得到解决。

从拉美学生运动所提出的要求还可以看出，教育公正的内涵现在也已经发生了变化，它已经远远超出一般的普及教育的范围，扩大到了教育质量公平的层次。像墨西哥、智利这样的拉美国家，它们早已经普及了初等教育，而且现在已基本普及中等教育，并已实现了高等教育大众化（高等教育入学率超过 15%），为什么还要尖锐地提出教育公正的问题呢？就是因为不同阶层的学生所受教育的质量还存在严重不平等的情况。有文章指出，智利中学生之所以奋起斗争，重要的原因之一就是他们感到自己所受的教育"无法保障他们的前途"，"对他们所得专业证书的有效性产生怀疑"[1]。历史证明，教育的发展固然是同经济的发展紧密相连的，但无论教育发展的程度如何，亦无论经济增长的程度如何，教育本身和经济本身都不可能解决社会平等的问题。长期以来人们都普遍认为，教育是实现社会地位提升和克服贫困的最好途径，但事实上，正如墨西哥教育家桑多瓦尔·埃尔南德斯

---

[1] Juan Carlos Gómez Leyton, *La rebelión de las y los estudiantes secundarios en Chile*, http: //www. clacso. org. ar/.

指出的，"教育公平不可能仅仅通过增加学校的数量来获得，学校数量的增加不可能消灭教育机会分配的不公平，它所能达到的唯一结果就是把过去入学机会的不公平转变为获得良好教育机会的不公平"①。所以，这位教育家认为，教育公平应该包括四个要素，即上学机会平等、学校条件平等、教育效果平等和教育效果的社会实现平等。② 同样，单纯的经济增长也不可能创造平等，因为经济的竞争力本身并不能转变成一种平等的意识形态和平等的政策，正如联合国开发计划署 1996 年的报告所指出的，"经济增长与人的发展之间并没有自动的联系"，只有当这种联系经人为的政策联系起来的时候，经济的增长才能迅速有效地促进发展，从而达到相互的加强 。所以，最重要的是要有一种政策，能够把经济改革、社会改革、国家改革和政治改革联系起来，共同致力于实现社会的公正和平等。③

三 关于经济全球化与教育现代化的关系问题

近 20 年来的拉美教育改革在很多国家都称教育现代化改革，是在西方发达国家主导的经济全球化的强大压力下进行的，因而出现了一系列引起学生不满的社会问题。譬如在经济全球化的趋势下，拉美的文化发生了令人忧虑的变化。由于外来文化产品的"裂变"作用，本来已经扎根于拉丁美洲的那些传统价值观和伦理道德原则已经变得相对化，失去其行为规范的作用，使成千上万的人陷入一种丧失社会归属感的茫然境地，从而给社会带来严

---

① Andrés Sandoval Hernández, *La Equidad en la Distribución de Oportunidades educativas en México*, http：//www. rinace. net/arts/vol5num1/art2_ htm. htm.

② Ibid. .

③ Carlos Tunnermann Bernheim, *Higher education in Latin America and the Caribien its economic, political and social context*, 1997, UNESCO, Caracas.

重的不安定因素。这种情况使许多忧心忡忡的拉美人开始寻求对本国文化的差别性和同一性的重新评价，出现了一个地区的或国家的文化认同进程和对强权文化的批判进程。又譬如，由于经济全球化特别是世贸组织教育服务商业化要求的影响，拉美教育改革的指导思想缺乏明确的人本观点，学生的培养和教育仅仅被视为一种市场功能，新的教育模式仅仅被设想为一种生产关系上的经济主义模式，结果是让许多寻求占领拉美教育市场的外国大学特别是美国大学在拉美国家经营了不少"外国教育飞地"（academic enclaves）[①]。这些"飞地"虽然条件极好，但只有少数有经济实力的特殊学生才能享用。这些"外国教育飞地"既不能列入所在国家的教育管理系统，也不能带动所在国家整个教育系统的现代化，反映了发达国家与不发达国家之间的不平等关系或依附关系。再譬如，自"北美自由贸易协定"生效之后，教育服务贸易的国际竞争很快就激化起来，本地专业人员由于所受到的培训不符合跨国新经济的要求，他们的岗位一个个被哈佛、耶鲁、芝加哥等美国大学的毕业生抢走；同时，由于高校实行新自由主义政策，国家无法实行宏观控制和计划调整，不但专业人才的供需脱节，而且各专业之间也存在严重的不平衡的情况，加之经济增长所能提供的就业机会太少，结果给墨西哥带来100万到200万名毕业生的过剩，使成千上万的大学毕业生找不到工作。为此，墨西哥全国大学和高等学院联合会（ANUIES）曾在2003年强烈要求公共教育部进行教育改革，纠正不顾国家经济形势和经济前景而盲目办学的错误，实现按劳动力市场的需要来决定高

---

① Carlos Tunnermann Bernheim, *Higher education in Latin America and the Caribbin its economic, political and social context* 1997, UNESCO, Caracas.

教发展规模的目标。① 所有这些也都是拉美学生运动所特别关心的问题。这就给我们提出了一个如何处理教育现代化同经济全球化关系的问题。

拉美教育现代化改革的经验告诉我们，现代化进程实际上就是一个科学技术能力和社会利用各种不同机会窗口能力的积累进程，而科学技术主要是由发达国家通过科技革命来提供的，机会窗口则是由经济全球化提供的，因此经济全球化对教育现代化是有积极的作用的，任何一个发展中国家都必须实行开放政策，善于利用经济全球化所提供的大好机会，促进教育的现代化。这是一个方面。另一方面，新自由主义的经济全球化进程在一定程度上又是对全球化的一种自我破坏，因为它以一种"资本自由扩张"的政策对全球化的统一、团结提出挑战，它是"对全球化浪潮的一种逻辑上的破坏"，无论在什么地方它都有损于全球化的"均一化价值"，带来国际社会的两极分化，其结果必然会引起一种相反的、对抗经济全球化的运动，出现各种各样的旨在反对新自由主义的"批判地区主义"或"批判区域主义"的潮流。拉丁美洲不断出现的学潮和骚乱就是有力的证明。② 这就是经济全球化对教育现代化的消极作用。因此，如何实现制度革新，纠正新自由主义全球化的种种弊病，就成了发展中国家教育现代化改革的一个重要的课题。

拉美教育现代化改革的事实还证明，教育国际化是经济全球化的要求，而教育现代化则是民族国家现代化建设的要求，因而

---

① Carlos Reyes, "*Exigen Rectores reforma educativa* ", http：//www. reforma. com / nacional/articulo/321608.

② Patrick Fitzsimmons, *Changing Conceptions of Globalization*：*Changing Conceptions of Education*, http：//www. ed. uiuc. edu/ EPS/Educational-Theory/ Contents/2000 _ 4. asp.

就有一个教育国际化与教育民族化或本土化的关系问题。一方面教育必须国际化，没有国际化，实行封闭式办学，教育就没有办法利用全球化所提供的机会窗口，实现现代化；另一方面教育又必须本土化，没有本土化，只一味地对外开放，照搬外国的东西，完全脱离本国的国情，同样没有办法实现教育的现代化。所以，拉美学者认为，关于全球化对高等教育的影响问题必须要从"被包围"机构的特性上去进行思考，有些合作项目，譬如前面所说的那些"外国教育飞地"式的所谓教育合作就走了"国际化"的极端，而忘记了"本土化"的重要性。这样的"国际合作"就仅仅有利于输出国，而对输入国来说不但无利可图，而且还强化了教育弱国对教育强国的依附关系。为了防止这种趋势的恶性发展，在学习发达国家的教育制度、理论、内容和方法时，必须立足于本土社会，致力于将西方先进的制度、理论和方法本土化的工作，用一种求实的精神吸收各国长处，创造出符合自己国情的、具有自己国家特色的教育制度、教育理论和教育方法。[①]

总之，经济全球化是以科技革命为原动力的，教育现代化也是以科技革命为原动力的，二者具有同一性。但是，经济全球化是一个跨国扩展的进程，是以发达国家或教育强国的利益为主导的，而教育现代化是以民族国家的形式向前推进的，是民族国家社会进步的一种历史的发展，是一个纵向发展的演进过程，是以各别国家的民族利益为主导的，二者不但有区别，而且不可避免地会有矛盾。所以，经济全球化与教育现代化的关系是一种既同一而又矛盾、既对立而又统一的关系，片面地只看到同一性，或

[①]　Paige Porter and Lesley Vidovich, "*Globalization and Higher Education Policy*", http：//www. ed. uiuc. edu/ EPS/Educational-Theory/Contents/2000_ 4. asp.

片面地只看到矛盾性都是错误的。

四　关于国家在教育发展中的作用问题

拉美教育改革的另一个重大的问题就是国家在教育发展进程中的作用问题。在这个问题上，从改革开始以来，拉美就存在两种对立的选择倾向，一种是倾向于选择国际金融机构所建议的所谓"国家退出政策"或自由放任主义政策；另一种是倾向于选择联合国教科文组织所建议的高度重视国家在社会领域作用的政策①。很多拉美专家都认为，这种选择对于拉美国家教育发展的前景来说极其重要，甚至认为 21 世纪拉美高等教育的成功与否在很大程度上取决于在两种占统治地位的倾向之间做出什么样的选择。② 如果说在第一阶段的教育改革中是第一种意见占上风的话，那么到了第二阶段则是第二种意见越来越占上风了。这是因为事实教育了人们：自改革开始以来，拉美国家同时面临两种挑战，一方面是教育私有化，教育资源分配不平等情况日益恶化，另一方面是教育平等和教育民主化的呼声日益提高；在这双重的压力之下，战略的选择只能是加强国家的宏观调控作用，除此以外没有别的出路。因此，20 世纪 90 年代以来，批判新自由主义"国家退出"理论，呼吁加强国家作用和权威的舆论越来越成为

---

①　关于这些建议的内容可参见下面这些文献：1. Las universidades en América Latina：reformadas o alterradas？；2. El Plan de Acción Regional de América Latina y el Caribe；3. Declaración sobre la Educación Superior en el Caribe；4. Declaración Mundial sobre la Educavión Superior en el sigloXXI：Visión y Acción；5. Marco de Acción Prioritaria para el cambio y el desarrollo de la educación superior；6. Creando universidades innovadoras. Estrategias organizacionales para la transformación .

②　Francisco López Segrera, El impacto de la globalización y laspolíticaseducativas en los sistemas de educación superior de América Latina y el Caribe, en Marcela Mollis（Edit）, Universidades en America Latina：Reformadas o alteradas? Buenos Aires, 2003.

时代的主流思潮;拉美各国政府也开始放弃 80 年代自由放任主义的立场,转而采用一种新的、以质量评估和资格认证制度为手段严把教育质量关的政策,实现国家对整个教育系统的控制和领导。近年来拉美不断出现的学生运动实际上就是"要求国家在教育现代化进程中发挥积极的和主导的作用,反对新自由主义把国家魔鬼化为'最坏的东西',就是明确而断然地宣布了市场作为教育资源分配者的失败"[①]。

但是,在国家问题上光是肯定国家的作用是不够的,重要的是国家的性质。卡洛斯·滕纳曼说得很中肯,"国家不能成为市场和企业部门的俘虏。国家的主要功能,即它作为公正和社会团结促进者、补偿者和倡导者的作用是不能私有化的","真正的选择是要建设一个不同的国家,一个在质量、信息能力以及设计和履行人的持续发展政策和战略能力方面都很出色的国家,一个能更有效地管理公共事务,对公民更负责任,更把公民放在心上的国家"。[②] 而恰恰就是在这个问题上,拉丁美洲还任重道远。据联合国开发计划署在拉美的调查,由于社会阶级分化进程的加剧和社会冲突的激化,许多拉美国家的所谓"民主政治"已陷入无法解决的困难,不但政党危机不断(许多政党陷入分裂,执政能力削弱,威望大大降低),致使政治舞台上出现了许多新的、非制度化的和非党派性的新角色,造成政治的不稳定,而且还发生了制度危机,出现了制度权力和实际权力之间的紧张关系,宪法规定的制度权力逐渐被日益壮大的"实际权力集团"(企业主集团、金融集团、美国和多边债权机构等国际治外法权

---

① Juan Carlos Gómez Leyton,*La rebelión de las y los estudiantes secundarios en Chile*(http://www. clacso. org. ar/).

② Carlos Tunnermann Bernheim,*Higher education in Latin America and the Caribbin its economic*, *political and social context* 1997, UNESCO, Caracas.

集团等）所取代，结果是拉美的民主制蜕变成了一种同社会普遍利益脱节的制度，所谓"民主政权"基本上只同实际权力因素相联系，处处受到实际权力集团的限制，丧失了国家决策和解决社会问题的能力。[①] 在这样的权力状况下，即使政府有增加社会投资的良好愿望，想解决国家的教育问题，恐怕也无能为力。

（原载《江汉大学学报》季刊（社科版）2007 年第 3 期）

---

① Programa de las Naciones Unidas para el Desarrollo, *Ideas y Aportes*: *La Democracia en América Latina*, *Hacia una democracia de ciudadanas y ciudadanos*, Primera edición, New York, abril de 2004.

历 史 篇

500 年的一桩公案和 500 周年纪念

　　1492 年 10 月 12 日航海家哥伦布横渡大西洋到达加勒比海瓜纳哈尼岛（有人考证只到达该岛附近的一个小岛）这一历史事件，长期以来一直被当做"美洲的发现"来纪念。但是，在全世界即将纪念"发现美洲"500 周年之际，墨西哥却在纪念活动的名称上发动了一场不大不小的"革命"，提议把"美洲的发现"改成"两个世界的相遇"。墨西哥政府的提议得到世界许多国家的支持和联合国的认可，然而在墨西哥史学界却激起了一场相当规模的论战。

一

　　1984 年 7 月 9 日至 7 月 12 日，在圣多明各举行的拉美各国纪念哥伦布"发现美洲"500 周年筹备会议上，以著名史学家米格尔·莱昂 - 波尔蒂利亚为首的墨西哥代表团向大会提交了一份报告，建议将纪念 1492 年哥伦布到达美洲这一历史事件的名称由传统的"美洲的发现"改为"两个世界的相遇"，主要理由如下：

（一）"每个时代都有其自己的历史观"，"周围环境所加于我们的焦虑、问题、期望、喜悦和成就不可避免地决定着我们对过去的看法"。在 500 周年临近之际，应该"重新考虑它的意义"，提出"一种更符合现在形势和愿望的新的观点"，让第二个 500 周年开始得更好。

（二）1492 年开始了注定要引起全球（无论是旧世界，还是所谓的新世界）巨变的相遇，这是比"美洲的发现"更合适的说法。美洲的各种古代文化是非常重要的，……它们的遗产是那样明显，以致回避它们简直是可笑的。

（三）欧洲中心论的观点"已经不适应人们对 500 周年所抱的一般期望了"，坚持发现美洲的概念，就意味着重犯欧洲中心论的老毛病。

（四）两个世界人们的这一相遇，不但在美洲引起了根本性的经济、政治结构的变化，而且，美洲的出现在旧世界所引起的变化也是不小的。

报告最后说："基于所有这些理由，墨西哥代表团建议从平等的观点出发，接受这样一种思想：不要讲什么发现（事实上哥伦布从不认为自己发现了一个大陆），要抛弃种族优越感，承认 1492 年事实上是开始了一种相遇，一个非凡的地中海世界和一个同样了不起的加勒比海岛屿及亚马孙、奥里诺科陆地世界……的相遇。让我们能领会这一点，承认在最初的冲突、斗争和征服之后，就是各族人民的长久的接近和融合。"①

1985 年 4 月 11 日，莱昂－波尔蒂利亚博士又发表了题为《两个世界的相遇》的文章，宣传他在圣多明各会议上提出的建

---

① 胡安·A. 奥尔特加－梅迪纳：《墨西哥关于哥伦布发现的思想》，墨西哥 1987 年版，第 127—128 页。

议，解释为什么要把"美洲的发现"改成"两个世界的相遇"。文章着重指出，对于印第安人来说，1492 年是他们光辉的过去开始遭受毁灭的日子，不可能要一些混血人和印第安人占优势、有着悠久的印第安文化传统的国家去纪念这个日子。因此，在这个问题上，美洲国家之间存在着分歧。为了解决这个问题，墨西哥代表团倾向于采用"两个世界、两种文化相遇"这样一个新的观点和新的概念。

　　同年 4 月 30 日，墨西哥外交部颁布了由总统、外交部长、计划及预算部长、城市发展及生态部长、公共教育部长以及旅游部长签署的总统决议，同意成立"两个世界相遇 500 周年纪念委员会"，以负责"规划、组织和实施 500 周年的各项纪念活动"。

二

　　总统决议颁布还不到 20 天，墨西哥著名史学家埃德孟多·奥戈尔曼首先发难，在墨西哥史学界掀起了一场关于 500 周年纪念名称问题的大论战，卷入这场论战的有大学教授爱德华多·布兰克尔、国立自治大学哲学研究所人文学家安东尼奥·戈麦斯·罗夫莱多、首都自治大学哲学家和神学家恩里克·杜塞尔、历史学家西比奥·萨瓦拉、拉丁美洲研究协调及传播中心主任、著名历史学家莱奥波尔多·塞亚、国立自治大学历史学教授胡安·A. 奥尔特加－梅迪纳，以及西班牙 500 周年纪念全国委员会执行小组负责人何塞·路易斯·洛佩斯－舒迈尔等一大批专家学者。虽然论战主要是围绕改名的问题展开的，但涉及的面要广得多，核心的问题是讨论"哥伦布发现美洲"的说法到底有没有错？应不应该纪念？怎样纪念？根据目前所能看到的资料，主要有五派意见。按其所用的核心概念，可分别称之为"发明"派、"发现"派、"掩盖"派、"神话"派和"雪耻"派。

"发明"派既反对传统的"发现"说，也反对新的"相遇"说，认为欧洲人不是"发现"了美洲，而是"发明"了美洲。这一派的代表人物就是这次论战的发难者、鼎鼎有名的史学家奥戈尔曼。他早在 1940 年负责整理和再版何塞·德阿科斯塔神父的历史著作时就认为，美洲出现在西方文化之中是不可能用 1492 年的"发现"来作出满意的解释的；实际上存在着一个对"新世界"的解释过程。他把这个解释过程称之为"美洲的哲学征服"过程。以后，他就开始从所谓本体论的角度思考历史，认为解决美洲的历史问题的关键，是要把这一事件看成是西方思想发明的结果。1951 年，他出版了《美洲发现的思想及其历史，以及对其依据的批判》一书。1958 年，他又在该书的基础上，寻求适当的概念，出版了《美洲的发明》一书。据历史学家胡安·A. 奥尔特加 – 梅迪纳的研究，这后一本书的核心思想就反映在该书的副标题上：《西方文化的普遍性》。按"西方文化普遍性"的原理，哥伦布等人发现的一些实体，本身并没有向我们揭示其意义，它们之所以从"亚洲存在"（哥伦布的亚洲猜想）最后成为"美洲存在"，完全是西方人不断把他们的历史的、文化的意义和概念归之于这些实体的结果。他说，这就是西方文化的创造力。"美洲的发现"这一说法之所以不对，是因为它所表示的是一个已经存在的实体，而不能解释其存在"有赖于它在欧洲文化怀抱中产生出来的方式"[1]。正是由于奥戈尔曼给了西方文化以这样一种主体的优先地位，他对于莱昂 – 波尔蒂

---

① 胡安·A. 奥尔特加 – 梅迪纳：《墨西哥关于哥伦布发现的思想》，墨西哥 1987 年版，第 88—93 页。

利亚博士把"美洲的发现"改成只是两种文化相遇这件事，特别不能接受，并在 1985 年 5 月至 7 月 3 个月中接连发表 3 篇文章，激烈反对"相遇"说，他主要是从形式逻辑上驳斥"相遇"说，认为：

（一）为使名称的改变有说服力，莱昂－波尔蒂利亚必须首先证明历来所说的"美洲的发现"是虚伪的；而他未能这么做，自相矛盾。

（二）"两个世界相遇"的新概念既包括所有西、葡语国家之间生物的和文化的混血联系的一面（民族和文化的融合），也包括事件的破坏性的一面（战争、征服、残暴），这两种历史性结果都有权得到同样的纪念，而莱昂－波尔蒂利亚却只选择前一种结果，回避后一种结果。

（三）1492 年哥伦布所遇到的只是一个小小的瓜纳哈尼岛，谁也不会相信这就是一个新世界，把这一天的事件作为"两个世界相遇"来纪念，说不通。

（四）1492 年哥伦布宣布他到了亚洲的某个地区；把它当做"两个世界相遇"来纪念，是牛头不对马嘴。[①]

（五）"两个世界相遇"说如果能够成立，那这两个世界必定是两个不同的、在生物上和文化上都有能力相遇的实体。但当欧洲开始在物质上和精神上同新地区接触时，所发生的并不像莱昂－波尔蒂利亚所说的是什么二者"相遇"，而是欧洲的东西吞并了一切美洲的东西，是欧洲人和欧洲文化转移到新发现的土地、美洲的现实变成西方文化的本体—哲学的变化过程，是美洲文化归属于"唯一可能的世界文化"，这样，就没有两种文化

---

① 埃·奥戈尔曼：《同米格尔·莱昂－波尔蒂利亚论战：既不是发现，也不是相遇》，《每日报》1985 年 5 月 19 日。

"相遇"可言，而是在美洲现实的本体深深同化于普遍现实中。因此，所谓"两个世界相遇"完全是虚构的。[①]

"发现"派维护传统的"哥伦布发现美洲"的说法，反对把这种说法改为"两个世界的相遇"，代表人物是安·戈·罗夫莱多和西尔比奥·萨瓦拉。其主要论点是：

（一）"发现"本身并没有置被发现者于不平等地位，"相遇"也不能把本来有高低之分的两种文明变得等同起来。[②]

（二）1492 年发现的结果是多种多样的"相遇"，"有欧、非两洲的相遇，有通过好望角航路与东方的相遇，有通过大西洋，然后又通过太平洋航路与亚洲的相遇……"，所有这些都不是"两个世界相遇"所能概括的。因此，把"美洲的发现"改成"两个世界的相遇"是没有充分的道理的。[③]

"掩盖"派的代表人物是著名史学家莱奥波尔多·塞亚。在他看来，几乎所有拉美历史的课题都可以解释成一系列相继的掩盖。譬如哥伦布到了美洲土地，却深信自己到了中国（Cataýo）附近的岛屿；征服者在拯救文化的名义下掩盖其野蛮的掠夺行为，殖民官员宣布克里奥尔人低人一等以掩盖其排外主义胃口；克里奥尔人在自由的借口下掩盖印第安人和混血人民大众，而大多数美洲自由党人则自我掩盖，设想自己是或渴望是别的什么人，譬如盎格鲁—撒克逊人，等等。可见，塞亚理论中的"掩盖"概念，就是指一个世界对另一个世界的统治，一部分人对

---

① 埃·奥戈尔曼：《两个世界相遇的历史虚伪性》，《每日报》1985 年 6 月 30 日。

② 安·戈·罗夫莱多：《发现的语义和真意》，《公海，两个世界杂志》1985 年第 1 期。

③ 西尔比奥·萨瓦拉：《美洲发现 500 周年纪念名称考》，《公海，两个世界杂志》1985 年第 3 期。

另一部分人的统治，指宗主国对殖民地、征服者对被征服者、白人对印第安人、黑人及混血人的统治，解放者对被解放者的统治，以及"捍卫进步者"对"落后者"的残酷统治。从这一理论出发，塞亚反对"发现"说，认为讲"美洲的发现"，就意味着接受欧洲中心论的观点。他主张根据当代现实，分析历史事实，考虑两个世界之间的相互影响，并以面向未来的精神，通过500 周年纪念，促进拉美国家与伊比利亚国家现在和未来的会合。①"掩盖"派赞同莱昂 - 波尔蒂利亚的"相遇"说。

　　"神话"派的代表人物是何塞·路易斯·洛佩斯 - 舒迈尔。他认为，要让所有的人都接受"发现"说，是非常困难的。因为在 1492 年以前，美洲对于它自己的居民来说，既不是隐秘的，也不是未知的，无所谓"发现"。"当肯定说美洲是 1492 年发现的，并说这个事实是一个历史界标的时候，意思就是说，首先，直至这一天，对于欧洲人来说，美洲是隐秘的，未知的，其次，这种隐秘使美洲不可能加入世界的历史，即加入文明的历史，居住在那里的人不但不为人所知，而且是愚昧无知的。这种观点反映到发现行动上，就是：一些人发现，是积极的角色，另一些人被发现，是消极的角色。在这种积极—消极关系中，前者将带去文明，后者将接受文明。不用说，这样一种观点在历史上是不能接受的，因为它犯有欧洲中心论的残疾。"所以，他赞成用"相遇"一词取代"发现"一词，他又说，"相遇比发现更清楚地表明一种双边关系，一个世界和另一个世界相遇到了，同时又都被遇到了……，我想，再没有人能坚持一种从一个设想为一切事务

---

　　①　莱奥波尔多·塞亚：《超越 500 年》，载《美洲纪事》1988 年第 3 期；胡安·A. 奥尔特加 - 梅迪纳：《莱奥波尔多·塞亚》，载《墨西哥关于哥伦布发现的思想》，第 105 页。

中心和尺度的欧洲的立场写成的历史了。"①

　　但是，他又认为，坚持传统的名称也是有理由的，一个决定性的理由就是："纪念美洲发现 500 周年并不是对一个历史事件的纪念，而是对一个神话的纪念。"他说，自古以来，社会集体的思维方式就是一种创造神话的思维方式，一个历史事变过后，不要多久，集体记忆就会很容易地把它变成一个神话现实，所谓"美洲的发现"就是这样作为一个神话而活在人们的心里的。他认为，直到现在，人们还是用这种神话的思维方式工作，举办发现美洲 500 周年纪念活动就是这种思维方式的当代表现。这并不是什么坏事，而可能是有积极作用的，因为 500 周年纪念不应该只是少数专家的工作，而应该是一种人民大众的纪念。"尽管可以在 1992 年讲两个世界相遇，但真正的意义还是美洲的再发现，新世界的再创造，世界统一神话的复活"②。这样，洛佩斯－舒迈尔就通过神话把"发现"和"两个世界相遇"调和起来了。

　　"雪耻"派代表印第安人的利益和要求，代表人物是恩里克·杜塞尔。他反对奥戈尔曼的"发明"说，认为他在《美洲的发明》一书中所出色描述的关于从"亚洲存在"到"美洲存在"的过渡的东西，是百分之百的"发现"。"从欧洲的极端的立场看，这是美洲的'创造'（发明），而从我们大陆的立场看，则是'入侵'我们的世界……"，"自我夸耀的征服是我们大陆历史中最邪恶、最不道德的行动"。他还指出，无论是在殖民地时期，还是在 19 世纪或 20 世纪，印第安人的反抗斗争始终没有间断。他们虽然每次都被打败了，但从来没有被消灭，现在美洲

---

　　① 何塞·路易斯·洛佩斯－舒迈尔：《作为神话的发现》，载《美洲纪事》1988 年第 3 期。

　　② 同上。

大陆的每个角落都有他们的幸存者。如果能举行庆祝，就应该为他们能幸存下来，终于没有被忘掉，终于能从发现时代起就设置的掩盖中重新站出来而举行庆祝。所以，他认为现在应该是向他们赔礼道歉的时候了，是为他们洗刷耻辱的时候了；500 周年纪念应该是"发现他们历史现实和当代现实的一次机会，以便认清他们在未来解放社会中所应有的位置"①。

以上就是这次墨西哥论战中的一些主要派别和主要论点。从参加论战的文章看，多数都火药味很浓，但作为受挑战一方的莱昂－波尔蒂利亚博士却不动声色，他只是在《公海，两个世界杂志》发表了一篇文章，对安·戈·罗夫莱多的一些指责给了一个简短的回答，② 余皆一概不理。1986 年 9 月 18 日，墨西哥 500 周年纪念全国委员会在国民宫隆重举行成立大会，墨西哥总统德拉马德里、公共教育部长、外交部长、内政部长、计划及预算部长、城市发展和生态部长以及史学家米格尔·莱昂－波尔蒂利亚等专家学者都参加了会议。会上，墨西哥总统、公共教育部长和外交部长都发表了重要演说。墨西哥总统指出，虽然两个世界和两种文化相遇的初期是"一种帝国的事业"，使被征服的人民遭受了自己文化和社会被废弃和破坏之苦，但是，从这个帝国所组织的专制主义殖民世界中，孕育出了美洲的自由国家。现在，拉美国家面临严峻的时刻，"要求富有想象力的对话和协商的方式，以有利于伊比利亚美洲的和谐一致"，为此，墨西哥 500 周年纪念全国委员会的根本责任应该是"明确地、毫不含糊地捍卫我们的同一性"，以巩固和扩大伊比利亚美洲国家之间相

---

① 恩里克·杜塞尔：《对发现的另一种看法，走向雪耻之路》，《公海，两个世界杂志》1985 年第 3 期。

② 米格尔·莱昂－波尔蒂利亚：《对安东尼奥·戈麦斯·罗夫莱多博士语义和真意评论的评论》，《公海，两个世界杂志》1985 年第 2 期。

互交往和相互了解的领域。外交部长也指出，"500 周年纪念应该成为一个分析与协调今天已构成拉美特点的民主进程的论坛"。公共教育部长还在会上宣布，在墨西哥的免费教科书中，"相遇"这个词已经取代了"发现"一词，因为这个词的改动关系到一个从两个世界相遇中诞生的国家的真正的建国自豪感的问题。莱昂－波尔蒂利亚最后再一次强调，应该通过"两个世界相遇"500 周年纪念活动，提高人民的历史觉悟，加强全国人民的认同。

显然，1986 年 9 月国民宫会议实际上已经给墨西哥的这场论战做了结论，它说明墨西哥提出修改 500 周年纪念名称，并不只是一个简单的措词问题，而是第二次世界大战以来墨西哥对内实行各民族人民大认同（或一体化），对外实行同伊比利亚美洲国家以及同伊比利亚国家大联合的基本国策的反映和贯彻。

三

论战并没有因政府的"结论"而平息。国民宫会议后第四天，爱德华多·布兰克尔即在报纸上发表文章，指责总统和几位部长的讲话完全是根据形势和政治需要解释历史事实，没有一点符合历史的表达方法、历史的要求和历史的范围，"是功利性取代严谨性的政治花招"，是"对历史的阉割"①。

不久，作为论战发难者的埃·奥戈尔曼又在西班牙宣读了一篇题为《米格尔·莱昂－波尔蒂利亚博士关于把 1492 年 10 月 12 日 500 周年作为"旧世界和新世界相遇"来纪念的建议中的历史谎言》的文章，说是按 15 世纪末人们的信念和知识水平，

---

① 爱德华多·布兰克尔：《历史的安魂曲》，1986 年 9 月 22 日《每日报》。

世上只有一个唯一的世界，而且，在当时，"世界"的概念也不容许有"新"、"旧"之分，所以，坚持说在哥伦布来到瓜纳哈尼岛之前已存在旧、新两个世界，是"双重的荒谬"，并指责"两个世界相遇"的说法回避了混血过程中令人震惊的暴力、残忍和冲突所带来的其他事实，"是把历史的真理牺牲在政治利益的祭坛上了"。①

特别值得注意的是 1986 年 10 月 12 日哥伦布首航美洲 494 周年纪念这一天在墨西哥城所发生的事情。这一天，主张纪念哥伦布的人在哥伦布塑像前献上了花束和花圈。但墨西哥许多农民组织却在全国土著人组织负责人的领导下举行了示威游行，针锋相对地庆祝"印第安人尊严日"。游行队伍沿着改革大道向市中心的索加洛广场行进。当经过哥伦布塑像时，他们愤怒地把那里的花束和花圈扯碎撕光，并沿途高喊"枪毙哥伦布""处死加丘平"的口号。游行队伍的一位名叫多明格斯的领队还发表讲话说："我们印第安人今天来缅怀我们的英雄夸乌特莫克、奎特兰瓦克、华雷斯、萨巴塔，来喊出我们的勇气，我们要当局满足我们农民的要求。"执政党（革命制度党）的代表海梅·阿吉拉尔·阿尔瓦雷斯也在游行集会上发表演说，强烈谴责殖民主义国家的暴力手段，认为这是良心的堕落，必将灭亡。他还明确宣布，征服与奴役不能当作节日来庆祝，"美洲的发现"这种说法是错误的，因为美洲大陆的伟大文化"在太阳照耀下闪闪发光，对谁都不隐藏"②。据说，这次游行得到韦拉克鲁斯"埃米利亚诺·萨巴塔"农民联合会和"阿亚拉计划"全国组织负责人的

---

① 胡安·A. 奥尔特加 - 梅迪纳：《墨西哥关于哥伦布发现的思想》，墨西哥 1987 年版，第 159 页。

② 《每日报》1986 年 10 月 13 日。

支持，也得到恰巴斯、瓦哈卡、伊达尔哥、韦拉克鲁斯、米却肯、墨西哥等州农民代表的支持。

在农民游行的前一天，墨西哥《至上报》《今日文化》栏的两位记者曾通过民意测验的办法调查了文化学术界的一些著名人物的态度，结果证明大多数人，对所谓"发现"持否定和批判态度，有的不但否定"发现"说，也否定"相遇"说。国立自治大学文哲系主任阿图罗·阿苏埃拉认为，无论是"美洲的发现"还是"两个世界、两种文化相遇"都过时了。《至上报》撰稿人、著名意大利记者卡洛·科西奥利也写文章说，"发现"、"相遇"这两个说法，只是用词的问题，本质上并没有什么变动，不应该庆祝发现，也不应该庆祝相遇。他甚至说，两种说法比较起来，"我宁可用'发现'这个词，也不用'相遇'这个词。前者表达了事实，虽然严酷，但真实；后者想把征服者与被征服者置于同一个天平盘上，这肯定是不合理的，是虚伪的"。①

四

从目前的情况看，论战的波涛似乎是平静下来了。但是，解决了问题没有？可以说，解决了，又没有解决。

所谓解决了，是指墨西哥 500 周年纪念的名称问题从政治上解决了。在论战中，论战各派至少提出了四种不同的纪念方案，即"发明"派的为颂扬西方文明的纪念，"发现"派的为颂扬哥伦布"发现美洲"的纪念，"雪耻"派的为维护种族尊严的纪

---

① 胡安·A. 奥尔特加－梅迪纳：《墨西哥关于哥伦布发现的思想》，墨西哥 1987 年版，第 170 页。

念，以及其余各派的大致为巩固和发展伊比利亚美洲同一性的纪念。很明显，前两种纪念和第三种纪念，是两个极端的、针锋相对的方案。墨西哥政府选择了第四种方案，这是一个以伊比利亚美洲混血民族形成的事实作为共同基础，最能调和两极端之间的对立，最能为绝大多数人所接受的方案。从墨西哥在圣多明各会议上提出的报告和总统决议的内容看，这个方案的基本原则是：（1）面向未来，不倾向于赞扬哥伦布的历史功绩。（2）强调古代美洲文化的重要性。（3）反对欧洲中心论。（4）坚持对两个世界的同等关心。（5）抛弃种族优越感，承认各族人民长久的接近和融合。

墨西哥政府历来重视民族一体化发展，注意解决种族矛盾问题，在历史上曾做过不少这一类工作。早在 1916 年，墨西哥政府就把 10 月 12 日这一天同时作为"美洲发现日"和"种族节"来纪念。1929 年 9 月，政府又批准每年 10 月 12 日按国庆节、种族节和美洲发现日三位一体的程式举行纪念活动。1934 年，政府还授权正式升所谓"种族旗"。1977 年，墨西哥总统波蒂略和西班牙国王卡洛斯一世开始以"西班牙世界节"和"种族节"名义纪念 10 月 12 日。所有这些都强调拉美民族共同的历史、西班牙美洲理想、身体上和精神上的相似以及包括母国在内的种族和政治团结[①]。但是也看得出来，所有这些也都是以欧洲为主体的，而且种族的概念也很模糊。同历史上的这些努力相比，毫无疑问，这次的名称改革是一个很大的进步，尽管有些学者不无道理地指出所谓平等的"相遇"既不是历史的现实，也不是眼下的现实，甚至说只是"神话"中的现实，但是，它毕竟第一次把美洲的主人同欧洲的主人摆到了同等的地位。它的那些原则的

———————————

① 埃·奥戈尔曼：《一份多余的建议》，《每日报》1985 年 7 月 7 日。

正义性也是无可置疑的。事实证明，墨西哥的倡议是得人心的，它不但已经为拉美国家所接受，而且已经得到联合国的承认。应该说，这是墨西哥外交上的一大胜利。

所谓没有解决，是指论战所提问题没有在学术上得到解决。实际上，这次论战只是挑战一方使劲，受挑战一方（官方）采取"你打你的，我打我的"政策，避免交锋，还劝说不要就这些问题进行无谓的争吵①。所以，论战中所提出的一些问题除了各派意见之间稍有"接火"之外，基本上都没有展开深入的讨论。之所以如此，主要是因为哥伦布问题在墨西哥属于政治问题。关于哥伦布功罪问题的争论由来已久，实际上从 1492 年哥伦布宣布占领瓜纳哈尼岛，并在海地屠戮印第安人开始，印第安人就已经判定他是海盗，是入侵者了。从那以后，这个问题就成了印第安人及其代言人和欧洲殖民者及其代言人之间争论不休的一桩公案。在殖民时期，这桩公案当然是由欧洲殖民者用残酷的暴力镇压来判案的，但不能解决问题。现在，虽然 1492 年事件已经过去 5 个世纪了，但是，由它所开始形成的欧洲少数强国统治、控制和剥削拉、非、亚弱小国家的世界资本主义政治秩序和生产关系体系并没有发生根本改变，一些弱小国家仍然受着各种形式的政治控制和经济剥削，遭到很不公正的待遇。因此，他们对于庆祝"哥伦布发现美洲"500 周年的意图存有疑心并表示反对，是很自然的。事实证明，只要资本主义的不合理国际秩序不改变，原殖民地国家和人民的地位和处境不改善，500 年的这桩公案绝无了结之日。公案没有了结，而又要举行纪念，这就不能

---

① 莱奥波尔多·塞亚：《超越 500 年》，《美洲纪事》1988 年第 3 期；胡安·A. 奥尔特加－梅迪纳：《莱奥波尔多·塞亚》，《墨西哥关于哥伦布发现的思想》，第 105 页。

不引起论战，论战一旦与无法了结的公案搭边（政治争端），也就只能以政治方法解决。这就是 1984—1986 年墨西哥史学界论战的缘由和特点。

五

其实在历史上，哥伦布纪念问题无一不带有政治色彩。

1792 年，在拉美人民充满反西班牙情绪、酝酿着推翻殖民统治的时候，美国庆祝哥伦布"发现美洲"300 周年。1892 年，正当欧洲种族主义和民族沙文主义横行、欧洲资本主义列强疯狂掠夺和瓜分世界殖民地的时候，哥伦布这个"发现"和"征服"的偶像，备受资产阶级的爱戴，纪念活动也特别狂热。刚刚实现了国家统一、野心勃勃的意大利政府，为了独占"发现"的光荣和纪念权，不遗余力地抵制所谓"西班牙化纪念"，几乎已经熄灭的反西班牙黑色神话的炭火又重新燃起，美国也在学校课本中添进了哥伦布一节，把他的"发现"视为上帝安排的第一个步骤，并说这第一个步骤预示着盎格鲁 - 撒克逊美洲伟大的未来及其明显的帝国前途。

回顾历史，不难看出，欧美各国纪念哥伦布的活动基本上反映出这些国家在国际关系问题上的政治态度。可以说，哥伦布纪念活动的情况在一定程度上就是国际政治气候变化的晴雨表。从这一历史经验出发来分析 20 世纪 80 年代墨西哥的这次论战，有一种倾向值得注意。

据史学家奥尔特加 - 梅迪纳的分析，莱昂 - 波尔蒂利亚博士所谓"两个世界相遇"和"两种文化相遇"的新说，主要是从诺思罗普所著《东方与西方的相遇》一书、乌尔斯·比特利所著《野蛮与文明》一书以及汤恩比的一些历史著作中得到启发后提出来的①。对这些著作中的"文化相遇"理论应怎么评价，笔者没有研究，不敢妄说，但这次论战的确是把重点引到文化上来了。从论战的一些文献中，读者可以很容易地感到有一种"文化优越论"的调子在游荡，譬如"西方文化的普遍性"、"美洲现实的本体深深同化于普遍现实"、"西方文化的创造力"、西方文化是"唯一可能的世界文化"、"美洲文化归属于西方文化"，等等，使人很容易联想到 19 世纪为野蛮的殖民活动提供理论依据的"种族优越论"。尤其值得注意的是，有的文章还自甘附属于西方文化，批评莱昂－波尔蒂利亚的"第三世界主义"倾向。如有的文章认为，拉美人的文化史从来都不属于"贫穷的世界"，批评莱昂－波尔蒂利亚在《印第安人的观点》一文中所表达的捍卫第三世界、支持第三世界的思想②，认为没有必要把自己列入第三世界。有的文章还反对利用 500 周年纪念谴责帝国主义和殖民主义，担心这会"使拉美及其历史整合的存在本身都成了问题"。③

联系近几年来美国总统否定第三世界存在、美国国内出现所谓冷战结束后将是美国社会模式在全球普遍传播的舆论、拉美国家个别领导人表示脱离第三世界等事实，可以看出上述思潮的开始泛滥并不是偶然的。但是，历史的事实终归不能证明，在世界资本主义生产关系的体系下，依附于或融合于西方文化，就能解决第三世界国家的问题。我们中国人在近代历史上曾经迷恋过西方文化，学习过西方文化，也学习过哥伦布精神。康有为曾认为

---

① 胡安·A. 奥尔特加－梅迪纳：《墨西哥关于哥伦布发现的思想》，墨西哥 1987 年版，第 152 页。

② 同上书，第 139—149 页。

③ 西尔比奥·萨瓦拉：《美洲发现 500 周年纪念名称考》，《公海，两个世界杂志》1985 年第 3 期。

近世 300 年欧人之勃兴以哥伦布"寻得美洲"为开端，对哥伦布的事业十分钦羡，表示要"航海誓开新国土，移吾种族新中华"①。但是，西方文化给近代中国带来的却是血腥的战争、残酷的剥削和压迫以及几十万劳工在海外沦为契约奴。拉美的历史也同样有这样的教训。所以，墨西哥进步学者并不相信西方文化能解决一切问题，而是寻求伊比利亚美洲的团结以及伊比利亚美洲同伊比利亚国家的团结，并以此作为 1992 年哥伦布首航美洲 500 周年纪念的宗旨。墨西哥 500 周年纪念全国委员会负责人莱奥波尔多·塞亚还强调指出，这次纪念要"从历史上，从过去寻求力量，以达到这样一个未来，在这个未来中，我们人民之间以及同其他人民之间的关系是一种横向团结的关系，而不是纵向依附的关系"②。尽管如此，目前这股"西方文化优越论"思潮仍不可低估，它预示着第三世界面临更大的挑战。在纪念哥伦布首航美洲 500 周年的时候，我们应该加强这个领域的研究，特别是"文化相遇"或"文化碰撞"理论的研究。

另外，通过对墨西哥这场论战的研究，笔者对我国 500 周年纪念的名称问题也有一点不成熟的想法。从论战的过程可以看出，现在国际社会已正式确定的"发现美洲和两个世界相遇 500 周年纪念"的名称，是墨西哥建议提出后，经过各国代表讨论和协商的结果，是两个世界相互妥协的产物。墨西哥的本意是要用"两个世界相遇"一词否定和取代"美洲的发现"一词，而现在却成了二者的凑合。虽然从政治上考虑，这是可以理解的，是想把世界性纪念活动的共同舞台扩大一些，以便能容纳下更多不同色彩的节目，但在学术上却不免显得有点光

---

① 康有为：《五度大西洋放歌》，《康南海文集》，共和编译局版，第 12 册。
② 《美洲纪事》1988 年第 3 期。

怪陆离。从论战所揭示的材料看，"两个世界相遇"这一定义虽然有时候也解释成两半球相遇，但更多的是针对美洲和欧洲的关系来说的，甚至可以说主要是针对伊比利亚美洲和伊比利亚国家的关系来说的，并不适合于我国。所以，在我国不宜搬用这个名称。

可不可以用"哥伦布发现美洲500周年"这个名称呢？也不行。这个名称不仅仅如墨西哥学者所指出的那样，"犯有欧洲中心论的残疾"，而且也不完全符合历史事实。哥伦布4次航行只到达加勒比海地区的一些岛屿和陆地，而且至死都坚持说这些岛屿和陆地统统属于亚洲。我们知道，由于大洋阻隔，世代与美洲隔绝的欧洲人要想认识美洲，必须有两个基本条件，一是要有一定的科技发展水平，特别是要有指南针；有了指南针，才有可能建立确定的航线，开展两个大陆之间的连续交往。二是要有众多后继的航海家，进行连续不断的探险和调查。在哥伦布之前，到过美洲地面的人，为数不少，但都因为没有这两个条件而未能享有"美洲发现者"的光荣。哥伦布如果事先没有中国发明的指南针，事后没有众多探险家的继续奋斗和纠正他的错误，他能告诉我们什么呢？当然，在航海技术已经具备的前提下，哥伦布对建立两个大陆的联系，的确是立了首功，这一点应该肯定，功不可没，但说他"发现了美洲"，则有点言过其实。

总之，我们应该有我们自己的、符合我国人民根本利益的观点和提法。如果没有更好的名称问世，《拉丁美洲研究》杂志编辑部所建议的"哥伦布首航美洲500周年纪念"这一名称值得考虑。当然，这里所指的"首航"是指哥伦布的首航，绝不是一般航海史上的"首航"，这是显而易见的。对于一个历史事件来说，意义可以讨论，评价也可以争鸣，但事实就是事实，不可更改，应求真实。唯其如此，笔者觉得《拉丁美洲研究》杂志编辑部所建议的名称不失为一个好名称。

（原载《拉丁美洲研究》1991 年第 6 期）

为了思考的纪念

　　1992 年的哥伦布 500 周年纪念，一方面是纪念的规模空前之大，另一方面是围绕纪念问题而爆发的论战空前之激烈，这是哥伦布纪念史上从未有过的现象。其意义虽一时难以看清，但已足以令人关注，发人深思。墨西哥著名史学家、哲学家、墨西哥"500 周年纪念委员会"负责人莱奥波尔多·塞亚在答记者问谈到这种形势时说，纪念 1492 年 10 月 12 日这个日子，"既不是为了庆祝，也不是为了谴责，而是为了思考"①。我认为这是一个很好的、很科学的回答。因此，我借用这句话为题，谈谈我个人的所忧所思。

一

　　两个多世纪以来，10 月 12 日这个日子一直是被当做"美洲的发现"来纪念的。但是，在哥伦布到达美洲 500 周年纪念前

---

　　① 　胡安·A. 奥尔特加—梅迪纳：《墨西哥关于哥伦布发现的思想》，墨西哥 1987 年版，第 166 页。

夕的 1984 年，墨西哥一些学者和政府却审时度势，发动了一次不大不小的"革命"，把"美洲的发现"改成"两个世界的相遇"，他们认为当今时代应该有当今时代的历史观，过去那种把 1492 年 10 月 12 日当作"美洲发现日"来庆祝的做法犯有"欧洲中心论"的错误，已经不符合现在的形势和"人们对 500 周年所抱的一般期望"，应该从民族平等的观点出发，抛弃种族优越感，放弃"发现"说，"承认 1492 年事实上是开始了一个非凡的地中海世界和一个同样了不起的加勒比海岛屿及亚马孙、奥里诺科陆地世界……的相遇"①。墨西哥政府的提案尽管先后在美洲国家组织和联合国教科文组织得到通过，但却遭到来自左右两个方面的夹击，从而在墨西哥学术界乃至在世界范围内开始了一场关于哥伦布 500 周年纪念问题的大论战。

　　来自右的攻击，主要是坚持"发现"说和"发明"说的两派学者的意见，他们认为，把"发现"改为"相遇"并不能把本来就有高低之分的两种文明变得等同起来，甚至认为美洲是欧洲人"发明"的，因为在他们看来，哥伦布等人发现的一些实体，本身并没有向我们揭示其意义，它之所以从"亚洲存在"（哥伦布的亚洲猜想）最后成为"美洲存在"，完全是西方人不断把自己的历史的、文化的意义和概念归之于这些实体的结果②；而且这两个世界并不是两个在生物上和文化上都有能力相遇的实体，根本不可能"相遇"，而是欧洲的东西吞并了一切美洲的东西，是欧洲人和欧洲文化转移到新发现的土地上，是美洲文化归属于"唯一可能的世界文化"，是美洲现实的本体深深同

---

　　① 《文献：两个世界的相遇，1984》，胡安·A. 奥尔特加－梅迪纳：《墨西哥关于哥伦布发现的思想》，墨西哥 1987 年版，第 129 页。

　　② 胡安·A. 奥尔特加－梅迪纳：《墨西哥关于哥伦布发现的思想》，墨西哥 1987 年版，第 88—93 页。

化于普遍现实之中。他们指责政府所提倡的"两个世界的相遇"说完全是"虚构"的①，是"对历史的阉割"，"是功利性取代严谨性的政治花招"②，"是把历史的真理牺牲在政治利益的祭坛上了"③。

来自左的攻击，主要是一些坚持"雪耻"说和"抵制"说的学者和印第安人领袖的意见，他们认为，1492 年 10 月 12 日开始的美洲事件，"从欧洲的极端立场看，是美洲的发明，而从我们大陆的立场看，则是'入侵'我们的世界……是我们大陆历史中最邪恶、最不道德的行动"，他们还指出，无论是殖民时期，还是在 19 世纪或 20 世纪，印第安人的反抗斗争始终没有间断，他们虽然每次都被打败了，但从来没有被消灭，现在美洲大陆的每一个角落都有他们的幸存者。如果要庆祝，就应该为他们能幸存下来而庆祝。他们认为，现在应该是向他们赔礼道歉的时候了，是为他们洗刷耻辱的时候了；500 周年纪念应该是"发现他们历史现实和当代现实的一次机会，以便认清他们在未来解放社会中所应有的位置"④。他们还宣布："征服和奴役不能当作节日来庆祝"，自 1492 年西班牙人来到美洲之后的美洲史就是一部死亡和毁灭的历史⑤，对这个日子的任何纪念都是错误的；把"美洲发现"改成"两个世界的相遇""也只不过是换个说法来

---

① 详见埃·奥戈尔曼《两个世界相遇的历史虚伪性》，墨《每日报》1985 年，6 月 3 日。

② 爱德华多·布兰克尔：《历史的安魂曲》，墨《每日报》1986 年 9 月 22 日。

③ 胡安·A. 奥尔特加－梅迪纳：《墨西哥关于哥伦布发现的思想》，墨西哥 1987 年版，第 59 页。

④ 恩里克·杜塞尔《对发现的另一种看法，走向雪耻之路》，《公海，两个世界》杂志 1985 年第 3 期。

⑤ 墨西哥《一加一》报 1992 年 4 月 20 日。

为本大陆的这个灾难性事件辩护"①，他们要求联合国"宣布 1992 年为国际年，承认土著居民的反抗和斗争，给所有为解放而付出了生命和鲜血的土著人首领以承认和敬意"。

"两个世界相遇"的主要理论武器是哲学家、史学家莱·塞亚的"掩盖"理论。按照这种理论，拉丁美洲的历史几乎都可以解释为一系列相继的掩盖，譬如哥伦布到了美洲土地却深信自己到了中国附近的岛屿；征服者在拯救文化的名义下掩盖其野蛮的掠夺行为；传教的修道士掩盖土著文化，宣布其为撒旦文化；殖民地官员宣布克里奥尔人低人一等以掩盖其排他主义胃口；克里奥尔人在自由的借口下掩盖印第安和混血的人民大众；而大多数美洲自由党人则自我掩盖，设想自己是或渴望是别的什么人，譬如盎格鲁撒克逊人，等等。总之，1492 年以后拉丁美洲的历史就是一部欧洲征服者、统治者把美洲大陆本土文化相当发展的水平掩盖起来并加以埋葬和歧视的历史②。因此，现在的任务是要发现至今仍然被掩盖着的东西，也就是说，拉丁美洲要进入一个"自我发现的阶段"③。现在，这个阶段已经开始，无论是西班牙还是西班牙美洲，都不可避免地在超越其决定性的应该成为过去的过去，而开始认识其长期形成的同一性。他认为，这种同一性使拉美有可能对付来自日益复杂和相互依赖的世界的严重挑战，主张以面向未来的精神，通过 500 周年纪念，促进拉美国家与伊比利亚国家现在和未来的会合④。

---

① 《拉丁美洲面对 500 周年纪念——访厄瓜多尔著名画家奥斯瓦尔多·瓜亚苏明》，[英]《拉丁美洲展望》杂志，1992 年第 3 期。

② 委内瑞拉驻西班牙大使 1988 年 5 月在西班牙—美洲新闻研讨会上的讲话，载墨西哥《美洲纪事》杂志 1988 年第 3 期。

③ 莱奥波尔多·塞亚：《500 年以后》，墨西哥 1990 年版，前言。

④ 莱·塞亚《超越 500 周年》，墨西哥《美洲纪事》杂志，1988 年第 3 期；胡安·A. 奥尔特加-梅迪纳：《墨西哥关于哥伦布发现的思想》第 105 页。

　　以上三派意见围绕"发现"还是"相遇","纪念"还是"抵制"等问题展开了激烈的论战。这种局面的出现显然同80年代以来国际政局的变化有关：东欧剧变，苏联解体，美国宣布冷战胜利，大有乘胜追击独霸世界之势；拉美陷入深重的债务危机；多数第三世界国家经济面临重重困难。在这种形势下，国际社会各派力量都相应调整了自己的战略：资本帝国主义霸权国家决心要"领导"世界，推行新自由主义，建立资本主义独霸的一统天下；长期遭受殖民统治的第三世界国家人民以及拉美印第安人则不忘历史上的屈辱和痛苦，决心不让悲惨的历史重演；陷入深重债务危机的拉美国家则在世界的两极格局结束之后，坚信只有伊比利亚世界联合起来才能加入到突然变革的行列中并从中受益。所有这三种力量都一起登上了哥伦布500周年纪念的舞台，其激烈的论战，显然是不可避免的。由于这场论战从一开始就超出了学术研究范围，所以，不管其采取什么形式，都不会随1992年10月12日的流逝而终结：其前景如何，实人类命运之所系。此令人关注、发人深思者一也。

二

　　在这次论战中，出现了一种把拉美同第三世界对立起来的倾向。最初的分歧是在联合国发生的，当拉美国家的一些代表建议联合国举行世界性500周年纪念活动时，亚洲、非洲、中东、大洋洲以及加勒比国家的代表感到非常意外，表示坚决反对，但拉美国家的代表固执己见，毫不让步。关于这一点，莱·塞亚有一个解释，他说，对于拉美人来说，1492年10月12日这个日子是他们认同的开端，不管怎么样，拉美后来的历史发展都是从这个基础开始的；对这一天的纪念，并不是要纪念西班牙殖民统治的开端，而是要认清这种遭遇所造成的独特的现实，即身体的和精神的拉美混血民族的形成。这是世界上任何其他地方都不曾出现过的现象，属于独特的认同问题①。这种解释当然是合理的。但是，论战中却有人批评墨西哥政府的"两个世界相遇"说是"第三世界主义倾向"，认为拉美人的文化史从来都不属于"贫穷的世界"，没有必要把自己列入第三世界②。有的文章反对利用 500 周年纪念谴责帝国主义和殖民主义，担心这会"使拉美及其历史整合的存在本身都成了问题"③，等等。

　　一个国家属于哪个世界，并不是主观愿望决定的。哥伦布开始的地理大发现在地理上把地球的各个大陆连成了一体，结束了各个地区孤立发展的历史，开始了人类历史的世界发展进程。但在社会、经济和政治上，它又同时把地球分裂成中心地区和边缘地区，确立了中心地区统治、剥削和压迫边缘地区的资本主义世界体系，从而开始了近 5 个世纪的西方列强侵略、压迫和剥削殖民地半殖民地，殖民地半殖民地人民反抗西方列强侵略、压迫和剥削的历史。拉美之所以属于第三世界正是资本主义制度的产物，它只能随着这个制度的改变而改变。不管主观上如何想融合于西方文明，跻身于第一世界，历史的事实终归不能证明，在世界资本主义的生产关系下，依附于或融合于西方文明就能解决第三世界国家的问题。我们中国人在近代历史上曾经迷恋过、学习过西方文化，也学习过哥伦布精神。康有为曾认为近世三百年欧人之勃兴以哥伦布"寻得美洲"为开端，对哥伦布的事业十分

①　胡安·A. 奥尔特加 - 梅迪纳：《墨西哥关于哥伦布发现的思想》，墨西哥 1987 年版，第 106—107 页。

②　同上书，第 139—149 页。

③　西尔比奥·萨瓦拉：《美洲发现五百周年纪念名称考》，《公海，两个世界》杂志 1985 年第 3 期。

钦羡，表示要"航海誓开新国土，移吾种族新中华"。但是，随同西方文化而来的却是血腥的战争、残酷的剥削和压迫以及几十万苦工被卖往海外，沦为契约奴。19世纪拉美的西化运动也不可谓不强大，但是它给拉美带来了什么，事实还不清楚吗？伊比利亚美洲的认同以及伊比利亚美洲同伊比利亚国家的团结合作，这本是第三世界国家所欢迎的事，是同第三世界国家的发展利益一致的。怎么能把它同第三世界对立起来呢？如果这种认同和团结非得以脱离和反对第三世界为前提条件，那么，这种认同和团结本身就值得怀疑了。

在拉美，少数人力主脱离第三世界、反对支持第三世界的同时，国际独立论坛中美洲及加勒比顾问委员会和1492—1992拉丁美洲解放及认同大会1991年1月发表的《墨西哥宣言》却宣告了拉美人民同亚、非人民利益的一致，宣言说："1492年以后所强加的国际体系拒不承认美洲人民和国家以及非洲、亚洲人民和国家的政治、经济和文化主权，陷他们于野蛮的、非人道的剥削与统治制度之下"，因此，"周年纪念的伟大任务就是要恢复第三世界人民的认同和解放"①。显然，这代表了广大人民的声音。但愿东欧种族分裂的传染病不要流传到拉美，因为正如莱·塞亚所说，如果拉美走向分裂，"有争议的这个日子（1992.10.12）就将是对美国霸权下的美洲诞生的纪念"②，而这就是詹姆斯·门罗所说的"美洲人的美洲"了。此令人担心、发人深思者二也。

① 《墨西哥宣言》，英国《拉丁美洲展望》杂志1992年第3期。
② 胡安·A.奥尔特加-梅迪纳：《墨西哥关于哥伦布发现的思想》，墨西哥1987年版，第165—166页。

三

我们多数人都是抱着要建设一个美满幸福的"地球村"的善良愿望来纪念 1492 年 10 月 12 日这个日子的。但是,在论战中我们似乎听到了 500 年前哥伦布、柯尔蒂斯、毕萨罗等殖民征服者蛮横的声音:美洲文化没有同欧洲文化"相遇"的能力;在美洲是"欧洲的东西吞并了一切美洲的东西",甚至还咄咄逼人地说:"历史的推动作用来自欧洲人,所以,不管是高兴还是痛苦……到公元 2021 年还是要纪念特诺奇蒂特兰的攻占的。"①"历史终结"论者也断言历史以资本主义的胜利而告终了,今后的"地球村"将是资本主义独霸的一统天下,第三世界国家的唯一前途就是依附于西方国家。头号霸权国家的首脑也声言要建立"海湾战争模式"的世界新秩序。"地球村"似乎已面临历史倒退的危险。

关于这个问题,重要的是不要犯"历史健忘症"。1492 年开始建立起来的"地球村"体系(海因茨·迪特里希称之为"1492 体系")就是靠军事霸权建立起来的,1492 年以来的 500 年历史,从某种意义上说,就是一部列强争霸的历史,

它给我们带来的是不断的殖民扩张,不断的流血战争和殖民地附属国人民不断的反侵略、反压迫、争生存的民族解放斗争和人民革命战争(特别是 19 世纪初的拉丁美洲独立战争、本世纪初的墨西哥革命、中国辛亥革命和俄国革命以及随后发生的一些

---

① 特诺奇蒂特兰,古印第安人阿兹特克帝国首都(今墨西哥城地方),1521 年被柯尔蒂斯率领的西班牙殖民军攻占,阿兹特克帝国遂亡。2021 年是这一血腥事件的 500 周年。

国家的社会主义革命和战后大规模的非殖民化运动）。

　　想想在这 500 年中，有哪个霸主能长久独霸天下？西班牙在其衰落之际（18 世纪）也曾加强军国主义，在拉美建立了一支 4 万多人的职业军，并且也的确依靠这支军队暂时击败过它的争霸对手，收复了佛罗里达，赶走了莫斯基托的英国人，扩大殖民地到得克萨斯和加利福尼亚……但是，曾几何时，西班牙殖民帝国还不是照样一败涂地，被赶出拉美。

　　近 10 年来，霸权主义者竭力推行"新自由主义"，作为它治理和控制"地球村"的灵丹妙药，这又是犯了"历史健忘症"。拉美早就有过一段很长时期的自由贸易史。20 世纪 80 年代新自由主义者的一套理论和做法早就为独立后的拉美一代自由主义精英们所熟悉，其不能提供自由、繁荣和社会正义，也早已为历史所证明。近 10 年的新自由主义"业绩"有人把它概括为"被偷盗的 10 年"①：2800 多亿美元的利润、利息从拉美流进了北美和欧洲的钱柜，留给拉美的是人均国内生产总值的下降（平均下降 8%，有的下降 24%—26%）、工人最低工资的下降（一般下降 50%，有的下降 70%）、近一半居民生活在贫困线以下、失业后备军激增（利马的失业、半失业者占职工总数的 70%）和社会的动荡不安。连哥伦比亚总统加维里亚都称这个时期新的文职总统为"哥伦布功勋的继承者"。

　　现在，不但上述经济、政治问题成了"地球村"的瓶颈，而且还有更多关系到"地球村"存亡的难题摆在面前：人口爆炸问题、生态失衡问题、环境恶化问题、贩毒问题、世界移民问题，等等。这些都是全球性问题，只有"地球村"全体村民和

---

① 詹姆斯·皮特拉斯，斯蒂夫·维乌克斯：《20 世纪的新自由主义派：哥伦布功勋的继承者》，英国《拉丁美洲展望》杂志 1992 年第 3 期。

衷共济、团结合作，才能妥善解决，达到"地球村"的安居乐业。但是，在霸权统治的"1492 体系"的结构中，这些问题能够解决吗？日益社会化、全球化的生产力本来需要有一个社会利益、全球利益重于一切的社会主义生产关系与之相适应，而现在的霸权主义却偏要强迫世界各国回到自由资本主义的老路上去，这不是南其辕而北其辙吗？此令人忧虑、发人深思者三也。

四

以上是我的忧和思。

忧当然不是忧而心灰。一个世纪前，哥伦布 400 周年纪念还是在帝国主义瓜分世界的"发现权"原则支配之下举行的，哥伦布也是被作为"发现"和"征服"的偶像来纪念的。现在，再也没有人敢于公开援引"发现权"来直接占有哪一个国家了，在纪念哥伦布时，人们也一般同意把纪念"美洲发现"改为纪念"两个世界的相遇"。这就是进步。正如莱·塞亚所说的，在经历了 500 年腥风血雨的斗争历史之后，"今天已开始出现吸取历史经验，避免历史重演，从而建立新的全球关系的可能性了"①。

思也不是思而无断。思考的结果，我以为当今世界最要紧的任务之一，就是要反对霸权，为争取国际秩序的民主化而斗争。当种族主义的代言人公然否定印第安人的"相遇"能力、挑衅地表示要纪念克尔蒂斯攻占阿兹特克首都 500 周年的时候，哪里还谈得上"两个世界的相遇"和"两种文化的会合"！所以，印

---

① 墨西哥《美洲纪事》杂志 1992 年第 2 期。

第安人要民主①。当第三世界国家只有在资本帝国主义相互厮杀（因而放松了对它们的压迫、控制和干涉）的空隙中或别的可资利用的政治冲突的缝隙中才能有所发展的时候，第三世界国家怎能获得和平与发展！所以第三世界国家要民主。当少数强国在它们的交易桌上决定着世界大多数国家和人民的命运，从而造成这些国家的分裂、内乱和流血的时候，这些国家的人民怎能得到安宁和幸福！所以，全世界大多数国家的人民要民主。当以社会利益为最高利益因而成为当代社会化生产力发展和人类发展唯一前途的社会主义（当然不是那种无视经济规律、扼杀竞争机制和开放机制的"社会主义"）遭到 500 年来给人类带来如此多灾难的资本帝国势力的破坏和压制的时候，人类的正义如何能得到伸张！所以，社会主义国家和全世界主持正义的人们要民主。总之，"地球村"要想开辟下一个 500 年的光明前途，要想进入"平等会合"、全球大同、自由幸福的新阶段，首要的任务就是要为国际秩序的民主化而斗争；只有如此，世界的和平、发展这两个伟大目标才有可能实现。

　　转变中的当今国际社会矛盾丛生，哥伦布 500 周年纪念也因此抵牾有加，所以亟须多思；多思才能清醒。作为"地球村"的村民，谨以此多日忧思之记录，奉献于哥伦布到达美洲 500 周年之日。伟大的"地球村"事业幸甚！

（原载《拉丁美洲研究》1992 年第 6 期）

---

　　①　危地马拉农民团结委员会主席里戈维托·门丘向记者表示："在我们能希求真正的两种文化的会合之前，必须结束对我们的压迫、掠夺和剥削。"见〔英〕《拉丁美洲展望》杂志 1992 年第 3 期。

加强拉丁美洲史研究刍议

在告别20世纪，迎来新的21世纪之际，人们自然都对新世纪寄予美好的希望。但是，在希望之余，人们的心里大抵也都悬着这样一个问题：在新的世纪里，人类将走向何方？人类的命运会不会比风云激荡的20世纪更好些？发展中国家能不能像人们所希望的那样，能够掌握住自己的命运，实现和平与发展的伟大理想？要回答这些问题，除了运用科学的方法深入研究世界的现状和历史，特别是20世纪世界的历史，是没有别的捷径可走的；人类只能通过对自己历史经验的总结与研究，来认识现状和预测未来，探索通向理想之路。历史科学之所以重要，原因盖在于此。本文拟对世界史研究特别是拉美史的研究谈些看法。

一

当人类历史进入20世纪的时候，西方国家为了纪念世纪的转换，曾于1900年在巴黎举行了一个隆重的"1900巴黎世界博览会"，以展示前一个世纪西方国家所取得的成就。"巴黎世界博览会"使当时的人们相信："西方文明确是世界进步之源"。但是，这个博览会并没有把西方生活的每个重要的方面都展示出来，譬如没有表现出工农劳动者在工业经济中所遭受的残酷剥削，没有任何画面来展示暴富者与赤贫者之间的巨大鸿沟，没有任何空间让殖民帝国的反对派来揭示那些被征服土地上的人民所遭受的非人待遇，也没有任何篇幅向参观者介绍种族主义与反犹太主义的可憎嘴脸。在那里，一切都是辉煌和美好的，工业机器都是用于和平的；展厅的设计也都费尽了心机：德国展厅类似于一个中世纪城市的市政厅，美国人选用了一所罗马教堂的设计，而英国的展厅则看上去像一所充满田园风光的舒适的住宅，……总之，西方生活的黑暗面都被博览会的精巧设计掩盖了起来。然而，事实正如美国史学家丹尼尔·R.布劳尔所说，博览会所展示的西方文明的优势都是以被压迫民族的牺牲为代价获得的；技术在成为改善生活的奇妙手段的同时，也成了制造毁灭和死亡的工具；西方国家的强权使得国家间的外交争端成了流血的军事冲突之源。所以，布劳尔认为，这个博览会给人们的教训是很深刻的，他感慨地说，现在才意识到，博览会所展示的那个和平、舒适的生活画面是如何地把人们引入歧途！当时，绝大多数人都对所展示的西方美景深信不疑，谁知导致世界大战和革命的根源正是在西方！① 我国已故史学家罗荣渠教授也深刻地总结了这一教训，指出"人类在 20 世纪犯过许多错误，其中一个重大错误就是对这个世纪发生的巨大变革缺乏预见与思想准备"②。当然，当时也不是所有的人都昏昏然，也有一些头脑清醒的人看到了战

---

① Daniel R. Brower, The World in the Twentieth Century The Age of Global War and Revolution, Prentice-hall, Inc. 1992, p. 2 - 3.

② 罗荣渠：《20 世纪回顾与 21 世纪前瞻——从世界现代化进程视角透视》，《21 世纪中国战略大策划·大国方略》，红旗出版社 1996 年版，第 2—3 页。

争的危险正在逼近人类。譬如 1907 年召开的斯图加特国际社会党人代表大会就已经提出了反对军国主义的问题；而且，列宁还对大会决议草案中夹杂的赞扬殖民主义的文句进行了尖锐的批评，说这是"离奇古怪的句子"①。可惜，当时这种清醒的人实在是太少了。

　　现在，一个世纪过去了，我们又进入了另一个世纪之交，上一个世纪之交的教训是不是都已经引起人们足够的重视了呢？我看并不尽然。2000 年会不会也有人举办世界博览会，姑且不说，但在苏联解体后，西方世界弹冠相庆、欢呼"历史终结"者大有人在，更加起劲地挥舞霸权大棒者大有人在，战争的乌云还不时地出现在我们的上空。特别值得我们注意的是，近年来，美化霸权和侵略的言论时有泛滥，并出现了一股令人担忧的史学修正主义思潮，反映了人们并没有都严肃地思考这个问题。这里仅举两个例子。一个是 80 年代以来，世界各地相当普遍地出现了关于修改历史教科书问题的严重斗争。日本的情况我国读者比较熟悉，这里不必重复。在拉丁美洲，也有类似的事件发生。墨西哥就是一个突出的例子。据《国际论坛》杂志透露，1988 年萨利纳斯上台执政后，为了让历史教育为自己所领导的"改革"服务，他的政府投入了大量的人力物力，进行了所谓历史的"非意识形态化"的工作，一心一意要培养一种"生产性的、没有自己祖国意识和没有思想的墨西哥人"，并为此而废除了埃切维里亚时代所编写的历史课本，编写了新的历史课本（称 1992 年课本）。新课本否定了有助于培养学生爱国主义和民族主义的价值观，把美国吞并得克萨斯的事实说成是得克萨斯州赢得了独立。新课本还抛弃了传统的反殖民主义的思想，不再坚持经济

---

① 《列宁选集》第 1 卷，人民出版社 1972 年版，第 748 页。

独立的原则，并有明显的恢复马克西米亚诺和波菲利奥·迪亚斯名誉的倾向。新课本抬高伊图尔比德的形象，而损害格雷罗的形象。新课本讲墨西哥革命却不提阿亚拉计划，更不提1915年土改法，而且还贬低萨帕塔和比利亚的斗争……①所有这些都在墨西哥引起了强烈的震动，爆发了一场关于教科书问题的大论战。

另一个例子是在美国出现的对"美西战争"观的"修正"，是在美西战争史认识问题上的严重倒退。在二战后的50年代和60年代，美国史学家一般都能公正地批评美国政府，揭露美国政府早在战争爆发之前就已经"做好了帝国主义冒险和帝国主义战争的准备"②；认定美国吞并波多黎各和菲律宾、变古巴为自己"保护国"的行径，是"和西欧国家一样属于帝国主义列强"的行径③；认定麦金莱政府发动1898年战争的决定反映了美国政府阻止古巴起义军迅速胜利，阻止其建立独立的古巴共和国的意图④。70年代的著作一般都认为"迅速的工业增长最终促使美国商人和领袖寻找新的市场"，并制订一项全球性对外扩张政策，目标首先就是太平洋和加勒比，并称这一扩张为"自由的帝国主义"⑤。就是80年代出版的美国百科全书也揭露美国夺取

① 参见 Bernardo Mabire Ponce, "El debate con el pretexto de la reforma educativa de 1992 y lo que revela de Mexico", en *Foro Internacional*, Enero-Junio, 1996.

② Martin, Michael Rheta, *Encyclopedia of Latin-American History*, U. S. A, 1968.

③ ［美］菲利普·李·拉尔夫、罗伯特·E. 勒纳、斯坦迪什·米查姆、爱德华·伯恩斯：《世界文明史》（中译本），商务印书馆1999年版，第446—447页。

④ Louis A. Perez Jr., The War of 1898: The United States and Cuba in History and Historiography, The University of North Carolina Press, 1968. 转见 *Journal of Latin American Studies*, May 1999.

⑤ E. 布拉德福德·伯恩斯：《简明拉丁美洲史》（中文版），湖南教育出版社1989年版，第221—222页。

古巴是早有预谋的,① 其战争动员口号就是 19 世纪 40 年代美国吞并墨西哥领土得克萨斯时使用过的口号:"显然的命运"。② 但是到 90 年代,美国主流派史学的观点明显地发生了变化。最突出的例子就是 90 年代美国史学界特别为纪念"美西战争" 100 周年而出版的《1898 年战争与 1898—1934 年美国干涉百科全书》。③ 该书居然同它所描绘的 100 年前的政治家和决策人一样,否定美国在拉美的武装干涉和军事占领行动具有帝国主义的性质。在这部书里,美国的干涉行为被描绘成一些似乎都是前后没有必然联系、相互之间也没有必然联系的小插曲和小事件。在该书的编者看来,似乎运用一定的理论框架是不适于讨论美国的军事干涉的,因为每一次干涉都是一个特异的事件,都被当作一个孤立的事件来处理,其间并没有什么"力量"在起作用,而是对一种未曾预料的情况所作的临时的、不自觉的反应。这里没有选择,只有运气;运气胜于选择。"这就是(美国)决策人所常用的思想框架;他们经常不懂得自己的所作所为会有什么更大的意义,他们是典型地不关心自己所作所为的意义的人。"④ 在事件已过去一个世纪的今天,该书还认为,美国政府之所以对西班牙宣战,是因为美国官员相信,古巴解放军都是一些"无组织的乌合之众",菲律宾的军事首领卢克万只不过是一个"声名狼

① 1854 年,美国驻欧洲几个国家的大使曾集会比利时的奥斯坦德,商讨兼并古巴的问题。会后发表宣言,要求西班牙把古巴岛出卖给美国,理由是西班牙继续统治古巴是对美国利益的侵犯;如西班牙拒绝谈判这宗买卖,美国就有理由夺取古巴。("Spanish-American War", *Encyclopedia Americana*, U. S. A, 1980.)

② "Spanish-American War", *Encyclopedia Americana*, U. S. A, 1980.

③ The War of 1898 and U. S. Interventions, 1898—1934: An Encyclopedia. Edited by Benjamin R. Beede. , New York, 1994.

④ Louis A. Perez, JR. "1898 and Beyond: Historiographical Variations on War and Empire", in *Pacific Historical Review*, Vol. LXV, No. 2, May 1996. , pp. 314 – 315.

藉的盗贼"①；如果没有美国的武装干涉，他们就没有办法管理好自己的国家。这说明，一个世纪前美国的帝国理论是多么深地影响着美国今天的历史编纂学；说明该书的作者对美西战争的真实历史、对几乎一百年来世界史学的新成就都置若罔闻。据佩雷斯说，该书对美国经验的意义采取了一种"深沉思考的态度和创造性的努力"，它反映了当前美国史学界"占优势的思想潮流"；它不只是一部编年史，而且还是它所代表的这个时代的一份重要文献，是"史家研究重点变化和编史方向改变的记录"②。毫无疑问，美国史家美西战争观的这些微妙的变化，是80年代以来国际力量对比变化的反映，是美国新的全球战略的需要。

这两个例子提醒我们，汲取历史教训并不是一个自发的过程，是需要史学工作者付出辛勤劳动的，而且还是一个严重的思想斗争过程。为此，在进入新世纪的时候，我们一定要深入研究前一个世纪的历史，探讨它发展的规律，并用反映这些规律的科学的历史知识去武装群众，否则，我们就有可能在新的世纪中重犯历史的错误，和平与发展的时代还会有可能蜕变为战争与"革命"的时代。在这种研究中，20世纪拉美史的研究具有特别重要的意义，因为在现今世界上，美国尽管是唯一一个以独霸天下，实现单极统治为目标的霸权国家，但它如果控制不住拉丁美洲这个富饶而广阔的后院，它的霸权野心是不可能得逞的。因此，拉美人民和世界人民对拉美历史的认识如何，拉美人民能否掌握自己的命运，对21世纪人类的前途关系重大。这是我们必须要加强拉美史研究的原因之一。

---

① The War of 1898 and U. S. Interventions, 1898—1934: An Encyclopedia, Edited by Benjamin R. Beede. New York, 1994. , p. 329.

② Louis A. Perez, JR. "1898 and Beyond: Historiographical Variations on War and Empire", in *Pacific Historical Review*, Vol. LXV, No. 2, May 1996. pp. 313 - 314.

二

经济全球化是近 10 年来最突出地摆在我们面前的一个问题。现在，关于全球化问题的讨论，可以说是众说纷纭，莫衷一是。进入 21 世纪后，围绕这个问题，肯定会在理论上和实践上出现更大规模的斗争和发展。自然，这个问题也是我们史学界所无法回避的一个重大的研究课题。

经济全球化进程是从哥伦布开辟新航路，欧洲新兴资产阶级"开拓了世界市场，使一切国家的生产和消费都成为世界性的"[①]时期开始的，至今已有 5 个世纪的历史。在现在的第三世界中，只有拉丁美洲是唯一一个经历了经济全球化全过程，同时又独立最早的地区（印度洋沿岸的一些国家如印度，虽然也经历了经济全球化的全过程，但却是到第二次世界大战之后才争得独立，比大多数拉美国家晚独立一个多世纪），是发展中世界区域经济集团化水平最高的地区（早在 60 年代就开始了地区一体化运动），同时也是目前经济全球化进程中唯一一个开始了南北国家经济一体化进程的地区（北美自由贸易区的建立）。因此，通过拉美的案例研究来探讨经济全球化进程的发展规律以及发展中国家在此进程中的战略选择是我们世界史学界研究全球化这一重大课题的最佳途径。

拉丁美洲 5 个世纪的历史证明，资本主义经济全球化进程是有规律可循的，而且，正是这些规律制约着拉美国家现代化进程及其战略选择。这些规律初步归纳起来主要有以下几点：

---

① 马克思和恩格斯：《共产党宣言》，《马克思恩格斯选集》第 1 卷，人民出版社 1972 年版，第 254 页。

第一，资本主义市场经济追求垄断利润的内在机制必然导致霸权与霸权周期的形成。按一般的看法，经济全球化进程已经历了葡西霸权周期、荷兰霸权周期和英国霸权周期，现在正处在美国霸权周期之中。[①]

第二，工业革命时期是资本主义工业强国优势突进和最富于侵略性时期。随着每一次工业革命的发生，都出现一个争夺殖民地的高潮，即所谓殖民化或边缘化高潮。如第一次工业革命开始后出现于19世纪前半期的殖民扩张高潮，第二次工业革命开始后出现于19世纪末期的殖民扩张高潮。70年代以来是第三次工业革命，很多迹象表明，目前也是霸权国家美国优势突进，霸权主义甚嚣尘上的时期，广大发展中国家有再一次陷入新形式的殖民化或半殖民化的可能。

第三，资本主义经济全球化进程同时就是世界分裂的进程。这一规律是与资本主义世界工业革命必然导致殖民扩张高潮的规律密切相关的。从经济全球化进程一开始，世界就分裂成了两个世界：统治者世界和被统治者世界。"西方"和"东方"、"农民的民族"和"资产阶级的民族"[②]、"压迫民族"与"被压迫民族"。

第四，资本主义经济全球化进程中拉美国家依附型发展战略与自主型发展战略周期性相互转换的规律。在资本主义经济全球化进程中，霸权国家因为需要建立一种以霸主为中心的依附性世界经济体系，它们需要于发展中国家的，不是自主型的发展，而是依附型的发展。但是，发展中国家为了实现自己国家的现代

---

① 参见 Modelski, George, *Long Cycles in World Politics*, University of Washington Press, 1987.

② 马克思和恩格斯：《共产党宣言》，《马克思恩格斯选集》第1卷，人民出版社1972年版，第255页。

化，又不能不选择自主型的发展战略。因此，在拉美现代化历史上，殖民化趋势与反殖民化趋势两种趋势的斗争通常都表现为依附型与自主型两种发展战略或模式的斗争，这种斗争是随着殖民化与反殖民化这一斗争力量对比的变化而变化的，从而形成了战略转换的周期性。

第五，国际生产关系的两重性发展规律。在经济全球化进程开始后，由于国际交往的普遍化和世界市场的开拓，各资本主义国家的生产关系开始超出本国的范围，向全世界扩展，从而形成一种国际的生产关系。国际经济关系实际上有两重性，一是生产力性质的生产关系，即与生产力发展相联系的生产关系，如社会生产力发展引起的技术革命及其国际性传播关系、适应全球性社会化大生产需要的、与全球性社会化生产力相联系的生产资料的全球性革新与配置及与之相联系的国际分工关系、协作关系、交换关系等。一是社会性质的生产关系，指一定历史发展阶段、一定国际经济秩序下的世界财富的占有关系和分配关系，包括生产资料的所有制关系和控制关系、产品和市场的分配关系与垄断关系、不同发展程度国家在国际经济关系中的地位与相互关系等；具体表现为国际霸权统治的中心国家与外围国家之间的剥削压迫关系和对立关系。

第六，资本主义经济全球化速度与霸主实力大小及自由化攻势的强弱成正比，与发展中国家现代化（工业化）的速度成反比。两次世界大战期间，是资本流动受阻的时期，也就是经济全球化进展较慢的时期，但却是拉美国家工业发展较快的时期。19世纪，智利只有在三个经济全球化受阻的“特殊时期”工业才有一些发展。目前是拉美全球化进程速度最快的时期，但是同样也有许多人指出，80年代进行新自由主义改革以来这个时期也正是拉美普遍出现非工业化趋势的时期。

　　第七，国际贸易中的国际价值规律。马克思在《资本论》中指出，价值规律不但在国内的商品交换中发挥作用，在国际贸易中也是发挥作用的。在国内市场上，商品的价值是由该国生产该商品所需的平均社会必要劳动时间决定的；在国际市场上，商品的价值则是由世界范围内生产该商品所需的平均社会必要劳动时间（包含世界平均的劳动强度和世界平均的劳动生产率）决定的。这种价值马克思称之为"国际价值"。"不同国家在同一劳动时间内所生产的同种商品的不同量，有不同的国际价值，从而表现为不同的价格，即表现为按各自的国际价值而不同的货币额。"① 因此，在国际市场上，排除霸权国家对发展中国家人为的种种歧视性限制不说，也就是说，即使商品交换都按国际价值这个统一的尺度进行（即等价交换），劳动生产率高的发达国家实际上也是用较少的劳动量换取劳动生产率低的发展中国家的较多的劳动量，其交换实际上是不平等的，它必然产生对发达国家和发展中国家完全不同的后果，产生两极分化。

　　从上述资本主义经济全球化的规律来看，资本主义秩序下的经济全球化，显然是对落后国家不利的。但是，现在有不少人对目前的经济全球化进程却充满了玫瑰色的幻想，认为新世纪之交必将"开辟两个世界向一个世界发展、被压迫民族通过现代化将使'中心'和'外围'统一，真正实现世界一体化的新时代"②。对于这种预测我们应该怎么看呢？当然，历史是发展变化的。任何规律，只要造成这个规律的历史条件发生

---

① 《马克思恩格斯全集》第 23 卷，人民出版社 1972 年版，第 614 页。

② 王泰：《世纪之交的世界：环视与思考——记中国世界现代史研究会华北分会学术讨论会》，《世界历史》1999 年第 1 期。

了变化，这个规律本身也自然会随之发生变化。二战后，世界历史的确发生了巨大的变化，特别是第三世界的崛起，可以说是一个划时代的变化。这个变化如果能够按其本身的逻辑发展下去，肯定会改变世界发展的方向，自然也会改变旧时的规律，形成一些新的发展规律。但是，现在的问题是，这个变化是不是已经达到了这样一种引起质变的程度，世界发展的方向是不是已经有了改变？从现实的情况来看，恐怕还不能这样说。所以，这个问题以及经济全球化的许多问题都还需要进行深入的研究，只有经过深入的研究，才有可能把我们的预测建立在科学的基础上。拉美由于其特殊的历史条件，自然是我们研究这个问题的最好的、最典型的对象。这是我们必须要加强拉美史研究的原因之二。

三

现代化是 20 世纪第三世界国家历史发展的主题，也是拉美历史发展的主题。我国史学界自从北大已故罗荣渠教授开创了具有中国特色的现代化理论之后，大体上都已抓住了这个主题，开始以现代化进程为主线来研究发展中国家的近现代史。但是，在具体问题的研究上，分歧仍然甚多，譬如发展中国家的民族主义问题、经济自由化问题、政治自由化问题、经济全球化趋势下的主权问题、对进口替代工业化战略的评价问题、对新自由主义发展战略的评价问题等。总之，凡有关现代化发展战略问题，都存在不同的看法。

在拉美债务危机爆发以后的十几年中，由于华盛顿方面（债权俱乐部）的干预，拉美国家普遍进行了新自由主义的经济改革，采纳了国际货币基金组织所推行的新自由主义发展战略。

当时，对新自由主义发展战略持肯定、赞扬的意见较多。但是，两场金融风暴刮过之后，情况发生了变化，对新自由主义发展战略的批评意见日渐增多。目前，关于发展战略的问题的看法，真可以说是观点纷呈，百家争鸣。最激进的一派意见大概要算"新殖民主义论"，认为目前拉美的新自由主义改革实际上是接受了一种"新殖民主义"政策。他们指出，"在被债务、贪污腐化和专制独裁所困扰的拉丁美洲，每一个国家，从墨西哥到阿根廷，都不得不在捐赠者的援助和压力之下制订自己的经济方针。在撒哈拉以南的非洲，银行家是新的霸王。东欧和前苏联的大多数国家，包括俄罗斯在内，已从党政官僚的怀抱落入西方顾问和政府官员的怀抱之中。"[1]

最保守的一派意见就是极端自由市场经济理论，主张实行无为而治的自由放任主义，反对克林顿的"第三条道路"，反对刻意实行财政纪律，认为"不是财政纪律产生良好的经济"，而是"良好的经济导致财政纪律的出现"，甚至认为，美国联邦储备委员会主席格林斯潘之所以对美国经济有很大贡献，就是"因为它没有采取任何行动"。[2]

以上的两种意见属于两个极端的意见，处于这两个极端之间的是更多人的各类中间型的意见，主要是所谓"新左派"的各色各样的"第三条道路"的主张。如委内瑞拉总统乌戈·查韦斯主张实行一种不同于新自由主义发展战略的、经济全球主义和经济民族主义相结合、市场与国家相结合、让看不见的市场之手与看得见的国家之手靠拢在一起"，联手发展国家经济的发展战

---

① 安德鲁·科恩、苏达桑·拉加万、科林娜·施密特：《新殖民主义》，美国《新闻周报》1994 年 6 月 1 日。

② 詹姆斯·加尔布雷斯：《经济不需要第三条道路》，美国《纽约时报》1999年 11 月 24 日。

略。新当选的阿根廷总统德拉鲁阿主张实行一种自由市场经济与国家协调相结合的战略，并为此而组建了一个由自由市场经济专家负责经济、由左派政治家任社会行动部长的内阁。智利社会党领袖拉戈斯主张建立一种新的"社会安全网"，实行由国家监督私人资本的政策①。在有些学者看来，古巴现行的"带有市场经济色彩的社会主义经济"也是一种"第三条道路"的走向。② 特别值得注意的是，美洲开发银行和欧盟联合主办的一项规模宏大项目的组织者罗斯玛丽·索普，最近也利用该项目的研究成果，撰写了一部著作——《拉美 20 世纪经济史》，反对、并力图纠正许多近期分析中将国家领导型发展战略宣布为完全失败，而把近 10 年来的经济自由化和结构改革描绘成唯一正确的解决办法的倾向。该书认为，国家领导型的发展是取得了巨大的成就的；如果以新自由主义为方向的改革激进化，那么无论是经济的紧张局面还是政治的紧张局面都有可能恶化③；不平等现象之所以产生，根本的原因在于社会经济结构的不合理：并不是种族偏见、缺少教育机会和少数特权者的政治统治自身造成了不平等，相反，"种族偏见，或对教育的态度是一定社会经济结构的产物"。④

最近，我国学术界也出现了一种新的现代化理论，称"第二次现代化"理论。这种理论最最基本的主张是要实现由第一

---

① 《新左派——拉美的实际选择》，墨西哥《至上报》1999 年 12 月 11 日。

② 原田胜广：《卡斯特罗主席"第三条道路"的走向》，《日本经济新闻》1999 年 12 月 6 日。

③ Rosemary Thorp: *An Economic History of Latin America in the 20th Century*, The Johns Hopkins University Press, 1998. p. 259.

④ 同上书，第 30 页。

次现代化到第二次现代化的战略转移。① 这一新理论的出现，自然也就引起了一些新的需要研究的问题，譬如，在此之前，学术界通常都把二战后科技革命所引起的工业革命称之为"第三次工业革命"，是不是这种提法现在有什么不妥？如果不是不妥，那么，"第二次现代化"与"第三次工业革命"之间是一种什么关系，等等。

总之，关于现代化战略（或发展模式）问题的讨论，现在正如火如荼。毫无疑问，这个问题只有在正确的现代化理论指导下对现代化的历史和现实进行深入的研究，才有可能获得正确的解决。二战后我们所说的现代化，主要是指第三世界国家的现代化。而在第三世界中，多数国家（主要是亚非国家）都是在第二次世界大战后才进入现代化进程的，其现代化历史还不到半个世纪，而且一般都只有实行进口替代工业化发展战略的经验，对于当前的自由市场经济都还是头一次进行实验。唯有拉美是例外。这个地区已经有了一个多世纪进行现代化建设的历史经验，是第三世界中唯一一个经历了自由主义、经济民族主义和新自由主义三种现代化战略，经历了初级产品出口发展模式、进口替代工业化发展模式和新自由主义出口导向发展模式三种发展模式的地区，被许多学者称之为"发展中国家最大、最丰富多彩的发展实验室"。所以，重点研究拉美国家的现代化进程及其发展战略，深入开掘拉美现代化历史这个经验宝库，无疑是我国史学研究的一种正确的战略选择。这是我们必须要加强拉美史研究的原因之三。

---

① 参见何传启《第二次现代化——人类文明进程的启示》，高等教育出版社1999年版。柯文：《什么是第二次现代化》，《科学时报》1999年11月29日。

　　以上我们谈了世界和平、经济全球化和现代化战略三个问题。所有这三个问题都是新世纪人们所无法回避、而且必须解决的重大问题，是和平和发展这个时代主题中所必然包含的三个主要问题。21 世纪是 20 世纪历史的继续与发展，21 世纪所要解决的问题大都是 20 世纪所已经提出来的问题，其解决的办法也必须从对 20 世纪国际历史经验的研究和总结中去寻找。研究与总结国际经验当然不只是研究和总结发达国家的历史经验，其中也包括研究和总结发展中国家的历史经验；而且，从某种意义上来说，研究和总结发展中国家（包括发达国家历史上的发展中时期）的历史经验，对于其他发展中国家来说，是更为重要的，因为处境大抵相同，这种历史经验对于发展中国家具有更直接的借鉴意义。而且，前文已经说过，拉美历史具有其他发展中地区所没有的特点和优点，无论是经济全球化，还是现代化，它都经历了历史的全过程，它所积累的历史经验是一个有待开掘的无穷宝藏，对于包括我国在内的第三世界国家具有极其丰富的借鉴意义，对于发展中国家人民在解决如何正确地认识未来世界的发展趋势，如何正确地选择发展战略，如何把现代化事业推向前进等重大问题方面，有其独特的重要性。因此，研究、总结发展中国家的历史经验，应该把拉美国家历史的研究摆到重要的位置上。但是，就目前的情况来看，我国史学界对于发展中国家历史研究的重视程度显然是不够的。亚非史的研究情况也许好一些，但至少拉丁美洲史的研究情况是如此。这不仅表现在研究队伍出现青黄不接的局面，表现在"文化大革命"前建立的一些拉美史研究机构尽管在打倒"四人帮"之后都恢复起来，并一度出现兴旺发达的可喜局面，但近几年来已出现萎缩或名存实亡的现象，而且还表现在拉美史教育越来越不景气。我国高校能够开设拉美史课程的历史系本来就不多，但就是这不多的几个历史系近几年来也开始出现拉美史课程越来越不受重视的迹象。鉴于这种情况，笔者认为在新世纪开始的时候，我国史学界应创造条件，在加强 20 世纪世界历史研究的同时，尽快扭转拉美史研究和教学不景气的局面，把拉美史研究提高到其应有的重要位置上来。

（原载《历史研究》2000 年第 6 期）

现代化史观与拉美史研究

20世纪80年代以来，在经济全球化的背景下，世界史学思想发生了重要的变化，出现了所谓全球史观，认为过去把民族国家作为历史分析单位的历史观已经不适于探索大规模历史过程的需要，不利于考察跨地域的各种重大历史变迁问题。史学思想的这种大变动对我国史学界也产生了直接的或间接的影响。其具体表现之一就是80年代出现了现代化史观。现代化史观其实就是一种全球史观，是一种具有全球视野的史学观念。

在中国，现代化史观首先是由北大罗荣渠教授提出来的。中国共产党十一届三中全会以后，中国进入了具有划时代意义的改革开放阶段，关系国家命运前途的发展问题和改革开放问题便成了中国史学界关注的中心主题。罗荣渠教授开创的马克思主义的现代化理论便是顺应这一伟大的历史转折而创立的。这一理论从它创立之日起，便在中国史学界，特别是拉美史学界产生很大的影响。根据罗荣渠教授的现代化理论，现代化是近两百多年来人类历史的一个伟大变革的过程，是自近代以来世界历史发展的主要内容。因此，研究世界各国的近现代史，从根本上来说就是研究这些国家现代化的历史。另外，根据罗荣渠教授的现代化理论，现代化问题并不仅仅是世界史研究中的一个具体的研究课题，它还是我们观察和研究世界近现代发展进程的一个新的宏观的角度，亦即我们上面所说的全球史的角度。也就是说，现代化进程并不是某个国家的一个孤立的进程，而是一个世界性的变革进程，因此，当我们研究一个国家的现代化进程的时候，应该把它放到整个世界的现代化变革中去研究。马克思主义现代化理论研究的中心任务就是要探索这个世界现代化进程的规律，总结其经验教训，启发我们的民智，指导我们自己的现代化实践。

罗荣渠教授的现代化理论和新的宏观史学思想从 20 世纪 80 年代末期起就对我国拉美史学界产生了重要的影响。譬如 1988 年开始编写的我国重要的拉美史著作《拉丁美洲史稿》第三卷（李春辉、苏振兴、徐世澄主编）就是从现代化这个新的视角去透视当代拉美的历史发展，总结其成败得失和经验教训的。该书作者在第一次讨论写作大纲和写作主导思想的时候，就十分重视罗老师有关现代化理论与历史研究的论述，一致认为战后拉美历史发展的主题就是拉美的发展问题，亦即现代化问题，战后拉美国家的民族民主革命和改革运动基本上都是围绕这个历史主题展开的。该书主编还在该书《引言》中特别指明："战后 40 多年来，拉丁美洲的历史是围绕着现代化这一历史主题，循着民族民主革命和社会主义革命这条主线向前发展的"，并指出，由于拉美各国在人文、地理、经济、政治等各方面条件的差异，各国"所选择的现代化道路也有'发展主义'、'社会主义'和'新自由主义'之分，并呈现出尖锐复杂的道路之争"。不仅如此，凡 90 年代以后发表的有关拉美史的著作，几乎无一不是研究拉美的现代化问题，或同现代化这一主题有关。如《拉美国家现代化进程研究》、《政治稳定与现代化：墨西哥政治模式的历史考察》、《现代化战略选择与国际关系》、《巴西现代化研究》、《巴西现代化进程透视——历史与现实》、《军人政权与拉美的现代化：对巴西的个案研究》、《拉丁美洲：从印第安文明到现代化》、《拉美文化与现代化》、《劳尔·普雷维什经济发展思想研究》、《拉丁美洲现代化》等。此外，90年代中期以来，中国拉美史研究会所召开的历次学术讨论会，基本上也都是讨论拉美现代化问题。由此可见，以现代化为主题来研究拉丁美洲史已经成了我们拉美史学界近20年来研究工作的一种基本的趋势。

但是，对于新的现代化史观的推广和运用，史学界并不是思想一致的，在有些学者看来，利用现代化理论框架来诠释世界近现代史，实质上也是西方中心主义的，因为衡量现代化的标准基本上是从西方的历史经验中总结出来的。他们甚至认为，迄今为止，几乎所有书写整体世界史的努力都多少带有欧洲中心主义的色彩。① 这种意见有一定的代表性，值得我们思考和反省。

在我看来，这种意见不是没有根据，因为在目前的世界上的确存在上面所批评的这样一种"现代化历史观"和"全球主义史观"，这就是现在流行的所谓"西方全球化理论"（Theory of Globalization）。这种全球化理论的观点归纳起来主要有三点：第一，文化因素是决定性的因素，是影响一个国家经济、社会和政治发展的决定因素。第二，从文化决定论出发，西方全球化主义者同50年代的西方现代化理论的鼓吹者一样，都抱有种族中心论的观点，都认为达到发达的道路理所当然地来自欧美模式，主张走欧美发展的道路。第三，从文化决定论出发，西方全球化主

---

① 黄洋：《全球史的陷阱》，《光明日报》2006年3月18日。

义者都认为现代化是发达国家文化和价值观传播的结果，因而都认为殖民主义有进步作用，激烈地反对民族主义，认为民族主义是现代化的最严重的阻力，认为在当前的世界条件下，已不应该像现代化理论和依附论那样严格地以民族国家为分析单位，而主张以全球的观点来决定分析单位。① 如果上述批评意见是针对这样一种历史观，那是完全正确的。

但是，我们必须看到，在目前的世界上，并不是所有的全球史观都是这种西方历史观。譬如 80 年代以来联合国教科文组织主持出版的九卷本《拉美通史》（Historia General de America Latina）就是一部反对"欧洲中心论"的拉美史巨著，但同时也是一部坚持全球史观的历史巨著，而且还是"第一部以真正世界观点撰写的地区史"。这部巨著现已出版六卷，我们都还没有能读到，但是从该书总负责人的介绍来看，该书的一个最根本的目的就是要克服土生白人的、主要是欧洲中心论的拉美历史观。什么是土生白人历史观？按该书的定义，土生白人历史观可理解为土生白人在其建立拉美殖民社会进程中所产生的一种历史意识，这种意识认为，土生白人就是欧洲文明和整个历史进程的理性代表，他们注定要成为统治者，而土著居民则是哥伦布来到美洲以前美洲的落后种族，注定要成为被统治者，注定要成为土生白人社会的附属品，并认为拉美社会落后的根源就在于土著社会的存在。《拉丁美洲通史》对这种"欧洲中心论"历史观进行了尖锐的批判，认为拉美落后的真正原因并不在土著社会，而在于土生白人头脑中土生白人社会与土著社会之间的关系方式；在这种关

---

① 参见 Giovanni E. Reyes, Four Main Theories of Development: Modernization, Dependency, World-System, and Globalization, http://fuentes. csh. udg. mx/CUCSH/Sincronia/reyes4. htm.

系中，土著居民的作用一直是被怀疑和贬低的，以致在土生白人社会与土著社会之间形成了一条很深的鸿沟。直到今天，土生白人在其统治的 500 多年间所产生的各种观点以及 16 世纪所形成的土生白人社会同土著社会关系的核心仍然保持不变，美洲诸社会的形象仍然只是同神怪的东西，甚至同荒谬的东西相联系，似乎一点变化都没有。该书认为，这种"欧洲中心论"历史观危害极大，目前已成为拉美社会发展的严重障碍。首先，由于土生白人既坚持其最初同土著社会关系方式的意识，又渴望同欧洲文化形式的一致，因而就抑制了拉美土生白人自身的创造性。剥夺别人自由的人，自己也必然是不自由的。所以，拉美土生白人被教科文组织国际科学委员会主席定义为一种"被囚禁的统治者"（dominador cautivo），他们越是把自己同被统治的土著人区别开来，就越是陷入于自我囚禁的困境。其次，在土著居民土地上所建立的拉美社会是凝固在一种双重的相互关系之中的，一方面是同土著社会的相互关系，另一方面又是同欧洲殖民环境的相互关系。这种双重关系产生了土生白人的双重分化进程：一方面是同土著社会的分化，另一方面是同欧洲环境的分化。在这双重的分化进程中，土生白人的政策常常因为政治的需要而变化不定：为了独立，土生白人可以与土著社会结盟，认同土著社会；但为了实现其对土著社会的种族统治，他们又竭力同欧洲认同。结果，不但他们同土著社会的矛盾日益尖锐，而且同欧洲社会的鸿沟也日益加深，以致在土生白人精神中产生了一种令人沮丧的，甚至扼杀创造性的影响。所以，为了疏通发展渠道，让土著社会重新进入发展进程；为了解除土生白人意识的结构性限制，解放其文化创造力，拉美土生白人必须克服其自身的"欧洲中心论"历史观。

　　怎样克服"欧洲中心论"历史观呢？《拉丁美洲通史》认

为，必须坚持两个最基本的原则：第一，恢复由土著社会所代表的美洲通史的历史观；土著社会的历史应被视为一个连续不断的历史进程，而不应视为只是一个哥伦布以前的历史过程或只是作为建立新的土生白人社会进程的一个补充。第二，将500年来所形成的拉美社会置于500年来构成其社会形成条件的各种因素和进程相互作用的多重关系之中，特别是要研究拉美社会同"世界史"的关系，正确评价世界历史的"世界性"对拉美的意义，懂得这个"世界性"既是拉美的环境，又是拉美的组成部分，从而更好地认识今天拉美土生白人社会建立进程的内源性质。该书认为，土生白人只要以积极态度克服其陈旧的"欧洲中心论"历史观，他们就有可能获得解放，发挥土生白人的创造性，从而成倍地增加自己的选择自由，同时也有助于创造条件，促进其他社会的全面发展。[①]

《拉丁美洲通史》的这种全球史观，可以说代表了拉美史学界对克服"欧洲中心论"问题的一种新认识，对历史研究、认识世界和改造世界有深远的意义。在我们所生活的这个世界上，拉美土生白人同拉美土著社会的关系从某种意义上来说就是欧美发达社会同整个第三世界社会的关系的缩影，就是世界中心同世界边缘的关系的缩影。如果欧美发达社会也能像《拉丁美洲通史》作者所要求的那样，抛弃其根深蒂固的"欧美中心论"意识，改造其同发展中国家的关系，世界的面貌肯定会有根本性的改观，肯定能建立起一个合理的、和谐的和美好的国际经济政治新秩序，实现全球普遍的现代化。

目前我国拉美史研究中所采用的现代化史观也有上述《拉

---

① 以上均参见 Germán Carrera Damas, Presentación del proyecto, http：// www.unesco.org/culture/latinamerica/html_ sp/projet.htm.

丁美洲通史》全球史观的优点。它并不是像有些学者所说的那样，是什么"欧洲中心主义的"，而是反对"欧洲中心论"的。反对"欧洲中心论"，并不是要否认世界现代化进程中欧洲先行的客观事实，并不是要否定现代化进程是一个从欧洲中心逐步扩展（通过暴力的、经济的或政治的手段）到最遥远边缘的进程这样一个客观的事实（这样的否定是非历史主义的，是反科学的），而是要像《拉丁美洲通史》介绍所说的，深入研究和正确认识本国现代化同"世界史"的关系，正确评价世界历史的"世界性"对本国发展的意义，懂得这个"世界性"既是自己国家发展的环境条件，又是自己国家发展的组成部分，从而更好地认识自己国家现代化进程的外源性质、内源性质，探索符合本国实际的现代化之路。

有学者认为，全球史观是在 20 世纪下半叶全球化过程加速发展的背景下提出来的，其目的是要从历史中获得解决当代全球问题的智慧。有学者甚至主张用"全球化史观"取代"全球史观"，认为"全球化史观"兼顾全球的纵、横发展过程，更为全面，更便于观察人类历史发展中的一些普遍性的问题，如生态环境、和平、安全、能源等。这种思考在形式逻辑上是说得通的，但在事实上却很难经得起推敲，因为这种说法是把"全球史观"或"全球化史观"抽象化了，事实上在我们这个世界上并不存在一种统一的"全球史观"或"全球化史观"。前面说过，一部分西方学者的"全球史观"或"全球化史观"实际上就是"欧洲中心论"的全球史观，就是要在全世界推行西化。他们的目的是要从历史中获得解决其全球霸权问题的智慧；而我们发展中国家的"全球史观"是要从世界现代化进程的历史中获得解决自身现代化问题的智慧。经济全球化虽然在一定的条件下有利于民族国家的发展，但绝对取代不了一个国家的现代化。现代化的主体是民族国家，而不是抽象的全球。历史证明，没有一个独立、坚强的民族国家，是根本谈不上现代化的。任何国家的现代化都需要用民族主义的精神力量去调动民众的凝聚力，动员其民众同心协力为国家的现代化而奋斗。对于发展中国家来说，能否形成进步的、理性的民族主义，并利用民族主义"发动机"去驱动国家现代化和民族振兴的"时代列车"，是至关重要的。因此，我国现代化理论的"全球史观"同西方的全球化理论是有根本的区别的。我们承认，人类的确存在一些普遍性的难题需要从历史经验中吸取解决问题的智慧，但是，在这些难题中，最大的莫过于发展问题，也就是现代化问题。这个问题如果不解决，多数发展中国家如果找不到出路，人类的大多数如果过不上体面的生活，那么，其他的全球性问题，包括我们所特别关心的和平问题，显然是很难解决的。

总之，可以得出这样的结论，目前在世界上占主导地位的"全球化史观"是与 20 世纪 50 年代现代化史观一脉相承的西方资产阶级历史观，而我们现在所主张的现代化史观则是发展中国家的"全球史观"；是一种以马克思主义唯物史观为指导的、全球视野同本土发展相结合的历史观，既克服了欧洲中心主义历史观的缺陷，又摈弃了狭隘民族主义，是比其他种种形式的"全球史观"更优越的历史观。我之所以有这种认识，原因很简单，就因为发展中国家选择现代化是历史的必然，中国选择社会主义现代化也是历史的必然，因此，我们需要有一种不同于西方资本主义全球化理论的、马克思主义的现代化理论来指导我们的现代化实践。我认为，罗荣渠教授所创立的现代化理论就是这样一种理论的基础。当然，现代化史观并不能取代唯物史观，它只是唯物史观在世界近现代史研究中的具体运用。运用得如何，运用得成不成功，还需要研究实践和社会实践的检验。我们现在的任务就是要在研究实践中不断发现问题，不断总结经验，不断发展我们的理论，使我们的现代化理论渐臻完善。

（原载《史学月刊》2007 年第 1 期）

现代化与民主化

——拉美史学习偶得

　　近年来有少数所谓自由派人物，竭力宣传西方议会民主制的所谓普世性，要求从根本上改革我国的政治制度，实行西方那样的"民主制度"，甚至说，从过去的历史来看，这种民主制度是一切发展或现代化的前提或先决条件，没有这个前提或先决条件，不但进一步的发展不可能，而且要保持现有的发展成果也不可能。[①] 持这种观点的人虽然不多，但他们的确提出了一个关系重大的问题，不能不引人深思。

　　"从过去的历史来看"，民主化果真是现代化的先决条件吗？西方的民主社会制度果真是适合"一切发展或现代化"的制度吗？亨廷顿研究过世界民主化浪潮发展的历史，写过一部有名的著作，叫做《第三波：20 世纪末的民主化浪潮》。从他所说的民主化三个浪潮的历史来看，拉美是第三世界唯一一个经历了三个浪潮全过程的地区，拉美的历史应该能够对这个问题作出科学的

---

　　①　Wei Jingsheng, The Fifth Modernization. http：//www. weijingsheng. org/doc/en/ THE% 20FIFTH% 20MODERNIZATION. html.

回答。最近我再一次翻阅了亨廷顿的《第三波》，读了著名史学家艾瑞克·霍布斯鲍姆按康德拉季耶夫经济发展长波理论撰写的四卷本《长 19 世纪史（1789—1914）》和《短 20 世纪史（1914—1991）》，特别是读到了邓肯·弗雷泽（Duncan Fraser）的一篇关于长波经济同政治民主化浪潮之间关系的论文，觉得颇有启发。本文拟按亨廷顿三次民主化浪潮发展的线索，吸收上述学者的研究成果，对拉美国家民主政治发展的历史作一点初步的考察，并就民主化与现代化（经济发展）的关系问题谈一点自己的看法。

一

　　亨廷顿所说的第一个民主化浪潮是在 1793 年至 1914 年的头三个长波经济周期中发生的，也就是在工业革命所推动的头两次世界现代化浪潮中发生的。在这长达一个多世纪的民主化浪潮中，大致可以划分为三个阶段。第一个阶段是 19 世纪初期的民主改革和宪法改革浪潮。卷入这个民主化浪潮的国家很少，只有几个先行现代化国家，即现在的几个顶级的发达国家。譬如美国的大部分州早在 1800 年至 1821 年期间就开始在杰斐逊共和主义运动的推动下扩大了选举权，英、法两国在 1831 年扩大了选举权，比利时在 1831 年接受了立宪议会制度。第二个阶段是 19 世纪中期的民主改革和宪法改革浪潮。这期间在美国发生了废奴和选举权扩大到黑人的变革，澳大利亚（1860）、法国（1871）、普鲁士（1860）和德国开始给男人以普选权，瑞典（1865—1866）、英国（1867）、加拿大（1867）、芬兰（1869）、西班牙（1873）和新西兰（1879）都扩大了选举权，希腊（1864）、日本（1868）、瑞典（1869）、意大利（1871）、瑞士（1874）、西班牙（1876）、法国（1878）等国的宪政制度也都有了发展。第三个阶段是 20 世纪初的民主改革和宪法改革浪潮。这期间很多欧洲国家都进一步扩大了选举权，并开始实行比例代表投票制度，美国、英国、新西兰、澳大利亚、挪威、瑞典、冰岛、丹麦和芬兰等国都开始把选举权扩大到妇女。

同三个长波经济的退潮相适应，上述三个阶段的民主化浪潮也都存在退潮现象。譬如在英国，1840 年以前，托利党人和辉格党人曾经在关于扩大选举权的问题上有过长期的斗争；在法国，1848 年革命后曾经有过近 20 年的路易·拿破仑的专制统治；在德国，19 世纪下半叶曾有过铁血宰相俾斯麦的强权政治；在美国，南方各州的黑人曾经在 1878 年之后被剥夺选举权；在加拿大，保守派政府曾经在 1885 年对选举权实行限制；在比利时，自由派也在 1878 年之后对选举权进行限制，直到 1893 年才撤销，等等。不过，在这些欧美国家中，这些倒退和挑战，都属于国内政治斗争，大体上也都能够克服，没有发生像后来 1922—1942 年和 1958—1975 年那样明显的和大规模的退潮。所以，亨廷顿把这三个阶段的民主化进程统统归于世界第一次民主化浪潮。

以上这些历史事实说明了什么呢？说明所有三个阶段的民主化浪潮，大体上都是长波经济涨潮的产物；所有三个阶段的民主化退潮，大体上也都发生在长波经济退潮期间；说明在这个时期，民主化浪潮现象可以从长波经济理论得到合理的解释。在这个阶段，拉美地区也有智利、乌拉圭和哥伦比亚三个国家开始建立起西方式的民主制度 ①。但就整个拉美地区来说，资产阶级当

①　在智利，1925 年宪法的通过，算是初步确立了资产阶级代议制民主制度。在乌拉圭，1903—1907 年、1911—1915 年巴特列·奥多涅斯两次执政，进行以"集体治政制"为中心的宪法改革，标志着民主政治的肇始。在哥伦比亚，1909 年推翻雷耶斯独裁政权，被认为是现代民主的开端。

时还没有占统治地位，现代国家还没有完全确立起来，因此这三个国家民主制度的建立在这个地区算是少有的例外。尽管如此，比起拉美早期现代化启动的时间来说，这三个国家的民主化进程还是要晚得多。① 因此，说民主制度是现代化的前提或先决条件，是完全没有历史根据的。历史证明，民主制度的建立是以现代化为前提的，而不是相反。拉美国家独立的时候，正是世界第一次民主化浪潮开始的时候，当时，拉美国家也竭力效仿欧美国家的资产阶级民主制度，特别是法国和美国的资产阶级民主制度，但都没有成功，直到 20 世纪初才有上述三个国家的民主业绩。这是什么原因呢？就是因为当时的拉美国家还没有民主政治所赖以建立的现代经济基础。这种情况不仅迟现代化国家是如此，就是先行现代化国家也不例外。欧洲的先行现代化国家在工业革命之前，曾经有过一个长达两个多世纪的"为现代化正式启动准备必要前提条件"的时期，我国著名史学家罗荣渠把它称之为"原初现代化"时期。其中政治上的前提条件恰恰不是民主化，而是"王权兴起及随之而来的重商主义和中央集权化过程"②。政治是上层建筑，上层建筑是由经济基础决定的，而不是相反。而且，第一次民主化浪潮三个阶段的历史还证明，民主化进程是工业革命开始以后随着现代化进程的不断深入和民众斗争的日益发展而逐步推进的，不是一蹴而就的。

总之，第一次民主化浪潮（1828—1926）基本上都发生在先行现代化国家，也就是现在第一世界的发达国家，拉美地区只有个别国家沾了点边。先行现代化国家的民主化是在经济现代化

---

① 几乎所有的拉美史学家都认为，拉美国家的早期现代化大抵开始于 19 世纪 70 年代左右。

② 详见罗荣渠《现代化新论》，北京大学出版社 1993 年版，第五章。

的基础上依靠内生的政治力量并紧随经济现代化一步一步实现的，没有跨国权力的直接干涉①。因此，第一次民主化浪潮中的民主化基本上属于一种内源的民主化，产生的是现代西方国家的资产阶级代议制民主制度；它基本上同本国的经济现代化水平相适应，是本国经济现代化的产物，同时也反作用于经济现代化，起到推动经济现代化的作用。

二

亨廷顿所说的第二次民主化浪潮（1943—1962）开始于第四个长波经济涨潮（1948—1973）前夕的 1943 年，基本上发生于第二次世界大战之后民族解放运动风起云涌、发展中国家开始大规模卷入现代化进程的时期；拉美国家在这次民主化浪潮中扮演了重要的角色。

这个时期拉美的民主化浪潮有两个突出的特点：

第一，拉美民主化浪潮的内源变迁产生了不同于西方民主制度的"民众主义"民主政治。

从 20 世纪初开始，特别是从 1929 年世界资本主义经济危机开始，拉美各国人民的民族觉悟空前提高，他们纷纷抛弃 19 世纪所实行的依附性初级产品出口现代化发展模式，转而推行进口替代工业化发展模式，寻求自主发展的道路。与此相适应，他们也寻求政治上的自主发展，相继爆发了墨西哥革命（1910—1917）、危地马拉革命（1944—1954）、玻利维亚革命（1952—1964）和古巴革命（1953—1959），开始了一个"普遍向民主制

---

① 参见 Duncan Fraser, Long Waves in Economics-Waves of Democracy, democratization, winter 2001, Volume 8, Number 4. pp . 41 – 64.

度转变的内源转变进程"①。到 1963 年，在南美各主要国家中，除巴拉圭还保留独裁制度外，基本上都建立了民主制度。在这个时期，选举权也开始在阿根廷（1951）和墨西哥（1952）扩大到妇女。这显然是同长波经济的第四波涨潮（1948—1973）有联系的；因此，拉美这个阶段的民主化浪潮可以从长波经济理论得到合理的解释。但是，值得注意的是，在拉美工业化和现代化进程中所产生的民主政治制度却不是西方国家所希望的那种自由主义的民主制度，而是众所周知的"民众主义"政治制度，其最典型的代表有墨西哥的卡德纳斯主义政治制度、巴西的瓦加斯主义政治制度和阿根廷的庇隆主义政治制度等。此前，在拉丁美洲并不存在什么外来的"民众主义"政治的影响，相反，在这个地区，压倒一切的影响从来都来自西方，从来都来自西方的代议制民主政治思想和理论。所以，第二次民主化浪潮中拉丁美洲的民主化进程是一个真正的内源型民主化进程，是一个真正的不以人的意志为转移的进程。

那么，为什么在拉美的民主化浪潮中会产生一个不同于西方民主制度的民众主义政治制度呢？关于这个问题，西方学术界一般都从思想文化的差别上找原因，他们说，"由于 19 世纪拉丁美洲的自由主义不同于欧洲的自由主义，缺乏真正的代议制思想，因此 20 世纪旨在扩大政体范围的民众运动仍然没有能迅速带来那种遵循 19 世纪欧洲自由主义秩序的真正的代议制民主。结果在大萧条之后所产生的后果就是建立了民众主义的政权"②。显然这是没有足够的说服力的，因为关键的问题是要解释：为什

---

① Duncan Fraser, Long Waves in Economics-Waves of Democracy, democratization, winter 2001, Volume 8, Number 4. pp . 41 – 64.

② Perry Anderso, Democracia y dictadura en América Latina en la década del 70, http：//catedras. fsoc. uba. ar/toer/articulos/txt-anderson. html.

么拉丁美洲的自由主义会不同于欧洲的自由主义。这个答案只能到拉美国家的现实中去找，不能到思想中去找，也就是说，真正的原因并不在思想里，而在于拉美国家的经济基础和社会阶级结构不同于欧美。拉美国家虽然经过 19 世纪末期开始的早期现代化，已经有了初步的工业，形成了两个年轻的现代阶级——工人阶级和资产阶级，并在 20 世纪 30 年代前后相继建立了现代资产阶级国家，但是，拉美国家都属于后进现代化国家，在国际经济秩序中长期陷入一种依附地位。从这种依附地位中所产生的现代工业经济以及在这个基础上所形成的现代资产阶级都有先天不足和力量脆弱的弱点，而与此同时，在现代化进程中所产生的现代劳动者阶级，却由于国际劳工运动的影响，无论在觉悟上和组织上都相当强大。因此，拉美国家的资产阶级要想有所作为，要想建立巩固的统治，要想争得自己国家的自主发展，就不得不联合劳工大众，就不能不建立一种多阶级合作的民众主义政权。所以，尽管拉美资产阶级主观上也想建立像欧美发达国家那样的民主政治制度，但从这些国家的实际条件和国际环境中产生出来的却不是他们主观上所希望的那种典型的西方发达国家的代议制民主制度，而是一种拉美特色的民众主义的民主制度。这是历史的使然，是有其历史的合理性的。这种制度往往由于尚未成熟就遭到扼杀，没有改进和完善的机会，因此，它本身的确存在不少缺点，这是不足为奇的；但是，长期以来很多西方学者将这种制度贬斥为独裁制度，则是无视历史的逻辑，有失公正的。其实，拉美的民众主义政权在拉美的现代化进程中表现并不坏，它们曾经在拉美推行过重大的、实际的改革，在加速国家经济发展方面，特别是在加速拉美的工业发展方面，曾经做出过自由派政权所无法作出的重大贡献。拉美民众主义政权的出现，说明后进现代化国家的民主化进程同先行现代化国家的民主化进程是不同的，说明在世界的民主化浪潮中已开始出现了分化。

第二，拉美民主化浪潮的外源变迁，打破了长波经济的涨潮同民主化浪潮的正相关联系，造成了现代化进程同非民主化进程的反向结合。

拉美国家的第二次民主化浪潮发生在第四个经济长波的涨潮时期，发生在霍布斯班姆所说的战后经济发展的"黄金年代"（20 世纪 40 年代至 70 年代），发生在拉美历史上经济增长最快、最有活力，也最有国际影响的工业化和现代化高潮时期，说明这是一个"同第四次长波经济涨潮相联系的民主化浪潮"，是可以从长波经济理论得到合理的解释的；但是，在这个涨潮的黄金时期还远未结束，经济现代化正处于如日中天的时候，拉美的民主化进程却在 20 世纪 60 年代初、中期戛然而止了，接着就是民主化的急剧退潮，出现了在长波经济涨潮时期发生民主政权复归独裁统治、经济现代化同政治民主化之间发生分离和反向结合的现象。显然，这是一种完全不同于第一次民主化浪潮的新现象。

之所以出现这种现象，固然有国内阶级矛盾极端尖锐化的原因，反动阶级不得不撕下自己身上的民主外衣，实行独裁主义的暴力统治，但更重要的是外部的原因，是因为国际上存在一个葬送拉美民主的"跨国列强结构"①。如果说 19 世纪发达国家的民主浪潮依靠的是本国的人均国内生产总值和"动员起来的力量"，那么，在战后的第二次民主化浪潮中，情况就大不一样了，由于先行现代化国家这时已经蜕化为帝国主义国家，处于依附地位的拉美国家的现代化进程除了内源的因素之外，又增添了不是本国民主力量所能左右的外源因素，这就是当时日益激化的

---

① 　Duncan Fraser, Long Waves in Economics-Waves of Democracy, democratization, winter 2001, Volume 8, Number 4. p. 49.

冷战和对拉美民主化变迁有着直接强制性影响的跨国权力结构。正如卢斯切迈耶等学者所指出的，"国际权力体系的影响在拉美比在欧洲要强大得多，最突出的是冷战和美国对拉美军人的支持和训练。在 60 年代初，美国追求一种支持发展中国家民主制度的政策，以作为对抗苏联影响的一种手段。但是，这个政策没有能奏效，接着美国就越来越转向支持反共独裁政权。在拉美，美国支持军人并向拉美各国政府施加压力，要它们取缔共产主义运动的做法，导致拉美国家对民主进程的镇压。美国的支持使得军队在拉美成为一个日益自治的角色，并使国家成为一部反民主的机器"①。由于这个外源的变故，拉美的民主化浪潮遭到了灭顶之灾。

总之，第二次民主化浪潮的最大特点是发展中国家大规模卷入民主化进程，开始了民主化进程和民主制度的分化，出现了经济现代化同政治民主化之间的分离和反向结合的情况，属于一种外源变迁与内源变迁相混合的民主化进程。

三

亨廷顿所说的第三次民主化浪潮（1975—1990）主要是南欧、东欧和拉美国家的民主化，其中以拉美国家的民主化进程最具特色，也最值得研究。这次拉美民主化浪潮的最突出的特点就是它整个地都发生在拉美的经济危机和经济衰退时期，进一步表现出政治民主化同经济现代化的分离和反向结合。

按照长波经济和民主化浪潮正相关的正常图式，在长波经济

---

① 转引自 Duncan Fraser, Long Waves in Economics-Waves of Democracy, democratization, winter 2001, Volume 8, Number 4. pp. 41 – 50.

严重退潮的波段上，拉美的民主化浪潮也应处于退潮的状态，为什么会出现如此相反的情况呢？主要的因素也是美国政策的改变。由于拉美的人民民主运动和左翼力量已经在 70 年代被军政府的暴力统治彻底镇压下去，美国和拉美的统治阶级在拉美都已经没有丧权之忧，因此，美国国会遂决定由支持拉美独裁政权转到支持拉美民主，重新将民主视为破坏和瓦解共产主义政权和运动的一个主要的手段。为了推动所谓民主，美国舆论几乎完全一致地将西方的民主美化为一种人类共同的美德。在美国的推动和压力下，拉美政界纷纷把 20 世纪 80 年代危机的政治责任归咎于独裁制度，把经济责任归咎于进口替代工业化。同时，由于多年的专制独裁统治，军人独裁政府已经在拉美大多数国家摧毁了或制伏了左翼力量，使得右翼在投票中有获胜的更大可能。所有这些因素加在一起，使得拉美各国的政治精英大体上也都支持民主。因此，拉美各国的军政府也就放心地把政权和平地移交给了右翼文人政府。这就是拉美的第三次民主化浪潮。显然，这是在美国霸权压力下所形成的一次民主化浪潮，其外源的性质非常明显。因为这次民主化浪潮是在拉美经济危机期间发生的，完全脱离了长波经济发展的背景和动力，因此，美国学术界就有人对这一次的拉美民主化进行了如下的理论概括："今天拉美的民主已经不是从社会经济条件上去理解的那种民主了，而应该理解为拉美在意识形态信仰上和政治可行性上对民主的一种政治态度。①"也就是说，第三次民主化浪潮中所建立的这种西式民主制度，已经"修成正果"，获得了普世的价值，无须任何经济基础，只要意识形态上有此信仰，就可以在任何地方、任何情况下获得

---

① Perry Anderso, Democracia y dictadura en América Latina en la década del 70 http: //catedras. fsoc. uba. ar/toer/articulos/txt-anderson. html.

成功。

但是事实如何呢？是不是拉美人民真的对这种西式民主制度有此不可思议的信仰？联合国开发计划署2004年发表的《关于拉美民主的调查报告》大致可以给我们做出回答。该《报告》说，在拉美国家独立以来的近200年间，西方的"民主制度"在这里生而又死，死而复生，生生死死，交替反复了十几次，一直到1978年，拉美才开始了一个史无前例的、"民主制度"持续统治达20余年的时代。但是，在这同时，拉美的社会危机日益严重，经济发展不足，人民极度贫困，社会极端不平等，公民对现行民主制度越来越不满，有些地区已不断发生不稳定现象。《报告》指出，拉美20多年来的民主化成就仍然是不巩固的，"事实上，从民主化浪潮开始以来的25年中，民主化并没有能避免挫折和倒退"，现在，"民主似乎已经丧失活力；虽然还只能选择这种制度，但对它改善人民生活条件的能力已经不抱信任态度，各政党在人民中的威信已降低到最低点"。该《报告》警告说，目前，为获得社会经济的实际进步而准备牺牲民主政府的拉美人所占被调查人员的比例，已经超过了50%。《报告》还指出，90年代以来，拉美不断发生制度危机（总统辞职、自我政变、解散议会等）和政党危机，政党的信任率已从1996年的20%下降到2003年的11%。由于众多政党陷入危机，政党在拉丁美洲已不再是政治舞台上的唯一主角，政治舞台上出现了许多新的公民参政形式和许多非党派的新角色。从表面上看，似乎是扩大了民主，但实际上他们并不遵守代议制民主政治的基本原则，在很多情况下，他们的所作所为常常超出了宪法所许可的范围，造成政治制度的非制度化，因而给政治和社会秩序带来很多的麻烦。《报告》说，政党是代表社会利益、提供公民参与渠道、制定政府议事日程、培养政治领袖和教育公民的最好工具，政党制度的危机是拉美民主制度最严重的问题之一。在这次调查中，许多前任的和现任国家领导人也对拉美的民主发表了自己的看法。他们特别关注制度权力和实际权力之间的紧张关系。他们说，因为制度权力的行使已受到实际权力集团（主要指企业主集团、金融集团和通讯媒体的权力）和治外法权因素的严密限制，制度权力已经变得越来越脆弱；拉美的民主制度实际上已变成"一种同普遍利益脱节的民主制"，"它基本上只同实际权力因素相联系，结果造成国家经济的寡头化，把一个民主政府改变成了一个富豪统治的政府"[①]。所有这些都说明，第三次民主化浪潮中拉美所建立的民主制度完全不是像赫希曼所说的那种至善至美的普世性民主，而是地地道道的资产阶级民主。正因为如此，《报告》得出结论说，拉美"一定要吸取近期的历史经验，了解新的社会现实，探究新的道路"。事实上，近年来拉美也的确又涌现出了一些新的、不同于西方民主制度的政治因素，譬如新民众主义、左派上台执政等。

　　总之，第三次民主化浪潮中拉美国家的民主化进程，属于一种外源型的民主化，其与经济现代化相背离的现象更加严重，使得拉美人民和拉美政治家不得不对自己的民主化道路进行新的探索。

四

　　上述三次民主化浪潮的历史，给我们勾画出了一幅从内源民主化到内、外源混合民主化再到外源民主化的变化图像。它让我

---

①　Programa de las Naciones Unidas para el Desarrollo, *Informe sobre la Democracia enAmerica Latina* New York, 2004.

们看到，先行现代化国家和后进现代化国家的民主化进程是不同的，前者是内源型的，完全是在经济现代化基础上内生的民主化，符合自己的国情，且没有受到外国列强的影响和干涉，能在自主的状态下随着现代化进程的不断深入而从容、渐进和稳步地向前推进，因而能保持政局的稳定，维持资产阶级统治和民主制度的巩固，能对国家的现代化发挥积极的作用。后者则是半外源型或外源型的，它受到国际霸权政治的干涉甚至强制，越来越脱离本国的社会经济条件，因而给发展中国家的现代化带来极大的危害。从三次民主化浪潮的历史经验中，我们可以得出如下三点结论：

第一，政治是上层建筑，政治上层建筑是由经济基础及在这个基础上所形成的特定的社会阶级结构所决定的；政治上层建筑只有适应经济基础的状况和发展的需要，才是好的政治制度。因此，说民主制度是现代化的前提或先决条件，是没有历史根据的。

第二，三次民主化浪潮的历史证明，民主虽然是个好东西，所有国家的统治阶级无一例外地都想通过民主的方法实现政治和社会的稳定，但是，民主并不是一个抽象的东西，作为一种制度，它总是具体的。"西方民主制只是在特定的文化传统与历史环境中结出的果实"[①]，它不是，也不可能是一种普世性制度；说人类只有西方民主制这样一种普世性民主制度，根本不符合历史发展的规律。

第三，拉美国家之所以在历史上动荡不止，社会冲突频仍，真正的根子正在于它们始终未能实现政治上的真正自主，始终未能摆脱西方民主教条的束缚，创造不出符合自己国情的政治制

---

① 罗荣渠：《现代化新论》，北京大学出版社 1993 年版，第 148 页。

度，因而一旦西方的民主道路走不通，不能为国家的现代化创造出稳定、安全的社会政治环境，就不得不回到独裁统治的老路，从而形成民主和专制周期性交替的局面。所以拉美政治发展史给我们的真正教训是：一定要从自己的国情出发，排除干扰，稳健而不保守地走自己的民主化之路。

[原载《历史教学》（高校版）2008 年第 10 期]

中拉经济关系史与"太平洋时代"说

亚太经济的崛起，引起很多人的遐想、推论和对未来的预测，其中最流行的就是关于"太平洋时代"的议论，认为世界发展的重心已从大西洋区域转至太平洋区域，"太平洋时代"已经来临，"21 世纪必将是太平洋时代"。这种看法虽然不像有的学者所说的那样"已成为一种共识"，但从学术界的情况来看，的确已成为一种主流的看法。笔者认为，这个问题值得研究。时代问题历来都是一个重大的战略命题；对时代性质的判断也历来是一个国家制定发展战略的依据。本文拟从太平洋中拉经济关系史的角度就这个问题谈谈自己的一点看法。

中拉经济关系的历史演变

中国和拉丁美洲分属太平洋东、西两翼，人口和规模都居太平洋首位，因此，在太平洋地区，中拉经济关系的重要性是不言而喻的。但是，在历史上，中拉经济关系发展的道路却极其不平坦，只是到近十几年，才出现新的局面。回顾起来，中拉经济关系的历史大体上可以分为马尼拉大帆船贸易时期、

"苦力贸易"时期、经贸关系停滞时期和经贸关系大跃进时期等四个阶段。

一　马尼拉大帆船贸易——中拉的早期经济联系

对中、拉的早期接触虽然有很多的猜测，但真正有证可查的经贸往来还是始于全球化进程开始的 16 世纪。

人类的历史从整体上看虽然是一个从落后走向进步、从黑暗走向光明的不断发展的进程，但至少在 21 世纪以前的这 5 个世纪中，全球化的进程对于亚非拉人民来说是一个悲剧性发展的进程，因为在这 5 个世纪，西方少数几个霸权国家相继称霸世界，压迫、剥削和奴役世界绝大多数地区和人民，使世界绝大多数地区逐渐沦为殖民地，或陷入边缘化处境，人类为此付出了惨重的代价。

最早的霸权国家是葡萄牙和西班牙。这两个国家 15 世纪末在大西洋瓜分世界①之后，都开始向太平洋扩张。1511 年，葡萄牙占领了印度洋东端的马六甲，控制了马六甲海峡，首先进入了太平洋水域。几年后，葡萄牙又通过马六甲海峡进入中国水域，并于 1553 年开始定居澳门附近。1557 年侵入澳门后，葡萄牙开辟了从澳门经马六甲、果阿到里斯本和（或）巴西的海上贸易线，称之为印度洋上的"香料之路"。与此同时，西班牙在 1519 年征服墨西哥的同年，派麦哲伦率远征队分乘 5 艘大船越过大西

---

① 葡萄牙是第一个进行海外扩张的国家。早在 15 世纪 80 年代就已绕过南非的好望角，打通了通往东方的航路。1492 年，当哥伦布在西班牙王室支持下从相反的方向横渡大西洋并发现美洲土地之后，葡萄牙和西班牙之间就出现了如何划分他们所发现海洋和陆地的矛盾。在教皇亚历山大六世的干预下，两国在 1494 年签订托尔德西利亚斯条约，在大西洋中大约西经 41 度线的地方，从北极到南极划了一条分界线（史称"教皇子午线"），将地球分成东、西两部分，以东属葡萄牙，以西属西班牙。这是世界历史上第一次瓜分世界的记录。

洋，沿巴西海岸南下，从南美洲大陆与火地岛之间的海峡（即今麦哲伦海峡）绕过南美洲，进入太平洋，并在 1521 年到达菲律宾。因同先行达到这个海域的葡萄牙发生冲突，两国又在 1529 年签订萨拉戈萨条约，大致以菲律宾为界，划定了两国在太平洋的势力范围。1571 年西班牙远征军占领菲律宾的马尼拉后，也以富庶的中国为目标，开辟了从西班牙的塞维利亚经墨西哥、马尼拉到中国闽、粤及澳门的海上贸易线，被称之为太平洋上的"大商帆贸易之路"，或"海上丝绸之路"。这样，葡萄牙和西班牙这两个国家的殖民主义势力就从东、西两个方向在中国的南大门外会合了。西人逼临中国海域固然是殖民主义势力对中国的挑战，但同时也给中国提供了极好的海外发展机会。当时，中国的经济、文化和技术在世界上还处于第一流的地位，足可以同西方抗衡；中国的商品无论在太平洋的贸易中，还是在印度洋的贸易中，都显示了强大的竞争力。实际上，16 世纪下半叶到 17 世纪初正是明嘉靖到明万历年间，是明朝开放海禁，允许商民往返东、西两洋，中国商人拥有较大海外贸易自由的时期，因此，当时中国的海外贸易曾呈现相当繁荣的景象。17 世纪初每年往返于马尼拉的中国商船多达四五十艘，活动于马尼拉的华人多达几十万，是近代历史上中菲贸易以及通过菲律宾的中拉贸易的鼎盛时期，无论船只还是货物，都是中国占了压倒优势。据统计，中国通过马尼拉贸易从拉丁美洲获得的白银从 16 世纪末年的 100 余万比索，增加到 17 世纪的 200 万比索，再增加到 18 世纪的 300 万至 400 万比索[①]。但是，18 世纪中期后，一方面由于

---

① 舒尔茨：《马尼拉大帆船》，纽约，1959 年版，第 189 页。转引自陈芝芸等《拉丁美洲对外经济关系》，世界知识出版社 1991 年版，第 279 页。

西欧霸权国家在太平洋上的争霸拼搏日趋激烈①，对中国沿海的骚扰和渗透日趋频繁；另一方由于当时中国统治者夜郎自大，盲目地满足于一时的"四海独尊，万邦朝贡"的显赫地位，对当时世界格局的变化一无所知，丧失了 18 世纪工业革命时期发展的大好时机，一天天走向没落；同时还由于拉美殖民当局对太平洋上的贸易实行严格的垄断政策，菲律宾殖民当局对中国商民和华侨进行血腥的屠杀，加上海上走私活动和劫掠活动日趋猖獗，到 18 世纪末，通过太平洋"海上丝绸之路"的中拉贸易开始衰落。19 世纪初拉美开始独立战争后，西班牙国王下令停止墨西哥同东方的贸易，中拉早期经济联系从此结束。

二　太平洋上的苦力贸易——中拉劳务贸易的半殖民地畸变

进入 19 世纪后，太平洋地区的形势已经发生了巨大变化。在太平洋的西岸，数百年来一直居于东亚中心地位的中国，由于丧失了 18 世纪工业革命的大好发展机会而开始了一个长期的积弱过程，到这时候已经进入了危机阶段，新老霸权国家已经从四面八方包围了这个国家，不断地敲打着它的大门。1840 年鸦片战争后，中国内乱外患不止，深重的民族危机已经降临到中国人民的头上，中国的历史进入了一个半殖民地半封建的阶段。在太平洋的东岸，拉丁美洲虽然已经进行了独立革命，绝大部分地区已经获得独立，但是，在新老霸权国家的渗透、干涉和侵略下，拉丁美洲也四分五裂，陷入了再边缘化和半殖民化的困境。在 1801 年至 1878 年的短短 77 年中，新兴的美利坚合众国就对墨

---

①　16 世纪的海上霸主是葡萄牙和西班牙，到 16 世纪末期以后，荷兰逐渐夺得了海上霸主的地位。到 18 世纪，荷兰又被新兴的英、法殖民帝国所压倒。法国在同英国争霸失败后，首开工业革命的英国成了独大的海上霸主。

西哥进行了 74 次侵略和干涉①。美国不但打败了墨西哥，而且还吞并了墨西哥大半国土，把自己的边疆推进到了太平洋沿岸。从此，美国开始"成了太平洋的列强"②。十几年后，到 1867年，它又进一步占领了太平洋的战略要地中途岛，开始经营它在太平洋上的霸权事业。在这个历史阶段，中国和拉丁美洲的正常贸易已不复存在，太平洋已经成了国际新兴工业资本主义竞争的广阔舞台。美国在太平洋上开辟的新航路已经取代了原来的"海上丝绸之路"，先进的现代化舰船已经取代了"大商帆贸易时代"的"马尼拉大帆船"。靠着先进的舰船，新航路已无须经过马尼拉，而是直通中国东南沿海。新航路已成了美国在太平洋上进行殖民扩张的通道。中国和拉丁美洲都已丧失了在太平洋上发展海外贸易的机会，太平洋留给它们的只是给人以痛苦回忆的苦力贸易。当时，拉丁美洲已经成了欧美资本主义列强的农矿原料供应地和工业品销售市场。随着世界市场对拉丁美洲农矿原料的需求不断增长，外国资本家及拉丁美洲的大庄园主、种植园主和矿场主被巨额的市场利润所驱使，都致力于在拉美发展单一产品制经济。由于当时奴隶制度已经被禁止，奴隶贸易受到了严格限制，野蛮开发和掠夺拉美农矿产品和工业原料所需要的劳动力便十分缺乏，于是，西方殖民主义者和拉丁美洲的大种植园主和大矿场主便把中国变成了他们掠夺劳动力的对象，一个专以拐骗、绑架、捉拿和贩卖中国劳工为能事的、惨无人道的"行业"便在太平洋东西两岸的各重要港口兴起；贩运东方苦力遂成为当时西方殖民主义者和冒险商人牟取暴利的罪恶行业。据统计，19

---

① Pablo González Casanova, *La Democracia en México*, México 1971, p. 72.

② D. 博埃斯内尔:《拉丁美洲国际关系简史》（中文版），商务印书馆 1990 年版，第 100 页。

世纪 60 年代，仅在西班牙殖民地古巴一地，就有 27 家公司专门从事苦力贸易；在秘鲁，由于英国市场对秘鲁鸟粪资源及重要工业原料棉花和甘蔗的需求日益增长，苦力贩子便纷纷在利马和卡亚俄设立经理部，并为争夺苦力贸易的垄断权而展开激烈的竞争。在这种肮脏的苦力贸易中，几乎所有西方列强在华和在拉美的洋行和苦力贩子都劣迹斑斑。在美国内战以前，古巴的苦力运输几乎全部是由美国航商垄断的。美国的"同孚洋行"还从秘鲁获得了贩运华工的专利权，专门为秘鲁的矿山主和种植园主运送华工，从秘鲁的鸟粪和硝石收入中分取巨额暴利。19 世纪中期太平洋苦力贸易规模之大，情状之惨烈，在人类历史上都是少见的。仅在 1847 年以后的短短 20 多年中，就有近 30 万契约华工被贩运到拉丁美洲[1]。可怜的苦力在运输途中因溺水、病故、逃亡、反抗、自杀而死的，以及在苦役中因反抗或不胜迫害致死的不计其数[2]。历史上沟通中国与拉丁美洲的"海上丝绸之路"这时已变成了血泪斑斑的"苦力贸易之路"；先进的远洋轮船虽然把中国与拉丁美洲的距离拉近了，但是，在西方资本主义列强的掌握之下，它们却成了太平洋上中国苦力的"浮动地狱"。太平洋东、西两岸的半殖民地社会把相互之间的劳务贸易畸变成了罪恶的奴隶贸易。

三　19 世纪末至 20 世纪末：中拉经济关系的停滞

19 世纪末叶，随着第二次技术革命和产业革命的发展以及

---

①　李春辉、杨生茂主编：《美洲华侨华人史》，商务印书馆 1990 年版，第 100 页。

②　据 1879 年任中国驻古巴总领事谭乾初的调查统计，从 1847 年至 1874 年的 23 年中，在古巴登岸的契约华工总共 12 万 6 千零 8 名，而在运输途中死亡而未能登岸者就有 1 万 7 千零 32 名，占登岸人数的 14%。

欧美资本主义列强对本国劳动人民、殖民地和半殖民地人民的残酷剥削和掠夺，欧美各主要国家的资本主义制度已经发生了深刻的变化，垄断已经代替了自由竞争，"自由"资本主义已经过渡到了以垄断为特点的帝国主义阶段，同时，经济全球化进程也相应进入了它的第二轮高潮，西方列强的殖民主义和半殖民主义扩张几乎遍布亚、非、拉三大洲的各个角落。

1895 年，古巴爆发以推翻西班牙殖民统治为目标的民族解放战争，美国瞅准了机会，在 1898 年古巴民族解放战争即将胜利之际，以"缅因号"战舰事件为借口向西班牙宣战，发动了重新瓜分世界的第一次帝国主义战争。在这次战争中，实力已经跃居世界首位的美国帝国主义获得了完全的胜利。觊觎了多年的"苹果"终于"熟透了"，落到了美国统治者的手里。美国从西班牙手中夺得了波多黎各，全面控制了古巴。不仅如此，它还夺得了西班牙在太平洋的殖民地菲律宾，并乘机占领了太平洋重要战略基地夏威夷群岛、威克岛和关岛。至此，美国已成了争霸太平洋的主角。为了争霸太平洋，美国政府于 1899 年照会英、德、俄、法、日、意诸国，提出了"门户开放"政策，要求和其他帝国主义共享侵略中国的权利。为了取得控制大西洋和太平洋两洋的战略地位，美国又于 1903 年在哥伦比亚组织叛乱，策划成立了"巴拿马共和国"，并于同年和它所控制的这个共和国签订了"美巴条约"，攫取了在巴拿马地峡开凿洋际运河的独占权和巴拿马地峡沿运河地带的永久租借权。运河的开通（1914 年）使美国从大西洋到太平洋的航程缩短了一万多公里，大大便利了美国对加勒比海地区和亚太地区的扩张和控制。

与此同时，欧洲各资本主义列强也加强了对太平洋地区的争夺，特别是对中国的争夺。法国争夺中国的西南地区，将广东、广西和云南划归自己的势力范围。新兴的帝国主义德国，在实力上已经跃居世界第二，但所占有的殖民地远不如英、法等老牌帝国主义，所以具有特别疯狂的侵略性。它要求重新瓜分世界，并直接把殖民扩张的矛头伸进了太平洋地区，加紧"向东方推进"，发誓要把海上霸权夺到自己手里。1897 年，它强占了中国的胶州湾。1899 年，它又利用美西战争和英布战争之机，占领了太平洋上的马里亚纳群岛、加罗林群岛和萨摩亚群岛。决心"脱亚入欧"的日本，自明治维新之后，也逐步演变成了一个野蛮的军事帝国主义国家，开始参与亚太地区的争霸斗争。早在 19 世纪 70 年代，它就吞并了琉球，80 年代开始侵略朝鲜，并于 1894 年发动了吞并朝鲜、侵略中国的中日甲午战争，强迫中国签订了屈辱的"马关条约"，将中国的辽东半岛、台湾和澎湖列岛割让给日本。英国已经称霸世界两个世纪之久，其占有的殖民地占全球面积的四分之一，占各帝国主义国家殖民地总数的一半，相当于英国本土的一百多倍。这时候它虽然已经失去了工业垄断地位，但依靠它所拥有的大量殖民地，仍然是世界上最强大的资本主义国家。所以，对于英国来说，殖民地就是它的生命线；面对德、日帝国主义"重新瓜分世界"的威胁，英国一点都不让步。

沙皇俄国的资本主义虽然是在严重的农奴制残余的条件下发展起来的，但到 19 世纪末叶已经发展到了帝国主义阶段，积极地和其他资本主义列强争夺殖民地，特别是在西太平洋同日本争夺东北亚地区的势力范围。它不但迫使日本"归还"辽东半岛，抢得了在中国修筑中东铁路的权利，而且还强行租借了中国的旅顺和大连。俄国的加紧向亚洲扩张以争霸世界的政策同当时日本推行的吞并朝鲜、灭亡中国、称霸亚洲的侵略政策发生了冲突，以致酿成了一场主要在中国境内进行、给中国人民带来了一场野蛮浩劫的日俄战争（1904—1905 年）。

　　由于西方各资本主义列强经济发展的不平衡、力量对比的变化以及为重新瓜分世界斗争的加剧，终于在 20 世纪前半期相继爆发了两次世界大战，加上两次大战之间的那次世界经济危机（1929—1933 年），经济全球化进程陷入断裂，远隔重洋的中国和拉丁美洲因此也就完全没有建立和发展经济联系的可能。

　　第二次世界大战后，帝国主义争夺霸权的局面并没有结束，而是在"雅尔塔体系"所确定的两极格局的基础上，展开了两个超级大国的全球范围的争霸斗争。这个时期，虽然两个超级大国之间的大规模热核战争并没有真正打起来（故称之为"冷战"时期），但它们都相互显示了自己的核力量，亮出了"核牙齿"，展开了激烈的核军备竞赛。而且，由于两个超级大国在世界各地都展开了尖锐的、争夺势力范围的斗争，发生在各个地区的热战其实是不少的。有的由它们亲自出马，有的则由它们的代理人出马，自己出钱出枪，背后操纵。例如在拉丁美洲，就有 1961 年的古巴猪湾入侵、80 年代中美洲的萨尔瓦多内战、危地马拉内战和尼加拉瓜内战；在亚洲，有 50 年代的朝鲜战争、60 年代的越南战争、70 年代的柬埔寨战争和 80 年代的阿富汗战争，等等。为了争夺太平洋地区的势力范围，双方都在这里投入了大量的海、陆、空武装力量 ①。在这种情况下，处于太平洋东、西两岸的中国和拉丁美洲基本上仍然是相互隔离的；它们的经济活动，经常受到"冷战"的制约，受到霸权国家的限制甚至封锁，毫无健康发展的可能。所以，从 19 世纪末叶到 20 世纪末叶的整整一个世纪中，虽然双方已经有了正式的外交联系，但经济关系

---

　　① 据统计，冷战时期，美国在亚太地区陈兵 20 万，950 架作战飞机，44 艘各种类型的作战舰艇；苏联则更有甚之，在这里陈兵 103 万，坦克 9500 辆，飞机 3700 架，各种类型的军舰 600 余艘。（参见李庆功《给地球系上安全带》，时事出版社 1995 年版，"20 世纪的'圈地运动'"一节。）

始终处于停滞不前的状况。

四　20世纪90年代以来：中拉经贸关系的大跃进

从20世纪80年代起，情况发生了变化。由于东亚的经济腾飞，太平洋两岸的发展中国家开始把眼光转向太平洋，开始以独立的姿态参与太平洋地区的经济合作事业。太平洋盆地有五十多个国家和地区，7000多万平方公里面积，居住有占世界人口一半以上的居民，是经济发展最快的地区[①]。中国和拉丁美洲国家都清醒地意识到，一个太平洋新世纪的机遇已经到来，再错过这个机会将是历史的错误。所以，它们都决心要吸取历史的经验教训，在平等、互利、合作的旗帜下，共同谱写太平洋新世纪的光辉篇章，迎接繁荣美好的未来。中国方面积极参与亚太地区的经济合作进程，对所有的国家和地区实行开放政策，并相继开放了30多个口岸，建立了50多个高新技术开发区和10多个保税区，开辟了东北、西北和西南的边境贸易合作区，形成了一个全国范围的、包括近千个市、县的沿海、沿江、周边和内陆地区多层次、全方位的开放新格局。拉丁美洲方面也在拉美经委会"开放地区主义"理论的指导下兴起了一个"新地区主义"运动[②]，不但恢复和振兴了20世纪五六十年代成立的经济一体化组织，而且短期内就建立了里约集团、北美自由贸易区、南方共同市场、墨西哥—委内瑞拉—哥伦比亚三国集团、墨西哥—智利自由

---

①　René Villarreal, *México 2010, De la Industrialización Tardía a la Reestructuración Industrial*, Editorial Diana, México, 1988, p. 330.

②　冷战时期为解决内向型进口替代工业化战略实施过程中成本太高、市场狭小等问题而兴起的地区一体化运动，被称之为"旧地区主义"运动。冷战结束后为适应市场全球化、经济国际化和地区经济集团化进程，推进外向型出口导向发展战略而开展的地区一体化运动，是世界格局多极化进程中出现的一种以开放为特点的"外向型一体化"模式，被称之为"新地区主义"运动。

贸易区、墨西哥—中美洲自由贸易区、智利—哥伦比亚自由贸易协定、智利—阿根廷自由贸易区等新的地区经济一体化区域和组织，在拉美形成了一个相互关联、相互渗透、多层次、多渠道、纵横交错的地区经济合作网。拉美新地区主义的最大的特点就是它的普遍性、多元性、外向性和跨地区性；就是它的经贸关系逐步向太平洋地区扩展，向亚太地区开放。拉美自独立以来的近两个世纪里，其经贸关系基本上是一种依附性的大西洋北美—拉美—欧洲大三角关系，从来没有把眼光投向太平洋的彼岸（唯有日本例外，日本因"脱亚入欧"，被拉美视为西方国家）。拉美报刊也承认，20世纪80年代以前，拉美国家同亚太地区的关系基本上还是一个"空白"，"没有任何（拉美）国家参与太平洋区域（事务）"[①]；但是，80年代发生了一个大的变化，拉丁美洲开始重视亚太地区，许多拉美国家还相继制定了"亚洲战略"，积极参与太平洋地区的区域经济合作。如墨西哥从20世纪80年代开始就把发展同亚太地区经贸关系的问题提上了议事日程。当时，墨西哥发展研究中心已全面研究了亚太地区的情况，并发表研究报告指出，"国际经济重心有向太平洋地区转移的趋势"，如果不立即采取"墨西哥与太平洋地区结合"的发展战略，墨西哥"就会冒不能加入世界上出现的市场全球化进程的危险"[②]。从这一战略考虑出发，墨西哥积极参加了太平洋盆地的新地区主义运动。1990年，参加了太平洋盆地经济理事会；1991年加入太平洋经济合作会议；1993年正式加入亚太经济合作组织。1994

---

①　见墨西哥《至上报》1988年9月21日刊登的文章《太平洋地区，增长的轴心》和墨西哥《视界》杂志1988年10月30日刊登的文章《太平洋区域的选择——未来的经济战略》。

②　转引自墨西哥《至上报》1988年9月21日文章《太平洋地区，增长的轴心》。

年，墨西哥总统萨利纳斯出席了在印尼茂物举行的亚太经合组织领导人非正式会议，还在墨西哥一批企业家陪同下，先后访问了日本、新加坡、澳大利亚、中国等亚太国家。1994 年底爆发金融危机后，墨西哥吸取了教训，更加重视太平洋地区的市场，并对外交战略进行了新的调整，决定改变以前过多依赖北美自由贸易市场的做法，更加注重外交战略的多元化，特别是要加强其同亚太国家的经贸合作。1995 年 10 月墨西哥总统塞迪略在欢迎李鹏总理访墨时表示，墨西哥将继续巩固其在亚太地区的存在，通过双边接近和参加主要的区域组织来加强对话和扩展贸易、投资的机会。经过双方的努力，墨中两国的贸易额已从 1994 年的不到 3 亿美元增加到 1996 年的 5.18 亿美元[①]，到 10 年后的 2004 年，又增加到 71.12 亿美元，2007 年更增加到 149.69 亿美元，短短 13 年间增长了 49 倍[②]（如果同 1972 年两国建交时的 0.13 亿美元相比，则增长了 1150 多倍）。智利是一个有着数千公里海岸线的太平洋国家，它把亚太地区国家当成自己的重要贸易伙伴。它同墨西哥一样，积极参加太平洋盆地的新地区主义运动，90 年代初即相继参加了太平洋盆地经济理事会和太平洋经济合作会议，1994 年 11 月正式加入亚太经济合作组织。到 1993 年，智利对亚太地区的出口额已达 29.18 亿美元，占智利出口总额的 31%，超过了它对北美三国的出口额，也超过了它对欧盟的出口额。[③] 到 10 年后的 2003 年，智利同中国的贸易额达到了 35.28 亿美元，2007 年更增

---

①　沈安：《中墨关系进入建交以来最佳时期》，新华社墨西哥城 1997 年 11 月 5 日电。

②　中国商务部进出口统计（http://zhs.mofcom.gov.cn/tongji.shtml）。

③　此处数字见《智利将应对亚洲金融危机》，智利《信使报》1998 年 1 月 18 日；杨西：《90 年代智利的对外贸易新战略》，中国《拉丁美洲研究》杂志 1996 年第 5 期。

至 133.15 亿美元，四年间增长近 2.8 倍 ①。秘鲁自拉美爆发债务
危机后，也开始重视亚太地区，加强对这个地区的研究。有一本
专门研究秘鲁与亚太经济关系的著作认为，"80 年代的失去的十
年，应该促使我们深入检查一下我们加入世界经济的方式，包括
从给我们的（新）产品探索新的市场到寻求建立资本、技术转移
方面最公平的横向联系等内容"，并说亚太地区是"秘鲁从未给予
足够重视的地区"，"近 20 年来，太平洋盆地已成了世界经济最有
活力的一极，而且，看来到下一个世纪，这种发展趋势还将继续
下去，势头会更强有力。对地理上属于这个地区范围内的秘鲁来
说，……调查这个地区的新市场，了解从这里的最有活力的经济
中获得新资本和先进技术的可能性，是一种非常迫切的需要"②。
出于这种认识，秘鲁也紧随墨西哥和智利之后，积极要求加入亚
太经合组织，参与这个地区的经济合作。在 1993 年 11 月召开的亚
太经合组织温哥华会议上，秘鲁的这个愿望得到实现。拉丁美洲
的其他太平洋国家，如厄瓜多尔、哥伦比亚和巴拿马等，也都表
示希望加入亚太经合组织。厄瓜多尔政府还把加入亚太经合组织
看作是其经济政策的"基本目标"，厄瓜多尔外长何塞·阿亚
拉·拉索甚至说，他的国家要求加入这一国际机构，是他的国家
在即将可能出现的国际大格局中"重新定位"的一部分 ③。巴
西虽然不是太平洋沿岸国家，但 20 世纪 80 年代以来也十分重视
亚太地区。巴西政府已于 1992 年制定了"亚洲战略"，决定把
亚洲尤其是亚太地区国家作为其稳定的经济合作伙伴，特别是把

---

① 中国商务部进出口统计（http：//zhs. mofcom. gov. cn/tongji. shtml）。
② 维克托·托雷斯：《面向太平洋流域的秘鲁：与亚洲国家的贸易》，秘鲁 1991
年版，第 14 页。
③ 《拉丁美洲应该更多地参与亚太经济合作组织》，埃菲社温哥华 1997 年 11 月
22 日西文电。

发展巴、中关系放在其"亚洲战略"的最重要的位置，提出要同中国建立"战略性伙伴关系"，并解释说，"这种战略伙伴关系意味着巴西和中国"是被长远的根本利益联系在一起的；"在具体行动方面，除了加强政治对话外，两国还须进一步密切经贸、科技和文化等许多重要领域内业已开始的合作"[①]。巴西"亚洲战略"确定后，两国的贸易额逐年增加，从 1991 年的 4.14 亿美元增加到 1992 年的 5.8 亿美元，1993 年的 10.1 亿美元，1994 年的 14.2 亿美元，1995 年的 19.91 亿美元。进入 21 世纪后，增长更快。2003 年增至 79.88 亿美元，2007 年更增至 297.10 亿美元[②]，从 1991 年到 2007 年的 16 年间增长了近 70 倍。中巴两国高科技部门也进一步加强了合作，双方还于 1995 年 9 月建议在原有计划的基础上再联合制造两颗卫星，扩大中巴两国太空合作的规模，把中巴两国的高科技合作推进到一个新阶段。

以上所有这些事实都说明，拉丁美洲现在已不完全依附于大西洋体系的那个旧的北美—拉美—欧洲大三角关系了，而是在大西洋北美—拉美—欧洲大三角经贸关系之外，又开始建立太平洋北美—拉美—亚洲大三角经贸关系，采取了一种纵向联系南北美洲、横向贯通两洋同时联系欧、亚两洲的国际经济战略。中拉经济关系出现了史无前例的大跃进局面。

中拉经济关系的大跃进与"太平洋时代"说

以上是对 16 世纪人类历史进入全球化进程以来近 500 年太

---

① 巴西外长路易斯·费里佩·南普雷亚：《巴西和中国——加强战略伙伴关系》，《人民日报》1995 年 12 月 13 日。

② 中国商务部进出口统计（http://zhs.mofcom.gov.cn/tongji.shtml）。

平洋地区中拉经济关系史的简单回顾。从这一简单回顾中可以看出，20世纪中期以前的近500年的全球化进程，基本上是西方列强争霸世界、瓜分世界和再瓜分世界的进程，是广大弱小国家和落后地区不断遭受殖民征服、殖民压迫和逐步陷入边缘化和再边缘化的进程，同时也是殖民地被压迫民族和人民不断进行反抗和革命的进程。在这个漫长的历史时期中，中拉之间的经济关系始终处于不正常状况。"20世纪以前，双方没有任何结构上的跨洋联系"①，20世纪的头80年也仍然处于停滞不前的状况，只是到20世纪80年代之后，情况才发生巨变，作为东亚经济崛起的一个部分，中拉经贸关系出现了划时代的大跃进，人们清楚地看到，一个与前500年大不相同的太平洋新世纪的曙光，已经喷薄在太平洋的地平线之上。

对于20世纪末开始的这个划时代的转折，我们应该如何来界定呢？不少人认为，这意味着人类社会的发展已开始从"大西洋时代"进入"太平洋时代"。为什么这样说呢？按他们的说法，主要有两个依据，一是世界文明重心不断西迁是"文明兴衰"的规律；一是世界经济重心移向太平洋西岸已经是"显而易见的事实"。但从中拉经济关系演变的历史事实来看，这种历史论证的方法值得商榷。

首先，我们来看看16世纪开始经济全球化以来世界历史发展的阶段能不能定义为"大西洋时代"。在古代世界，由于交通条件的限制，各个地区的文明基本上是依各自的条件独立发展的，世界的文明重心并不只有一个，因而我们不能以某个地区的文明来概括世界的历史，譬如我们不能以地中海地区的文明，称

---

① Verónica Neghme Echeverría, *Vinculaciones América Latina - Asia: Presente y Futuro*, Santiago de Chile, 24 de julio 2007.

世界史的古代和中古代为"地中海时代"。这一点，大概不会有什么分歧。但是，"大西洋时代"之说是不是正确呢，我看也不然。16 世纪开始全球化进程之后，西方"文明"的"西进"、破坏乃至毁灭美洲印第安文明，在大西洋地区确立起自己的统治地位，并进而扩张到全球，对近世世界的历史产生了巨大的影响，这的确是事实，但若把 16 世纪至 19 世纪的世界历史称之为"大西洋时代"则有片面性。因为在本文所说的中拉关系的第一阶段，正值中国清朝康熙、雍正、乾隆三个皇帝统治时期（1662—1795），是清帝国的极盛时期，这个时期的中国是世界经济水平最高的地区，其经济发达程度可以从上述太平洋马尼拉大帆船贸易中中国商品竞争力的情况看得很清楚。当时的西班牙，由于没有什么商品可以同中国竞争，只好用拉丁美洲生产的贵金属白银同中国交换。《白银资本》一书的作者贡德·弗兰克肯定地认为，根据这个时期世界白银的流向，可以得出结论："直到 19 世纪以前，'中央之国'实际上是世界经济的某种中心。"[①] 可见当时的世界不只有一个大西洋文明重心，同时也有个东亚文明重心。所以，在世界史学中，很少有人用"地中海时代"、"大西洋时代"这样的术语来划分历史的时代。实际上，这类术语多用于地缘政治学或"海洋政治学"（La Oceanopolítica）。海洋政治学认为，从古代到 15 世纪，世界的海洋中心是地中海；自地理大发现、美洲被征服和新的贸易航道开辟之后，这个中心就逐步转移到了大西洋。大西洋的这个海洋中心的性质由于 19 世纪的英国霸权和 20 世纪美国的海军优势而得

---

① 贡德·弗兰克：《白银资本》，转引自林被甸《跨越太平洋——中国与拉丁美洲的文化交流》，载何芳川《中外文化交流史》，国际文化出版公司 2008 年版，第 988 页。

到了加强。这个理论的自然推论认为，作为太平洋各大列强之间相互交流日益增长的结果，21世纪将会成为这样一个时代，在这个时代中，太平洋将会变成世界海洋的重心①。这大概就是"太平洋时代"说的渊源。但从历史学的角度来分析，以海洋中心的变化来划分世界史的时代显然是不合适的。

其次，我们来看看所谓"世界文明重心不断西迁"是不是"文明兴衰"的规律。如果世界文明多中心说不谬，那么，单一方向的所谓"西迁"说就有片面性。既有"西学东渐"，也有"东学西渐"，这是文化传播史的常态，某种强势文化的统治只是暂时的。不过，这里讨论的，实际上并不是这个问题。从不少"太平洋时代"论者的文章看，所谓"文明重心"实际上是指"霸权中心"；所谓"文明重心""西迁"是指霸权向西转移。由于过去宣传的原因，我们比较容易看到霸权的转移都是从东到西，依次递进，譬如从15世纪的葡萄牙转到16世纪的西班牙，转到17世纪的荷兰，再转到18世纪的法国和18、19世纪的英国，再转到20世纪的美国。但是，仔细考察起来，这实际上是一个理想化了的模式。事实上，霸权的转移和变动是亦西亦东，交错行进的，情况要比这复杂得多。在本文所述中拉经济关系演变进程中，曾经有过几次对中拉经济关系影响最大的争霸斗争，它们都是"东迁"霸权国与"西迁"霸权国，在太平洋上进行的你死我活的、争夺势力范围的事件。譬如在15世纪葡萄牙开始称霸的时候，霸权也开始"东迁"到西班牙，这样才有了16世纪这两个国家在大西洋上和太平洋上的争霸斗争，才有了世界历史上第一个瓜分太平洋的条约。到18、19世纪，霸权先是

---

① 参见 Manuel Luis Rodríguez *Elementos para una geopolítica del Pacífico en los inicios del siglo XXI*, Punta Arenas（Magallanes），primavera de 2004.

"西迁"到英国，但是，没有多久，霸权也"东迁"到德国，以致在世界范围内发生了尖锐的两国争夺殖民地的斗争，由于这两个国家争霸斗争的急剧扩大，结果爆发了第一次世界大战。到20世纪，霸权"西迁"到美国之后，紧接着霸权也"东迁"到德国和日本，酿成了东、西两个战争策源地，从而爆发了第二次世界大战和太平洋战争。与此同时，霸权也"东迁"到苏联，结果形成美苏两霸争雄的局面，以致爆发了激烈的、为期半个多世纪的"冷战"。所有这些都说明，世界霸权中心不断"西迁"虽然有一定的历史现象作依据，但并不全面，很难得出结论，说这就是规律。不错，从现象上看，在这500年中，"东迁"的霸权"挑战者"统统都在争霸中遭到失败（什么原因，需要具体的研究），霸权国家"西迁"似乎是一条规律；但同样不可否定的事实是："东迁"霸权国家尽管没有能成为霸主，但仍然属于西方"列强"之列，仍然是霸权国家。尤其应该注意的是，即使霸主"西迁"如"太平洋时代"论者所说已形成某种"规律"，这样的规律对于我们所处的时代来说，也已经不适用，因为历史证明，霸权国家的争霸是以殖民地和殖民制度的存在为基础的，而第二次世界大战之后，亚非拉各国人民的民族解放运动和第三世界的崛起已经将殖民制度送进坟墓，这个基础基本上已经不存在了。

最后，我们再来看看"世界经济重心已经移到太平洋西岸"的说法是不是事实。说亚太经济崛起，说东亚好些国家和地区创造了经济奇迹，这些都没有错，因为这是事实；但要说"世界经济重心已经移到太平洋西岸"则有片面性，因为目前世界的经济重心不只是亚太一个，而是有多个。墨西哥学院亚非研究中心主任何塞·拉米雷斯就指出，从1992年初起，全球经济进入了一个新的阶段，其标志就是地区贸易协定的增多和世界三个主要的地区集团的加强，其中欧盟、北美自由贸易区和太平洋亚洲地区是世界三个最大的市场，在世界经济中占有统治地位。而且，在这三个市场中，亚太并不占优势。据统计，2004 年，欧盟 25 个国家的出口总值占世界出口总值的 40.1%，而亚太 16 个国家和地区则只占世界出口总值的 26.4%；2004 年亚太各国和地区生产总值占国际货币基金组织国家生产总值的比重为 20.2%，而欧盟为 31.4% ①。有些拉美学者还指出，"大西洋将仍然是具有世界性重要的海洋中心"。至于太平洋，它周围地域庞大，实际上存在四个国家群或四个流域区，即太平洋美洲流域、太平洋亚洲流域、太平洋澳大利亚流域和太平洋波利尼西亚流域。每一个流域区都有其自己的经济、政治和文化动力，都有它们自己的发展速度。他们还认为，在地缘政治上，这些国家群又形成为两个轴心：太平洋"西方轴心"（"eje occidental" del Pacífico）和太平洋"东方轴心"（"eje oriental" del Pacífico）；前者指美国、英国、加拿大、澳大利亚和新西兰；后者指中国、俄罗斯、日本和韩国。因此他们认为，太平洋并不存在一个政治共同体，没有文化上的认同，也没有经济上的一体化。太平洋如果要成为全球体系的主要海洋，它还必须在自己的周围，在广泛利益和共同目的的基础上，把各个文化和历史都极其不同的国家集团、民族集团统一起来，形成一个政治的、经济的和战略的共同体。要做到这一点还有很长的路要走，尽管人们在合作和一体化方面已经作了不少的努力 ②。路易斯·克拉尔也说："新的世纪将不属于亚洲、美洲或任何其他单一的地理学上的实体，而属

---

① 参见 Juan José Ramírez Bonilla, América Latina ante Asia-Pacífico: respuestas nuevas a problemas nuevos.

② 参见 Manuel Luis Rodríguez *Elementos para una geopolítica del Pacífico en los inicios del siglo XXI*, Punta Arenas (Magallanes), primavera de 2004.

于一个日益互相依赖的世界经济。"①

以上三点，大致可以证明，现今的世界并不是一个单极世界，而是一个多极世界；我们现在所处的时代并不是一个"太平洋时代"，而是一个以"和平与发展"为主题的时代，是一个全球致力于和平共处和平发展的时代。关于这个问题，邓小平曾经多次作过说明，多次强调要把发展问题提到全人类的高度来认识。1988 年 5 月，邓小平在会见阿根廷总统阿方辛时指出："真正的太平洋时代的到来至少还要 50 年。那时也会同时出现一个拉美时代。我希望太平洋时代、大西洋时代和拉美时代同时出现。"一个多星期后，他又强调指出："要从全人类的高度来研究发展问题。我们欢迎发达国家继续发展，但是发达国家的继续发展不能建立在众多发展中国家继续贫困的基础上。前几天我同拉美朋友讲过，不仅希望下个世纪出现太平洋时代，而且希望出现拉美时代，出现西亚时代，出现非洲时代，这样全球就能真正稳定起来。"② 同年年底，邓小平在会见印度总理拉吉夫·甘地的时候又说："真正的亚太世纪或亚洲世纪，是要等到中国、印度和其他一些邻国发展起来，才算到来。这就像巴西不发展就不是拉丁美洲世纪一样。"③ 邓小平的多次讲话，强调的都是西亚、非洲、拉美和太平洋四个时代要同时出现，显然，在邓小平看来，未来的时代不能只是"太平洋时代"，而是一个全球发展时代，一个和谐稳定的时代。现在，这个时代已经在太平洋的地平线上闪耀出它的最初几缕曙光，20 世纪 80 年代特别是 90 年代以来中拉经济关系的大跃进正是这个时代的产物。

---

① 《市场报》，1999 年 12 月 17 日第 4 版。

② 中共中央文献研究室编：《邓小平年谱 1975—1997 年（下）》，中央文献出版社 2004 年版，第 1233 页。

③ 《邓小平文选》，第 3 卷，人民出版社 1993 年版，第 281 页。

　　那么是什么因素决定了这个时代的来临？笔者认为，决定性的因素是战后世界发生的三个具有划时代意义的事件。

　　第一个事件是世界殖民主义体系的崩溃和第三世界的崛起。这是第二次世界大战后 60 年来世界最大的结构变化。原来一直遭受西方列强殖民统治和压迫的亚非拉地区涌现出了一大批独立国家。这标志着一个新的时代的开始，在这个时代中，世界所有各国人民都成了自己国家的主人公，毫无例外地都积极参与国际事务。在资本主义降临以前，亚非拉三洲人民所创造的文明曾在人类社会占有很重要的分量，但当资本主义在 16 世纪开始作为一种统治力量进行扩张并在 19 世纪和 20 世纪之间完成其殖民统治结构的时候，这三个洲就全都变成了被统治的大陆。现在，它们获得了解放，不用说，人类重将恢复其本来应有的面貌，即全世界各族人民自己决定自己命运的面貌。亚非拉人民在摆脱殖民统治之后，最需要的就是世界的和平和自己国家的发展。在联合国大会激烈的论战中，他们的呼声，一浪高一浪，一致要求制定和平法规，反对强权大国单方面发动战争。由于他们的动员，联合国大会于 1960 年颁布了《准予殖民地各国和人民独立宣言》，在世界历史上第一次宣布外国殖民统治是非法的，并号召立即无条件地结束殖民主义。殖民主义和殖民主义制度是国际霸权统治所赖以存在的基础，资本主义殖民体系一崩溃，国际霸权统治也就很难继续下去。第三世界占世界人口的 80%，第三世界的崛起从根本上改变了和平与战争、自主发展和殖民统治的力量对比，为世界进入和平与发展的时代奠定了可靠的基础。

　　第二个事件是东欧剧变，华约消亡，德国统一，苏联解体，"冷战结束"。这是人类历史进入 20 世纪最后十年之际，世界发生的一场震撼全球的政治大地震。它正式宣告了以美、苏两霸在全球范围内争夺势力范围为特征的旧的国际秩序的结束。这是一个结束过去、开辟未来、真正具有划时代意义的事件。它的划时代意义并不在于这一事件本身（就事件本身来说，苏联、东欧在抛弃和破除其霸权政策的同时，也把来之不易的社会主义成果一并抛弃了，这是人类历史的不幸），而在于这一历史性转折发生的方式。在过去 500 年的全球化进程中，任何一次霸主的更换，秩序的改变，都是霸权国家之间实力较量的结果，都是在战场上见分晓的。而这一次国际关系体系的剧变却是和平进行的，是两个超级霸权国家在半个世纪的"冷战"消耗中一方力量削弱，另一方发生"内部爆炸"的结果。这是国际关系史上破天荒的事情。对于这一划时代变化的意义，并不是所有的人都意识到的，欧美有些政治家在这一变故发生之后曾大肆宣传，这是美国的胜利，是资本主义最后战胜了社会主义，并宣布资本主义的这一胜利就是人类历史的终结。这些政治家如果不是故作声势，至少也是主观臆断。因为只要好好研究一下战后的历史就知道，这种"意想不到"的剧变并不是天上掉下来的，而是社会化大生产的全球化发展趋势要求改革开放，要求冲破两极格局的桎梏（如相互对抗、相互封锁、自我封闭等"冷战"压迫手段），以解放生产力这一历史规律发挥作用的结果，是战后力量对比发生变化，特别是第三世界崛起的结果，也是世界人民在 40 多年的"冷战"折磨中不断提高觉悟，要求改变现状的结果。这个事件的结果并不是两个霸权国家中谁胜了或谁败了，更不是社会主义灭亡了（因为真正的社会主义与霸权主义毫不相干），而是霸权主义失败了。这说明，时代变了，霸权主义吃不开了；更说明，凡是不符合社会化大生产全球化发展规律的制度，不管它是社会主义还是资本主义，都得要改革，不改革，便没有前途。这是一个意义深远的、给太平洋地区带来福音的、划时代的变化。

　　第三个事件是邓小平在中国领导的改革开放。通过改革开放，中国共产党和中国人民解放了思想，总结了历史经验，清除了在社会主义问题上的各种形而上学的、唯心主义的和教条主义的错误认识，不断地推进改革和开放，发展社会主义市场经济，开辟了一条以邓小平理论为指导的、有中国特色的社会主义现代化道路。特别是在解决中国国内不同社会制度地区之间如何实现统一的问题上，邓小平从和平与发展这一时代主题和战略高度出发，在马克思主义辩证唯物主义和历史唯物主义理论的指导下，找到了两种对立制度之间所包含的同一性。这就是，它们虽然在维护阶级利益的问题上有对立的一面，但它们同处于一个统一的世界市场之中，都在沿着经济全球化的道路前进，因而在发展社会生产力、发展科学技术、推进经济全球化的问题上又有着同一性的一面。根据这一科学的结论，邓小平把不同社会制度的国家应该和平共处的国际理论和国际关系准则运用于国内，提出了"一国两制"的构想，容许两种对立的社会制度同时存在于一个国家之内，并使之和平共处，共同发展。这是在处理社会矛盾问题上的一种突破性的、创造性的构想，是对马克思主义的重大发展。香港回归十年来的成功实践，已充分证明这一理论和构想的正确。它无疑为太平洋地区的和平、发展及经济合作提供了一个强有力的思想武器和理论支柱。早在香港回归之前，拉丁美洲就已经注意到这个事件的伟大意义。哥伦比亚《时代报》发表文章，专门探讨香港回归所可能产生的效应。文章指出，香港"回归到它的祖国（中国）之后，将完成远东地区最富有意义的一个和平事件"，它"将产生多种和波及面广阔的香港效应，这种效应从中国本身开始，将向所有牵动的方面发展"。"香港效应也波及了大洋的此岸，这正是让我们有效地向太平洋前进的理由，因为在这方面已经有几个拉丁美洲国家走在了我们的前头。"① 1995 年墨西哥著名学者莱奥波尔多·塞亚更加深刻地指出,"两年后,英国将把它在鸦片战争中掠夺的土地香港归还中国。1999 年,美国也该把巴拿马运河还给巴拿马人民"。"英国交出殖民地飞地,但并不离开这个地区,而是作为中国平等的伙伴(已不是作为帝国主义强权国家),同其他投资者一样参与这儿的活动。美国是不是也作为平等的伙伴加入一个伟大的美洲社会呢?"他特别指出,"对于拉美来说,了解和评价太平洋流域另一边发生的事情是很重要的。亚太人民决不是永远停留在历史上,而是正在创造另一种历史,一种西方世界最终注定要加入的历史"。"在太平洋的那一边,正在出现非同寻常的发展,龙呀虎呀的都一个个呼啸而出。无论是中国、越南、柬埔寨的共产主义,还是马来西亚、新加坡、泰国等由苏丹、总统或国王领导的人民以及台湾的人民,无论是马克思和列宁的追随者,还是老子、孔夫子、菩萨、穆罕默德和吠陀的信奉者,他们同我们所有的人一样,都想得到发展,都想在一种团结友爱的关系中分享这一发展的成果,而不是在竞争中相互对抗。"② 塞亚的论述深刻地揭示了亚太地区这一新变化的方向和实质。亚太地区的这一变化无疑是前太平洋历史上从未有过的新事物。

上述三大事件证明:过去那种欧美与亚非拉之间垄断支配与依附从属关系的格局已被打破或正在被打破;由于经济全球化和经济政治发展的不平衡,世界正在逐渐走向多极化,形成多中心的世界,国与国之间相互依存的关系越来越紧密,不会再容许任

---

① 埃克托·查理·桑佩尔:《香港效应》,哥伦比亚《时代报》,1996 年 1 月 18 日。

② 莱奥波尔多·塞亚:《亚太和拉美》,墨西哥《美洲纪事》杂志,1995 年 7—8 月合刊。

何国家或地区成为世界上独一无二的中心，世界正在走向全球和平发展的时代。亚太经济的崛起和中拉经济关系的大跃进正是在这个历史背景下出现的，没有这个背景的变化，整整一个世纪停滞不前的中拉经济关系会有如此的突飞猛进，简直是不可想象的。

太平洋的未来与中拉经济合作

应该看到，近几十年亚太经济的崛起和近十几年来中拉经济关系的大跃进，对于太平洋的未来来说，仅仅是和平发展新世纪的几缕曙光。历史往往不是直线式发展的，还有可能发生反复。路易斯·罗德里格斯指出：苏联解体和"冷战"结束后，"美国的霸权仍然存在，而且是唯一的全球性战略大国的霸权，虽然如此，其结果并没有带来一个顺从的环境，更没有带来一种公众舆论认可的气候；美国的日益军事化以及其几乎在全球范围的军事存在正发生在一个开始出现其他列强和世界性权力集团的环境中；由于美国的国际行为具有帝国主义的含义，……这些新的列强和集团并不准备接受美国的优势"。所以，21世纪初开始的世界"是一个最不安全、最难预测、充满暴力和最多战争的舞台。如果要从地缘政治上用一个概念给这个刚刚开始的21世纪的局势下一个定义，那么最好的概念就是'不确定'"①。罗德里格斯对当前形势的这个总结，应该说是相当贴切的，具有很强的醒世作用。所以，当我们在迎面太平洋新世纪曙光的时候，决不能忘乎所以，看不到它上空不时笼罩着的历史阴影。这些阴影主

---

① Manuel Luis Rodríguez , *Elementos para una geopolítica del Pacífico en los inicios del siglo XXI*, Punta Arenas (Magallanes) , primavera de 2004.

要表现在霸权主义的威胁、"冷战"的余音和"瓦斯普主义"①的喧嚣三个方面。

霸权主义是过去几百年国际经济旧秩序的实质所在。现在，霸权主义时代虽然已经衰落，但霸权主义者总也不肯退出历史舞台。在"冷战"时期，美国一直控制着太平洋，美国舰队可以随心所欲，在太平洋上横冲直撞。"冷战"结束后，在美国的政治家中，不管是持"进攻派"现实主义观的政治家，还是持"防御派"现实主义观的政治家，都有一些人主张保持这种霸权地位，他们认为，"继续保持美国的霸权是有利的"，因为"一个霸权力量是国际体系中居于主宰地位的国家；是一个强大得足以在大多数情况下想要什么就能得到什么的国家"，因此，"如果美国的霸权能够保持，未来爆发大国战争的可能性仍然会很小，如果国际体系变得'多极化'，爆发战争的风险就会很大"②。这是完全不顾历史事实的霸权主义说教，难道第一次世界大战不是在英国霸权统治下爆发的吗？第一次世界大战后，美国取代英国成了霸权国，不是也爆发了规模更大的第二次世界大战吗？历史证明，霸权统治不但不能消弭战争，恰恰是战争的根源所在。所谓"有利"，只不过是对霸权国家权力和财富的增长有利，对于广大发展中国家来说，它只能带来祸害和贫困。不仅如此，第二次世界大战后利用"冷战"的机会，在美国扶植下暴发起来的日本，也开始参与太平洋地区的霸权角逐。早在1990年，日本首相就说过："像美国对中南美各国，西德对欧洲共同

---

① 瓦斯普（WASP—White, Anglo- Protestant），指祖先是英国新教徒的美国人，即美国白人特权集团。瓦斯普主义指美国白人特权集团种族优越论或文化优越论的各种理论。

② 克里斯托弗·莱恩：《不可靠的计划：美国对华战略》，美国《世界政治杂志》，1997年秋季号。

体，欧洲共同体对非洲各国所付出的特别关怀那样，我国对太平
洋地区各国付出特别关怀，是理所当然的。"① 显然，这里所表
达的意思是想再一次分割世界，把太平洋地区划归日本的势力范
围。更有甚者，有些日本霸权主义者甚至还认为，华侨的存在和
成功，都"已经成为重大的政治问题"②，因此，他们主张日本
要领导西太平洋的所谓"非华人主权国家群"，以对抗 21 世纪
初将日益明显的中国在地区经济及政治中的主导力，使西太平洋
地区不致成为"华人经济圈"的势力范围 ③；还提出必须要
"削弱中国主张的'大中华'思想"，认为只有这样才"有利于
包括日本在内的环太平洋国家"④。这完全把是非颠倒过来了。
中国历来反对霸权主义，并一再宣布自己永远不称霸，不搞集
团。这里的推断所表现出来的纯粹是一种十足的霸权主义心态。
十几年的事实证明，只有差不多占环太平洋地区一半人口的中国
的经济同太平洋流域其他国家和地区的经济共同发展起来了，繁
荣起来了，整个太平洋地区经济，包括太平洋地区发达国家经济
和广大华侨、华人经济的繁荣和发展才有可能是持续的，有保证
的；华侨、华人对中华经济协作事业的贡献愈大，他们对整个亚
太地区经济发展的贡献也就愈大。所以，这里的所谓"有利于
环太平洋国家"只不过是个幌子，实际指的是有利于霸权主义
国家的霸权利益。时至今日，日本军国主义之所以僵而不死，并
且还有死灰复燃的危险，其原因就在于太平洋地区国际霸权主义

① 转引自杨冠群《太平洋世纪之谜——论太平洋经济合作》，外贸教育出版社
1994 年版，第 16 页。
② 约翰·查默斯：《如何看待亚洲的强大》，日本《世界》月刊，1995 年 2 月号。
③ ［日］市川周：《在亚洲太平洋的政治和经济争夺》，《经济学人》周刊，转
引自《世界经济和政治》杂志，1994 年第 1 期。
④ 约翰·查默斯：《如何看待亚洲的强大》，日本《世界》月刊，1995 年 2 月
号。

势力及国际上支持霸权主义势力的存在。这正是太平洋地区广大发展中国家人民所深为忧虑的。

40 多年的"冷战"时代早在 1989 年宣告结束，但直到目前，"冷战"的余音仍袅袅不断。究其原因，就是霸权主义者还需要它。在霸权主义者看来，亚太地区经济的繁荣，亚太地区国家经济实力的增长，特别是中国经济实力的增长，就是对自己霸权的威胁，使他们很不高兴，必欲破坏之而后快。破坏的方法很多，如"扼制中国"、把美国和中国的贸易严格限制在"战略的而不是市场的考虑之中"、"使中国没有硬通货储备来进口高技术"、严格管制"重要的先进技术"，防止其"从美国流向中国"，等等。其中最重要的一种方法就是继续支持打"冷战"，在亚太地区支持和制造分裂。

瓦斯普主义有多种多样的表现，如种族主义（白人至上主义）、"欧洲中心"论、"人权外交"、"民主外交"、文化帝国主义、"文明冲突"论等，但"冷战"结束后鼓吹得最厉害，且在经济全球化进程中引起战略性论争的一种理论，就是所谓"文明冲突"论。按照这种理论的逻辑，在西方基督教文明消灭所有其他文明以前，世界是不得安宁的，特别是会合了东西方各种文明的太平洋地区决无宁日可言。不用说，这是最露骨的霸权主义理论。其实，这种理论并不是什么新东西，我们中国人早在一个半世纪以前的鸦片战争中就已经领教过了。当时，西方的不少政治家和学者在解释这场战争的原因的时候，都不承认这是西方殖民主义者对中国的侵略。英国的驻华领事阿礼国认为是"东西方敌对文明相互冲突所引起的危险"[1] 导致了这场战争，美国

① 中国史学会主编：《中国近代史资料丛刊》第六卷，上海人民出版社 1979年版，第 12 页。

总统亚当斯认为是中国皇帝要英国外交使节磕头而引起了这场战争①，还有一种意见认为是不平等的"中国纳贡制度"引起了这场战争②，总之，是东西方"文明冲突"引起了这场战争。谁都知道，问题的实质完全不是这样。要讲文明，中国文明积五千年发展之成果，在18世纪以前，一直是人类文明之佼佼者。特别是秦汉和唐宋元明时代，其光芒之灿烂，更是无与伦比。就是到18世纪，清朝帝国也仍然是世界第一强国③。当时，法国启蒙思想家伏尔泰就十分崇敬中国文明，认为18世纪欧洲的文化和官僚组织都劣于当时的中国。他还说，"如果要从世上发生的事情中得出教训的话，首先，东洋是一切艺术的摇篮，并且应注意西洋的一切都有赖于此"④。中国的四大发明是举世闻名的，并得到所有公允的学者和科学家的高度评价，被认为是"预告资产阶级社会到来"，"改变了世界"的发明⑤。但是，中国先进文明在欧洲的传播就没有引起过什么战争。不仅如此，即使是落后的文明，也不会构成战争的原因，因为文明本身并没有什么导致战争的利益冲突。实际上，统治者的政策和行动，从来都是以政治利益（经济利益的集中表现）为其唯一的出发点，决不会以文化的优劣作准绳。譬如西方列强在被压迫国家里就往往偏爱落后的东西，他们常常同最落后的文化势力和政治势力相勾结，共同压迫进步势力。在中国，"文明"的西方列强最喜欢腐

---

① ［美］安乐博：《哈佛学派在鸦片战争史研究中的模式及今年所受到的挑战》，载《清史研究通讯》1987年第2期。
② 同上。
③ ［日］谢世辉：《世界历史的变革》（中译本），人民出版社1989年版，第208页。
④ 同上书，第5页。
⑤ 马克思：《机器、自然力和科学的应用》，人民出版社1978年版，第67页。

朽、没落的清政府。在拉丁美洲，"文明"的英国偏要把在欧洲已经灭亡了好几百年的奴隶制度恢复起来。所有这些都说明，文明的差异同战争并没有必然的联系。把他们联系起来，是霸权主义的需要。因此，为了促生和平共处、平等互利、协调合作、共同繁荣的太平洋新世纪，为了促进中华经济协作和海峡两岸共同繁荣的伟大事业，我们必须反对霸权主义，反对"冷战"意识，反对各种形式的瓦斯普主义。

　　以上说明，20世纪80年代以来，虽然太平洋地区的形势已经发生了巨大变化，显现了新世纪的曙光，但历史曲折的险象仍时有发生，因为在美日两国的统治集团中，总有那么一些人不喜欢太平洋新世纪的诞生，不喜欢太平洋地区广大发展中国家当家作主，独立、平等地参与太平洋地区的经济合作事务，更不喜欢中华经济大协作，他们总梦想历史倒退，以恢复他们往日霸权的威风。从这里可以看得很清楚，在如何推进经济全球化、一体化的问题上，实际存在两条对立的路线，一条是个别超级大国某些统治集团所坚持的霸权主义全球化路线，一条是广大发展中国家和人民所要求的和平、平等、互利、共同发展和共同繁荣的全球化路线。前者是想通过强化军事同盟、强制军控、强行制裁、强制推行西方民主制度等霸权手段，建立一种由霸权国统治全球、控制全球的国际政治秩序和经济秩序；后者则主张国家无论大小都一律平等，都有权根据本国国情选择适合自己的社会制度、意识形态、经济模式和发展道路，主张通过和平、民主和相互协商的方法解决一切国际争端，建立一种和平共处、平等互利、有利于所有国家，达到共同繁荣的国际政治和国际经济新秩序。前者是500年来经济全球化进程中一切霸权国家都追求和维护的旧秩序，是产生国际两极分化、大多数国家和地区陷入殖民化和边缘化，遭受霸权国蹂躏和压迫的秩序。后者则是20世纪80年代以来在太平洋地区已初露曙光，必将普及全球、发扬光大、给人类带来和平、发展、平等和尊严的新秩序。

现在，新的路线已经开辟，但旧的路线仍拒不退让；新秩序的曙光已在地平线上喷薄而出，但旧秩序的阴霾还十分浓重；这是一个艰难的过渡阶段。墨西哥著名哲学家莱奥波尔多·塞亚对这个阶段的状况作了如下的描述："（美国的）想建立一种不同于各国人民所建秩序的另一种秩序的意图没有被接受。但是（各国人民）宣布要结束帝国主义，让处于边缘的国家加入全球化进程的要求，更没有被接受。"① 显然，这是各种国际力量进行调整并进行较量的一个充满错综复杂矛盾的阶段。在这样的国际环境中，太平洋两岸经济合作或协作的发展自然也处于一个复杂的过渡阶段，处于一个机遇和挑战并存的阶段。这个阶段究竟要多长，中间会经历多少的曲折，都是很难说的。但是，不管怎么样，由全球性社会化大生产决定的经济全球化进程，是不可阻挡的，它已经把战后的两极结构和"冷战"格局摧毁了，它也必将超越社会制度，超越民族疆界，超越文化差异而奔腾前进，扫荡一切阻碍这一进程的霸权主义、"冷战"主义和瓦斯普主义，并最后创造出一种崭新的、反映经济全球化和人类共同利益的文明来，使全世界的人都能在这新文明的基础上达到新的社会化，成长为一代又一代的新人。到那时，人类在霸权主义时代所受的种种痛苦就永远过去了。

在艰难的过渡时期中，协调大国之间的关系，把矛盾缓和到不能再缓和的程度，是十分重要的，这样可以减少人类在这个过渡时期所遭受的痛苦。但是，在改造国际经济政治旧秩序方面，

---

① 莱奥波尔多·塞亚：《亚太和拉美》，墨西哥《美洲纪事》杂志，1995年7—8月合刊。

我们很难指望霸权国家的统治阶级能有多大作为；我们应该主要寄希望于广大发展中国家的人民，因为只有他们才是最迫切地要求和平和发展、要求改造这种不合理的秩序的力量。在太平洋地区，就是要依靠太平洋东岸的拉丁美洲国家和太平洋西岸的东亚国家、东北亚国家、东南亚国家和南亚国家。拉丁美洲国家积极参与太平洋事务，大力发展同中国以及其他太平洋国家的经贸关系，是 20 世纪 80 年代以来太平洋地区一个重大的变化，是太平洋新世纪到来的重要标志之一，它会改变这个地区的力量对比，促进这个地区国际关系的民主化；而国际关系民主化是改造不合理的国际经济旧秩序的必由之路。因此，发展太平洋东西两岸发展中国家之间的经济合作，对于推动太平洋地区的进步，开创太平洋和平发展新时代，具有特别重要的战略意义。

（原载《亚太研究论丛》第 6 辑，北京大学出版社 2009 年）

拉美独立 200 周年纪念与中、拉人民的共同之忧

一个令人震惊的问题

近年来，拉美国家相继筹备与举办大规模庆祝活动，纪念拉美独立革命二百周年。纪念活动的主题大体上都是从"当今社会的期望、感情和忧虑的现实因素"出发，总结历史经验，思考和探究拉美国家社会、经济发展缓慢的原因，缜密筹划国家的未来，以期解决拉美国家的发展道路和社会公正问题①。这恰好同我国近年来讨论的"拉美化"之忧的问题不谋而合。也就是说，太平洋彼岸的拉美国家和太平洋此岸的中国几乎在同一时期提出了同一个问题，即发展中国家如何在自身传统的基础上，参与世界发展潮流，实现新的跨越，以赶上发达国家发展水平的问题。恰在这时，中国科学院中国现代化研究中心发布了 2010 年《中国现代化报告》，对 21 世纪

---

① 参见 *Medófilo Medina*，El Bicentenario：una conmemoración sintomática, lunes, 24 de noviembre de 2008.

中国现代化的发展前景作了一个预测，认为 21 世纪中国晋级为发达国家的概率几乎接近于零。①　这个预测以极端尖锐的形式，再一次把上述关于第三世界国家发展前途的问题提了出来，震动了整个中国社会：一个已经连续 20 多年高速增长、连年创造经济奇迹、让中国人民感到无比自豪的中国现代化进程，怎么会是这样一个结果呢？很多人对此想不通。据不久前媒体的民意调查，对于这个预测，绝大多数人表示怀疑，只有大约 20％ 的人觉得有些道理。因为这个预测同中国人民近 20 年来的亲身感受，距离实在太远，他们有怀疑是可以理解的，但科学研究毕竟不能感情用事，必须凭事实说话，采取实事求是的态度。那么，后发国家现代化的前景到底如何？是不是真如《中国现代化报告》所说的那么黯淡？怎么来认识这个问题？怎么来应对这种挑战？这确是我们中、拉史学工作者必须要深入研究的一个重大问题。

拉美晋级发达国家"零成功率"的事实

在纪念拉美独立 200 周年的讨论中，有一篇文章说："无须回溯多久的历史，我们就可以发现，美国同拉美国家发展起点的条件并没有多大区别。譬如 1750 年，所有美洲国家的贫穷程度大致上都是相同的。但是仅仅 250 年的历史，北、南美洲地区的财富就产生了天渊之别。"②

---

①　中国科学院中国现代化研究中心：《中国现代化报告 2010——世界现代化概览》，北京大学出版社 2010 年版，第 viii、92、235 页；参阅王莉萍《未来晋级赛，中国胜算有多少——专访中国现代化战略研究课题组组长何传启研究员》，《科学时报》2010 年 2 月 1 日。

②　Por qué Latinoamerica es más pobre que los EEUU? http：//www. gurusblog. com/archives/% C2% BFpor-que-latinoamerica-es-mas-pobre-que-los-eeuu/15/05/2009/.

这个"天渊之别"到底是多大的差别？可以看看如下的统计数字：

1700 年，美国的人均收入（527 国际元）还不如巴西（529 国际元）和墨西哥（568 国际元），但是到 1990 年，这三个国家的人均收入已经拉开了惊人的距离，分别为 28263 国际元、3090 国际元和 4966 国际元。到 2000 年，美国的人均 GDP 上升到 34950 国际元，而巴西和墨西哥则分别仅为 3564 国际元和 5968 国际元①。有一个资料说得更形象，说 2007 年，墨西哥的国内生产总值（7410 亿美元）仅相当于美国伊利诺斯州的生产总值；巴西的国内生产总值（6210 亿美元）仅相当于美国纽约州的生产总值；阿根廷的国内生产总值（2100 亿美元）仅相当于美国密执安州的生产总值。②

如果把 1700 年至 2004 年墨西哥同美国的人均 GDP 做一个比较，贫富差距不断拉大的现象就更清楚了：1700 年美、墨两国人均 GDP 之比为 0.93∶1；1820 年为 1.69∶1；1870 年为 3.46∶1；1900 年为 3.54∶1；1913 年为 3.62∶1；1950 年为 4.59∶1；1973 年为 3.96∶1；1992 年为 4.22∶1；2004 年为 5.10∶1。③

总之，继美国独立之后不到半个世纪就实现了"独立"的拉丁美洲，尽管已经经过两个世纪、近十代人的现代化努力，其实现发达目标的成功率仍然等于零，至今仍然没有一个国家称得上是发达国家。这是拉美人民所深为忧虑的问题，更是中国人民

---

① 资料来源：中国科学院中国现代化研究中心：《中国现代化报告 2008》，北京大学出版社 2008 年版，第 352 页。

② 资料来源：131 - *US States Renamed For Countries With Similar GDPs*, 21st Century Map, America. , Non-Fictional, Statistics, USA .

③ 根据麦迪森《世界经济二百年回顾》（中译本，改革出版社 1997 年版）第 4 页统计资料算出。

所深为关切的问题。因为中国是一个有十几亿人口的大国，中国如果长期落后，肯定会带来无穷的后患；中国又是一个有过沉痛的"落后挨打"历史教训的国家，深知落后的可怕；如果说《中国现代化报告》所敲起的警钟还只是一种预测的话，那么，拉美的"零成功率"事实则已经把这个问题变成了一个很现实的问题，不能不在我们的心灵深处引起一种深切的危机感和忧患感。

独立民族的分裂与第一个时间差的形成

关于拉美国家始终处于欠发达状况的原因问题，拉美的依附论学者曾经有过令人信服的分析，他们认为，世界资本主义体系是一个由中心和外围构成的体系，处于依附地位的外围国家只能作为中心经济扩张的一种反应而活动，受到中心资本主义发展的限制，具有产生不发达的特性；他们强调的是外部环境的作用。近年来，拉美又有一派意见强调从自己身上找原因，譬如哥斯达黎加总统阿利亚斯就认为，把一切坏事的责任都归咎于美国是不公正的，因为双方发展的起点一样，至少1750 年以前，所有的美洲人大体上都是一样的穷；而且，拉美发展高等教育甚至比美国还早，但是，当工业革命在英国出现的时候，德国、法国、美国、加拿大、澳大利亚、新西兰等国都搭上了这趟车，而拉丁美洲却置若罔闻，使得工业革命就像一颗彗星掠过一样，没有人注意它……这肯定是拉丁美洲人自己有什么事情做错了。① 应该说，这两种意见都掌握一部分

---

① Palabras del presidente Óscar Arias en la Cumbre de las Américas, Trinidad y Tobago. 18 de abril de 2009, http：//latinamericapuede. org/2009/06/16/algo-hicimos-mal/.

真理，也都有一定的片面性，只有将二者结合起来，坚持外因是事物变化的条件，内因是事物变化的根据，外因通过内因而起作用的观点，才是正确的。那么，拉丁美洲人自己到底有什么事情做错了呢？在这方面，自然可以举出很多的例子，但是笔者认为，拉美历史上最早的、影响最大的一次失误，就是独立运动未能阻止拉美民族的分裂。

在西班牙三个世纪殖民统治期间，由于人口的繁衍、种族的融汇、文化的融合和心理的沟通，在拉丁美洲西班牙殖民帝国广阔的土地上，逐步形成了一个基本上有共同语言、共同地域、共同文化、共同宗教以及共同经济生活的西班牙美洲民族。拉美独立运动的领袖，无论是早期的米兰达，还是继米兰达之后的西蒙·玻利瓦尔，他们都有宏伟的建国蓝图，都想在西班牙美洲民族的基础上建立一个统一的、新的庞大国家。玻利瓦尔曾说："我比谁都更希望看到在美洲能够建立起世界上最伟大的国家"①，他也坚信有这种可能性。为此他坚持必须要有一个强有力的政权。1819 年 8 月解放波哥大后，他即在年底召开的安戈斯图拉国民议会会议上宣布成立大哥伦比亚共和国，将委内瑞拉、哥伦比亚、厄瓜多尔和巴拿马等四个地区联合起来。1824 年解放利马后，玻利瓦尔即给墨西哥、哥伦比亚、拉普拉塔、智利和危地马拉几个国家的政府写信，发出召开巴拿马代表大会的邀请。但是，这时候，由于西班牙殖民军已经被赶出拉美大陆，共同的敌人已经不再存在，历史已开始了一个新的阶段，各地封建割据势力的首脑们关心的只是如何维持自己对"内部权力结

---

① BOLÍVAR, S.: *Pensamiento político*, México, Porrúa, 1986. p. 71. 转引自 Juan José Canavessi, *Simón Bolívar: de la utopía a la decepción*, 1999. http://www.ensayistas.org/filosofos/venezuela/bolivar/utopia.htm.

构的控制"① 的问题，对拉美的统一和联合已经不感兴趣。所以，参加巴拿马会议的只有墨西哥、中美洲联邦、哥伦比亚（当时还包括今天的厄瓜多尔、委内瑞拉）和秘鲁。会议虽然签署了一个"永久性"联盟协定，但最后只得到哥伦比亚国会的批准。不仅如此，在所有已经解放的地区都普遍出现了政治争吵、经济混乱、地方主义和普遍的抗税斗争，……根本无法建立一个为社会整体所承认和尊重的政治权威。玻利瓦尔设想的建立统一的拉丁美洲联邦的梦想已开始破灭。这是玻利瓦尔的悲剧年代。他也曾想通过制定新宪法，建立有权威的政府，来结束这个混乱局面。但是在 1828 年的奥卡尼亚国民议会上，玻利瓦尔的宪法草案遭到自由主义派议员的猛烈攻击，致使会议不欢而散。8 月，玻利瓦尔不得不按波哥大民众执政委员会的要求行使独裁权力，结果，自由派对玻利瓦尔的批判和抨击更加疯狂，甚至称玻利瓦尔为"暴君"。9 月，反对派竟然阴谋对他实行暗杀。不久，委内瑞拉脱离大哥伦比亚，接着基多反对波哥大，本来应该在独立斗争中联合成一个统一的、强大的美洲国家的西班牙美洲民族现在已经分裂成 9 个国家。在暗杀阴谋中侥幸活命的玻利瓦尔，这时已是身心交瘁、病入膏肓，最后只能在绝望中长叹一声，承认自己毕生的奋斗原来只是在"耕种海洋"②。

　　西班牙美洲民族的分裂是玻利瓦尔的最大遗憾，也是拉丁美洲的最大失误。因为西班牙美洲民族分裂之日实际上就是拉美边缘化命运开始之时。拉美独立与拉美民族分裂的进程发生

---

① 　Germán Carrera Damas, Del estado colonial al Estado independiente nacional, en en Josefina Zoraida Vázquez y Manuel Miño Grijalva, Historia General de América Latina, Volumen VI, Ediciones UNESCO, 2003. p. 34.

② 　Juan José Canavessi, Simón Bolívar: de la utopía a la decepción, 1999. http：// www. ensayistas. org/filosofos/venezuela/bolivar/utopia. htm.

在从 18 世纪末至 19 世纪中期，这个时期正是美国工业化和基本完成北美领土扩张的时期。在这个时期，美洲历史上清楚地出现了两个方向相反、对比鲜明的进程：一个是美利坚合众国民族国家的统治日益加强、领土面积日益扩大，由原来北美东海岸小小的 13 个殖民地扩张成了一个纵贯北美大陆、地跨东西两洋的、富于侵略性的、庞大帝国的进程；另一个是西班牙美洲民族急剧走向分裂，陷入连年内战和政治纷争，由原来的一个庞大的殖民帝国碎片化成了十几个[①]无力抵御欧美侵略、不断遭受欧美列强政治干涉和经济控制的半殖民地的进程。前一个进程带来的是工业革命如火如荼，社会经济发展欣欣向荣；后一个进程带来的是丧失第一次工业革命的大好时机，经济凋敝，民众贫困。结果，拉丁美洲的工业革命几乎被延误了整整一个多世纪，从而形成了拉美同美国发展进程的第一个"时间差"。以美、墨两国人均 GDP 的变化为例，1700 年，美国的人均国内生产总值还不及墨西哥，一个多世纪之后，到 1820 年也只高出墨西哥 60% 多，但到 1870 年，美国已高出墨西哥两倍以上（见上节统计数字）。这是一个差距达一个半世纪之久的"时间差"，是一个把美洲分裂成"统治"与"依附"两个世界的"时间差"，是影响"独立"后整个拉丁美洲前途命运的"时间差"。这个"时间差"是拉美国家一切发展难题的根源。随着时间的推移，这个"时间差"越是扩大，同发达国家的差距就越大，翻身的机会就越少。

---

① 玻利瓦尔逝世前分裂成 9 个，1830 年增加到 11 个，到 1903 年更增加到 18 个。参见 David Bushnell, *Unidad Política y Conflictos Regionales*, en Josefina Zoraida Vázquez y Manuel Miño Grijalva, Historia General de América Latina, Volumen VI, Ediciones UNESCO, 2003. p. 63.

拉美国家无法创造第二个时间差的原因

怎样才能弥补这第一个"时间差",实现现代化的赶超战略呢?符合逻辑的答案应该是,必须要创造一种具有赶超速度和赶超效能的"第二个时间差",即在每一个单位时间内,发展的速度都要超过发达国家;没有这样的一个新的"时间差",所谓"晋级发达国家"就是一句空话。但是,拉美的历史证明,在资本主义的世界体系和资本主义的生产关系下,第一时间差一旦形成,它就难以逆转,更无法创造第二个时间差。关于这一点,罗荣渠教授生前有一段很概括的叙述,他说:"第三世界发展中国家之间及其与发达国家之间,出现差距拉大的趋势。指望其中多数国家在现行的世界经济秩序下赶超发达国家,是根本不可能的。那些在竞争中最落伍的国家,即最不发达的国家,将分化为'第四世界',并面临经济恶化的异常严峻的形势。"① 那么,这是什么原因呢?笔者认为,这是由资本主义世界体系中发展中国家经济发展的规律决定的。这样的规律主要有以下几个:

(一) 资产阶级的民族自觉和民族扩张是资本主义国家发展的动力和手段

民族国家是近代资本主义的产物。美国从建国开始就是一个民族国家。所谓民族国家实质上就是指美国资产阶级从独立开始就有一种民族自觉,即对资产阶级整体利益的自觉,也就是对外扩张的民族自觉。当时在美国广为流行的所谓"天定命运论"就是这种自觉的理论表现。为此,"他们通过暴力侵略和占有别

---

① 罗荣渠:《现代化新论》,北京大学出版社 1993 年版,第 207 页。

国的土地，并寻求消灭那里的土著居民；他们奴役几百万非洲黑人，靠着这些贫穷黑人的血汗，许多白人成了世界上最富有和最有势力的人。这就是后来美国称霸的开始……"①。相比之下，拉美在独立的时候，由于萌芽中的资产阶级还没有这种民族自觉（除了像玻利瓦尔这样的少数先进人物），西班牙美洲民族不但没有在独立斗争中团结、壮大起来，反而陷入四分五裂。这种变故给拉美带来了无穷的后患：

第一，由于民族的分裂，拉美无法抵御北方帝国的侵略和扩张。譬如 19 世纪三四十年代美国对墨西哥的武装侵略和领土掠夺、19 世纪末期和 20 世纪前半期美国对古巴的干涉和控制、19 世纪 80 年代至 20 世纪初美国对多米尼加的财政控制、19 世纪末美西战争后美国对波多黎各的殖民化、19 世纪下半叶至 20 世纪初期美国对海地的武装干涉和军事占领、19 世纪下半叶和 20 世纪初期美国对尼加拉瓜的干涉和侵略、20 世纪初期美国对巴拿马的控制、20 世纪初期美国对多米尼加的军事占领、20 世纪 40 年代美国对危地马拉民主政府的颠覆、20 世纪 60 年代美国对多米尼加的武装干涉、20 世纪 70 年代美国参与对智利阿连德民选政权的颠覆、20 世纪 80 年代美国的入侵格林纳达、20 世纪 80 年代美国对中美洲的干涉、20 世纪 80 年代美国对巴拿马的经济制裁和武装入侵等，都是这种情况。

第二，由于民族分裂，从独立开始，几乎所有的拉美国家都与它的邻国发生过边界冲突，甚至战争，严重影响社会经济的发展。譬如 19 世纪 60 年代的巴拉圭战争、19 世纪七八十年代的太平洋战争、20 世纪 30 年代玻利维亚与巴拉圭的格兰查科战

---

① Por qué Estados Unidos es rico y América Latina pobre? http://es.5wk.com/viewtopic.php? f = 11&t = 91050&start = 20.

争、1941 年的秘鲁与厄瓜多尔的战争、1978 年阿根廷与智利之间关于比格尔水道及水道东端三个岛屿主权问题的争端、1969 年萨尔瓦多与洪都拉斯的"足球战争"、1995 年秘鲁与厄瓜多尔的战争等；就是目前，仍然还有一些难以解决的冲突，譬如委内瑞拉与圭亚那的边界领土之争、危地马拉与伯里兹的领土之争、智利与玻利维亚的太平洋沿岸领土之争、智利与秘鲁的海域边界争端，等等 ①。

第三，民族的分裂造成市场的割裂、资源的失衡和各别国家的市场狭小，不利于拉美的工业化和经济发展。20 世纪 60 年代拉美国家之所以开始致力于拉美的一体化，就是因为它们的工业化几乎都面临着市场狭小的困难，不通过一体化进程来建立区域联合的共同市场，这个问题就无从解决。

（二）资本主义世界体系的中心—外围结构和中心国家强烈的排他性

资本主义是随着近代工业的诞生而发展起来的，它的生产目的是为了追逐利润。为此，它需要占有大量的原料和市场，需要扩张，需要有相对落后于它的一大片地区和国家为它提供发展的土壤和回旋之地，因此，中心—外围结构是资本主义世界体系的需要，它绝对不允许外围国家具有与中心国家同等的竞争实力。任何一个发展中国家只要有可能成为发达经济大国的迹象，就被发达国家视为对自己的威胁，必欲置之死地而后快。所以，竞争性与排他性就是资本主义的本性，是资本主义发展的铁的规律。

---

① 参见 Maximiliano Sbarbi Osuna, *Conflictos limítrofes*, *la materia pendiente de América Latina*, 31. 08. 09, http://observadorglobal. com/conflictos-limitrofes-la-materia-pendiente-de-america-latina-n2536. html.

这种发展规律不但为发达国家争霸的历史所证实，也为中国曾经想当西方国家学生但总是遭西方国家先生打压的历史所证实，更是为拉丁美洲独立后即被沦为美国后院、处于依附地位，永远晋级不了发达国家的历史所证实。在拉丁美洲的历史上，美国的"门罗主义"、"金元外交"、"大棒政策"等，无一不是体现这种排他性规律的政策工具。除非打破资本主义世界体系的中心—外围结构，或者中心国家有某种特殊的政治上的需要，不然，任何边缘国家都没有可能晋升发达国家。

（三）资本主义国际经济秩序下后发劣势递增、后发优势递减的规律

"后发劣势"就是指后发国家在现代化进程中所处的不利的地位，通常被称作"迟发展效应"，譬如发展中国家既要追赶发达国家工业化早已达到的历史目标，又要适应发达世界当前的发展趋势（"双重发展效应"）、早期现代化国家曾经逐步完成的各项现代化任务，后发国家不得不将其同时列入发展日程（"同步发展效应"）、早期现代化国家能够按经济基础的要求从容实现的许多上层建筑目标，后发国家不得不根据赶超战略的需要而提前实现（"超前效应"）、早期现代化国家从未遭遇过的一些问题，比如人口问题，在后发国家却成了发展的瓶颈（"人口效应"），等等，所有这些都是后发国家的劣势，是不利于后发国家实现赶超目标的一些历史性累积的负担；而且随着第一个"时间差"的扩大，后发劣势会相应地递增。

"后发优势论"又叫"落后得益论"，是许多发展中国家制定现代化赶超战略的主要理论依据。这种理论认为，后发国家有借鉴发达国家经验的可能性；有引进发达国家成熟先进技术，少走弯路的可能性；有超越现代化进程的一些早期阶段，缩短现代

化进程的可能性；因而也就有实现赶超目标的可能性 。事实证明，这个理论有一定的空想性；即使在一定的条件下发达国家能够提供这些好处，也绝不是赶超目标所能实现的依靠，因为先进技术的转让不但是受限制的、有代价的，而且总是滞后的；况且，"后发优势"也是随着"时间差"的扩大而递减的。譬如"知识产权"对发展中国家的限制就很能说明问题。现在的富国在其早年致富的过程中就根本没有受过什么"知识产权"条款的极端性制约，但是，现在这些富国却要利用这些明显有利于自己的条款来打压发展中国家的公司。

（四）经济全球化进程的周期性规律与后发国家发展的不稳定规律

历史证明，经济全球化是周期地呈浪潮式向前推进的，发展中国家的发展也相应地呈依附性增长和被动性危机周期性反复的变化，受不稳定发展规律的支配。我们可以来回顾一下这个进程：第一个经济全球化周期发生在 15 世纪至 18 世纪，是欧洲列强通过征服和掠夺美洲，进行资本主义原始积累的过程。几度争霸的结果，霸权最后归了英国。争霸失败的法国发生革命后，欧洲秩序大乱，造成了全球化进程的第一次断裂（1789—1860）。全球化的断裂造成了殖民统治链条上的薄弱环节，从而发生了拉丁美洲的独立革命，拉美从而获得了政治上的独立。但由于拉美民族的分裂和欧美列强的争霸，拉美陷入长期的政治、经济混乱，贻误了第一次工业化的大好机遇。

第二个经济全球化周期发生在 19 世纪末叶至 20 世纪中叶。这时期，资本主义已演变成帝国主义，帝国主义阶段的资本主义具有特别强烈的侵略性和掠夺性，因而开始了全球性的殖民扩张，从而形成了资本主义的世界殖民体系，政治上算是独立的拉美国家被沦为半殖民地。这时期所启动的拉美早期现代化只能是一种依附性的现代化。第一次世界大战爆发后，全球化进程再一次陷入断裂。这一次的断裂由于 20 世纪 30 年代的世界经济危机和接踵而来的第二次世界大战而形成了一个长达半个世纪之久的断裂期。在这次全球化进程断裂所形成的资本主义统治链条的薄弱环节上，爆发了俄罗斯的十月革命、中国的革命以及包括拉丁美洲在内的广大发展中国家的民族民主革命（民族解放运动）和工业革命。拉美国家开始了自主型的现代化进程。可惜，由于第三世界改善国际经济秩序努力的失败，拉美的工业革命和现代化进程因债务危机而陷入断裂。

第三个经济全球化周期发生在 20 世纪 70 年代以来的这个时期。在这个周期中，世界的情势发生了重大的变化，主要表现在以下三个重大的、具有划时代意义的事件：第一个是第三世界的崛起和世界殖民主义体系的崩溃。第二个是东欧剧变，华约消亡，德国统一，苏联解体，"冷战结束"。第三个是中国共产党领导的改革开放。三大事件证明：过去那种欧美与亚非拉之间垄断支配与依附从属关系的格局已被打破或正在被打破，世界正在逐渐走向多极化，走向全球和平发展的时代。维护霸权与反对霸权的斗争以及不断爆发的经济危机会不会带来全球化进程的第三次断裂，会不会对发展中国家的现代化进程再一次产生不利的影响，现在还难以预断。

全球化进程的历史证明，在资本主义的国际秩序下，全球化进程的每一个高潮都是发达国家资本主义全球性扩张的高潮，其利益分配绝对是排斥发展中国家的崛起的。只有在全球化进程的低潮时期，也就是在全球化断裂时期，发展中国家才有可能在这个断裂的缝隙中获得一些自主发展的机会，达到自主发展的较高的速度。但是，就拉美国家来说，由于民族分裂所造成的市场狭小和依附地位的限制，这种速度大都未能持久，甚至遭遇危机。第二次世界大战后至 20 世纪 80 年代拉丁美洲国家的发展进程就是这样。

发展中国家现代化成功之路何在？

在纪念拉美独立 200 周年的时候，这个问题无疑是我们中、拉学术界和中、拉人民所要共同探讨的问题。根据以上的分析，我们似乎可以对这个问题给出如下三点答案，以作为本文的结论：

第一，在资本主义制度下，发达国家的道路从来都是扩大其民族实力和民族统治的道路，没有任何一个民族能够在自我分裂中成功为发达国家的；而拉美民族则是"世界上唯一一个以其自我毁灭的力量葬送自己伟大前程"[①] 的民族。拉美的历史告诉我们：民族分裂必然导致依附，依附即是不发达。这是拉美独立运动的最高教训。但是，我们还必须看到，在民族统一的问题上，玻利瓦尔虽然未能成功，但他留下的思想遗产却是十分宝贵的，它点燃了拉美民族觉醒之火，并始终照耀着拉美民族一体化之路。而且，正如前面所说的，在第二次世界大战以后开始的这次经济全球化浪潮中，世界正在发生巨大的变化，霸权国家独霸世界的时代正在结束，多极的时代正在开始，拉丁美洲如能实现一体化，完全有可能成为一极。拉美已经有人提出，"只有把拉丁美洲的资本集中起来，我们才会成为一个人口超过 4 亿、拥有丰富的矿藏、石油以及其他甚至可以成为全世界肺脏的自然资源

---

① BOLÍVAR, S.：*Pensamiento político*，México，Porrúa，1986. p. 214. 转引自 Juan José Canavessi，*Simón Bolívar：de la utopía a la decepción*，1999. http：//www. ensayistas. org/filosofos/venezuela/bolivar/utopia. htm.

的强大的国家，我们才能谈得上世界第一流的经济强国"①。拉美人民的这种民族自觉在这次独立 200 周年纪念活动中，也有明显的反映。其中最重要的一点是，拉美的"第二个百周年纪念与第一个百周年纪念是不同的，在第一个百周年纪念的时候，各国是在各自的边境之内举行纪念的，甚至有些国家的纪念活动还根本没有搞成，或完全错过了，第二个百周年纪念则不仅仅是自己国家的纪念，而且还一直以整个大陆的纪念为努力方向，这是新的政治现实带来的结果，同时也因为拉美各国现在多少都有一个共识：19 世纪初期的独立运动不只是涌现出一批民族国家，而且还有一个完整的拉丁美洲地区出现在世界上；200 年之后，这个地区还要求有自己的一个空间"。② 可以预见，今后的世界将与前 200 年的世界大为不同，拉美国家只要坚持民族团结和一体化，前 200 年晋级发达国家"零成功率"的纪录有望在今后的 100 年中得到改变。

第二，前文所述四条规律都属于资本主义世界体系中后发国家现代化进程的规律。正是由于这些规律的存在，决定了发展中国家的多数国家永远无法达到发达国家水平的命运。但是，人类社会的历史总是不断发展的，它决不会终结在一个置人类社会绝大多数国家和人民于毫无发展出路的制度上，不管道路多么曲折，它最后总会为人类美好的未来开辟出自己的出路来。在当今时代，这出路就是创建与现代社会化生产力相适应的社会主义制度。因为只有这个制度才能代表全人类的共同利益，才能实现全

---

① Por qué Estados Unidos es rico y América Latina pobre? http：//es. 5wk. com/viewtopic. php? f = 11&t = 91050&start = 20.

② Caldas Riosucio, *LISTOS PARA PROSEGUIR CON EL BICENTENARIO LATINO-AMERICANO*? Colombia, 14 de septiembre de 2009 http：//www. albicentenario. com/index _ archivos/celebracion_ continental_ 39. html.

人类的和谐和共同富裕；也只有这个制度才能用人民民主专政的政治力量稳定政局、稳定社会；用国家机器的组织力集中人力、物力、财力和智力，赶超前沿现代科学技术，发展现代化成功所不可少的核心现代工业体系，从而创造晋升发达国家所必不可少的第二个"时间差"。在拉美，目前虽然还只有一个社会主义国家古巴，但据考察了这个社会主义国家的墨西哥著名政治学家和社会学家卡萨诺瓦说：古巴比任何第三世界国家都发展得快；古巴的发展指数包括它的工业化水平，它在某些部门的新技术，它的居民的生活水平，特别是它消灭了贫困，它的全民就业政策，全民保健，人均 12 年以上的教育水平，都是无可怀疑的。[①] 这个国家尽管遭受了美国 40 余年的封锁，尽管在这种封锁下古巴人民的生活相当困难，但它依然巍然屹立，这说明社会主义制度政治上的强大。进入 21 世纪之后，无论在中国还是在拉美，社会主义的理论和实践都有了新的发展。社会主义一定会赢得全世界人民的信任和拥护。中国只要坚定不移地和创造性地坚持和发展马克思主义，坚定不移地坚持和发展中国特色的社会主义制度和道路，拉美独立 200 年的那种晋级发达国家"零成功率"的历史就不会在中国重演，中华民族复兴的目标和晋级发达国家的目标一定能够实现。

　　第三，拉美独立战争的历史经验证明，对于发展中国家来说，最重要的是要善于从政治上解决问题。在拉美独立战争期间，玻利瓦尔曾经是众望所归的人物，威望极高，支持他的人也是多数，他如果能从实际出发，善于从政治上解决问题，他是有

---

　　① 卡萨诺瓦关于古巴的思考，见 Susanne Jonas, Edward J. McCaughan, Latin A-merica Faces the Twenty-First Century: Reconstructing a Social Justice Agenda, Westview Pr. , 1994.

可能推进"大哥伦比亚共和国"的统一事业的;而且他也清楚
地知道, "一个坚定的、强有力的和公正的政府是祖国的呼
唤,……没有力量,就没有美德;没有美德,共和国就会受
苦"①。但是,深受法国启蒙思想影响的这位历史伟人却也有自
己的历史局限性,他除了启蒙思想,就没有什么思想武器可以抵
御当时充斥拉美的自由主义、无政府主义和民族分裂主义,始终
跳不出空想民主主义的思想窠臼,明知道当时的宪法和法律是错
误的,他却拒绝利用国家机器去改革这些法律,说这些法律虽然
非常糟糕,但却合法;明知道建设共和国需要强有力的政府,他
却反对动用军队去干预国内政治;明知道当时的法律严重脱离实
际,需要召开国会来改革法律,但他却不同意,说致使共和国陷
入混乱的正是国会。最后剩下的只有民众,所以最后他认为建国
的任务只能诉诸民众自身,但他又不去组织民众,认为"应该把
民众的原始主权还给民众,让他们自由行动,是改良还是自残,
随其所愿"。② 在这种情况下,他的政治失败和西班牙美洲民族
的分裂自然就不奇怪了。此后,拉丁美洲的历史就更进一步证明
了政治战略的选择在现代化进程中的重要性。因为第一,后发国
家的现代化并不是内源性现代化,现代化的目标完全是外在因素
决定的,并不是成熟经济基础上产生的资产阶级的自发行为,因
此,必须首先有先进政党的领导和国家机器的推动,必须重视政
党的建设和政权的建设;第二,后发国家是在资本主义的世界体

---

① BOLÍVAR, S.: Pensamiento político, México, Porrúa, 1986. pp. 184 – 185。转
引自 Juan José Canavessi, *Simón Bolívar: de la utopía a la decepción*, 1999. http: //
www. ensayistas. org/filosofos/venezuela/bolivar/utopia. htm .

② BOLÍVAR, S.: Pensamiento político, México, Porrúa, 1986. pp. 184 – 185。转
引自 Juan José Canavessi, *Simón Bolívar: de la utopía a ladecepción*, 1999. http: //
www. ensayistas. org/filosofos/venezuela/bolivar/utopia. htmp. 174.

系中谋取生存和发展的，他们的现代化必然会遭到国际霸权势力的种种阻挠，受到国内政治力量对比变化和社会矛盾发展状况的种种制约和影响。因此，发展中国家为了实现国家的现代化和高速发展，必须要依靠自己的组织力量，创造自己国家的政治优势，保证政治和社会的稳定，这是决定现代化成败的关键。历史证明，正是在这两个方面，拉美国家现代化进程的领路人同玻利瓦尔时期一样，仍然没有什么可以抵御西方霸权国家政治攻势的武器，因而自独立以来，它们始终未能实现政治和社会的持久稳定。这是拉美国家现代化之所以难以达到发达水平的重要原因之一。

（原载《拉丁美洲研究》2010 年第 6 期，后选载于
《中国特色社会主义理论研究前沿报告 NO. 10》，
社会科学文献出版社 2011 年版）

论墨西哥的现代化进程

墨西哥独立（1821）的时候，正是欧美第一次工业革命和第一次现代化浪潮时期，本来这是一个推进工业化的大好机遇，但墨西哥却遗憾地错过了。此后，墨西哥在欧美经济扩张的驱使下，于19世纪末初步启动了国家的现代化进程，开始了第一次现代化浪潮，但不到30年就陷入了严重的内战，致使这一进程以断裂而告终。20世纪初墨西哥革命胜利后兴起的第二次现代化浪潮又坚持不到30年而开始陷入危机，并最后以严重的债务危机而告终。20世纪80年代末，在发达国家新的工业革命的压力下，墨西哥进入第三次现代化浪潮，并宣布加入西方富国俱乐部，但截至目前，它的欠发达形象仍没有什么改变。墨西哥现代化的这种起伏不定的、启动—断裂—再启动—再断裂的浪潮式的进程，是一个很值得研究的问题。

一　墨西哥的独立和现代化启动的延误

在近代美洲殖民地中，美国是第一个获得独立的。美国独立革命的结束实际上就是美国工业革命的开始，也就是美国现代化的开始。美国独立战争胜利后还不到 40 年，墨西哥即获得独立，但是，墨西哥却没有能开始现代化，而是同当时欧美的工业革命擦肩而过，错过了一次现代化的大好时机。这是什么原因呢？我想主要有三个原因。

第一，墨西哥传统社会内部的变革还没有为现代化的启动准备好必要的条件。

（一）在社会方面，传统的殖民地的社会结构基本上没有变化。在 300 年殖民统治时期，西班牙殖民者在拉丁美洲建立的是一个极不公正的等级社会。西班牙王室通过金字塔式的、从上到下的等级制度，来统治人口众多的印第安人。金字塔的最顶层是所谓"半岛人"，即来自西班牙的少数政治、军事和宗教统治者；金字塔的第二层是土生白人，他们是出生在拉美殖民地的白人，到 19 世纪初墨西哥独立战争开始的时候，他们的人数已占墨西哥白人的 98% 以上。土生白人虽然经济地位很高，但政治地位和社会地位却远低于"半岛人"。所以，长期以来，他们对"半岛人"积怨甚深，是推动墨西哥独立运动的一个主要的因素。金字塔的最底层是广大的印第安人，他们是新西班牙（即今天的墨西哥）殖民地经济两大支柱——庄园制农业和矿业所不可少的劳动力。为了保证大庄园对固定劳动力的需要，新西班牙普遍实行债役劳动制，这是一种带有封建性质的超经济强制劳动制度。到独立前夕，墨西哥的印第安人数量仍超过墨西哥总人口的一半。处于土生白人阶层和底层印第安人之间的是人数越来越多的梅斯蒂索人（混血人）。到 18 世纪末，这个混血阶层的人数大约已占墨西哥人口总数的四分之一。总之，这是一个 20% 的白人统治 80% 的非白人的分裂的社会；是一个民族矛盾、种族矛盾和阶级矛盾都尖锐到了极度的社会。

（二）在经济方面，墨西哥具有普雷维什所说的不发达经济的两个主要的特点。一个是结构混杂，另一个是生产单一或专门化。结构混杂即生产率较高的部门同落后的、生产率极低的部门同时并存；生产单一指经济的增长主要靠初级产品出口专门化（粮食和原料），很难有制造品出口。独立初期的墨西哥经济制度是一个完全依附于中心国家的封建半封建性质的经济制度。[①]这个经济制度有两大支柱，一个是矿业，一个是大庄园制农业。矿业既是服务于早期资本主义世界经济体系的一种商品经济，同时又是一种主要实行分派劳役制、对劳工进行超经济残酷剥削的"飞地式"封建性经济部门；大庄园既进行宗主国市场所需要的商品生产，又实行内部自给自足的生产，以债役劳动制将农奴式的劳工世世代代束缚在土地上，实行封建性的超经济强制剥削制度。总之，这个时期墨西哥的经济制度极典型地体现了结构混杂、生产单一的落后特点。

（三）在政治方面，独立后墨西哥仍实行一种以阶级统治和种族统治为基础的等级制专制独裁制度。在这个统治制度中，最重要的权力因素是天主教和大庄园主。"教会是最大的地主和债主"[②]，据统计，在墨西哥刚刚独立的时候，墨西哥全国一年的政府预算只有 1300 万比索，而教会的财产居然有 1.8 亿比索之多，[③] 它几乎控制着整个墨西哥的教育体系和思想文化，对政权具有决定性的影响。教会势力与大庄园主实际上都是他们所盘踞地区的最高统治者，是他们所统治地区政治权力的中心。在独立后的半个多世纪中，墨西哥就是由这两个权势集团及其政治工具地方考迪罗（军事首领）统治的。

---

① 参见 Handelman, H. *Mexican Politics, the Dynamics of Change*, St. Martin's Press, Inc. 1997, p. 26。

② Casanova, P. G. *La Democracia en Mexico*, Ediciones era, 1974, p. 53。

③ Foster, L. V. *A Rrief History of Mexico*, USA, 1997, p. 117.

第二，墨西哥的"独立革命"其实并没有给墨西哥带来什么革命性的变革。

墨西哥的独立战争最初也曾经打出过有重大革命意义的旗帜，但后来领导权落到了土生白人精英集团的手里。他们在教会的支持下，选择了保皇党人伊图尔比德为首领，发动军事政变，脱离西班牙，于 1821 年 9 月进入墨西哥城，建立了一个立宪君主制国家。正如史学家桑巴特所说："1821 年独立没有给墨西哥的社会经济结构带来任何直接的革命性变革；独立战争的第一个和最主要的后果就是把原来由西班牙王室官僚集团行使的政权转到了军人手里。"[1] 所以，墨西哥人从来都不把独立战争称之为革命。独立后，墨西哥实际上仍然只是一个由无数个教会势力和大庄园主控制的大大小小的独立王国（地方割据）所组成的，并没有形成真正的统一的民族国家。地方割据势力与军人势力相结合，培植出了无数的大大小小的考迪罗和地方卡西克，形成了墨西哥历史上所独有的考迪罗和地方卡西克称霸的局面，给墨西哥带来了无穷无尽的战乱。本来，墨西哥早在独立初期就有一批有识之士致力于墨西哥的现代化。他们的理想是要在南至中美洲、北至黄石河（今美国蒙大拿州境内）的辽阔的"新西班牙"土地上建立起一个强大的现代国家。他们大声疾呼，号召进行经济改革。譬如以何塞·玛丽亚·路易斯·莫拉（Jose Maria Luis Mora，1794—1850）为首的经济自由派，主张实行自由贸易，发展外向型经济；保护小业主，发展科学，开办教育，吸收外国移民；以卢卡斯·阿拉曼（Lucas Alaman，1792—1853）为首的经济实用派极力鼓吹发展民族工业，实行贸易保护主义，吸引外国移民，培植工业家阶级，促进工业化进程；认为只有工业才是

----

[1]　Betheu, J. *Mexico since Independence*, NY. Cambridge University Press, 1991.

"普遍繁荣的唯一源泉"，认为发展工业不但要生产消费品，而且要"生产现代工具，开发制铁业，因为这些都应该被看成是发展工业的起点和物质基础"。[①] 但是，由于考迪罗横行，自由派和保守派之间无休止地进行争夺政权的内战，任何稳定发展的计划、任何经济现代化发展战略都不可能实行下去，这些现代化先驱们的理想自然也就只能化为泡影。

第三，险恶的国际环境迫使墨西哥只能为自己的救亡图存而斗争，根本顾不上国家的现代化建设。当时，除了国内的战乱之外，西方列强也对独立后的墨西哥虎视眈眈，不断发动侵略。首先是西班牙不甘心自己的失败，先后在 1822 年和 1829 年两次派军队登陆墨西哥，企图重新征服墨西哥。其次是英国想乘西班牙没落之机，夺取西班牙的殖民地，公然在墨西哥独立的第二年宣布西班牙美洲为英国所有。继英国之后，美国发表所谓"门罗宣言"，力图把美洲变成美国人的美洲，并先后以武力占领了墨西哥的得克萨斯地区，发动美墨战争（1846—1848），吞并了墨西哥的大半领土（230 万平方公里）。接着，法国也不掩饰其吞并墨西哥领土的野心，于 1838 年挑起所谓"馅饼战争"，1861 年又派遣大批军队入侵墨西哥，并于 1863 年 6 月占领墨西哥城，建立法国控制的傀儡政权，直至 1867 年。

总之，在独立后的半个世纪中，由于西方列强的军事扩张和侵略，由于国内考迪罗、卡西克的争权夺利，墨西哥几乎没有过过一天的和平安宁的日子，战争与动荡死死地堵塞了墨西哥的现代化之路，在独立后的差不多半个世纪中，墨西哥人民仍不得不

---

① Compañía Editora de Enciclopedias de México, *Enciclopedia de México*, Edición Especial, 1987, p. 2404.

继续为自己国家的独立而斗争。正是这个拖延太久的独立进程，才使墨西哥丧失了第一次工业革命的历史机遇，造成了墨西哥早期现代化启动的延误。

二　墨西哥的第一次现代化浪潮

19世纪下半期，世界经济的一个突出的特点是出现了第二次工业革命及随之而来的所谓经济全球化浪潮。在这个浪潮的冲击下，墨西哥于19世纪70年代开始了早期现代化的启动阶段。这是一个外围国家依附性现代化进程的开始，是墨西哥的第一次现代化浪潮。

（一）墨西哥第一次现代化浪潮的背景

墨西哥第一次现代化浪潮兴起的背景，可以概括为三个方面的变化。首先是国际局势的变化。世界第一次工业革命后，特别是第一个工业化国家英国废除《谷物法》，宣布实行自由贸易政策之后，欧美各资本主义工业国开始进入空前激烈的竞争时代。紧跟着1873年欧洲出现经济衰退之后，第二次工业革命又在各主要资本主义国家展开。随着这些国家社会生产力的迅速提高，它们到处寻找市场，到处夺取原料产地，而且为了解决因机器生产而产生的大量失业问题和内战危机，还在海外到处抢夺殖民地。于是资本主义的海外扩张加剧，出现了垄断，出现了帝国主义，出现了第二次殖民主义高潮，出现了第一次工业革命后的第一次经济全球化浪潮。"到1914年，地球上已经很难找到一个村子或城市，它们的商品价格不受遥远外国市场的影响，它们的基础设施不是用的外国资本，它们的工程、制造业，甚至商业技巧不是来自外国，它们的劳动力市场不受外国移民去留的影响"，① 也就是说，地球上没有一个地方不被资本主义的经济全球化浪潮所冲击，以这种或那种形式卷进工业化中心国家所需要的"现代化"进程。墨西哥正是在这样一个历史关头开始其现代化启动的。

其次是意识形态的变化。同 19 世纪上半期相比，墨西哥统治阶级的意识形态已经发生了重大变化。19 世纪 30 年代和 40 年代，欧洲各主要国家曾爆发世界近代史上规模最大、范围最广的革命运动。革命运动严重地打乱了欧洲各国的统治秩序，使得欧洲国家的统治阶级急需探寻一种恢复秩序的理论，来解决自己国家的政治秩序和经济发展问题。在这种背景下，以 A. 孔德为代表的实证主义哲学和实证主义"科学政治"应运而生。实证主义强调感觉经验，排斥"形而上学"，认为人类应"通过理解与观察的美妙结合，去发现有效法则"②，认为只有精英分子才能了解科学分析与政治分析的关系，因而可以为社会复兴提供领导；其领导方法就是具有明显权力主义倾向和专家政治倾向的实证主义"科学政治"。这种"科学政治"非常符合当时墨西哥的需要，对墨西哥知识界产生了巨大的影响。在这个学说的影响下，墨西哥出现了一批以胡斯托·谢拉为首的知识分子，他们要求改革宪法，建设强大的政府，以适应"经济进步和政治稳定的新时代的要求"③。墨西哥著名思想家和教育家加维洛·巴雷达明确提出，墨西哥今后的座右铭应该是"自由、秩序和进

---

① O' Rourke, K. H. and Williamson, J. G., *Globalization and History*, The MIT Press, 2000, pp. 1 – 2.

② A. 孔德：《实证哲学教程》，转引自莱斯利·贝瑟尔《剑桥拉丁美洲史》第四卷，中国社会科学院拉丁美洲研究所译，社会科学文献出版社 1991 年版，第 386 页。

③ 同上书，第 375 页。

步"，并说，自由是过去的成就，秩序和进步将是未来的任务①。当时的报刊也连篇累牍发表意见，要求国家领导人在"科学政治"的指导下，否定以往半个多世纪的革命行动和无政府状态，加强统治，以满足工业化时代的需要。总之，在经过了半个多世纪的政治动荡之后，自由派过去那种以自治个体为基础的古典自由主义意识形态已经让位于认为个体是社会有机体不可分割部分的新理论，也就是让位于当时从欧洲学来的实证主义理论。

再次是政治秩序的建立。在此之前，如上所说，墨西哥是一个考迪罗主义的、政治动荡的国家，经过3年改革战争（1857—1860）和6年抗法战争（1861—1867）并赢得胜利之后，墨西哥的政治局面发生了重大的变化：首先是过去的金字塔式的社会阶级结构发生了重大变化：处于最顶层的教权势力和土生白人贵族势力已被新兴的大地主、大庄园主阶级所取代，处于底层受压迫的"人民力量"除原来的成分外，增添了数量庞大的失去土地的农民和新兴的工业无产者。在金字塔的中部则是由商人、小业主和政府官员等组成的中产阶级。其次是统治集团中阶级力量的对比情况发生了变化：保守派军队已被彻底解散，教会势力遭到了沉重的打击，旧的由教会和保守派军队占支配地位的秩序已经被打破，原来长期被教会和军队所支持的保守派政治寡头所盘踞的地方政府已牢固地控制在自由党人手里。现在的墨西哥社会已经是一个自由派地主阶级统治的社会。再次，为了克服半个世纪来的无政府状态，推进以经济自由主义为旗帜的现代化运动，墨西哥的统治阶级在实证主义政治思想的指导下，支持著名的军

---

① 加维洛·巴雷达，市政演说（1867），转引自莱斯利·贝瑟尔主编《剑桥拉丁美洲史》第四卷，中国社会科学院拉丁美洲研究所译，社会科学文献出版社1991年版，第387页。

界人物波菲里奥·迪亚斯在墨西哥建立专制独裁统治。迪亚斯从1876 年政变上台到 1911 年被推翻，实际统治墨西哥 35 年之久。这期间，他通过镇压和收买的两手政策，实现了中央政府对地方强人即地方考迪罗和地方卡西克的控制和统治；通过对反抗农民的残酷镇压，强化了大地主阶级在农村的统治。由于在这两方面的成功，迪亚斯给墨西哥带来了独立后从未有过的全国统一和稳定，建立了一种自由派大地主阶级的统治秩序，一种"政府、大庄园主、新兴资产阶级和外国资本的全国性联盟"的统治①。

（二）波菲里奥主义现代化的启动

自由派专制独裁统治的政治秩序建立起来之后，在欧美市场和外国资本的拉动下，墨西哥接受了欧美工业化国家所需要的国际分工，开始了一个以原料出口为核心的早期依附性现代化启动。墨西哥总统迪亚斯把刺激和吸引外资作为他的一项基本国策。由于这个时期墨西哥已经实现了政治稳定，迪亚斯的战略取得了惊人的成功。涌入这个国家的外国资本从 1884 年的 1 亿比索增加到了 1911 年的 3 千亿比索，按其同本国资本及本国资源的比例来看，远远超过了美国发展最快时期欧洲资本涌入美国的规模。外国投资最集中的领域是矿业（占全部外国投资的24.1%）和铁路建筑（占全部外国投资的 33.2%）。1896 年，仅贵金属一项，其出口总值就占了全国出口总值的 61% ②，其他还出口工业金属如铜、锌、石墨、铝和锑等。采矿业的发展使得铁路运输变得有利可图，因此，外资修筑的铁路迅速延伸，在

---

① Villarreal, R. *Mexico 2010*, *De la industrialización tardia a la reestructuración industrial*, Editorial Diana, 1988, p. 181.

② Villarreal, R. 前引书，第 181 页。

波菲里奥统治期间，墨西哥的铁路从 1880 年的 7 百公里增加到 1910 年的 1 万 9 千公里，基本上形成了一个统一的全国铁路网。铁路运输的发展反过来又促进了出口农矿业的发展，除出口传统产品如龙舌兰纤维、木材、木制品和皮革之外，还出口咖啡、牲畜、棉花、糖、香草、水果、树胶等新产品，扩大了可赚取外汇的产品种类。这样，在墨西哥就形成了一个由英、德、美等外国资本控制的矿业—铁路—农业出口综合体。由于这个出口经济综合体的发展，1877 年至 1911 年墨西哥出口收入的年增长率达到了 6.1%[①]，33 年中出口总值增长了 600% 以上。[②]

迪亚斯政府由于接受了在国际分工中作为原料生产国的地位，它自然就拒绝了建筑在"内源增长"基础上的自主型工业化的战略选择，而采用了初级产品出口导向的"外向增长"战略。它的全部注意力都集中在组织一种最有能力满足国际市场原料（初级产品）需要的国家经济，再也没有一种有明确意识的工业化战略。尽管如此，出口经济的发展还是在一定程度上带动了工业经济的发展。首先，出口产品的增长，促进了对相关部门工业投入的需求，譬如对发展矿业和铁路的需求导致墨西哥炼铁和炼钢工业的发展，1903 年开始投产的蒙特雷钢铁冶炼厂就是这样建立起来的。其次，由于出口部门以及与出口部门相联系的各个部门产业的发展，国内市场的需求也有了增长。国内市场的需求使得国内工业投资的年利润率一直保持在 10% 以上，这样就提高了墨西哥人办工业的兴趣，一些庄园主办起了制糖厂，向工业家转变；一些商人建起了纺织厂，向工厂主转变。于是，一

---

① Roger D. H. , *The Politics of Mexican Development*, The Johns Hopkins Press, p. 18.

② Roger D. H. 前引书，第 15 页。

个以国内市场为目标的工业部门就慢慢地成长起来。到 1909 年，墨西哥已有工业生产单位 6 千多家，其中 72.5% 是食品工业，其余是纺织、烟草和制鞋工业。① 到 1910 年，墨西哥的近代纺织厂已有 146 家。② 再次，这期间墨西哥也已经将世界第二次工业革命的划时代成果电力工业引进国内。到 1910 年，墨西哥已有发电厂 63 家，新的能源开始广泛运用于纺织工业、矿业、金属冶炼、粮食加工、酿酒、造纸、家具制造以及城市交通运输、公共和家用照明等方面，使得这些企业都不同程度地实现了现代化，采用了新的机器和技术。"到 1910 年，墨西哥已成为拉丁美洲最工业化的国家。"③

（三）墨西哥第一次现代化浪潮的结束

迪亚斯统治时期的早期依附性现代化，一般称"波菲里奥主义现代化"。这种现代化有四个突出的特点，第一，迪亚斯政府的现代化主要靠的是外国资本，投资的 2/3 都来自外国，主要是美国。外国资本主要投在矿业、铁路和出口农业，这样就在一个传统的、落后的、庄园—村社自给自足经济占统治地位的墨西哥国土上，出现了一块块外国人所有、由外国人经营、面向出口、同国内经济部门相割裂的"矿业飞地"、"铁路飞地"和"农业飞地"。在这些飞地内部，经济是同世界经济接轨的，是现代化的，但对整个墨西哥经济并没有发生多少影响。这种现代

---

① 苏振兴主编《拉丁美洲的经济发展》，经济管理出版社 2000 年版，第 63 页。

② 林被甸：《历史》，载李明德主编《简明拉丁美洲百科全书》，中国社会科学出版社 2001 年版，第 45 页。

③ 据《墨西哥历史统计》（1985），从 1877 年到 1910 年，墨西哥的国内生产总值由 156.9 亿比索增加到 470.54 亿比索，人均国内生产总值由 1587 比索增加到 3103 比索，工业产值在全国总产值中所占的比重由 1895 年的 14% 提高到 1910 年的 18.9%。参见 Compañía Editora de Enciclopedias de México 前引书，第 2248 页。

化被称为"出口飞地现代化"，它是一种在外国控制下的、本国企业界很少参与的、同本国其余经济部门相割裂的、以初级产品出口为基础的"出口飞地现代化"模式。

第二，迪亚斯政府的现代化实行经济自由主义政策，这主要表现在三个方面：（1）服从经济全球化的国际劳动分工，接受作为一个专门原料出口国的地位；（2）实行自由放任主义，让经济完全听从市场的支配，国家不予干预；（3）实行公有资产私有化政策，土地集中和印第安人土地被剥夺的进程达到了极其残酷的程度。到 1910 年，大约有 500 万农民被剥夺了土地，沦为债役农和奴隶；90% 的印第安人村庄完全没有土地可耕，而少数大地产所占有的土地面积却超过几十万公顷，甚至几百万公顷[①]。

第三，波菲里奥主义现代化造就了一个人数不多、依附于外国资本的农矿业寡头集团。在他们的统治下，墨西哥的现代化收益并不在居民中进行分配，更没有在农村大多数居民中进行分配；收益分配是高度集中的，高度非民族化的。由于农业生产都向出口农业倾斜，面向国内市场的生计农业严重衰落，墨西哥人民所赖以活命的两种基本作物玉米和菜豆的人均产量都大幅度下降，人民大众的生活状况日趋恶化，有些地区发生饥荒。丧失土地的农民沦为雇工，而雇工的日最低工资不断下降，在迪亚斯统治的最后 11 年中劳工的实际工资下降了 1/4，人口的死亡率上升了 2.2% 以上[②]。

第四，波菲里奥主义现代化是由一个独裁主义的政治体制所支持的，是靠强大的镇压机器，特别是农村骑警来推动的。工人

---

①　Kenneth F. J. , *Mexican Democracy: A Critical View*, NY, Praeger, 1978, p. 29.

②　Roger D. H. 前引书，p. 21、23.

被剥夺了组织工会和进行罢工的权利，农民反对地主侵犯村社土地的斗争遭到无情的镇压，中产阶级任何的反独裁舆论都遭到查禁。在这个体制中，只有一小撮官僚、大庄园主、银行家和外国投资者才有参政的权利，其余的社会成员都被排除在这个狭小的政治圈子之外。

总之，波菲里奥主义现代化是"一种由外国资本领导的、非民族化的、收益高度集中的、自上而下由独裁政权领导的现代化"①，是一个既利用经济全球化的国际市场和资本条件而取得了经济上的巨大发展，同时又被西方主导的经济全球化所主宰，加深了经济殖民地化和对欧美发达国家依附性的进程。

波菲里奥主义现代化的上述特点决定了这种现代化必然是反人民的和反民族的，它必然存在两个无法解决的矛盾，这就是广大农民同大庄园主阶级的阶级矛盾以及墨西哥民族同西方资本主义列强的民族矛盾。随着这种现代化模式的僵化和走向极端，这两个矛盾一天天激化起来，终于在 1910 年爆发了著名的墨西哥资产阶级革命。随着革命的爆发，墨西哥刚刚起步的现代化进程也就无可挽回地发生了断裂，成为历史了。

三　墨西哥的第二次现代化浪潮

（一）第二次现代化浪潮的背景

墨西哥第二次现代化浪潮兴起于 20 世纪三四十年代，其兴起的背景也可以概括为三个方面的变化。首先是国际局势的变化。从 1910 年墨西哥爆发反迪亚斯独裁统治武装起义开始，世

---

① Villarreal, R. *Mexico 2010, De la industrialización tardia a la reestructuración industrial*, Editorial Diana, 1988, p. 347.

界历史连续发生了几次大的世界性灾变，先是 1914 年至 1918 年的第一次世界大战，接着是 1929 年至 1933 年的世界资本主义经济危机，最后是持续时间之长和规模之大都史无前例的第二次世界大战，19 世纪下半期兴起的经济全球化浪潮因此而中断。另外，随着世界反法西斯战争的胜利，民族解放运动风起云涌，形成了一个强大的、由新兴独立国家组成的第三世界。新兴独立国家建立后的第一个要求就是要寻求一种适当的发展战略来解决自己国家的现代化问题。

其次是意识形态的变化。1929 年世界资本主义经济危机爆发后，世界思想潮流发生了很大的转变，人们对自由资本主义制度完全失望，拯救资本主义制度的凯恩斯主义经济学说应运而生，全球都在发生从世界主义的自由放任经济体制到民族主义的经济管理体制的转变。苏联成功的计划经济成了令人信服的榜样。1933 年 3 月上台的美国总统罗斯福也宣布实行反危机的"新政"，利用国家权力，强行对资本主义生产关系进行了一定程度的改革，抑制了它的一些自发性，增加了一些计划性和组织性。在这样一种世界潮流的推动下，墨西哥新的一代革命者对自由主义理论产生了怀疑。到 1930 年以后，改良主义和国家干预主义的政治思想开始占上风。1933 年土改派卡德纳斯被国民革命党提名为总统候选人后，力量对比发生了实质性的变化，卡德纳斯的施政纲领明确提出了革命民族主义的、国家主导型的、自主的工业化—现代化战略。到 40 年代末，拉美经委会在普雷维什领导下又提出了著名的发展主义理论和一系列关于实行进口替代工业化战略的政策建议，在拉美逐步形成发展经济学的一个重要流派——拉美结构主义学派，墨西哥的革命民族主义的、国家主导型的自主的工业化—现代化思想进一步得到国际的支持和广泛的传播。

　　最后是政治秩序的变化，墨西哥创造性地建立起了一种由官方党领导的民众主义的政治秩序。为了在工业化进程中充分发挥国家的作用，国家政权必须是强有力的、有权威的。在墨西哥革命爆发后的最初十几年中，由于地方考迪罗势力的重新崛起，墨西哥曾再度陷入军阀混战的政治危机之中，摆在墨西哥革命者面前的一项重要任务就是要彻底摧毁考迪罗主义政治传统，实现政治现代化，为国家的经济现代化创造稳定的政治环境。为此，墨西哥总统卡德纳斯依靠工农革命力量，在墨西哥进行了深入的政治改革，建立起了一个新的、与自主型的经济现代化模式相适应的政治模式。这个模式可以概括为两个重要的政治制度，一个是制度化的强有力的总统制，一个是职团主义结构的官方党一党领导的民主制。制度化的、权力集中的总统制有三个突出的优点：第一，总统是通过全民选举产生的，其统治权具有民主的合法性；第二，每届总统的任期只能是 6 年，不得连选连任，避免了像迪亚斯那样的长期个人独裁制度的复活；第三，每次的总统换届选举都是一次高级人才的轮换，都是一次思想、观点的更新，有利于防止思想的僵化。职团主义结构的执政党的建立，是墨西哥政治的一大创造。按加里·温尼亚（Gary Wynia）的解释，职团主义"反对公开竞争和政府中立观念，主张由政府做出有意识的努力，以组织和协调公私部门之间的关系。政府承担领导社会的责任，私人经济组织和社会集团则成为政府进行这一工作的工具。各利益集团不是互相竞争，以影响政府官员，而是直接以官员的名义同官员打交道"①。具体说就是，政府有意识地将广大的工人、农民和公务人员都动员起来，组织为一些职团机构，

――――――――

　　① Wynia, G. W. *The Politics of Latin American Development*, Cambridge, Cambridge University Press, 1990, p. 43.

如墨西哥劳工联合会、全国农民联合会、全国人民组织联合会等，作为唯一合法的利益集团，吸收进官方党，分别构成官方党的工人部、农民部和人民部，来代表它们所属各行业部门的利益；同时又通过官方党的这三个部，使这些利益集团服从国家的控制。这个制度一方面让所有这些民众集团有更多的参政机会，有更多的机会进入政府部门，另一方面又使这些民众集团不得不牺牲自己集团的政治独立性，服从政府的领导。不仅如此，这个制度还给各反对党创造了活动的空间，承认政权的合法性应该有一个竞争性的选举制度，因此每 6 年官方党总统候选人都有一次巡游全国的竞选活动。墨西哥革命所创造的这个新的、有权威的民众主义政治体制，从根本上改变了国家与各主要生产要素（资本与劳动）之间的关系，形成了一个由国家调节劳资关系、仲裁劳资纠纷的独特的政治模式。这一模式的成功是此后几十年墨西哥之所以能始终保持经济稳定增长的最重要的原因，保证了墨西哥新的现代化战略的贯彻执行。

（二）第二次现代化浪潮：墨西哥的进口替代工业化

上述国际的、意识形态的和政治体制的变化，为墨西哥新的自主型现代化道路的选择准备好了条件，使得墨西哥在官方党的领导下，一步步完成了发展战略的转变。首先是 1917 年宪法的颁布。这是当时资本主义世界最进步的一部宪法。该宪法肯定了国家对自然资源的支配权、国家主权、农民的土地权、人民大众的社会权利等权利以及所有制服从社会利益、国家关系一律平等、互相尊重、互不干涉内政等原则，明确指出了国家自主发展的目标，为墨西哥现代化模式的转换准备了法律依据。其次是在革命党内部统一了思想。此前，革命领导集团内部在如何发展经济，实现经济现代化的问题上还存在严重的意见分歧。以奥夫雷贡为首的革命民族主义派明确提出要改变"墨西哥所世世代代忍受的那种必须进口自己本可以大量生产的许多消费品的进贡者地位"[①] 的目标,实际上就是要实行"进口替代"的发展战略。但是,当时掌握实权的卡列斯一派则主张建立一个以出口农业为基础的所谓"农业繁荣"的墨西哥,从不认真考虑国家工业化计划。两派的斗争很尖锐。直到卡德纳斯执政后,全党才在墨西哥革命民族主义思想的基础上统一了思想。再次是卡德纳斯政府旨在建立新的现代化模式的改革。其主要内容有三:(1)在农村重新发动大规模的土地改革运动,铲除半封建的大地产制度,基本完成了农村土地所有制结构和农业生产方式的改造,解放了农村生产力,开辟了在农村和城市扩大劳动力市场的可能性;(2)实行经济民族主义政策,同旧的飞地经济体制彻底决裂,以减少国家对外国市场的依赖,为此,政府对全国铁路系统、外国石油公司都实行了国有化;同时创立"全国金融公司""全国公共工程银行""全国外贸银行""全国糖业银行"和"棉花补贴银行"等国家金融机构,负责领导国家经济的发展,并开始保险业的墨西哥化;(3)实行国家积极有效地干预经济的政策,由国家发挥工业化领导者、投资者和保护者的作用。一方面反对外国的垄断和控制,保护民族工业的发展,促进民族资产阶级的成长,并把这个阶级看成是实现国家工业化的关键因素,由国家来充当这个阶级的"保护盾牌"[②],另一方面又引进凯恩斯主义的赤字财政政策,实行国家投资,充当国家企业家,以加速工业和基础设施的建设,刺激社会的有效需求。在卡德纳斯执政

---

① Secretario de Relaciones Exteriores, *Política exterior de México*, 175 años de historia, *México*, 1985, pp. 252 – 253.

② Casanova, P. G. (coord.), *América Latina*:*Historia de Medio Siglo* (*II*), siglo veintiuno editores, 1981, p. 313.

的 6 年中，新办的企业由 6916 家增加到 13510 家；制造业所占国民收入的比重从 13.7% 上升到 24.2%；需要进口的消费品从 1929 年的 35% 下降到 1939 年的 22%。卡德纳斯改革的成功标志着革命民族主义自主现代化战略的开始，它奠定了墨西哥工业起飞的条件和往后近半个世纪自主现代化航船破浪前进的基础。

1940 年卡德纳斯总统离任之后，阿维拉·卡马乔继任墨西哥总统。他是 1910 年墨西哥革命以来第一个宣布"革命时代"结束，"经济发展时代"开始的总统，① 他的上台，标志着墨西哥自觉性进口替代工业化进程的开始。在此后的 40 年中，墨西哥的进口替代工业化进程，大致经历了工业革命起飞、进口替代工业化稳定发展和进口替代工业化危机三个阶段。

1940 年至 1950 年是进口替代工业化起飞阶段。在这个阶段，墨西哥人民在实行进口替代工业化战略的问题上，达到了思想上的高度统一，墨西哥人几乎毫无例外地都相信："凡有利于工业的，就有利于国家；没有工业化，墨西哥就要永远受外国经济变化的摆布。"② 所以，从 1940 年卡马乔任总统开始，一场举国一致的工业化运动蓬勃兴起。这是一个主要发展非耐用消费品的"进口替代"工业化阶段，墨西哥的纺织、粮食加工、化学、啤酒、水泥、钢铁等工业都发展很快，人均收入从 1940 年的 325 比索增加到 1946 年的 838 比索。阿莱曼总统 1946 年执政后，在拉美经委会发展主义理论和政策建议的影响下，进一步高举工业化旗帜，在墨西哥历史上第一次制订了经济发展计划，公开

---

① Meyer, M. C., Sherman, W. L., *The Course of Mexican History*, Oxford University Press, USA, 1979, p. 628.

② Ibid., p. 636.

提出要实现"进口替代"的目标。政府的所有政策都以工业为优先，尽量支持和照顾工业家的要求，如实行低税、免税、优惠贷款等措施，以扶植新生的工业企业；由国家举办基础设施，为工业企业提供廉价的能源和服务；实行劳工低工资制，限制工会组织的活动范围；限制土地分配，保护农牧业不受损害，等等。为了对付外国的竞争，阿莱曼政府实行严格的贸易保护主义政策，甚至敢于在 1945 年的查普尔特佩克外长会议上顶住西方贸易自由化的压力，拒不拆除其贸易保护主义屏障。由于国家的保护和国家的直接投资，墨西哥的工业增长很快，制造业的年平均增长率达到了 8.2%。因此，这个"非耐用消费品进口替代阶段"，亦称"加速工业化阶段"或"进口替代工业化的轻松阶段"①。

　　1954 年至 1970 年是进口替代工业化稳定发展阶段。第二次世界大战和美国侵朝战争结束后，美国发生经济危机，过去从战争得到好处的墨西哥经济状况也因此陷入困境。为此，柯尔蒂内斯政府决定按照国际货币基金组织的要求，实行"稳定发展计划"，即放弃过去的"贬值—通胀增长模式"，实行固定汇率的"稳定增长模式"②，但仍坚持自主发展的进口替代工业化战略不变，并把上一阶段的非耐用消费品进口替代推进到中间产品和部分资本货的进口替代阶段。在这个阶段，政府一方面通过财政补贴，减免税收以及公共基础设施（电力、铁路、石油）和公共服务低收费政策，大力促进私人经济部门的国内储蓄，并通过税收政策奖励其利润的再投资；另一方面又加大国家的投资力度，

① Basañez, M., *La lucha por la hegemonía en México*, 1968–1980, Siglo XXI Editores, México, 1981, p. 153.

② Ibid.

将电力工业、硫黄工业和各石油公司都实行了国有化，而且还分别于 1962 年和 1966 年开始实施雄心勃勃的"汽车工业一体化计划"和"国家北部边境工业化计划"。与此同时，国家的工业保护措施也加强了。由于实行了上述工业化政策，墨西哥经济取得了为时 10 余年的稳定高速增长的突出成就，年均增长率达到 7.1%，其中工业部门的年均增长率达到 8.6%。被誉为"墨西哥奇迹"。

1970 年至 1982 年是进口替代工业化危机阶段。20 世纪 60 年代末，墨西哥经济开始出现危机：墨西哥城爆发了大规模反对社会不公正的学生运动；制造业增长率下降了三分之一；农业增长率几乎下降了一半。为了克服经济政治危机，1970 年开始执政的埃切维里亚政府决定进行改革，实行新的"共享发展"战略，结束此前那个不考虑社会利益的"稳定发展"阶段。但是，由于布雷顿森林体系解体，美国尼克松政府宣布实行新的对外经济政策，宣布美元大幅度贬值，中止美元兑换黄金，对外国进口商品一律征收 10% 的附加税，国际金融市场一片混乱，墨西哥的经济不但没有好转，反而急剧衰退。面对不利的国际经济秩序和日益严重的国内社会冲突，埃切维里亚不得不同时在国内和国际两条战线上作战。在国内，再次强调分配土地，对个人所得税实行累进税率；增加公共投资，大力发展国有企业；在国际上大力开展外交活动，为建立公正而合理的国际经济秩序而斗争，反对运用经济手段去削弱别国的政治主权，反对跨国公司干涉各国内部事务，废除有损于非工业国家出口的贸易政策。但是，他的所有这些改革措施都遭到国内外私人企业集团的激烈反对和美国政府的干涉。虽然成倍增长的公共投资保持了可观的经济发展速度，使 1970 年至 1975 年国内生产总值的平均增长率达到了 5.7%，但同时也使政府的财政赤字急剧上升，6 年间增长了近 8

倍。而此时期墨西哥的对外贸易不但不能创汇，反而带来日益严重的逆差，贸易赤字以每年 27% 的增长率逐年增长。为了弥补财政赤字，政府不得不大量吸收外资和举借外债，公共外债从 1970 年的 32 亿美元猛增至 1976 年的 196 亿美元，通货膨胀率从 1972 年的 5.6% 猛增至 20% 以上。在农村，由于改革失败，农业更加衰落，1975 年以后，竟然每年要进口粮食 750 多万吨。到埃切维里亚执政末期，墨西哥经济已陷入严重的经济危机之中。

（三）进口替代工业化的衰变和第二次现代化浪潮的结束

1976 年波蒂略就任总统后，由于墨西哥发现了新的大规模石油资源①，墨西哥靠着石油出口的支持得以暂时走出危机，并提出了一个以石油工业为基础，促进整个工业发展，特别是要促进资本货和中间产品"进口替代"、全面实现国家工业化的高速增长战略。在这一战略的推动下，墨西哥国内生产总值的年均增长率达到了创历史纪录的 7.4%，高等教育的学生人数几乎增加了 1 倍。享受医疗服务的人数由 1977 年占居民的 60% 上升到 85%。但是，这种高速度增长在很大程度上是建筑在单一石油出口的经济基础上的，实际上是又回到了单一初级产品出口模式，其结果是给墨西哥经济带来一系列宏观经济结构失调和国际收支失衡的问题。庞大的石油工业发展和经济高速增长所需要发展的其他重点项目，都需要越来越多的进口资本货和进口原材料。结果，从 1976 年到 1981 年，墨西哥几乎所有各类商品的进口率都

---

① 据估计，已探明的储量、有希望的储量和有潜在可能性的储量加在一起足有两千亿桶之多，位居世界前列（见莱斯利·贝瑟尔，《剑桥拉丁美洲史》第四卷，第 377 页）。

提高了，① 甚至连消费品的进口率也从 5.6% 上升到了 12.3%；墨西哥的工业化不但不能解决进口替代问题，反而越来越多地要依赖进口；墨西哥实行了 30 年之久的进口替代工业化模式到波蒂略时期已经走向了自己的反面，进口替代工业化进程已衰变成了逆进口替代工业化进程。这种变化的一个必然的后果，就是令人惊愕的贸易赤字和财政赤字。据统计，贸易赤字从 1978 年的 23 亿美元增至 1981 年的 56 亿美元②；政府的财政赤字增加到 1982 年的 16610 亿比索，高出 1976 年财政赤字 25 倍还多。面对严重的贸易赤字和财政赤字，墨西哥政府的唯一选择就是举借外债。外国银行家因为着魔于墨西哥的石油财富，也都乐于借款给墨西哥。结果，墨西哥的外债急剧上升，从 1978 年的 300 亿美元上升至 1982 年的 800 多亿美元。年通货膨胀率也从 70 年代中期的 20% 上升至 1982 年的 100%。80 年代以前因为有战略商品石油的丰厚收益作担保，尽管情况严重，墨西哥的高速增长仍勉强可以维持。但是到 1979 年，国际经济斗争的形势发生了逆转。这一年美国突然改变金融政策，发生了所谓"沃尔克休克"事件，国际贷款利率急剧上升，几个月之内，年利超过 11%，到 1980 年中，更上升到创纪录的 18%。为挽救局势，波蒂略政府曾发起筹备"南—北首脑会议"，想通过南北对话，推动国际新经济秩序的建立，解决燃眉之急的经济困难。但是，墨西哥的要求遭到美国的拒绝。美国根本不是要什么"新经济秩序"，而是

---

① 从 1976 年到 1981 年，中间产品的进口替代指数（即中间产品的进口量所占供给总量之比）由 18.6% 上升到了 22.6%，资本货的进口替代指数从 45.2% 上升到了 50.7%。

② 墨西哥计划与预算部：《1984 年统计手册》，参见吕龙根、陈芝芸《墨西哥》，上海辞书出版社 1986 年版，第 158 页。

要"致力于以自由企业推动国际发展"①。不仅如此，到 1981
年，世界石油市场也发生了剧烈的变化。这一年，国际市场原油
价格一下子就跌了 12%，仅 1981 年一年，墨西哥就损失六七十
亿美元。第二年，墨西哥的石油收入又从 270 亿美元降至 140 亿
美元。再加上当时国际银行利率的上涨，墨西哥的外汇储备已剧
减到危险线以下，没有办法支付当年到期的债务本息 268 亿美
元，不得不在 1982 年 8 月宣布暂停偿还外债，无限期关闭外汇
市场，从而爆发了墨西哥历史上最大的一场债务危机。

　　在进口替代工业化运动的推动下，墨西哥经过 40 年自主现
代化进程，曾经实现了以"墨西哥奇迹"著称的经济高速发展，
使墨西哥的产业结构发生了根本性变化，工业生产总值在国内生
产总值中所占的比重由 1940 年的 25.1% 上升到 1979 年的
38.5%；农业生产总值相应由 19.4% 下降到 9.0%；②墨西哥已
从一个农矿业国家转变成一个中等程度的工业化国家，成了拉丁
美洲第一位的石油生产和出口国，第二位的制造业生产国，并实
现了经济的多样化，基本上形成了一个较为完整的工业生产体
系，技术自主程度和满足大多数居民日益增长的物质文化生活需
要的能力，也都有所提高。但是，这个曾经使墨西哥人感到无比
自豪的现代化进程却被严重的债务危机所打断了。债务危机爆发
后，墨西哥经济的年增长率直线下降，从 1981 年的 7.9% 下降
到 1982 年的 -0.5%，1983 年更下降到 -5.3%；墨西哥的工业

---

　　①　威廉·奥尔森、戴维·麦克莱伦、弗雷德·桑德曼编《国际关系的理论与
实践》，王沿、孔宪倬译，中国社会科学出版社 1987 年版，第 430 页。

　　②　参见 Compañía Editora de Enciclopedias de México 前引书，第 2254 页和莱斯
利·贝瑟尔《剑桥拉丁美洲史》第四卷，第 325 页。关于这个统计数字，学术界意
见并不一致，据雷内·比利亚雷亚尔的统计，工业生产总值所占全国国民生产总值
的比重只从 1939 年的 20% 提高到了 1980 年的 35%（Villarreal, R. 前引书，第 202
页）。

化，正如雷内·比利亚雷亚尔所说，仍然是一种"未完成的工业化"。

四　墨西哥的第三次现代化浪潮

（一）墨西哥第三次现代化浪潮的背景

墨西哥第三次现代化浪潮兴起于20世纪80年代末。当时，国际形势、拉美的主流意识形态以及墨西哥的政治制度都发生了重大变化。在国际形势方面主要有两大变化，一是世界政治格局的变化。由于东欧剧变，苏联解体，两极争霸的世界政治格局以美国的"胜利"而告终。两极格局结束后，拉美国家又回到了过去的美国独霸的时代，丧失了过去可以利用东西方对峙局面来谋求自己独立发展的机遇，从而不得不与强大的美国直接对阵，使得像墨西哥、阿根廷这样的拉美大国也不得不向美国靠拢，从原来的第三世界主义外交政策转变为所谓"外围现实主义"的外交政策。二是新的经济全球化浪潮的兴起。从20世纪60年代末开始，世界资本主义经济体系开始出现市场萎缩、经济停滞、通货膨胀、劳动生产率下降的现象，20世纪初期开始实行的、曾经给美国带来经济稳定增长和资本持续积累的"福特制度"，因造成生产能力过剩，已经给美国企业带来了严重的利润危机，其劳动生产率的增长速度已明显落后于日本、德国等复兴发达国家。为了克服利润危机和提高竞争力，美国企业家成立了许多跨国公司，开始把车间或工厂迁往美国南方较少工会组织的地方，或迁往劳动力价格低廉的第三世界国家，以降低生产成本，恢复和提高利润率。这是一种经济全球化的生产改组。这样的一种生产改组必然要求有一种与之相适应的全世界范围的自由贸易制度，必然要求摧毁广大发展中国家所一直实行的、强烈保护主义的进口替代工业化战略。所以，从这时候开始，美国统治集团就开始积极反对经济民族主义，鼓吹和推行自由企业制度和自由贸易制度，以为美国经济的全球化开辟道路。与此同时，为了摆脱70年代初期开始的能源危机和国际收支危机，美国等西方发达国家开始在战后科学技术迅猛发展的基础上，积极开展以劳动机械化（机器人）、自动机械微电子程序化、生物工程化（生物技术）以及信息技术、新能源（人工能源）、新材料的开发和运用为主要标志的第三次工业革命。由于新的工业革命，特别是新的信息技术革命，生产力的社会化性质达到了空前的广度和深度，为经济的全球化奠定了强有力的科学技术基础。因此，70年代以来，生产的国际化和经济的全球化已成了一种必然的、不可逆转的发展趋势。墨西哥是美国的邻国，在美国的这种咄咄逼人的经济全球化攻势面前，首当其冲的自然就是墨西哥。据一些研究报告透露，70年代初期，墨西哥就已经有多国跨国公司的子公司106家，① 客户工业数百家。到70年代中期，美国各跨国公司已控制着拉美生产总值的14%、工业生产的1/3和工业生产总值的35%，而在这些跨国公司所获利润总额中，88.2%都来自拉美②。在这种形势下，墨西哥要想坚持原来的自我保护型的进口替代工业化模式，显然是很难的。

在意识形态方面，最大变化是新自由主义思想压倒了拉美的发展主义思想。30年代以来，拉美占统治地位的思想是拉美经委会的发展主义思想。但是到80年代，在西方新自由主义运动的攻势下，美洲大陆卷起了一股来势凶猛的新自由主义的潮流。

---

① Basañez, M., *La lucha por la hegemonía en México*, 1968 – 1980, Siglo XXI Editores, México, 1981, p. 94.

② 玻利维亚《现状报》1981年8月20日。

为此，发展中国家与西方新自由主义学派围绕发展问题在国际思想界也展开了一场激烈的论战。无论批评者还是支持者都称这场论战为发展理论上和发展实践上的一场"反革命"①。这里所说的"反革命"，是针对凯恩斯的经济学"革命"的，但实际上是对南方争取实现"国际经济新秩序"斗争的反击，目的是为了保护现行的国际秩序。这股"反革命"思潮的特点是反对关于发展问题的结构主义理论，反对运用经济计划来解决发展问题；认为只有实行市场自由化，把政府对经济的干预限制到最低限度，发展问题才能得到解决。这股思潮的支持者认定，第三世界作为地理的和经济的现实是不存在的，它只不过是一种心理的和政治的创作。这股思潮的代表人物发起了对拉美经典发展观的全面的攻击，到 80 年代，这种攻势达到了高潮；一方面由于拉美经典发展观的代表人物对拉美 80 年代的危机尚未找到科学的解释，另一方面由于东西方对峙的冷战格局急剧地朝着有利于西方的方向发展，拉美经典发展观在论战中几乎是一败涂地。"反革命"思潮的一位代表人物甚至还狂妄地要取消发展经济学。②

在政治方面，墨西哥的一党制民众主义政治体制开始走向衰落。经过 30 年工业化—现代化的努力，墨西哥的社会阶级结构发生了重大变化。中间阶级迅速壮大，到 80 年代初差不多已占人口的 1/3。由于中等阶级的壮大，独立的公民组织陆续出现。这些组织不再寻求政府的庇护，政治上的民主开放程度有所提高，政治文化变得越来越富有参与精神，特别是在落后的农村地

---

① Toye, J. *Dilemmas of Development*, *Reflections on the Counter-Revolution in Development Theory and Policy*, Oxford, Blackwell Publishers 1987.

② Ibid. , pp. 71 – 72.

区，自从实行埃切维里亚的"村社社会化"政策之后，有些地区开始建立起取名为"团结合作"的地方合作网络，以从未有过的努力，推动山区的发展。一种不同于传统政治社会的现代"公民社会"已开始在墨西哥形成。① 与此同时，在西方债权国俱乐部的压力下，墨西哥开始了从进口替代工业化发展模式向以偿付外债为目的的新自由主义出口导向发展模式过渡的结构改革进程，而这一进程对政治的要求就是美国所极力推行的政治自由化，因此，原来经过巨大努力而制度化的墨西哥政治体制开始陷入一种"非制度化"的过程，具体表现在：（1）由于私有化和"客户化"造成无数工人失业，工会失去了原来与政府谈判，妥善维护工人利益的功能，官方党的工人部陷入了"非制度化"的进程；（2）600 万个以农为生的家庭由于政府的土地关系自由化改革而丧失土地之后，官方党中的农民部丧失了代表农民利益的功能而陷入了解体的进程；（3）由于中产阶级的处境日益恶化，官方党的人民部丧失了原来的利益代表功能，也日益陷入非制度化；（4）原来被禁止参与政治活动的天主教，现在也在自由主义的旗号下加强了同私人企业主集团的联系，日渐政治化；（5）美国加强了它对墨西哥的政治干预，甚至公开表示要"帮助维持一个温和的、民主的、市场导向的墨西哥"，绝对不允许墨西哥再回到过去民族主义的立场。由于这些方面的变化，一个创造了 60 多年政治稳定奇迹的政治制度开始陷入严重的危机。执政的革命制度党的威信一年不如一年，最后竟在连续执政 71 年之后于 2000 年丧失政权。

---

① Phillips, L. (edit.), *The third wave of modernization in Latin America: cultural perspectives on neoliberalism*, Wilmington, Del. SR Books, 1998, p. 19.

(二) 第三次现代化浪潮：墨西哥的新自由主义改革

在上述不利的国内外条件下，墨西哥的现代化不得不从原来的国家主导的自主现代化道路转到中心国家所要求的新自由主义的道路上。这是墨西哥现代化道路的又一次大转折。早在1982年债务危机爆发后，德拉马德里政府（1982—1988）即着手进行新自由主义的经济改革，数百家被认为无利可图的国有企业，不是被卖给私人，就是被关闭。德拉马德里也强调现代化，但他的现代化就是指结构改革，以提高本国工业产品的竞争力。所以，德拉马德里政府制定了一个以恢复经济为发展战略的轴心、以生产机构和分配机构现代化为目标的《生产企业和就业保护计划》[1]。但是，效果并不好，经济情况更加恶化。针对这种情况，1988年当选墨西哥总统的萨利纳斯更加高举现代化的旗帜，提出了一个庞大的"全国经济、政治现代化计划"，并在现代化的旗帜下，按照"华盛顿共识"[2]的要求，进行了休克式的宏观经济的自由主义改革，被称作墨西哥的所谓"第三次现代化浪潮"。[3]

在第三次现代化浪潮中，萨利纳斯实行新自由主义的出口导向工业化战略，主要表现在六个方面的改革：（1）村社土地私有化改革。萨利纳斯把墨西哥的村社土地制度视为经济自由化的最大障碍。1989年末，他出人意料地任命历来以否定村社制度

---

① Compañía Editora de Enciclopedias de México, *Enciclopedia de México*, Edición Expecial, 1987, p. 4220.

② "华盛顿共识"系指80年代后期由华盛顿国际经济研究所所长威廉姆逊等一批经济学家提出的关于拉美国家经济改革的10点主张，如紧缩财政、金融自由化、国有企业私有化、贸易自由化、税制改革、取消对外国投资的限制，等等。

③ Phillips, L. (edit.), *The third wave of modernization in Latin America: cultural perspectives on neoliberalism*, Wilmington, Del. SR Books, 1998.

而闻名的汉克·冈萨莱斯为农业部长。接着，萨利纳斯颁布
《1990—1994 年全国农村现代化计划》。该计划的主要宗旨是推
动村社同私人部门的联合。1992 年更主持宪法改革，修改了有
名的宪法第 27 条，颁布了新的《土地法》，废除有关土地分配
的条文，终止土地分配，允许占全国农民 60% 的村社社员抵押、
租赁和买卖土地；一个村社只要有 66% 的社员同意，就可以转
让其土地所有权；新的所有者在得到村社的土地之后，可以随心
所欲地使用这些土地。这次宪法改革的目的实际上就是要实行村
社土地的私有化，这是墨西哥统治阶级"朝着消灭革命所建立
的社会所有权的决定性的一步"。[1]

（2）国有企业私有化改革。墨西哥的国有企业私有化改革
开始于 1983 年，1988 年萨利纳斯执政后则进一步加以深化和强
化，而且主要是借助外国资本来实行国有企业的私有化。墨西哥
原有国营企业 1155 个，经过私有化，加上关闭、合并和停产者，
到 1994 年，除墨西哥石油公司、联邦电力委员会、国家铁路总
局、电报总局、水电及煤气公司、国家货币印刷所、墨西哥银行
等 11 家企业继续由国家控制外，其余的大型国有企业都已拍卖，
国有企业的总数从 1982 年的 1155 家减少至 1993 年末的 210 家。
私有化不仅是要提高私有部门在经济中的作用，而且也是萨利纳
斯政府收入的主要来源。在 1989 年至 1993 年间，私有化收入累
计高达 237 亿美元。[2]

（3）贸易自由化改革。在债务危机的重压下，墨西哥无论
在资金上还是在技术上都加深了对美国的依赖，不得不全面调整

---

[1] Otero, G. (Edit.), *Neoliberalism Revisited, Economic Restructuring and Mexico's Political Future*, Westview Press, 1996, p. 55.

[2] Ibid., p. 65.

外贸政策。到 1987 年，墨西哥的平均关税率已从 1985 年的 28%降至 1992 年的 12.5%。墨西哥贸易自由化进程的顶峰是美、加、墨三国"北美自由贸易协定"的签订。该协定自 1991 年 6月 12 日三国正式举行部长级谈判，经过一年多的磋商，于 1992年 10 月 7 日签字。第二年 9 月，三国又分别就主权问题、环境保护问题和劳工权利问题签署了北美自由贸易协定的补充协定。1993 年 11 月 24 日三国国会分别完成了对北美自由贸易协定的批准手续。1994 年 1 月，该协定正式生效。北美自由贸易协定的最终目标是实行三国之间的零关税自由贸易制度。

（4）实行金融开放政策。80 年代以前，根据 1972 年《投资法》，国家有权自由决定在哪些企业国家必须保持 51%的所有权。萨利纳斯执政后，政府颁布了一系列鼓励外国直接投资的法令，开放投资禁区，允许外资股份最高可达 100%。1993 年 12月的法令甚至更进一步扩大了外资在墨西哥的活动范围，除了13 个专属国家投资领域和 6 个专属墨西哥人投资领域之外，再没有别的任何限制。外国资本的自由流通成了新出口导向工业化的主要资金来源。在萨利纳斯执政的头 5 年，流入墨西哥的外国资本即多达 340 亿美元。

（5）政治现代化改革。为了推进经济改革，萨利纳斯不得不进行所谓政治现代化的改革。但是，萨利纳斯的政治现代化，并不是要改革墨西哥的威权主义政治体制，而是要对原有的威权主义政治体制进行所谓现代化，其办法就是以新的职团主义结构去取代旧的职团主义结构。旧的职团主义结构是建筑在革命制度党内部工人部、农民部和人民部这三个职团组织系统的基础之上的一种利、权交换结构。现在，这三个职团组织系统既然已陷入解体之中，萨利纳斯就把它们抛在一边，想从公民社会中另找新的基础，以便在新的基础上建立一种能继续维持革命制度党统治的新的职团主义结构。这新的基础就是萨利纳斯从执政伊始就提出的所谓"全国团结计划"。该计划的主要目标是想通过增加社会支出,解决城乡 4000 多万人的贫困问题。任何人,只要他们组织起来,成立"团结委员会",就可以直接从政府的城乡工程部门(如生产、道路建筑、教育、自来水、保健、电力等部门)获得资金(免息贷款)。从 1989 年到 1994 年,"全国团结计划"已经组织起了 15 万个团结委员会。过去那种政府与墨西哥工人联合会、全国农民联合会等职团组织之间的关系,就被现在的政府与各"团结委员会"之间的直接联系所取代;一种建立在民众社团组织基础上的职团主义形式便改造成了一种新的建立在"全国团结计划"基础上的政治关系形式。组织形式虽然改变了,但利权关系仍然相似,仍然是通过对经济利益的控制,确保这些团结委员会对官方党—国家的忠诚。所谓"政治现代化"只不过是"威权主义的现代化"。①

　　(6)"民族主义现代化"改革。在德拉马德里执政时期(1982—1988),墨西哥虽然已经沿着新自由主义的出口导向的经济轨道进行了一些经济改革,但外交上仍坚持传统的第三世界主义政策,认为墨西哥的历史遭遇、社会结构和意识形态,都使墨西哥"成了发展中国家总体的一部分",表示"真诚地希望密切同非洲、亚洲和大洋洲的政治、文化和经济联系","支持发展中国家经济合作的努力,并把这种合作理解为一种争取经济自主的基本的机制,一种提高其在多边论坛中地位的手段,以及一种为了建立国际经济新秩序而采取的诸行动的不可

---

　　① Otero, G. (Edit.), Neoliberalism Revisited, Economic Restructuring and Mexico's Political Future, Westview Press, 1996, p. 16.

替代的补充措施"。① 但是，萨利纳斯执政之后，则完全改变了这种政策，采取了与美国"特殊接近"，想"与美国实现一体化"的政策，其最重要的步骤就是退出发展中国家的 77 国集团而加入了发达国家的经济合作与发展组织②。为了给他的这项改革以理论的支持，萨利纳斯提出了一种叫做"新民族主义"的理论，并把它作为墨西哥"新一代领导人"内政外交的基石。该理论认为，当今世界的形势已经发生了巨大的变化，"今天的民族主义已很难用过去的字眼来解释"，必须实现"民族主义的现代化"，从过去的旧民族主义过渡到"新民族主义"。"新民族主义"的最主要的原则就是在国际关系中要避免对抗，摒弃墨西哥历来所坚持的针锋相对反对霸权的政策，提倡通过对话来"捍卫主权与民族国家"，认为"在当今单极形势下，对抗对主权来说是无谓的冒险"。③

从以上萨利纳斯的现代化主张可以清楚地看出，萨利纳斯的所谓现代化道路就是"新自由主义"＋"社会团结计划"的道路，实际上就是新自由主义的道路。萨利纳斯不喜欢"新自由主义"这块招牌，而是将自己的政治哲学称作为"社会自由主义"。按他的解释，"社会"是目的，"自由主义"是手段，二者的融合就是"现代化"。萨利纳斯的改革说明，墨西哥已经完成了从自主型进口替代工业化发展战略到新自由主义现代化发展战略的转变，并在墨西哥把新自由主义的现代化改革推到了高潮。

---

① 关于德拉马德里的外交政策，参看 Secretario de Relaciones Exteriores，前引书，第 329—334 页。

② 欧亨尼奥·安吉亚诺：《墨西哥对外政策的变化》，载墨西哥《至上报》1994 年 10 月 16 日。

③ 萨利纳斯 1991 年 11 月 1 日国情咨文。

（三）新自由主义现代化改革的危机

萨利纳斯的改革曾一度取得较好的效果，年均经济增长率超过3％；政府的财政状况获得重大改善，在1994年12月召开的美洲国家首脑会议上曾被树为"新自由主义发展模式成功的典型"。但是，就在这个会议结束不久，墨西哥即爆发了震惊世界的金融危机：几天之内，比索贬值60％，股票指数猛跌，美元抢购一空，资金大量外逃，金融市场一片混乱。经克林顿政府动员500亿美元的紧急援救，危机才得以控制。即使如此，这次危机给墨西哥造成的损失是十分巨大的，国内生产总值下降了7％，消费品进口减少一半，通货膨胀率骤然上升，超过了50％，利率也猛涨到60％以上，失业人口超过200万。又一场经济灾难降临到墨西哥人民头上。

发生在1994年圣诞节前夕的这次金融危机是萨利纳斯新自由主义改革自身矛盾激化的结果。这可以从四个方面来分析：第一，萨利纳斯改革的目标是想走出口导向工业化的道路，但是，他的贸易自由化政策却同这个目标背道而驰。贸易自由化的结果表面上增加了墨西哥的出口，但由于墨西哥的工业水平与美国相差甚远，而萨利纳斯又放弃了必要的保护政策，结果美国对墨西哥的出口急剧增加，使墨西哥连年出现巨额贸易逆差。1991年，美国对墨西哥的出口由124亿美元猛增到333亿美元，墨西哥的外贸赤字突破了110亿美元大关。1992年，墨西哥的外贸赤字又比1991年翻了一番多。1993年虽然拼命增加对美出口，外贸赤字也只比头年减少20亿。到1994年金融危机爆发前夕，墨西哥的外贸赤字已增加到280亿美元，1990年至1994年5年间墨西哥的贸易赤字累计达850亿美元。事实证明，萨利纳斯实行的所谓贸易自由化对墨西哥来说，实际上就是贸易的赤字化。这是导致 1994 年墨西哥金融危机的第一个因素。

第二，新自由主义改革要求于墨西哥的最基本的一条，是要墨西哥紧缩经济，创造条件还债。那么，墨西哥发展经济的资金从哪里来呢？只能靠外资。所以萨利纳斯新自由主义改革的首要目标就是引进外资。在这一方面，他的确获得了很大的成功，到 1994 年，进入墨西哥的外资累计已达 730 亿美元之多。但是，与此同时，墨西哥的外债也比 1982 年债务危机爆发前夕增长了一倍。尤其值得注意的是，由于实行金融自由化，什么资本都逐利而来，其中大部分是投机资本。这种资本的数量在 90 年代初期几乎比直接的生产投资高出 6 倍。[①] 这样的资金积累，实际上并不是真正意义上的资本积累，而只不过是一种外债的积累和风险的积累，是墨西哥宏观经济不稳定的最主要原因。所以，到 1994 年，当美国为抑制有可能升高的通货膨胀而提高金融市场的利润时，墨西哥金融市场上的"燕子资金"立即闻风而动，纷纷抽走，使墨西哥再一次陷入金融危机。

第三，经济自由化造成了墨西哥工业化进程的衰变。一方面，贸易的赤字化，对于工业化来说，其实质的含义就是工业化所需要的许多资本货和中间产品都依赖于进口，[②] "就是出口导向工业化转变成进口导向工业化"[③]，就是走上依附性工业化的

---

① Otero, G. (Edit.), Neoliberalism Revisited, Economic Restructuring and Mexico's Political Future, Westview Press, 1996, p. 8.

② 在 1988—1992 年间，墨西哥的出口年均增长率是 2.9%，大大低于 1982—1987 年间的 4.7%，而 1988—1992 年间墨西哥的进口年均增长率却高达 21.3%，1988—1994 年间墨西哥资本货进口的年均增长率更高达 21.9% [Otero, G. (Edit.), Neoliberalism Revisited, Economic Restructuring and Mexico's Political Future, Westview Press, 1996, p. 69]。

③ Otero, G. (Edit.), Neoliberalism Revisited, Economic Restructuring and Mexico's Political Future, Westview Press, 1996, p. 69.

道路，就是重新陷入了进口替代工业化时期的"瓶颈"，一句话，就是工业化缺乏自己的后向联系（即产品的国内供应）。这是问题的一个方面。另一方面，吸引外资和资本的债务化意味着需要提高利率（危机期间，墨西哥的利率曾经高达60%）。实际的高利率虽然能吸引外资，但也使1982年以后日益衰落的国内投资趋势更加恶化。譬如1988年之后墨西哥的投资系数（投资与GDP之比）就比80年代初期的水平要低得多（见表1）。其结果比过去的进口替代工业化时期还要糟糕，因为那时候还有国家投资的积极性，而现在连这种积极性也被否定了，投资和技术升级都受到了限制，也就是说，墨西哥的工业化又进一步缺乏自己的前向联系（即国内的投资积极性）。工业化既缺乏后向联系，又缺乏前向联系，其必然的结果就是工业化进程的衰变，走向了一个"非工业化的进程"。1980年以来，墨西哥制造业生产总值所占国内生产总值的比重一直没有变化，而制造业生产总值的年增长率则呈不稳定下降趋势的情况则充分证明了这一点（见表2）。而如果"非工业化进程"继续下去，则工业必然无法为墨西哥的国际竞争创造任何的比较优势，必然又要带来更大的贸易赤字，从而形成贸易自由化与非工业化的恶性循环。毫无疑问，这种恶性循环必然会带来经济危机。所以，有学者从墨西哥的历史经验中得出结论说："自由化已经完全不能作为一种发展战略发挥作用"，"必须对全盘贸易自由化这种战略给予重新的考虑，因为他对工业的结构有严重的破坏性影响"。[①]

───────────

① Otero, G. (Edit.), Neoliberalism Revisited, Economic Restructuring and Mexico's Political Future, Westview Press, 1996, p. 81.

表 1　　　　1980—1993 年墨西哥本国投资系数（投资/GDP）

年份	1980	1982	1985	1988	1990	1992	1993
投资系数	13.6	12.6	11.2	7.3	9.6	7.0	5.5

资料来源：Gerardo Otero，前引书，第 67 页。

表 2　　1980—1994 年墨西哥制造业发展一般指标（不包括客户工业）

年份	1980	1982	1985	1988	1990	1992	1993	1994
年增长率	6.6	-2.7	6.1	3.2	6.1	2.3	-1.5	3.0
制造业占整个经济的份额	22.12	21.19	21.36	21.72	22.84	22.80	22.35	

资料来源：Gerardo Otero，前引书，第 74 页。

第四，政治动荡的破坏作用。自萨利纳斯实行激进的新自由主义改革，把现代化完全交给市场力量来实现，并在农村实行土地私有化政策之后，广大民众的处境更加恶化。到金融危机爆发的前一年，墨西哥的失业人口已增加到 350 万，工资的实际购买力已比债务危机爆发时的 1982 年下降了近 60%。印第安农民的情况尤其严重，"全国团结计划"的资金大都落到了大生产者的手里，给予小农的只不过每天 1.7 比索，只够买一个煎玉米卷。[①] 因此，萨利纳斯"全国团结计划"的实际作用只是加剧了从事商品农业的大生产者与经营生计农业的小农之间的分化。20世纪 80 年代，印第安农民尚可通过自己的消费合作社自力更生，在现代化方面缓慢地取得一些进展。但 1992 年私有化之后，他们只能各奔前程，情景十分凄凉。其结果就是恰帕斯农民起义。

---

① Otero, G. (Edit.), Neoliberalism Revisited, Economic Restructuring and Mexico's Political Future, Westview Press, 1996, p.54.

这次起义爆发于北美自由贸易协定宣布正式生效的 1994 年 1 月 1 日，实际上是对北美自由贸易协定的一种武力批判，以表示他们坚决"反对经济自由化，尤其反对停止土改"的决心。恰帕斯州的大主教也"强烈地批评萨利纳斯的经济自由化政策，其中包括村社私有化和签署北美自由贸易协定的政策。他认为，这种政策将使墨西哥的有钱人和外国投资者拥有更多的土地。而暴动的领导人则更把北美自由贸易协定看成是针对印第安人的《死刑判决书》"①。虽然政府出动了 15000 正规军，进行大规模的镇压，但起义军得到广大民众的声援，他们在进行了激烈的抵抗之后，安全地撤退到了深山老林，起义变成了旷日持久的"两军对垒"。政局的动荡影响了外资的进入，使得本来想进入墨西哥市场的外国资本家望而却步，同时也引起资金的外逃。政治动荡显然也是 1994 年墨西哥金融危机爆发的原因之一。

总之，由于以上几方面的原因，短短几年之内，新自由主义的出口导向现代化进程也陷入危机。

五　墨西哥现代化进程的几点启示

墨西哥现代化的历史事实告诉我们，墨西哥三次现代化浪潮的兴衰起伏是同世界经济的全球化进程密切相关的。第一次现代化浪潮发生在 19 世纪末期，是 19 世纪下半叶经济全球化浪潮的产物。当时，墨西哥在西方霸权国家的统治和压迫下，被迫纳入了英国霸权下的世界经济体系。第二次现代化浪潮发生在两次世界大战和 1929 年世界资本主义经济危机之后、经济全球化进程

---

① 阿德里安·本杰斯：《墨西哥的新自由主义经济改革》，转引自《拉丁美洲研究》1994 年第 4 期。

由于两次世界大战和世界资本主义危机而陷入中断、殖民地附属国民族解放运动风起云涌、世界殖民主义体系陷入瓦解的时期，是发展中国家独立自主实现自己国家现代化的伟大尝试。第三次现代化浪潮发生在墨西哥陷入债务危机之后，经济自由主义在世界重新占了上风，新的全球化浪潮以更猛烈的势头冲击全球的时期，是 20 世纪 70 年代以来新的世界经济全球化进程的产物。在三次现代化浪潮中，墨西哥现代化战略的转折也是与世界经济全球化进程的状况分不开的。第一次和第三次现代化浪潮因为由经济全球化浪潮所决定，所以墨西哥政府也采取了经济全球化所需要的经济自由主义战略，即外向增长战略；第二次现代化浪潮因为兴起于经济自由主义受到批判、经济全球化进程处于停滞与中断的时期，所以墨西哥政府采取了经济民族主义的战略，即进口替代工业化战略。但是，无论哪种战略，最后都免不了要陷入危机，甚至以危机而告终。因此，思考墨西哥现代化成败的经验教训，对于发展中国家来说，是有深刻教益的。

（一）关于现代化战略选择的钟摆现象

在 19 世纪末叶现代化的早期启动阶段，墨西哥实行自由主义的外向增长战略，采用了一种畸形的"出口飞地现代化"模式。这种模式被 1910—1917 年革命和新的发展潮流否定后，墨西哥创立了本国的现代化新模式，即经济民族主义的、内向增长的进口替代工业化战略。这种战略因债务危机和世界潮流的变化而被否定后，墨西哥又走回头路，回到了一个世纪前的自由主义外向增长战略（即新自由主义战略）。这种从经济自由主义到经济民族主义，最后又回到经济自由主义的现象，被称之为战略选择的"钟摆现象"。怎么来认识这种现象呢？从墨西哥的历史经验来看，这种反复、摇摆的现象，实质上就是一个如何对待经济全球化的问题；是在经济全球化趋势下如何处理自主和开放的关系问题。经济全球化是一个世界进程，是社会生产力、社会化大生产发展的一种必然趋势，是不以人的意志为转移的；现代化也是一个世界进程，是世界经济全球化趋势下各个独立国家解决本国经济发展问题，实现从传统农业社会向现代工业社会过渡的进程。既是全球化，就必须开放；既是现代化，就必须自主。因此，开放和自主都是必不可少的，是不可偏废的；二者是一种辩证统一的关系，不可以走极端。墨西哥现代化战略的"钟摆现象"，恰恰是违背了这个原则。凡是极端的东西，都容易走向反面。现在墨西哥已经有一些经济学家总结了历史经验，认识到进口替代和出口导向是相互补充的，并不是相互排斥的；所谓"内向"增长或"外向"增长只能择其一而不能择其二（相互排斥）的所谓两难选择的说法，完全是虚妄的。他们已经创造性提出一种新的发展战略：即内源工业化、出口工业化和有选择进口替代相结合的、同外贸相联系的三维工业化发展战略[1]；他们认为这是墨西哥经济最可行的一种战略选择。

（二）怎样走出"殊途同归"的怪圈？

　　墨西哥的三次现代化浪潮，经历了从外向增长战略到内向增长战略，再从内向增长战略到外向增长战略两次大的战略转折，但是，无论怎样转折，最后都以危机而告终，总也走不出"殊途同归"的怪圈，这到底是什么原因呢？墨西哥的经验证明，最根本的原因就在于技术落后和技术依附。19 世纪末期的第一次现代化浪潮尽管在现代化方面取得了巨大的成就，但"依然

---

　　[1]　Villarreal, R., *Mexico 2010, De la industrialización tardia a la reestructuración industrial*, Editorial Diana, 1988, p. 25.

被排除在孕育了工业社会的科技知识的主流之外"①；20 世纪中期的第二次现代化浪潮虽然使墨西哥晋升为一个"新兴工业国"，但由于这次浪潮发生在经济全球化进程停滞和中断时期，没有能参加发达国家的工业革命，因此，墨西哥的工业化基本上只达到了消费品进口替代的水平，仍然被排除在孕育了美、日等后起发达工业社会的科技知识的主流之外。人类历史发展到今天这个阶段，无论什么模式的现代化进程都只能在市场经济的国际环境中运行。市场经济的原则就是优胜劣败的原则。在无情的市场竞争中，能稳操胜券者只能是技术优胜者。靠自然资源的比较优势虽然也能一时创国民经济增长率的好纪录，但终究不是国家实力的根本所在。靠资源优势而在资本主义国际经济分工中充当初级产品出口者角色的国家，其经济的脆弱性早在 1929—1933 年资本主义经济危机时期就已经确证无疑；只有把这种比较优势通过一个适当的进口替代工业化进程而转化为技术优势时，才能算是现代化的实现。墨西哥 20 世纪 70 年代的危机，80 年代的危机以及 1994 年的危机，究其根本原因，都在于技术竞争的失败。所以不少墨西哥专家在总结墨西哥现代化经验教训时都指出，当前对于墨西哥来说最重要的是要回答这样一个问题：在第三次工业革命中墨西哥是不是又不得不迟到？他们认为，第三次工业革命是墨西哥能否避免重新掉队危险的唯一的一次机会，必须抓住当前的这次经济全球化的大好时机，全力以赴，汇集全国的力量，积极参与世界第三次技术革命和工业革命，跻身第三次工业革命国家的行列。舍此，所谓工业化就只能依赖于发达国家的技术，无论采取什么战略，都不可能走出以危机而告终的这个

① 莱斯利·贝瑟尔主编：《剑桥拉丁美洲史》第四卷，中国社会科学院拉丁美洲研究所译，社会科学文献出版社 1991 年版，第 46 页。

"殊途同归"的怪圈。

(三) 关于国家在现代化中的作用

墨西哥的头两次现代化浪潮虽然在战略上是完全对立的，但是有一点是相同点，即在政治上都积极依靠国家干预的力量来推进现代化。第三次现代化浪潮虽然同第一次现代化浪潮一样，都采用自由主义的发展战略，但在政治上却分道扬镳，尽量排除国家的干预，寄希望于市场的力量。这样做究竟对不对？这也是当前争论颇多的一个问题。事实证明，墨西哥自实行私有化和自由市场经济之后，经济的恢复情况并不令人乐观，主要的原因是私人投资都选择最赚钱的领域，而不管国家发展技术的需要；在宏观经济上，私人投资并没有国家投资的那种增值效果；劳动者的贫困情况日益恶化，国内市场凋敝。所以，墨西哥首都自治大学教授瓜达卢佩·乌埃尔塔在研究了墨西哥国有企业私有化改革的情况之后得出结论说："很明显，这种把国家发展与人民幸福的希望完全寄托于私人投资，寄托于市场的自由力量的政策，已经暴露出了严重的矛盾。这种情况清楚地表明，国家仍然是有必要直接参与经济的发展的，因为只有靠它的参与，才有可能实现经济的平衡发展。"同时他又指出，国家作为工业增长和经济进程主角的作用，虽然已被市场所取代，但是如果认为国家已不再是发展进程的领导者，那就错了。实际上，新的国际劳动分工恰恰要求一个国家必须有选择地干预经济；如果国家不能集中其资源去创建和发展一些以投资数额巨大和投资周期长为特点的风险企业，那么，这个国家也就不可能在国家现代化方面有什么大的作为。①

---

① Guadalupe Huerta Moreno, *Empresa pública. Pasado y presente* (http: // www. azc. uam. mx/ publicaciones/ gestion/ num4/ doc5. html) .

另外，墨西哥三次现代化浪潮的历史证明，政治稳定是现代化成功的一个必不可少的基本条件；而要做到政治稳定，关键在于能否建立起一个能够实现稳定目标的、现代化的政治体制。墨西哥之所以能在革命以后的 60 年中始终保持政治稳定，主要是因为墨西哥在革命进程中进行了政治现代化改革，建立了一个符合当时墨西哥国情的、具有强固稳定机制的政治模式①。近 20 年来墨西哥经济之所以屡屡发生危机，在很大程度上同墨西哥的政治动荡有关。现在，虽然掌权的政党已经更换，但是，政治能不能够整顿好，能不能达到新的稳定；不负责任的政治家、野心勃勃的影子部队和有势力的毒枭会不会让国家和平地朝着更民主的政府、更稳定、平衡的经济以及贫富分化较小的社会前进，仍然是人们所担心的一个大问题。看来，墨西哥现代化的前景如何，仍然将主要取决于政治发展的情况。所以，有专家总结墨西哥的历史经验认为，"墨西哥整个现代化进程的主要催化剂就是政治现代化自身"②。

（原载中国科学院中国现代化研究中心编《世界现代化进程的关键点》，科学出版社 2010 年版）

---

① 参见曾昭耀《政治稳定与现代化——墨西哥政治模式的历史考察》第三章，东方出版社 1996 年版。

② Villarreal, R., *Mexico* 2010, *De la industrialización tardia a la reestructuración industrial*, Editorial Diana, 1988, p. 25.

政治经济篇

论墨西哥的政治现代化道路

——墨西哥如何从考迪罗主义
走向现代宪政制度

　　许多拉美史专家对拉美地区的政治现代化问题感到浓厚兴趣。拉美国家为什么不能实行美国式的民主制度？为什么这里反复出现军人独裁统治？这是他们一直在探讨的问题。50 年代以前，对于这个问题的答案是怪诞而混乱的：种族主义的推论、心理学的猜测、地理论的陈词滥调、文化上的歪曲，等等，无奇不有，似乎拉美政治上的专制独裁现象是拉美地区的人种、拉美人的性格、拉美地区的气候造成的。到 50 年代末 60 年代初，美国的社会学家创立了现代化理论，不少史学家就试图用现代化理论进行解释，认为随着经济的增长，民主制度的建立是不成问题的。但是，60、70 年代南美一些经济较发达国家相继出现军人专制统治的事实，打破了这种预言。于是，有些史学家又转向当时流行的依附理论，把依附论作为分析的武器，认为经济的依附性导致了政治上的权威主义，即所谓"新权威主义"。

　　在研究中，学者们特别注意到了这样一个事实：在拉美多数国家的政治秩序一再被尖锐的阶级斗争所破坏，不得不实行军人独裁统治的时候，北部的墨西哥却能在 1929 年以后的 60 多年中始终保持政治稳定，维持宪政制度正常运转；就是在 80 年代最严重的经济危机中，它的这种宪政制度也"仍然像特奥蒂瓦坎的金字塔一样稳固"①。有些学者认为，对于拉丁美洲来说，这是比战后的"巴西经济奇迹"、"墨西哥经济奇迹"更令人叹为观止的现象，是"真正的墨西哥奇迹"②。

墨西哥同拉美其他许多国家一样，在独立后的一个多世纪里，一直是考迪罗（军人独裁者）统治的国家。在这漫长的岁月中，墨西哥不是在考迪罗主义的军阀混战中流血，就是在考迪罗主义的独裁统治下呻吟，是拉美国家中考迪罗主义为患最深的国家。在这样一个国家中，宪政制度的"奇迹"是怎么创造的？墨西哥是怎样从考迪罗主义走向现代宪政制度的？这就是本文所要探讨的问题。

墨西哥现代化进程中的考迪罗主义难题

墨西哥是从落后的殖民地封建农业社会起步迈上现代化征途的。在西方资本帝国主义的剥削压迫下，它不可能像西欧早现代化国家那样靠内部社会生产力和生产关系的演变，自发地进入现代化，只能借助于国家的动员和组织，以欧美为榜样，追赶先进国家。因此，墨西哥的现代化是一种自觉的国家行为，国家政治制度的现代化成为墨西哥现代化的首要问题。

墨西哥的经济现代化是 19 世纪末开始的，但它的政治现代化进程则要早得多。墨西哥学者一般都把 1876 年作为墨西哥政

---

① 美国《时代》周刊，1986 年 8 月 25 日。（特奥蒂瓦坎，地名，距墨西哥城 40 公里，古印第安人都城遗址，有著名的太阳金字塔和月亮金字塔）

② 罗杰·D. 汉森：《墨西哥发展政治学》，约翰斯·霍普金斯出版社 1971 年版，第 4 页。

治现代化进程的起点，理由是这一年墨西哥人民在自由派领导下打败了法国侵略者，推翻了墨西哥第二帝国的统治，"为实现墨西哥民族的以自由经济为基础的共和、民主和联邦结构的思想铺平了道路"①。实际上，自由派的斗争纲领是 1857 年宪法，而 1857 年之前还有一个 1824 年宪法，甚至在独立战争的最初阶段还有一个莫雷洛斯主持制定的 1814 年宪法，它们都是一脉相承的，都属于墨西哥政治西化运动的一部分。因此，说墨西哥的政治现代化进程开始于墨西哥独立革命，也未尝不可。墨西哥独立革命的一些先驱人物都受过欧洲启蒙思想家和百科全书派思想的影响，他们看到美国独立了，实行了共和民主制度，效果很好，发展很快，也想如法炮制，在墨西哥建立起共和民主制的国家，这是很自然的。但是，自由民主的旗帜一插到墨西哥的大地上，却完全不是先驱们所想象的那样带来什么自由民主，而是带来了灾难——军阀混战的灾难。聚集到自由民主旗帜下的并不是欧美国家那种怀抱公民责任心和义务感的公民，而主要是一些不知"公民"、"义务"为何物，被称之为"考迪罗"、"卡西克"的地方军阀和地方首领。于是，无休止的内战开始了，在墨西哥历史上出现了一个长达一个世纪的、可怕的"考迪罗主义时代"，一个军人决定一切、统治一切的暴政和内战的时代。

据历史记载，墨西哥第一个考迪罗就是首先举起独立革命旗帜、领导独立起义的"墨西哥独立革命之父"——伊达尔戈②。

---

① 奥玛尔·马丁内斯·莱戈雷塔主编：《墨西哥现代化与革命比较研究》，联合国大学 1989 年版，第 30 页。

② 阿古斯丁·奎·卡诺瓦斯：《墨西哥政治史》，墨西哥 1973 年版，第 183 页（参见安纳·马西亚斯：《墨西哥宪制政府的起源，1808—1820》，墨西哥 1973 年版，第 183 页）。

自他以后，随着独立战争的发展，各色各样的考迪罗政权不断涌现，成了当时墨西哥唯一有效的国家政治制度，被称之为"考迪罗主义"。《剑桥拉丁美洲及加勒比百科全书》在解释"考迪罗主义"这一概念时，引用了美国学者罗伯特·L.吉尔摩（Robert L. Gilmore）的定义："考迪罗主义可定义为目的在于夺取政权的个人主义和暴力的结合"，并说，考迪罗主义"是在缺少一种适合于代议制政府发挥作用的社会结构和政治组织的情况下选择和建立政治统治的一种手段"，还告诫人们，"考迪罗"一词不一定都是贬义的，它是一个不确定的概念。这就是说，"考迪罗主义"这个概念只是表明一种政治手段，并无价值褒贬的意思；考迪罗主义的非民主手段，并不等于使用这种手段的人，在任何历史条件下都是反动的。笔者认为这种意见符合拉丁美洲的实际情况。所以，本文在使用这个概念时，并不考虑各色考迪罗的个人评价，只抓住考迪罗主义政治的两个最根本的特征：暴力和独裁。本文所说的"考迪罗主义"就是指军人独裁政治，是一种与"法治"相对立的凭借军事暴力进行统治的"人治"。

考迪罗主义作为一种政治制度，给墨西哥社会带来了极大的破坏，使这个不幸的国家在独立后的一个世纪中遭受了1000多次军事暴动，在独立后的头30年更换过50多个政府，还常常出现好几个军事集团同时宣布建立政府的局面，使这个国家在帝制派与共和派、联邦派与集权派的轮番较量中不断流血。由于这个国家"在长期的内战中弄得四分五裂，因而丧失了一切发展的可能性"[①]，经济发展不但完全处于停滞状态，而且出现严重的

---

① 恩格斯：《1847年的运动》，《马克思恩格斯全集》第4卷，人民出版社1958年版，第513页。

倒退。农业生产减少一半，工业生产只有过去的 1/3；曾经是西班牙海外帝国骄傲的金银矿业陷入瘫痪；占成年男子 15%—30% 的 30 万劳动力失业；进出口贸易大减，从 1800—1810 年时期到 1861—1867 年时期，墨西哥的年均出口总值从 1600 万比索下降到 19.4 万比索，年均进口总值从 1400 万比索降到 400 万比索[①]。更严重的是，考迪罗主义的军人独裁统治常常是周而复始，反复出现。19 世纪末，墨西哥等国曾出现过暂时的"和平"和"稳定"，当时，有些学者曾据此作出结论说，军人统治阶段已告结束，文人统治已经开始，还说这是"一条不可避免的历史演变规律"[②]。但是，历史证明，这个结论过于乐观。墨西哥 1910 年革命后，考迪罗主义、地方首领主义仍然"是民主政治在墨西哥所取的形式"[③]。一讲民主，就是考迪罗横行，天下大乱；一讲秩序，就是考迪罗独裁专制，形成一种"无政府——独裁——无政府"的恶性循环。有些拉美国家甚至到现在也还没有打破这种恶性循环。所以，考迪罗主义问题一直是墨西哥等拉美国家现代化进程中的一大难题。

墨西哥考迪罗主义政治的出现并在墨西哥历史上构成一个考迪罗主义时代，并不是偶然的，它是由墨西哥独立革命开始后多种国内外因素造成的。

首先，西班牙 300 年封建殖民统治在墨西哥形成了一种专制独裁、强人统治的传统。墨西哥（新西班牙）殖民时期的政治制度是建立在封建大庄园制度基础上的。庄园是政治、经济合一的

---

① 罗杰·D. 汉森：《墨西哥发展政治学》，约翰斯·霍普金斯出版社 1971 年版，第 13 页。

② 埃德温·莱温：《拉丁美洲的军队和政治》，纽约 1961 年版，第 28 页。

③ 派克斯：《墨西哥史》（中译本），生活·读书·新知三联书店 1957 年版，第 147 页。

社会实体，各种社会机构一应俱全。一个庄园就等于一个独立王国。在那里，大庄园主实行超经济剥削制度。管家、监工之下，多是债役雇农，他们被债务的绳索牢牢的拴在土地上，没有人身的自由。与此相适应，政治上也是一种人身荫庇关系、个人效忠关系和家长统治关系①。殖民时代的政治是寡头政治。总督、地方首领和大庄园主就是法律；人们也习惯于服从这种法律。在这样的社会里，一旦实行共和民主法律，就等于废除"人治"，走向"无治"，天下大乱。大庄园主在失去殖民政府保护的情况下，为了维护自己的特权，必然要求助于当地拥有武装的考迪罗，以武力破坏共和民主法律。所以，有一些著名的墨西哥政治史专家说，在当时的墨西哥，"国家的条件使得暴力的统治或狡诈的统治比法制的统治更为有效，…… 我们所指责的那种违宪行为，正是违宪者的唯一出路"②。可见，独立战争时期出现的考迪罗主义就是在殖民时期大庄园主家长式统治和寡头政治传统的基础上发展起来的。

其次，长期的独立战争把军人直接卷进了政治斗争，并给了革命武装领导人以过分重要的政治地位。殖民时期，墨西哥一直没有自己的军队，直到殖民统治末期（18 世纪 60 年代），卡洛斯三世才在他的美洲殖民地建立了一支殖民地军，给土生白人家庭子弟以从事军职的机会。这支军队享有不受民事法庭管束的特权，具有凌驾于法律之上的传统。后来，这支军队的相当一部分转到了独立派的一方。此外，十多年的独立战争又造就了一支非常庞大的非正规革命军。这支军队大都是在战争地区自发组织

---

①　参见乔治·麦克布赖德《墨西哥的土地制度》（中译本），商务印书馆 1963 年版，第 33—40 页。

②　罗伯特·E. 斯科特：《转变中的墨西哥政府》，伊利诺斯大学出版社 1971 年版，第 104 页。

的，几乎都是非职业军人。独立实现后，这些军队的领导人自然就轻而易举地占领了殖民政府垮台所造成的政治真空。这样，新国家一成立，军队就承担起了政治的职能。此后，他们为了保持既得利益，越发致力于政治斗争。他们热衷于抢占地盘，发展割据势力，从而断送了玻利瓦尔等解放者们所精心设计的统一大业。在墨西哥那种封建性的、绝少社会流动机会的社会里，军人职业是唯一能够给中下层人们提供打破等级樊篱，通向权力、财富和社会特权之路的机会。因此，军人的势力就日益膨胀起来，成了各色考迪罗抢夺政权的工具。

再次，天主教同国家的对立和冲突。在墨西哥，天主教是最大的产业所有者，拥有极大的势力。据19世纪著名的德国旅行家洪堡估算，在墨西哥独立前夕，天主教在有些省份控制的土地，占这些省土地的80%。墨西哥著名史学家卢斯·阿拉曼也揭露，天主教在全国城乡所拥有的资产占全国房地产总值的一半①。天主教还享有不受民事法庭审理的特权，在政府中占有高级职位，垄断各级教育。墨西哥独立后，天主教为了维持其不容动摇的政治经济特权，积极支持一切愿意尊重和保护教会利益和财产的考迪罗，同全国政权分庭抗礼，并发动了两次内战，成为考迪罗主义最重要的社会支柱。

最后，除了上述墨西哥社会自身所存在的根本原因之外，还有一个同整个世界现代化进程密切相关的外部原因，这就是在资本主义残酷竞争情况下早现代化国家对迟现代化国家的侵略、扩张、压迫和文化渗透，也就是近年来学术界所谈的"迟发展效

① E. 布拉德福德·伯恩斯：《简明拉丁美洲史》（中译本），湖南教育出版社1989年版。

应"① 对墨西哥的严重挑战。因为发展落后，墨西哥在着手现代化改造和建设的时候，世界已被早发展国家所控制，使墨西哥陷入一种与早发展国家的特殊依附关系之中，丧失了早发展国家那种独立、主动发展的可能性。事实是很清楚的，独立战争结束不久，新的武装侵略就接踵而至：1829 年西班牙重新征服墨西哥的尝试、1832 年美国移民在得克萨斯的暴动、1838、1839 年法国侵占韦拉克鲁斯的所谓"馅饼战争"、1846—1848 年美国侵略墨西哥并吞并墨西哥大半领土的战争、1854 年法国在墨西哥下加利福尼亚制造"分离运动"的战争、1861—1867 年法国侵略并占领墨西哥的战争，等等，据 G. 加西亚·坎图（Gaston Gareía Cantu）统计，从 1801 年到 1878 年，墨西哥光是遭受美国的侵略、威胁、掠夺和凌辱，就有 74 次之多②。这就给墨西哥现代化提出了一个早发展国家从未有过的争取和捍卫民族独立的艰巨任务。因为发展落后，在早发展国家的示范作用下，墨西哥很多政治的、社会的和经济的斗争都超前发展了：在没有独立准备（没有建立民族国家的基础）的情况下搞起了独立（结果是新西班牙最保守的力量为反对西班牙的自由主义改革而宣布了独立，带来了新西班牙的分裂和地方割据，不得不在独立之后还要花近一个世纪的时间来建立自己的民族国家）；在交通落后③、地区割裂、尚未形成国内统一市场、缺乏资本主义经济联系的情况下，搞起了联邦

---

① 参见罗荣渠《论现代化的世界进程》，第 5 节。

② 巴勃罗·冈萨雷斯·卡萨诺瓦：《墨西哥的民主》，墨西哥时代出版社 1974 年版，第 81 页。

③ 1820 年，墨西哥只有 3 条勉强称得上是公路的道路。到 1860 年，才有总共 24 公里长的铁路。由于没有交通网，整个国家在地理上被分割成成千上万个相互隔离的小社区（参见罗杰·D. 汉森：《墨西哥发展政治学》，约翰斯·霍普金斯出版社 1971 年版，第 12 页）。

制［结果是有邦无联，实际上是使印第安社会的地方首领主义（caciquismo）合法化了，兴起了无数地方考迪罗，带来无数地方纷争和流血冲突］；在尚未形成能发挥领导作用的墨西哥资产阶级、广大农村还普遍存在人身依附关系的情况下，搞起了早发展国家的那种自由民主〔结果是墨西哥社会的各种落后势力和利益集团（包括贫困阶层在内），都在自由民主的旗号下登上了政治、军事斗争的舞台，成为各色考迪罗利用来争权夺利的工具〕。总之，因为迟发展，墨西哥除了经济基础这个领域变化不大外，几乎一切现代领域的斗争都超前发展了。也就是说，早发展国家几百年现代化进程所陆续提出和完成的目标，都一股脑儿提到了墨西哥现代化的日程上。墨西哥学者丹尼尔·莱维（Daniel Levy）曾把这些目标归纳为政治稳定、政治自由、经济增长、经济平等和民族独立等 5 项。其实，这个归纳是以 1910 年革命后的事实为依据的，如果反映全过程，还应加上"经济自由"这个目标。所有这些目标在理论上都是无法否定的，但在墨西哥社会的具体条件下，其实际操作则非常困难，甚至是相互矛盾的：政治稳定与政治自由不可兼而得之，经济增长与经济平等成为两难选择，贪图经济增长的资产阶级不容工农劳动者经济平等，追求政治稳定的统治集团拒不给工农阶级以政治自由……这都是迟发展效应在墨西哥的反映。迟发展效应所产生的这种超常发展的社会矛盾，根本不是墨西哥当时脆弱的政治制度所能承受的，因而进一步加剧了墨西哥社会的动乱，使考迪罗主义得以经久不衰。

由此可见，考迪罗主义是迟发展的墨西哥社会在步入现代化征途之后一个相当长时期中难以避免的一种历史现象和难以解决的一个历史难题，是资本主义现代化的迟发展效应与墨西哥自身落后的生产力、生产关系相结合的产物，或如埃德温·

莱温所说的，是"西班牙美洲政治植物上开出的一朵特有的花"①。

自由派政治西化道路的破产

考迪罗主义是军人独裁政治，是社会动乱的象征，所以从它出现的时候起，就有了反考迪罗主义的斗争。最初，反考迪罗主义的武器只有两个：一个是皇权主义，即想复辟过去的君主专制制度，以求政治的稳定；另一个是自由主义，想走政治西化的道路，用早发展国家的代议制民主制度取代考迪罗主义政治。皇权主义是倒退的道路，到 19 世纪 60 年代就彻底失败了。自由派的政治西化运动虽然战胜了保守派的皇权主义，但它自身却也不能在墨西哥扎根，很快就被考迪罗主义的专制独裁统治所取代。自由派政治西化运动的历史可以追溯到独立革命开始的年代。第一个考迪罗伊达尔戈起义不久，即意识到考迪罗主义政治的危害性，曾想召集议会，实行宪政，以取得权力的合法性，被称为墨西哥"历史上第一公民"②，但事未果即被捕殉难。后继考迪罗莫雷洛斯于戎马倥偬之中坚持召开制宪会议，于 1814 年制定了墨西哥历史上的第一部宪法——《争取墨西哥美洲自由的宪法》（又称"阿帕津甘宪法"），照法国 1793 年宪法和西班牙 1812 年宪法的榜样，确定主权属于人民、主权由国会行使、法律代表全民意志、中央集权、三权分立、共和政府等资产阶级代议制民主原则。但第二年，莫雷洛斯牺牲，宪法也被人遗忘了。1823 年伊图尔比德帝国倾覆后，墨西哥共和国建立，并按美国宪法的样

① 埃德温·莱温：《拉丁美洲的军队和政治》，纽约 1961 年版，第 2 页。
② 阿古斯丁·奎·卡诺瓦斯：《墨西哥政治史》，墨西哥 1973 年版，第 65 页。

板，制定了 1824 年宪法，称《墨西哥合众国联邦宪法》。该宪法与美国宪法的唯一区别，就是删去了美国宪法中有关宗教自由和陪审制的规定，宣布罗马天主教为墨西哥国教，完全是一些土生白人知识分子玩弄的自由主义漂亮言辞。进入改革时期（1855—1872）之后，以华雷斯为首的一代自由派政治家决心建立宪法政府，实行法治。他们认识到，要实行法治，就必须废除教会、军阀和地方寡头的独立权力，改革公社村落的落后社会关系，认为教会、军阀、地方寡头和公社村落是法治和政治稳定的四大敌人。因此，他们制定了以这四大敌人为改造对象的 1857 年宪法，规定采用联邦制的国家形式和代议民主制的政府形式，特别强调人权是制度的基础，规定要废除特别法庭、贵族头衔、世袭职位，宣布教育、劳动、思想、结社、贸易、出版等自由权神圣不可侵犯，从而取消了教会和军队的特权。结果引起了教会、军队和地方寡头的联合反抗，爆发了改革战争。战争以自由派的胜利告终。战争结束后，信奉西方民主制的华雷斯不管条件成熟不成熟，执意要执行宪法的自由，对战争中的敌人实行大赦，并容许教士批评政府。结果，国会成了攻击总统的工具，甚至有差不多一半议员要求华雷斯辞职。而且，当议员们在国会的讲坛上高谈阔论时，国会外面的反动派却在杀人，自由派的重要领袖奥坎波、德戈亚多、伐耶等相继惨遭杀害。若不是法国的侵略使民族矛盾上升为主要矛盾，墨西哥又会四分五裂。抗法战争胜利后，鉴于过去的历史教训，华雷斯对 1857 年宪法已不像过去那样充满幻想。他认识到，在恢复共和国期间，如按 1857 年宪法的规定建立一院制议会，议会必自行其是，必须有一个强有力的政府来控制议会。为此他进行政治改革，想建立一个强大的中央集权制国家，但这时的自由派已分裂为庄园派和中产派，改革难以进行，动乱达到从未有过的地步。改革的时代是墨西哥历史上"唯一一个个人政治自由的时代"①。随着华雷斯改革的失败，这个时代也就结束了，历史进入了迪亚斯专制独裁时期。

迪亚斯执政的时候正是世界掀起第二次现代化（工业化）浪潮的时期。在现代化浪潮的冲击下，在过去几十年墨西哥自由派西化运动一再失败的教训下，自由派考迪罗迪亚斯一反自由派几十年的传统，抛弃了政治自由的目标，实行一种"经济自由主义与政治独裁主义相结合"的统治模式。他以中央考迪罗的独裁统治来制伏地方考迪罗的飞扬跋扈，从而打破了考迪罗主义政治的"无政府——军人独裁——无政府"的恶性循环，为墨西哥的经济现代化提供了一个为时30多年的和平稳定时期。在他统治时期，墨西哥经济有了巨大发展。出口总值增长6倍多，铁路从1873年的470.8公里增至1910年的19748公里，工业方面除原有的纺织、造纸、制糖等轻工业有了较大发展外，又开始建起了现代电力工业、钢铁工业和化学工业。但是，经济的现代化必然要为政治的现代化开辟道路，这就使迪亚斯的统治模式越来越深地陷入自相矛盾的泥潭：经济越是自由发展，他的考迪罗主义独裁统治就越丧失存在的基础，越加变得虚弱。之所以如此，是因为迪亚斯政府的现代化有三个致命的弱点：

第一，依赖外国资本，受外国的控制。迪亚斯的首要信条是以"秩序与进步"为旗帜的实证主义。他唯一追求的目标就是稳定与增长；既然民族独立与经济增长不可兼得，他就竭力鼓励外国投资。从1884年到1911年，进入墨西哥的外国资本从1亿比索增加到34亿比索②，1902年，美国有1117家公司在墨西哥

---

① 丹尼尔·莱维、加夫列尔·塞克利：《稳定的变革，墨西哥政治制度的矛盾》，墨西哥学院1985年版，第70页。

② 丹尼尔·科西奥·比列加斯：《墨西哥近代史》，墨西哥1965年版，第1162页。

投资，墨西哥 70% 的铁路和 3 家大银行都为这些公司所有。墨
西哥的大片土地也落到美国公司手里，从 1880 年到 1890 年，科
阿韦拉州有 200 多万公顷最好的棉田卖给了芝加哥辛迪加；索诺
拉州有 29 万多公顷牧场和耕地卖给哈特福德公司和犹他康采恩。
1900 年美国多恒尼公司以每公顷不到 2.5 美元的价格购买了墨
西哥坦比哥周围的 30 万公顷丛林地，不久洛克菲勒公司和考德
雷公司也来到这里，这 3 家公司控制了墨西哥的石油生产。到
1911 年已有 6 万多美国人进入墨西哥重要经济阵地，在墨西哥
土地上形成一个真正的外国统治阶级①。民族矛盾激化了。

　　第二，对农民和土著居民的残酷掠夺。外国资本首先投资于
铁路，铁路的开发引起土地价格上涨和农产品商品化，结果出现
了一个国内外大庄园主野蛮掠夺土地的过程。到 1910 年，中部
高原地区 90% 的印第安人村庄再也没有任何公共土地，有些州
的村落甚至连"一只山羊的牧场"都没有了，全国差不多 90%
的农民家庭失去土地。索诺拉州的亚基斯部落和尤卡坦州的玛雅
部落都因为反抗掠夺、保卫土地而整个被迪亚斯政府摧毁。改革
时期曾一度衰落的大庄园制和债役制重新猖獗起来，广大农村的
阶级斗争空前尖锐。

　　第三，考迪罗专制独裁政权极端僵化。迪亚斯的独裁统治是
一种靠军事镇压、金钱收买和个人效忠而建立起来的寡头统治。
这种统治的经济基础主要是外国资本和大庄园制度。源源不断的
外国资本使他有足够的实力控制军队和地方考迪罗，同时，也正
因他离不开外国资本就不得不实行专制独裁，以确保争取外资所
必不可少的"秩序"。因此，一切政治、军事、社会、经济大
权，他都要由自家的亲信寡头集团来控制，即使他的政府已经成

---

　　①　丹尼尔·詹姆斯：《墨西哥和美国人》，纽约 1963 年版，第 119 页。

了养老院，他也不容新的力量插手，更不容有政党、工会等党派和群众团体存在。1891 年，一些忠实于迪亚斯的实证派知识分子想成立一个以实证主义"科学"原则为基础的政党来巩固迪亚斯政权，同时也对迪亚斯进行某种约束，以便在迪亚斯去世之日能够有秩序地交接政权，但就连这样一个计划也遭到迪亚斯的反对，足见其僵化到何等程度。

经济自由主义与政治独裁主义相结合的现代化道路，在历史上也有过成功的例子，譬如，德国和日本。但德国、日本毕竟是享有充分主权的殖民主义国家，国内的阶级矛盾可以转嫁到国外殖民地，政治上有一定的回旋余地，而迪亚斯统治的墨西哥则是一个被外国帝国主义的经济、政治势力控制的国家，这使他的独裁政权完全丧失了主动性、灵活性和适应性。本来迟发展效应已使墨西哥的现代化面临比早发展国家多得多的矛盾和难题，特别是因经济发展而逐步成长起来的新兴资产阶级利益集团同迪亚斯寡头集团的矛盾一天天尖锐起来，又加之这个政权如此僵化、狭隘、缺乏自我调节能力，在这种情况下，革命的总爆发显然是不可避免的。1910 年，著名的墨西哥革命终于爆发了。迪亚斯政权不到 5 个月即土崩瓦解，墨西哥的现代化进程也随之断裂，本来可以赶上世界第二次现代化浪潮的机遇又失去了，已经中断了30 余年的考迪罗主义乱世又回到墨西哥。所有这些都标志着墨西哥 19 世纪几代自由党人的政治西化和经济西化运动都以失败而告终了。

墨西哥宪法改革

1910 年墨西哥资产阶级革命在强大的农民武装的积极参加下取得了胜利。1916 年 12 月，卡兰萨召开了制宪会议。以卡兰萨为首的温和派主张建立一个中性政府，认为政府不应对社会发挥积极干预的作用，而以奥夫雷贡为首的激进派则总结了过去一个世纪自由派政治西化运动一再失败的历史教训，特别是前不久温和派马德罗惨遭杀害的教训，主张建立强有力的政府，认为政府可以而且应该对社会发挥积极的作用。经过激进派的努力，会议以压倒优势通过了经激进派完全重写的宪法草案（最初的草案是卡兰萨提交大会的）。这就是世界著名的墨西哥1917年宪法。

1917年宪法继承和发扬了1857年《墨西哥合众国联邦宪法》的民主精神，重申墨西哥实行联邦共和国制和资产阶级代议制，更重要的是肯定了1910—1917年革命的成果和革命的方向，对1857年宪法进行了重大的原则修改。在此之前，包括1857年宪法在内的所有墨西哥宪法都是以法、美两国的自由主义宪法为蓝本的，都把个人主义确立为宪法的思想基础，新宪法则把宪法的思想基础从个人方面挪到了社会方面，提出了"社会权利"原则，把社会利益提到了首位。墨西哥革命派对宪法作出这种变革的背景是很清楚的。首先，西方发达国家的宪法思想到19世纪下半叶已经受到西方进步思想家的批评。西方发达国家的宪法都是在18世纪西欧、北美资产阶级革命的背景下制定的。当时，革命的动力是资产阶级个人主义的经济利益，政府的职能就是要使人服从自由竞争的规则：凡不具备成功企业家的技能、事业心或好运气的人都不应受社会的保护，亦不配受社会的保护。思想界甚至还有人把生物界的"物竞天择"、"适者生存，不适者淘汰"的规律用于人类社会，出现了为个人主义辩护的"社会达尔文主义"理论。这些政策和理论虽然能刺激经济的进步，但也创造了一种新的专制，即"强者"、"适者"对"弱者"、"不适者"的专制，因而带来了尖锐的社会冲突。这种后果并不是自由派哲学家事先预想和要求的。但是，经济活动一旦摆脱社会的约束，就不可能防止富人取得政权和特权。所以，到19世纪下半叶，许多思想家开始对自由资本主义提出批评，要求国家重新控制经济活动。马克思则从科学的高度探讨了资本家致富的原因，创立了剩余价值学说和无产阶级革命的理论。思想理论的这种发展对墨西哥特别是对墨西哥知识界产生了巨大的影响①。其次，墨西哥自由派近一个世纪政治西化运动的失败已多次证明这种以个人主义为基础的宪法不符合墨西哥的实际需要。如前所述，由于迟发展效应的影响，墨西哥政府已面临政治自由、民族独立，经济增长、经济平等、政治稳定等多项施政目标，而不能只抓住对少数人有利的一两个目标而不顾其他目标。实际上1910年革命爆发后，墨西哥农民争土地和墨西哥工人争劳工权利的运动已经蓬勃发展起来。这样，就必须给这多种目标找到一个共同的利益基础和法律基础，使这些目标能够在一个共同的原则基础上得以实现和发展，同时也需要给国家以调解、仲裁社会各阶级之间的矛盾和冲突的权力，并给这种权力以法律的依据。显然，要做到这一点，旧宪法的个人主义思想原则就不能不改变。

根据新的社会权利原则，1917年宪法主要对旧宪法的公民权或人权思想进行了修改。所有墨西哥旧宪法毫无例外地都有关于平等权、安全权、财产权和自由权的规定，并规定这都是神圣不可侵犯的个人权利。1917年宪法继承了旧宪法关于公民权的规定，在"个人保障"的题目下，列举了同样的4项公民权，

①　如墨西哥著名的自由派后裔卡米洛·阿里亚加（Camilo Arriaga）1910年成立立宪自由党，开始由传播华雷斯的思想转到宣传克鲁泡特金的哲学、马克思的《资本论》和马克思、恩格斯合写的《共产党宣言》，激烈批判资本主义、托拉斯和帝国主义。

但其中的财产权已不作为纯粹的个人权利，而是同第 3 条、第 123 条一起作为社会权利。1917 年宪法除了肯定私有制之外，还规定了对私有制的自由有所限制的社会权利，这就是著名的第 3 条、第 27 条和第 123 条的内容①。宪法规定："国家随时有权强迫私有财产接受公共利益所要求的形式，并有权为使社会受益而规定如何利用可以收归己有的自然资源，以便公平地分配公共财富，注意保护公共财富，实现国家的均衡发展和城乡人民生活条件的改善。"② 这就是说，个人财产权已不像过去宪法所规定的那样神圣不可侵犯，而是要服从社会利益的需要，当社会利益要求对私有财产作出某种调整时，社会就有权进行调整，以确保国家的均衡发展。

关于宪法的这一变革的意义，墨西哥宪法理论家帕拉西奥·迪亚斯（Palacio Díaz）曾作过分析，他指出，社会权利的政治法律性质是同"个人保障"不同的，社会权利的规定是从承认人与人之间的不平等的事实出发的，承认阶级斗争是经济条件所产生的一种社会现实，深信社会权利的规定有可能通过政权的干预达到这些阶级之间的利益调和。在个人主义者看来，自由是纯粹个人的事情，是先于并独立于政治组织的。按社会权利原则，自由则是社会存在的公共条件，而不是个人属性；自由是在政治生活中确立的，属于政治范畴，发展自由的方向应该是从政治社会到公民社会，而不是如自由主义者那样，从公民社会到政治社

---

① 第 3 条规定教育由国家举办。第 27 条规定"国境线内的土地和水源为国家所固有，国家过去和现在都有权将其所有权转让给个人，成为私有财产"。第 123 条规定了合乎起码福利标准的工人的劳动工时、工资、分红、住房、医疗、教育等待遇，承认工人有依法组织工会和举行罢工的权利，并规定政府对劳资纠纷有调停和裁决的权力。

② 见墨西哥 1917 年宪法第 27 条。

会。由此就产生了国家指导和领导社会生活的权能并决定了当代墨西哥政治制度的特点及其法律基础。[①] 可见，1917 年宪法改革的根本意义在于它标志着过去一个世纪墨西哥以个人主义为基础的、始终与考迪罗主义结伴而行的自由主义政治制度的结束，宣告了一种以社会利益为基础、由国家领导和干预社会生活，从而结束了考迪罗主义的新的墨西哥的政治制度开始。

为国家政治生活的制度化而斗争

新的宪法虽然把各项革命目标的实现建立在国家干预原则的基础上，但宪法颁布后的最初一段时期，并不存在一个统一的有权威的国家政权。在这种情况下，国家的首要任务是建立秩序，树立法制权威，实现政治生活制度化。所以，1917 年以后近 30 年的墨西哥政治史，实际上是一部为国家政治生活制度化而斗争的历史。

一、军队的制度化

早在 1916 年制宪会议上，卡兰萨就提出军队非政治化的主张。但他担任总统后国内并不安定，起义和骚乱接连发生。为了控制局势，他不得不保持一支庞大的军队。奥夫雷贡执政后，一方面平定内乱，一方面裁减军队，最后只留下 50 个步兵营、81 个骑兵营、2 个野战炮团和 1 个山炮团[②]。卡列斯执政以后，任命年轻的印第安人 J. 阿马罗将军为国防部长，对军队进行大规

---

① 亚历杭德罗·德尔，帕拉西奥·迪亚斯：《宪法理论教程》，墨西哥 1989 年版，第 5 章。

② 格洛里亚·富恩特斯：《墨西哥军队》，墨西哥格里哈尔博出版社 1983 年版，第 115 页。

模的职业化和制度化的改造工作，使军队的建设走上了法制化的轨道。经过阿马罗和他的继任者的努力，军事叛乱减少，最后一次大规模军事叛乱发生在奥夫雷贡被暗杀不久的选举斗争中，叛乱平息之后，墨西哥军队开始稳定。卡德纳斯执政后建立了工农武装，并进一步加强军队的职业化。军队开始脱离政治斗争，逐步变成一支制度化的武装力量。

二、教会的制度化

教会曾经是墨西哥最大的地主和债主，在 1910 年开始的革命中，它竭力保护自己的特权，成了考迪罗主义最重要的社会支柱之一。教会的制度化基本上是通过一场持续了 3 年之久的战争解决的。战争的根本原因是教会的反宪法叛乱。1917 年宪法对教会做了种种限制：禁止教会开办小学和聘用外国教士，教士不得享有选举权和被选举权，宗教活动场所由政府指定并受政府监督；政府还规定了每州神父的最高数额。虽然政府最初对实行这些限制教会的条文并不认真，对教会的违宪行为也并不深究，但墨西哥教会却改不了殖民时期那种无论在世俗事务上还是精神生活上都"至高无上"的高傲态度，拒不接受政、教分离原则，甚至还妄想再次夺回对墨西哥社会和政治的控制权。1925 年 3 月，墨西哥各天主教集团联合组织"保卫天主教联盟"（Liga de Defensa Católica），并在各地设立分支机构，制定纲领，要求废除宪法中限制教会活动的有关条款。这一事态发展迫使卡列斯总统于 1926 年 7 月颁布法令对教会采取严厉措施，下令驱逐 200 名外国教士和修女，关闭所有天主教学校，命令全国的教士都要向当局登记，并想建立一个国立天主教，以取代反政府的天主教。教会的回答是举行全国罢教，并在 1927 年 1 月 1 日发动了武装暴乱，掀起了可怕的宗教狂热。暴乱得到美国哥伦布天主教骑士团和一些石油公司大亨们的支持。卡列斯为维护宪法的尊严和国家的统一，命令国防部长阿马罗领导正规军严厉镇压叛乱。但一直到卡列斯任期届满，叛乱仍未停息，形成旷日持久的武装冲突。在这种情况下，罗马教廷深感战争对教会不利，下令墨西哥主教同叛乱保持距离，力求与政府妥协。1928 年 12 月临时总统 P. 希尔执政，对政教冲突亦采取调解政策，恢复了同罗马天主教代表、墨西哥莫雷利亚（Morelia）大主教鲁依斯 - 弗洛雷斯的对话。经过美国驻墨西哥大使的调解，双方于 1929 年 6 月 21 日签订协议，政府承认教会任命神父的权力，承认天主教徒宗教信仰自由，教会则应允恢复中止了 3 年之久的宗教服务。由于卡列斯的不妥协的斗争精神，在墨西哥统治了 400 年之久的天主教僧侣统治集团终于作了让步，走上了服从法制、不干预政治的道路。

三、大学的制度化

同军人、教会一样经常同政府发生冲突的还有大学。大学虽然很少有可能单独推翻政府，但在很多情况下，却有能力组织或领导各种制造动乱的联盟。30 年代初到 40 年代初，大学仍然是许多动乱的策源地。为了维持政局稳定，政府于 1929 年给了大学以部分自治权，1933 年允许其完全自治。以后，卡德纳斯又创立国立工学院，大学与政府的矛盾趋于缓和。1944 年通过大学新章程，对大学和教师的权利给予了规范，把大学活动引向法制的轨道，并建立了大学管理委员会。大学由此获得了更大的稳定性。

四、考迪罗政治竞争的制度化

1917 年以后的墨西哥尽管有了新的宪法，但开始的十几年实际上还是考迪罗控制一切，只有军力最强、威望最高的全国考迪罗才能短时间控制政局。每到临近选举，必有一场争夺权力的军事暴乱。1920年政变上台的奥夫雷贡是全国最大的考迪罗。继他之后的总统是卡列斯。卡列斯任期将满之际，奥夫雷贡深恐政权落入反动派手中，建议修改宪法再次担任总统，并于1928年7月10日当选。但16天后即被一名狂热的天主教徒刺杀，墨西哥又一次陷入权力真空的危机之中。卡列斯深感必须实现考迪罗政治竞争的制度化，以结束"人存政存，人亡政乱"的不稳定局面。在他的组织和领导下，1929年3月创立了国民革命党（PNR），这是由全国大大小小的考迪罗和地方党派联合而成的官方党。由于全国各地考迪罗基本上都加入了这个党，政权的交接问题可以在党内通过和平协商解决；考迪罗个人的领导地位也由政党的领导地位所取代。卡列斯后来又进行了两项改革，一是在1933年修改宪法，恢复总统和各州州长不得连选连任的政治竞争规则；二是修改了党的章程，改集团入党制为个人入党制，淡化了地方集团的权力影响。过去那种内战不止的考迪罗主义政治逐渐转化为党治政治。

在军队、教会、大学和考迪罗这4个主要权力因素进入制度化轨道之后，墨西哥基本上告别了灾难性的考迪罗主义时代，开始走上了现代宪政制度的轨道。不过这里所说的制度化是在一定经济基础上的制度化，如果没有革命后的土地改革，没有几十年的经济发展，没有全国统一市场的形成和政府经济实力的增长（这些都是从根本上摧毁考迪罗主义社会经济基础的重要因素），恐怕任何制度化的措施也不会奏效。

卡德纳斯政治改革和墨西哥宪政制度的基本确立

国民革命党成立后，考迪罗的军事政治斗争虽已开始纳入法制轨道，但还不是真正按宪法办事的宪政制度，这主要表现在两方面：（一）总统的职能和作用还没有制度化。真正的政治权力并没有掌握在宪法总统手里，而是掌握在总统背后的"最高领袖"卡列斯的手里。国民革命党时期的 3 位总统——波斯特·希尔（1928—1930 年）、鲁维奥（1930—1932 年）和阿·罗德里格斯（1932—1934 年）都是卡列斯一手安置的。所以，在墨西哥历史上，这个时期被称为"最高领袖统治时期"（Maximato），是一种超法制权力的变相考迪罗主义政治。（二）工农运动和工农参政还没有制度化。由于迟发展效应，墨西哥的工农运动已超前（相对于早发展国家的相应时期的情况）发展起来了，而且这种发展从一开始就受到各式考迪罗的操纵。新成立的国民革命党只是一个地方考迪罗和地方党派的联盟，排斥了工农组织参与政治。

国民革命党成立之后的时期，正是世界资本主义爆发空前严重的经济危机的时期。危机所及，墨西哥工业生产停滞，商品农业萎缩，对外贸易额锐减，国民收入下降，劳动人民陷入深重的经济灾难之中。所以，30 年代初工人和农民争生存的斗争高涨，农民夺地、工人罢工及示威游行的事件不断发生。1933 年，墨西哥农民组织了农民联合会，同年 10 月，又成立了墨西哥工人农民总联合会（GOCM），并在宣言中把反对资本主义制度的阶级斗争确定为自己的政治思想原则。国民革命党和墨西哥政府深深地陷入了对工农阶级的领导危机。在这种形势下，卡列斯不得不推举在米却肯州领导土改有成绩的卡德纳斯为下届总统候选人，以期缓和严重的阶级矛盾。

卡德纳斯任总统（1934—1936 年）后，支持工农运动，实行与工农联盟的民众主义政策，很快就同"最高领袖"卡列斯为代表的超法制的考迪罗权力发生矛盾。冲突公开后，卡德纳斯依靠他对军队的有效控制和同工农组织的联盟以及细致谨慎的组织措施，终于把卡列斯分子一批批清除出政权机构，卡列斯本人也在 1936 年 6 月被驱逐出境①。

卡德纳斯在巩固了自己的总统地位之后，即着手解决工农参政及其与其他各集团相互关系的制度化问题。1937 年底，他决定解散国民革命党，号召建立一个"新的劳动者的革命党"②。这个新的革命党，就是 1938 年 3 月在国民革命党基础上成立的墨西哥革命党（PRM）。墨西哥革命党的成立是 30 年代初墨西哥工农运动发展的结果，是墨西哥政治制度发展史上的一次重大改革。这次改革的要点有二：（一）把包括工农在内的广大民众吸收进执政党，党的思想基础是墨西哥革命的新自由派思想同社会主义思想的混合物，承认"阶级的存在是资本主义制度固有的现象"③，主张用国家的权威去调解和仲裁阶级之间的矛盾。（二）把卡列斯建立的地区结构的官方党改造成职团结构的官方党。党已不再是地方考迪罗和地方党派的联合机构，而是按工人、农民、民众和军人 4 个职能社团划分的原则组织起来的广泛的、中央集权的执政党。党有 4 个职能部门——农民部、工人部、人民部和军人部。这种职团结构对于宪政制度的确立具有两个决定性的作用：第一，除军队外，党的其他三个部都有从基层到中央的垂直组织系统。譬如农民部，在基层有农民协会或地方农民联合会，州有农民联合会，各州的农民联合会组成全国农民联合会，其成员就是墨西哥革命党农民部的成员。这就使过去地

---

① 参见罗伯特·E. 斯科特《转变中的墨西哥政府》，伊利诺斯大学出版社 1971 年版。

② 巴勃罗·冈萨雷斯·卡萨诺瓦：《墨西哥的国家与政党》，墨西哥时代出版社 1985 年版，第 119 页。

③ 同上书，第 120 页。

区结构的国民革命党给各地考迪罗留下的一定的独立空间失去了存在的可能。第二，进一步把军队引入制度化的轨道。党内军人部的设置，表面上承认了军人干政的权力，实际上只是把这个既存事实公之于众，使其承担起对自己行为的责任，避免了他们非法干政的弊病，同时也把他们过去那种左右政局的决定性作用缩小到只占 1/4 的分量。到 1940 年卡马乔接任总统时，军人部就从墨西哥革命党内撤销了，标志着墨西哥军人已经在制度上同政治分离了。

经过革命后近 30 年的不懈斗争，特别是经过卡德纳斯的政治改革，现代资本主义宪政制度终于在墨西哥基本确立起来：军人已服从宪法政府的领导，教会和大学已同政府达成妥协，地方考迪罗、卡西克以及有组织的工人农民都已加入执政党，所有这些社会势力都已服从一个强大的政治机构；权力中心已不是某个人，而是不能连任的制度化的总统；总统的权力虽然同革命前的波菲里奥·迪亚斯一样至高无上，但已有了质的区别，它已不属于作为考迪罗的总统个人，而属于宪法所规定的总统机构和行政首脑制度。总之，墨西哥传统的考迪罗主义军事独裁制已过渡到现代宪政制度的总统制。"这个转变在 1940 年的政权交接中看得很清楚，这一年，卡德纳斯并没有像奥夫雷贡所做的那样，想自己重新当选总统，也不像卡列斯所做的那样，想'从宝座后面'行使权力，而是依法把国家的领导权交给了下一个选举产生的总统卡马乔。"① 此后，每 6 年一次的总统选举和权力移交制度化了。墨西哥人梦想了一个多世纪的宪法秩序终于确立起来。随着这一秩序的确立，墨西哥进入了一个革命以来从未有过的经济增

---

① 奥玛尔·马丁内渐·莱格雷塔主编：《墨西哥现代化与革命比较研究》，联合国大学 1989 年版，第 38 页。

长时代，这种增长很快使墨西哥从一个落后的农业国变成了一个工业农业国。

几点结论

一、从上述墨西哥政治制度发展的历史可以看出，墨西哥一个多世纪的政治现代化进程实际上只解决了一个从军人独裁到宪政制度、从考迪罗主义到总统制的变革问题，或者说只解决了一个权力集中法制化的问题。只是在这种法制化权力集中实现之后，考迪罗主义时代的无政府状态和寡头专制统治才得以结束，有组织的中等阶级、工人和农民才在国家的政治生活中有了自己一定的位置。这说明政治现代化和政治民主化并不是同一个东西，二者的发展并不一定是同步的。实现民主化需要有经济、社会、文化等各方面的条件，其中首要的条件是要有起码的现代经济基础，而现代经济基础的建立离不开制度化的秩序，而制度化的秩序要靠宪法范围内的权力集中来创立和保证；在无政府状况下，不但不可能有经济上的增长，也不可能有政治上的民主。所以，在尚未建立制度化秩序的地方，国家权力的适当集中是第一位的。但是，墨西哥的历史也告诉我们，权力集中的首要地位并不是绝对的，当民主发展严重滞后，造成政权僵化从而阻碍社会、经济的发展时，政治民主化问题也会上升为第一位的问题，弄不好会带来动乱，造成现代化的断裂。迪亚斯专制独裁统治的崩溃就证明了这一点。特别值得注意的是，由于迟发展效应的影响，发展中国家现代化所面临的政治参与等问题要比发达国家当初现代化时所面临的同类问题严重得多，广泛得多，因此也相应要求有更快的民主发展。但是这对于经济落后的发展中国家来说是很难的，首先得建立起巩固的宪政制度，解决权力集中问题。

著名政治学家亨廷顿曾经指出：墨西哥在政治现代化方面的可观成就在于"它获得了社会改革所必需的权力集中和集团认同所必需的权力扩大"①。也就是说，不论社会改革还是扩大民主，所不可少的一个共同条件就是要有一个权威的政治制度。

二、墨西哥的历史证明，从考迪罗主义到现代宪政制度的转变，是国家政治生活的各个方面不断实行制度化改造的过程，而其中对完成这一转变具有决定性意义的是 1929 年墨西哥官方党的建立和卡德纳斯政治改革。墨西哥正是通过官方党的凝聚作用、调节作用、教育作用和纪律作用，才最终结束了考迪罗主义政治，实现国家政治生活制度化的。

国民革命党及其演进形态的墨西哥革命党之所以有这么大的作用，是因为这个党并不是一般的资产阶级政党。在国民革命党诞生前的几十年中，墨西哥也曾产生过好几十个党，但墨西哥没有西方早现代化国家那种"阶级对立简单化"②的社会关系（即只有两个现代基本阶级——资产阶级和无产阶级的社会关系），而是存在着从中世纪到现代的多种利益集团以及这些集团所提出的多种相当矛盾的利益目标，从这些利益集团中产生的政党又大多为考迪罗所控制，没有一个政党能够代表社会的多种利益，能够承担起实现社会多种目标的任务，也没有一个政党能统治其他的党，所以，它们在考迪罗主义的纷争中只能时生时灭，成不了什么气候。国民革命党则不同，它是在1928 年墨西哥政治危机中，在 1917 年宪法所规定的社会权利原则基础上建立起来的政党，是一个广泛的、由各地方考迪罗

---

① 塞缪尔·P. 亨廷顿：《变化社会中的政治秩序》（中译本），生活·读书·新知三联书店 1988 年版，第 296—297 页。

② 马克思、恩格斯：《共产党宣言》，《马克思恩格斯选集》，人民出版社 1972 年版，第 1 卷，第 251 页。

及其党派联合组成的政治机构。它一诞生即同全国考迪罗卡列斯的权威相结合，随后又同墨西哥政治体系中至高无上的总统的权威相结合，成为名副其实的官方党、统治党。在此基础上，墨西哥建立起了拉美历史上独一无二的一党制宪政民主制度。迄今，这个党已维持墨西哥政治稳定 60 余年，为墨西哥现代化提供了安定的政治环境，创造了拉美历史上真正的奇迹。历史证明，一党制宪政民主制度对于墨西哥近一个世纪以来的社会条件来说，是一种适当的政治制度。

三、墨西哥创立自己的一党制宪政民主制度的过程是极其艰难和曲折的。其所以如此，除了国内社会经济落后及社会阶级关系和种族关系特别复杂等原因外，还有外部资本帝国主义势力的破坏和压力。在整个 19 世纪，墨西哥不但经常遭到资本帝国主义的侵略、颠覆和干涉，而且在政治制度上也因此丧失自主性，走了好几十年政治西化之路；只是在这条路上一再遭到失败，因而对世界资本主义秩序有了日渐深刻的体验和认识之后，才逐渐形成了一种民族精神，创立了维护社会共同利益的革命民族主义的思想理论，并在 1910 年革命胜利后制定了维护国家主权、有自己特色的宪法，开始走自己的道路。在长期的民族斗争中，墨西哥人民深化了自己的信念，正如卡德纳斯总统 1936 年 11 月给国会的信中所表达的："墨西哥民主的内容可以视为先进思想的普遍纲领，但它的学说有其自己的特点，它是从历史的过去、从墨西哥的特殊问题以及从解决这些问题的特殊措施中产生出来的。一切来源于其他国家，对我们自己完全陌生的运动，就其战术、纲领和政府政策来说，都是同墨西哥革命不相干的。"[1] 事实上，墨西哥的一党制宪政

---

[1]　转引自丹尼尔·詹姆斯《墨西哥和美国人》，纽约 1963 年版，第 253 页。

民主制度就是从土生土长的墨西哥传统中产生出来的，是从考迪罗主义的演变和改造中产生出来的。墨西哥独立后，从当时大庄园制统治的墨西哥产生出来的政治家和政治制度只能是考迪罗和考迪罗主义，新的现代政治制度不可能离开这个基础凭空创造出来，也不可能由考迪罗以外的什么人创造出来。无论是从独立战争到改革战争，还是从 20 世纪初的革命战争到 30年代的卡德纳斯改革（又称第二次革命），其间的伟大业绩无一不是进步派或革命派考迪罗领导人民创造出来的；随着生产力的发展，社会阶级关系的变化以及由此引起的革命和改革的不断推进，一代一代的考迪罗也不断获得改造，从最初的保守派考迪罗演变成自由派考迪罗，又从自由派考迪罗演变成革命派考迪罗，最后演变成现代宪政民主制度的总统。直到现在，我们仍可以在墨西哥的总统制上看到考迪罗的某些特征。多年来，有些外国人总喜欢拿欧美政治制度作标准来指责墨西哥的一党制宪政制度，说这个制度这儿"独裁"，那儿"荒谬"。这显然是不公平的，是脱离墨西哥历史实际的。对于这种指责墨西哥政府的回答是："墨西哥一党执政的局面是历史形成的，不是人为的"，"墨西哥实行的是符合本国国情的民主，并不需要任何外国给予教训"①。如果要问墨西哥宪政制度形成与发展的基本经验是什么，我看墨西哥官方的这句话已经作了很好的总结，这就是从国情出发，走自己的路。当然，这并不是说，墨西哥的宪政民主制度就已经很完善，不需要变革了，事实上，它只是奠定了资产阶级宪政民主制度的基础；60 年代以来，墨西哥已经多次进行政治改革，不断扩大民主。这里只

---

　　① 墨西哥内政部副部长阿图罗·努涅斯 1991 年 6 月在记者招待会上的讲话，见《人民日报》1991 年 6 月 14 日第 6 版。

是证明，墨西哥政治现代化成功之处，就在于它走出了一条墨西哥自己的路。

（原载《拉丁美洲研究》1993 年第 1—2 期）

关于进口替代工业化战略评价的几个问题

　　自 20 世纪 80 年代初拉美爆发债务危机后，西方发达国家的宣传机器就开足了马力，把批判的矛头一致指向拉美战后所实行的"进口替代工业化"发展战略，说这一战略已经失败，说"进口替代工业化已经不起作用，而自由政策下的出口导向工业化则卓有成效"这一点已成"定论"。甚至"一些最有影响的作者和政策顾问"还迫不及待地想把这一"定论"写进发展经济学。① 就是在中国，也有学者认为，凡采用进口替代工业化战略的国家都已"失败"，而一些东亚国家和地区则因为"以外向型经济发展战略取代了原来的进口替代战略"，因而"取得了经济发展奇迹"，所以，结论应该是："出口导向型的增长模式才是发展中国家的最好选择。"② 对于这一评价应该怎么看呢？本文

---

① ［英］休伯特·施米茨：《欠发达国家和地区的工业化战略：历史经验的若干教训》，载塞缪尔·亨廷顿等《现代化理论与历史经验的再探讨》（中文版），上海译文出版社 1993 年版，第 432 页。

② 范爱军、路颖：《进口替代战略的理论与实证缺陷》，《国际贸易问题》1997 年 12 月。

想就这个问题谈几点不成熟的意见。

一　"内、外向发展战略优劣论"有无道理?

近年来，人们在贬斥内向型进口替代工业化发展战略的时候，总是以东亚外向型出口导向发展战略的成功与之对比，因而广泛流行着一种"内、外向发展战略优劣论"。这种"优劣论"有没有道理，是我们首先要考察的问题。

拉美国家自独立以来，大体尝试了三种发展战略：外向型自由主义发展战略、内向型进口替代发展战略与外向型新自由主义发展战略。这三种战略的结局如何呢？19 世纪拉美国家所采用的外向型自由主义发展战略以 20 世纪 30 年代的世界资本主义经济危机而告终；20 世纪 30 年代拉美国家所开始采用的内向型进口替代工业化发展战略以 80 年代的世界性债务危机而告终；20 世纪 80 年代拉美国家在债务危机中所"接受"的外向型新自由主义发展模式，经过 90 年代连续两次发生的金融危机（1994 年底墨西哥金融危机和 1997 年 7 月开始的东亚金融危机），虽然不好说已告终结，但至少是已经发生了不少变化，而且有走上"第三条道路"即自由主义与民族主义相结合道路的趋势。这说明，三种战略尽管有内向、外向之分，但却是殊途而同归，最后都以经济危机或被迫调整而告终。因此，一定要在两种模式中分出一个优劣来，说外向型新、旧自由主义发展战略如何如何好，如何如何成功，进口替代工业化发展战略如何如何坏，如何如何失败，不但于事实不符，于逻辑也说不通。

学术界有一种较为普遍的看法认为，80 年代拉美国家之所以发生债务危机，是因为它们本来应该在进口替代工业化发展战略已显现出某种衰竭迹象的 60 年代或 70 年代就放弃这种模式，改用外向型出口导向发展模式，而它们没有这么做，延误了战略的转换，因而导致了 80 年代的债务危机。相反，东亚的几个国家和地区却能及时完成了这种战略的转换，因而得以避免了 80 年代的债务危机。实际上，80 年代东亚之所以能躲过债务危机，固然同它们的外向型发展战略有关，但主要是由美国在这个地区的地缘政治经济战略决定的。拉美与东亚虽然同处于一个地球之上，同处于一个国际经济体系和政治体系之中，但由于美国在这两个地区的战略利益不同，因而所采取的战略也不同，这两个地区的国际条件和所处的地区环境实际上有很大的差别。关于这一点，美国政治学家亨廷顿看得很透，他说，东亚的优势"不应着重归因于采用了更'合理的'市场导向政策，而是要归因于各种周期性和历史性因素的结合，以及归因于强有力的、有选择性的国家干预"①。智利的例子也可以为证。智利是 70 年代"及时"完成了战略转换的拉美国家，但也没有能躲过债务危机的灾难。十几年之后，采用了外向型出口导向发展战略的墨西哥和东南亚几个国家也相继爆发金融危机，这就更证明以内向、外向画线，以确定二者的优劣是没有道理的。实际上，如加里·杰里菲所指出的，"内向和外向发展战略都不是经济的万应灵药，两者都受一系列局限性和脆弱性的影响"，② 在一定的条件下，都有可能陷于危机。因此，要人为地在这些模式中作出褒贬和取舍，是不合适的。

另外，在战后 30 年中，拉美国家也并不是实行如有些人所说的什么纯粹的内向型发展战略，"把拉美和东亚作为内向和外

---

① 塞缪尔·亨廷顿：《现代化理论与历史经验的再探讨》，上海译文出版社 1993 年版，第 432 页。

② ［美］加里·杰里菲和唐纳德·怀曼编《制造奇迹——拉美与东亚工业化的道路》（中译本），上海远东出版社 1996 年版，第 23—24 页。

向发展战略的代表进行比较，是过于简单化了。……历史分析表明，所有这些新兴工业国（地区）都实行过内向和外向两种方法"；"进口替代工业化发展道路和出口导向发展道路事实上是相互补充、相互作用的，并非是相互对立排斥的。"①

　　总之，进口替代和出口导向这两种战略，都是重要的，都是一个国家现代化所不可缺少的，而且也是不可割裂的，人为地将其割裂，分出优劣，取其一，去其二，是完全错误的。

二　债务危机的原因究竟何在？

　　既然两种战略殊途而同归，都以经济危机而告终，那么，我们只能到这两种战略所运作的国际经济关系或国际经济秩序中去找寻危机的原因，因为只有国际经济关系或国际经济秩序才有可能是引起这些模式演变的共同的因素。只要我们找到了这个共同的因素，我们就不难发现，资本主义世界经济体系的生产关系对于发展中国家是很不合理的，譬如工业中心、农矿业边缘的旧的国际分工，以及由此产生的国际贸易中的不平等交换关系、国际资本流动中的剥削关系、国际金融体系中的不平等借贷关系、国际经济与货币组织中的不平等权力关系、国际贸易中决定竞争规则的大国支配关系、国际技术转让中的控制关系以及自由市场经济中资本无法无天的无序状态，等等。在这样一种国际经济秩序中，发生世界性的经济危机是不奇怪的，它正是资本主义自由市场制度所固有的一种周期性规律，是现行国际经济秩序所必然会发生的一种现象，是任何发展模式都逃避不了的，只能在国际社

────────────

　　①　［美］加里·杰里菲和唐纳德·怀曼编《制造奇迹——拉美与东亚工业化的道路》（中译本），上海远东出版社1996年版，第22页。

会都认识到这种规律之后，通过共同的努力，来改造这种制度或秩序。

从这个观点出发，我们就可以看到，拉美国家进口替代工业化发展战略之所以以危机而告终，就是因为在当代霸权国家统治的资本主义自由市场制度的国际经济秩序下，拉美国家的进口替代工业化发展战略没有可能发挥正常的作用，而是演变成了一种扭曲的工业化模式。拉美国家虽然实行的是进口替代工业化发展战略，但是在好些工业部门中，如金属机械、基础机械、化工、石油化工、电力以及耐用消费品和轻工产品等主要为国内市场生产的部门中，其动力基本上都来自跨国公司的参与，它们对资本货、原材料和技术进口的要求与日俱增，并要求向外国资本支付大量的服务费和各种补贴。结果，进口替代工业化发展模式扭曲成了"逆进口替代工业化"模式，完全背离了该战略设计的初衷，致使拉美绝大多数国家陷入了高额外债的陷阱。70 年代的石油危机促成了中心国家经济的衰退。石油危机的这一影响产生了两个方面的严重后果，一个是大量的石油美元无法投资于生产，就寻求主要到金融领域去赚钱，致使拉美国家在世界经济不景气的情况下有可能大量举借外债，从而更深地陷入外债的陷阱。另一个是工业化国家（特别是美国）为了转嫁危机，摆脱旷日持久的经济衰退，它们采取了大幅度提高利率、大幅度压低初级产品价格和削减同拉美国家贸易的措施，使拉美的出口遭受了严重的需求减少和价格大跌的双重打击。外汇的减少和债务的增多自然给拉美国家的收支平衡造成了强大的压力，终于在 1982 年 8 月从墨西哥开始爆发了全拉丁美洲的严重的债务危机。①

----

① 参阅 Juan Arancibia Cordova：*America Latina en los ochenta*，*reestructuracion y pers pectivas*，Mexico，1994。

　　总之，80 年代初拉美爆发的债务危机是不合理的国际经济关系的产物。90 年代东南亚几个国家金融危机的原因大体上也是这样。虽然这场危机直接导因于国际游资的冲击，但深层的原因仍然是跨国公司对这几个国家工业资本的控制和对技术的垄断，从而造成它们在国际分工中的不利地位和日益膨胀的外贸逆差（从 1985 年到 1992 年，东南亚几个国家的贸易逆差增加了好几倍）以及日益沉重的外债负担。最后导致了至今仍未平复的严重的金融危机。

　　所以，结论只能是，危机并不是或主要不是发展中国家某种发展战略造成的，而是世界资本主义自由市场制度的产物。因此，必须在如何改造世界资本主义自由市场制度，如何改造不合理的国际经济关系上思考问题。

三　从国际经济关系上去分析危机的原因是否违背马克思主义内因论？

　　当我们从国际经济关系上去分析拉美债务危机的原因时，常常可以听到一种反对的意见，即认为这种分析方法违背马克思主义的内因论。究竟应该怎样看待这个问题呢？

　　从某种意义上说，强调内因重要性的意见不是没有道理的。因为任何民族或国家，他们要想求得发展，改变自己贫困落后的命运，只能靠自己的努力，不能靠上帝。但是，我们还应该看到，第三世界国家正是在帝国主义国家或霸权国家主导的国际经济秩序之中求发展的，它们不可能逃离这个现实的国际经济秩序，而在幻想中求发展。它们必须面对这个现实，想办法团结一切可能团结的世界进步力量，来逐步改造这个秩序，并在改造国际秩序的同时，改造自己的国家。所谓靠自己，就是要靠自己的力量来改造世界。按照辩证唯物主义观点，任何矛盾的双方都是可以在一定条件下相互转化的，内外因这一对矛盾也不例外。在一定条件下，国境以外的事变对于国内来说是外因，但在另一些条件下，譬如在国际经济秩序变革这个范围内，国际经济关系的变化就属于内因了，因为国际经济秩序变化的根据只能是国际经济关系或国际经济生产关系中基本矛盾的运动。所以我们从国际经济关系中去实事求是地找寻发展中国家落后的原因，分析进口替代工业化发展战略或出口导向工业化发展战略之所以最后以危机而告终的原因，并不违背马克思主义的基本原理。

其实，真正反对从国际经济关系上去分析拉美债务危机原因的是自由主义学派。譬如拉美自由主义学派的代表阿普莱约·门多萨就极力反对把第三世界国家的落后归咎于帝国主义国家的剥削，他说，第三世界国家之所以贫穷落后，责任根本上在于它们自己。[1]。这派人当然不会去理会马克思主义理论，但是，很清楚，这一派人恰恰就是极端的外因论者，因为他们极力反对致力于内源发展的进口替代工业化战略，好像只要到世界上去自由买卖，国家就能富裕起来。这当然是骗人的。如果真要坚持马克思主义的内因论，那就应该重视一个国家的内源发展，重视如何去推进本国的进口替代工业化战略。因为没有内源的发展，不提高本国的生产力水平，光靠对外贸易，是不可能使自己的国家富裕起来的。在这一点上，亨廷顿对巴西经济的分析倒是很有启发的，他说，"（巴西的）进口替代政策是相对成功的"，"在进口替代工业化条件下所获得的纵向整合的程度在很大程度上互为主顾的各种工业的同时增长中所显现出来的景象，是一种显著的均

---

① 阿普莱约·门多萨：《新自由主义的幽灵》，哥伦比亚《世代报》1998 年 7 月 19 日。

衡增长……许多互相补充的工业同时发展，并起到自我强化因素的作用。"①

四 进口替代工业化同对外开放是什么关系？

有些学者在讨论进口替代工业化发展战略评价问题时，往往把对外开放与进口替代工业化对立起来，认为二者是不相容的。如巴拉特·特莱汉有一篇文章一开头就引用经济学家马歇尔的话"确定国家经济进步的原因属于国际贸易的研究范畴"，认为只有国际贸易才能带来经济的进步。接着他就批评拉美国家说："但是，在本世纪的过程中，许多国家抛弃了对外贸易，试图通过像进口替代这样的策略来促进经济的增长。"② 这是一种很典型的把国际贸易与进口替代对立起来的意见。这种意见有两点值得商榷，第一，拉美国家为了保护本国民族工业的发展，曾经对进出口贸易作了一些限制，以保护本国的市场，这种做法在度的掌握上和时间长短的掌握上存在什么问题，有哪些错误，是可以讨论的。但是说拉美国家"抛弃了对外贸易"则未免言过其实。实际上，拉美国家是很懂得对外贸易的重要性的，因为他们如果没有足够规模的对外贸易，他们就不可能买回进口替代工业化所需要的资本货和中间产品。拉美国家是战后最早提倡并实践地区经济联合的国家（如 1960 年就成立了中美洲共同市场），它们之所以要搞地区经济联合，目的就在于扩大出口市场，发展对外贸易。第二，说进口替代战略完全无助于经济增长则更是错误

① 塞缪尔·亨廷顿：《现代化理论与历史经验的再探讨》，上海译文出版社 1993 年版，第 453 页。

② 巴拉特·特莱汉：《贸易于经济增长之间的关系》，[美]《华盛顿经济报道》双周刊，1994 年 7 月 13 日。

的。其实，开放水平和对外贸易水平的高低从根本上来说，是由进口替代工业化水平决定的：进口替代工业化的水平越高，国内生产的制成品（包括高科技产品）水平也就越高，就越能取得对外开放的资格和自由；如果连本国的基本消费品市场都占领不了，那还谈什么对外贸易，那就只有出卖自己的自然资源；自然资源卖光了，就只有借债开放，用借来的钱购买所需要的消费品。这样的经济只能是越来越穷，哪能谈得上经济增长。对外贸易固然是发展经济的强大动力，但离开了进口替代工业化，离开了发展民族经济，对外贸易就失去了根基。东亚"四小龙"后来之所以能够把出口结构从以原来的初级产品为主提高到以技术密集型产品为主，也正是他们实现了进口替代工业化的结果。所以，把对外开放同进口替代工业化完全对立起来是没有道理的。

人们之所以把进口替代工业化同对外开放对立起来，在很大程度上是从保护与开放的矛盾这一点来推论的。其实，对于发展中国家来说，无论采用哪种战略都是既需要开放，又需要保护，因为对"幼年工业"的保护就是为了对"成年工业"的开放，取消了对"幼年工业"的保护，也就没有了"成年工业"，自然也就谈不上对"成年工业"的开放。所以，开放同保护从根本上来说是不矛盾的，是相辅相成的。当然，保护的合理性十分重要，因为保护过了头，"幼年工业"就长不大了，同样也就没有了"成年工业"。正确的做法应该是要根据实际的情况和需要以及生产力水平的变化不断对开放（自由）和保护的程度和时间作出适当的选择和调整。

五　根本的分歧在于要不要工业化

进口替代工业化发展战略是发展中国家的工业化战略，不言而喻，反对进口替代战略也就是反对发展中国家的工业化。所以，有学者对 80 年代的反进口替代思潮作出了如下的概括："80 年代思想上最大的转折之一，就是对国家促进工业化政策的否定。"[①] 其他许多学者也都指出了这一点，如墨西哥经济学家雷内·比利亚雷亚尔指出，"新自由主义战略的必然结果是拉美经济的非工业化进程"；美国杜克大学教授加里·杰里菲指出，"南锥体国家的极端自由主义造成了广泛的工业化倒退"等。有的自由派学者还公开反对发展中国家工业化，如英国的迈因特就不主张印尼搞工业化[②]，美国学者拉·马龙尔和贝戴维斯甚至认为旧的工业化的发展概念已经过时，[③] 等等。这股思潮的流行对于发展中国家来说，的确是个严重的挑战。

发展中国家之所以称为"落后国家"，最主要的标志就是这些国家没有工业，或工业落后，就是这些国家所需的工业品必须依靠进口；而一旦进口中断，这些国家的经济就会陷入混乱。所谓"进口替代"实际上并没有什么深奥的意义，无非就是发展中国家发展工业，改变工业品完全依靠进口这样一种落后状况的意思。所以很清楚，进口替代从本质上来说，就是落后国家实现工业化和现代化的必由之路；否定进口替代，也就是否定发展中国家的工业化之路和现代化之路。当然，发展中国家的情况千差万别，其进口替代的范围和程度，当因地因国制宜，不能一概而论。但是，进口替代这个带有根本性意义的战略是不应该否定的。以比较利益理论为依据的"自由主义"发展战略，实际上

---

① Rodrigo Arocena, La cuestion del desarrollo, vista desde America Latina, Una introduccion, Uruguay, 1995. p. 14.

② 参见罗荣渠主编《各国现代化比较研究》，第 327 页。

③ 拉希米·马龙尔和贝内特·戴维斯：《新兴国家应避免的发展道路》，美国《未来学家》双月刊 1998 年 1—2 月号。

是一种旨在维持"西方(北方)工业,东方(南方)农业和原料"这样一种国际分工体系而提出的发展战略;对于落后国家来说,这是一种非工业化的发展战略,因而也是一种没有前途的发展战略。理由很简单,天然原料是有限的,而农业又要受土地和人口的限制;光靠农业和原料这点自然资源的"比较利益",发展中国家是无法实现现代化的。所以,一般地说,要现代化,就必须工业化,这是不言而喻的道理。1929—1932 年世界经济危机后,从拉丁美洲国家开始,几乎所有已经争得独立的发展中国家都以实现工业化为自己的奋斗目标,道理就在这里。

从 70 年代起,为了摆脱经济衰退和推进欠发展国家的改革,西方发达国家开始了以新自由主义为范式的改组。但是,在拉丁美洲,除了个别国家,这一改革提议并没有得到很大的反响,只是到 80 年代爆发债务危机后,新自由主义发展战略才开始被拉美国家所"接受"。然而,在当代要求有很高现代化水平才能对付的日益激烈的国际竞争中,建立在比较利益基础上的新自由主义发展战略,并没有给拉美国家带来多少比较利益。新战略虽然是外向发展的,但它的基础是落后的,所以很快就接二连三地出现了危机。危机是很好的教师,拉美人民从危机中已越来越清楚地认识到非工业化进程的危害性,因而正在探索新的发展战略。墨西哥贸易和工业发展部 1996 年公布的《工业政策和对外贸易计划》就重新坚持要发展进口替代,明确提出要"促进国内市场的发展并替代进口,以支持民族工业步入国际经济的行列"①。这证明尽管 80 年代以来反对发展中国家工业化战略的思潮十分强大,但在这个大是大非的问题上,拉美人民迟早是会有个正确的答案的。

---

① [墨]《对外贸易》月刊 1996 年 8 月号。

六　结论

在本文结束的时候，回顾一下 19 世纪初期经济学界的论战是很有必要的。当时，学术界就存在着代表发达国家英国利益的 A. 斯密经济学与代表德、美等发展中国家利益的李斯特经济学之间的论战。李斯特是德国保护关税政策的首创者，他认为创造财富的力量远比财富本身更重要。它批评斯密经济学是世界主义经济学，而不是国民经济学；是"交换价值"经济学，而不是生产力经济学。这场论战本身并没有特别之处，值得注意的是，当时的发展中国家德、美等国正是遵行李斯特派经济学，实行进口替代工业化发展战略而获得成功的；而拉美国家则是接受了斯密经济学，奉行了自由主义发展战略而逐步与北美拉开距离，沦为边缘国家的。

现在，又一场类似的论战正在展开。历史的经验告诉我们，这是一场关系到发展中国家前途命运的论战。如果在这场论战中对当前的经济全球化趋势没有一个正确的认识，对发展中国家现代化进程的历史经验没有一个正确的总结，就不可能在现代化的伟大事业中制定出正确的战略，更不可能有战略的坚定性；而如果在当前复杂而尖锐的国际竞争中缺乏战略的坚定性，则有可能重蹈历史的覆辙，再一次失去历史的机遇。

看来，形势是严峻的。但是，值得庆幸的是，现在已有一批拉美学者在认真地总结经验，譬如墨西哥著名经济学家雷内·比利亚雷亚尔就是一位，他在深入分析了墨西哥艰难曲折的现代化进程，总结了经验教训之后，对墨西哥未来发展战略作出了如下的设计：必须采用一种"向外国竞争合理开放的，有一个出口、内源和选择性进口替代三维工业模式的发展战略"。他说，"墨西哥经济的最可行的选择就是这种建筑在出口和内源两个新支轴上的选择，……这两个支轴又都支立在选择性进口替代进程的基础之上"。他特别指出，"历史经验证明，无论是单一的外向增长战略，还是单一的内向增长战略，都不是持久、全面推动墨西哥经济的可行的发展战略选择"；新战略则破除了过去那种"或者'内向'增长，或者'外向'增长，非此即彼，只能择其一，不能择其二的虚妄难题"，认为二者是"相互补充的，不是相互排斥的"。① 现在不是有不少经济学家想重写发展经济学嘛，我看比利亚雷亚尔的这个研究结论倒是应该写进去的。

（原载《拉丁美洲研究》1999 年第 3 期）

---

① Rene Villarreal, Mexico 2010, De la industrialización tardia a la reestrucción industrial, Editorial Diana, Mexico, 1988, pp. 289 – 292, 278.

论拉美发展模式的转换和政治民主化

一 围绕模式转换进程中民主化问题的国际论战

1982 年拉美爆发债务危机后，拉美各国几乎同时开始了两场运动：一场是经济上的新自由主义运动，即所谓发展模式的转换；一场是政治上的民主化运动，即所谓拉美的民主复兴。但是，随着经济自由化运动的深入，社会贫困化问题日趋严重，政治民主化运动似有因此而分裂和导致政局动荡的危险。于是，围绕经济自由化和政治民主化的关系问题，国际学术界开始了一场至今仍毫无结果的论战。论战主要是在两种意见之间展开的，一种意见认为，"政治自由和经济自由是密切联系在一起的，而且是在互相增强的"①，主张经济自由化和政治民主化一体发展，建立一种所谓的"自由—市场民主制"②，反对以贫困为借口，推迟"民主化"进程，认为民主与经济毫不相干，"民主是用于和平地解决社会内部政治争端的一整套机构和程序"，民主与贫

---

① 见 1990 年 7 月西方七国首脑会议政治宣言《保障民主》。
② 约翰·威廉姆森：《拉丁美洲政策改革的进展》，美国 1990 年版，导言。

困可以共存，再贫困的国家也能实现民主，主张一种无条件的民主，即"程序民主"①，亦即西方的自由主义民主，并主张实现这种民主的全球化。美国哥伦比亚大学的休·帕特里克教授把这种意见称之为"美国的哲学"。他说，美国哲学的原则就是经济和政治自由化"一起发展"②。

与此相对立的意见认为，民主"是受一个国家或地区历史条件限制并反映这些历史条件的"，民主是具体的，是多样化的，"一个国家实行什么样的民主制度，民主的程度如何，取决于这个国家的历史的、社会的、经济的和政治的背景"。这种意见认为，光是"程序民主"是不够的，它只是一种"模仿性民主"，不是"内源性民主"，不能解决社会贫困和社会不平等问题；而不能解决社会贫困和社会不平等问题的民主，对发展中国家来说是没有意义的。这种意见主张发展"本土民主制"（native democracy），反对由几个西方发达国家给民主下定义，给民主制定国际标准，认为这样做是不现实的，没有用的，主张尊重"本土民主"，主张西方自由主义民主与"本土民主"之间相互理解、相互协调，并认为西方自由主义民主的全球化将不得不同"发展中民主"或"本土民主"更好地协调起来。③

那么，到底应该怎样看待拉美的民主化呢？在拉美当前发展模式的转换过中，经济自由化与政治民主化究竟存在一种什么关系呢？本文想就这个问题谈谈自己的一点看法。

---

①　日本拉美学会：《民主正在拉美生根吗?》，东京1993年版，第137、59、126页。

②　托马斯·斯图尔特：《美国力量的新面孔》，载美国《幸福》杂志，1993年7月26日。

③　日本拉美学会：《民主正在拉美生根吗?》，东京1993年版，第141、129、123页。

二　拉美历史上的西方民主制和"本土民主"制

"程序民主"亦即西方自由主义民主常常被有些自由主义者
鼓吹为人类之最高理想，他们说，市场经济的本性就是平等和自
由，与之相适应的政治制度也应该是一种自由主义的民主制度。
听起来，这似乎有点道理：凡搞市场经济的国家，实行西方民主
制是理所必然的事。这就把市场经济抽象化了，掩盖了商品经济
和市场经济发展的阶段区别和性质区别，掩盖了世界资本主义体
系中压迫国与被压迫国的区别。

不错，资产阶级民主共和制是社会经济生活和经济结构变化
的结果，也就是市场经济发展的结果。但是，理想形态的自由主
义民主制度只在自由资本主义时代最发达的几个国家有过，因为
只有那时这几个国家才有过马克思、恩格斯所说的"纯粹私有
制"，即"抛弃了共同体的一切外观并消除了国家对财产发展的
任何影响的纯粹私有制"①，提供了自由主义民主制所赖以产生
的社会条件：资本家是自己商品的独立所有者；工人是自己劳力
的独立所有者；所有的商品都按其中所包含的社会必要劳动来进
行"平等"的交换。代议制民主就是以资产阶级在法律面前平
等和法律承认自由竞争为基础的。在这种条件下，资本的经济统
治高于一切，决定一切；至于政治的统治形式，那是无关紧要
的，"共和国愈民主，资本主义的这种统治就愈厉害"②，因为财
富的无限权力在民主共和制之下是最为可靠的，政治的自由就是

① 马克思、恩格斯：《德意志意识形态》，《马克思恩格斯选集》第 1 卷，人民
出版社 1972 年版，第 69 页。

② 列宁：《论国家》，《列宁选集》第 4 卷，人民出版社 1972 年版，第 54 页。

财富的自由，就是财主的自由。所以，列宁曾正确地指出，"民主共和制是资本主义所能采用的最好的政治外壳"①。但是，到了垄断资本主义时代，由于国内阶级斗争和国际争夺殖民地斗争的激化，很多资本主义国家都不得不收起这个漂亮的政治外壳，而把"刺刀"提上日程，所谓"自由"已完全是一句空话。至于被压迫的殖民地、附属国，由于社会落后、资产阶级力量软弱，加之受国际资产阶级的压迫和控制，就更没有资本来玩弄这个漂亮的政治外壳了。关于这一点，拉美的历史是最有说服力的。

在独立后近两个世纪的历史中，拉美国家已经经历了三次大的发展模式的转换，这就是19世纪初独立革命后的发展模式转换、20世纪30年代世界经济危机爆发后的发展模式转换和1982年拉美债务危机爆发后的发展模式转换。

第一次是从原宗主国垄断的重商主义的经济模式向"自由主义"的初级产品出口型发展模式的转换。当时，拉美的政治家的确抓住了这个发展模式革命性转换的大好时机，全心全意地引进了西方的"程序民主"制度，大刀阔斧地搞起了只有发达国家才有条件搞的"政治自由化"来。但是，"自由竞争"所造成的骇人恶果也被带到拉美，"在资本家和资本家之间，在产业和产业之间以及国家和国家之间，生存问题都决定于天然的或人为的生产条件的优劣。失败者被无情地清除掉。这是从自然界加倍疯狂地搬到社会中的达尔文主义的生存斗争。动物的自然状态竟表现为人类发展的顶点"②。结果，拉美到处是考迪罗

---

① 列宁：《国家与革命》，《列宁选集》第3卷，人民出版社1972年版，第1页。

② 恩格斯：《反杜林论》，《马克思恩格斯选集》第3卷，人民出版社1972年版，第313页。

横行，到处是军阀混战，发展模式的转换，并没有带来任何发展。最后，很多国家都以军事独裁统治收场，出现了好几个世界有名的军事独裁者考迪罗，如阿根廷的罗萨斯、墨西哥的迪亚斯等。

　　第二次发展模式转换发生在 1929—1932 年世界资本主义危机爆发之后，是从自由主义的初级产品出口型发展模式向进口替代工业化发展模式的转换。这是一个极端痛苦的过程。在危机期间，货币贬值几乎囊括了所有资本主义国家，外债几乎普遍不予偿还，资本输出差不多完全停止，人民的生活状况急剧恶化，阶级矛盾极端尖锐。在迫在眉睫的革命危机面前，连美国也不得不把社会利益原则摆到了首位，罗斯福"新政"应运而生，凯恩斯主义成了资本主义的救星。在拉美，为了镇压人民的斗争，统治阶级纷纷乞灵于公开的军事独裁恐怖统治，如危地马拉的乌维科反动独裁统治（1931—1944 年）、萨尔瓦多的马丁内斯军事独裁统治（1931—1944 年）、尼加拉瓜索摩查家族的反动独裁统治（1936—1979 年）、多米尼加特鲁希略的反动独裁统治（1930—1952 年）、秘鲁桑切斯·塞罗的反动独裁统治（1933—1938 年）等。在这个艰难时期，拉美的许多仁人志士越来越看清楚，他们国家在世界资本主义国际体系中所处的地位是容不得他们走欧美道路的。第一，世界资本主义的发展是同他们国家真正独立的要求不相容的，不管他们怎样模仿、学习欧美资本主义"老师"，总也摆脱不了受欺侮和受剥削的命运；第二，世界资本主义的发展是同他们国内实现平等的要求不相容的，他们愈是追求经济与政治自由，他们国内的两极分化和社会贫困化就愈厉害。于是，在经历了一系列沉痛的失败之后，他们在经济上选择了自主发展的进口替代工业化发展模式。与此相适应，他们又在政治上选择了所谓"第三条道路"，即"既非资本主义也非社会主义"的政治道路。这就是 20 世纪 30 年代相继出现在拉美的"卡德纳斯主义"、"瓦加斯主义"和"庇隆主义"政治思潮和政治制度，统称为"民众主义"的政治道路和政治制度。这是拉美自身历史，特别是拉美民族民主革命运动史所铸造出来的一种特殊形式的民主制度，是拉美国家的"本土民主制"。

　　以上两次模式转换的历史证明，西方的自由主义民主制度在拉美实在没有过什么光彩的记录。凡是经济发展最快、现代化进展最显著的时期，譬如墨西哥的波菲里奥时期（19 世纪末叶）、墨西哥"经济奇迹"时期（1957—1967 年）、"巴西经济奇迹"时期（1968—1974 年）等，几乎都与西方的自由主义民主制度无缘，其原因就在于这种制度不符合拉美的国情，不能解决拉美国家现代化所必须解决的政治稳定和社会稳定问题。倒是拉美有些国家带有本国特色的"本土民主制"能给这些国家创造现代化发展所必要的条件，甚至创造出世界公认的经济增长的"奇迹"。譬如墨西哥的政治模式就是一个很好的例子。

　　墨西哥的"本土民主制"有三个明显的特点，这就是它的代议制民主形式、总统集权制政权体系以及按职团结构组织的官方党的一党执政。这是墨西哥独有的一种民主政体。这种政体是墨西哥革命的历史产物，是由墨西哥本国发展状况及所处国际环境决定的经济发展模式的集中反映。墨西哥政治制度并不完全恪守西方政治制度的"权力平衡"原则，而是实行了一种行政权高于一切的总统集权制；并不模仿欧美的模式，实行多党制或两党制，而是实行了官方党一党执政的制度；并不恪守"无限制财产权原则"，而是实行了"国家干预经济"的制度。一句话，墨西哥的政治制度是生长在墨西哥这个发展中国家土壤上的、不同于西方民主制度的另一种模式。用卡萨诺瓦的话说，这个模式

"已经把古典政治理论的各个组成部分全都打破了"①。这个模式虽然不完全符合西方"程序民主"制度的标准，但却是一种比资产阶级一个阶级所独占的民主政体要民主得多的民主制度，因为官方党的职团结构的组织形式保证了工农民众组织的参政。

总之，一定社会的政治总是一定社会经济的集中反映，任何民主都不能脱离一定社会的经济关系和所处的国际环境，都是为一定阶级的利益服务的。适用于自由的、在资本主义世界体系中享有统治地位的西方发达国家的"程序民主"，就很难适用于不自由的、在资本主义世界体系中处于依附地位的发展中国家。这一点已为拉美独立以来的政治发展史所证明，这也是拉美一些国家之所以创造出自己的"本土民主制"的原因。

三　当前拉美发展模式的转换和"本土民主制"的命运

拉美国家第三次发展模式的转换发生在 1982 年债务危机爆发之后，是从进口替代工业化发展模式向所谓"新自由主义"出口导向发展模式的转换。从历史潮流的表面看，这一次转换似乎是同拉美政治民主化进程同步的。债务危机爆发时，赤道以南的几个拉美国家都还被军人所统治，但是，债务危机爆发后不到 10 年，这些国家都发生了"还政于民"的转变，开始了"民主化"进程。那么，这一历史现象能不能证明经济自由化与政治民主化之间存在必然的联系呢？我看不能。因为这一次的模式转换与前两次模式转换不同。前两次转换大体上都是拉美国家自主的选择；而这一次则是在深重的债务危机下，在国际债权俱乐部的压力下进行的。多年来拉美各国人民反军事独裁统治的民主运

---

① 巴勃罗·冈萨雷斯·卡萨诺瓦：《墨西哥的民主》，墨西哥 1974 年版，第 58 页。

动、严重的经济危机及国际上债权国的压力，都使拉美军人政权再也无法维持下去，它们的垮台和"文人政府"的恢复是意料中的事情。在这个进程中，经济自由化和政治民主化的同步完全是一种耦合，是国内人民反军人独裁统治的民主力量同国际上债权国同时施加压力的结果。拉美民主化运动的胜利，一方面是人民反军人独裁统治的民主运动的成果，另一方面，这种民主运动又遭到国际资本势力的严重干预，使得民主化的发展方向严重扭曲，从而导致西方自由主义民主制和"本土民主"之间的严重对立。按照所谓"华盛顿共识"的要求，拉美的民主就是要消灭一切不利于国际资本统治的"本土民主制"，推行西方模式的自由主义民主制，即任凭资本决定一切，国家不作任何干预的自由主义的政治制度。也就是前面所说的资产阶级的"最好的政治外壳"。不言而喻，拉美各国自主发展的"本土民主制"遇到了独立以来从未有过的严重挑战。

以墨西哥为例。债务危机爆发后，这个曾经创造了60年政治稳定"奇迹"的国家开始动荡。进入90年代后，形势愈加严重。1994年元旦，恰帕斯州农民举行暴动。接着，绑架事件不断发生，3月和9月，执政党总统候选人科洛西奥、执政党总书记何塞·马谢乌相继被暗杀，并有消息说，除恰帕斯州外，全国至少还有10个州在酝酿暴动。与层出不穷的暴力事件相配合，官方党内外的政治斗争也一天天激烈。斗争的矛头大都对准了革命制度党和墨西哥的政治制度。萨帕塔农民军的口号就是"取消官方党"、"反对总统制"。所有这些都说明，目前发生在墨西哥的斗争已经是一场制度之争，说明持续了60多年的墨西哥"本土民主制"正面临着严重的危机。

那么，究竟是什么原因造成了墨西哥"本土民主制"的危机呢？不少西方学者都把责任归于墨西哥"本土民主制"本身的缺陷，如"一党统治"、"总统专权"、"职团主义体制"，等等。
这些意见，从西方民主制度的一般原则来看，当然是顺理成章
的。但是为什么在过去几十年墨西哥的政治制度能为它带来举世
称道的政治稳定"奇迹"，而现在就不行了呢？大量的事实表明，
墨西哥"本土民主制"之所以陷入危机，主要是由于形势的变
化，发展模式的转换超出了其社会基础。也就是说，政治改革滞
后于经济模式的转换，在许多政治领域留下了真空。墨西哥加入
北美自由贸易协定后，其经济发展模式已经发生了根本性的变
化，这种变化同现行的政治模式发生了深刻的矛盾，并一天天瓦
解着现行的政治体制，使原本制度化了的政治关系越来越不受制
度的约束，陷入一种所谓"非制度化"（deinstitutionalization）的
过程①。譬如，前两届政府所实行的私有化，使墨西哥原有的
1155 家国有企业，只剩下不足 200 家，其结果是一方面出现了
24 位亿万富翁②，而另一方面每天有成千的人失去工作③。北
部边界地区制造业日益客户化，使大批内地的制造业企业倒闭，
大批工人失业或向北部边界地区迁移。在这个进程中，墨西哥工
人联合会已经起不到原来那种与政府谈判来决定政府方针政策的
作用。在墨西哥农村，总共 2300 万人口以农业为生，其中 2/3
没有土地。由于村社土地占有关系的自由化，无地农民再也没有
机会分到土地，这样，一些农民如恰帕斯州的农民就铤而走险，
举起了武装暴动的旗帜。曾是官方党中最统一、最团结的组织墨
西哥全国农民联合会，由于已经丧失了同国家进行谈判的能力，

---

　　① 《拉丁美洲展望》1995 年第 1 期，第 96 页。

　　② 据美国《福布斯》杂志 1994 年 7 月 14 日报道，墨西哥亿万富翁之多，已居
世界第 4 位。

　　③ 据《纽约时报》1993 年 10 月 7 日报道，仅 1993 年 9 月，平均每天就有
2300 多人失去工作。

农民也不再指望通过它解决土地问题，纷纷另组独立的农民组织，使官方党对农民的领导和控制能力越来越弱。中产阶级的处境越来越不如以前，许多本属人民部的部门也越来越趋向于在官方的职团主义体系之外组织起来。而原本被排除在职团主义制度之外的、不允许参加政治活动的教会，却随着经济危机和社会冲突的日益严重，日渐政治化。所有这一切都说明，由于经济发展模式的转换，墨西哥官方党整个职团结构的政治支持体系都已经运转不灵，建立在这个体系基础上的革命制度党已面临日益削弱甚至解体的危险。这就是墨西哥近年来政局日趋动荡的根本原因。

如此说来，拉美的"本土民主"是不是有可能被西方的自由主义民主制度所取代呢？我看这种可能性极小。因为任何制度都只能是这个社会自身条件的产物，脱离了这个社会自身条件的制度，都不可能有强大的生命力。现在，尽管西方国家极力鼓吹其所谓的"民主"，拉美的模式转换和"民主化"还是暴露了许多难以克服的困难和矛盾，这些矛盾概括起来主要有三个：

一个是经济全球化趋势与经济自由化的矛盾。经济全球化要求全球经济、政治的协调统一发展，而目前西方世界所推行经济、政治自由化却是把世界弄得四分五裂；"民主化"的结果，"将会出现反对承认社会价值的多元性局面"，"民主越是发展……国际社会就越有可能向分裂的方向发展"①。

一个是新自由主义发展模式与政治民主化之间的矛盾。新自由主义发展模式是一种以牺牲广大民众的利益和发展中国家的利益来求得资本的统治和扩张的模式，它必然会引起日益深刻的社

---

① 中西辉政：《世界处在统一和分裂的十字路口》，《东洋经济》1991 年 8 月 31 日。

会矛盾。不少学者对于在代议制民主政治下，新自由主义经济改革能否取得成功表示怀疑。因为新自由主义改革越是有效，大多数低收入居民所受的不利影响就越严重，这场改革的领导人就越不得人心；而国际社会却既想竭力推行自由主义的改革，又想全力保护程序民主。这就不可避免地面对一种两难结局：坚持程序民主，自由主义改革就难以进行下去；进行自由主义改革，程序民主就难以维持。这个矛盾怎么解决？拉美民主与专制周而复始的历史证明，想通过强行"程序民主"的方法来长期维持一种多数人受压迫的国内外秩序，是根本行不通的。

还有一个是资产阶级民主（亦即自由主义民主）与人民民主这两种民主要求和民主运动之间的矛盾。目前，国际债权俱乐部所要求推行的新自由主义发展模式及其相应的所谓"民主化"，就是要保证资本主义的永久统治，而资本主义的逻辑是人所共知的："资本主义制度是只能依靠它所带来的不平等和非公正才能生存下去的。"[①] 这就不能不引起遭到不平等、不公正待遇的广大民众的反抗，不能不激发他们奋起捍卫自己的民主权利。墨西哥萨帕塔农民军提出的"自由和民主"口号，拉美各进步党 1993 年《基多声明》提出"经济民主、人民主权、完全民主和社会主义"的要求，1988 年底成立的墨西哥民主革命党把恢复 1910 年革命和 1917 年宪法的原则定为自己的奋斗目标，都充分证明了这一点。从目前的情况看，随着新自由主义发展模式的进一步推行，资产阶级自由主义民主和人民民主这两种民主运动之间的矛盾会日渐尖锐起来。

以上三大矛盾都是拉美政治中带根本性的矛盾，都不是西方自由主义民主制度所能解决的，因此，要想用西方新自由主义民

---

① 〔法〕《世界报》1993 年 3 月 18 日。

主制度去取代拉美的"本土民主制"是办不到的。拉美民主化的正确道路，只能是"本土民主"的向前发展，而不可能是拉美政治的自由化或西化。对墨西哥来说，想要恢复政局的稳定，需要有一个再制度化的过程。但是，再制度化的过程不可能建筑在指望经济再回到原来的旧模式（进口替代工业化发展模式）的基础上。因为经济全球化运动现在已成为一股不可阻挡的潮流，不开放，不发展外向型市场经济肯定是没有出路的，因而墨守过去的那种与旧经济发展模式相适应的政治模式也是没有出路的。那么，把再制度化的过程建筑在新自由主义发展模式的基础上行不行呢？从前面的分析可以得出结论：也是不行的。怎么办呢？唯一可能的回答就是，继承"本土民主"的优良传统，并在"本土民主"的基础上不断地探索，不断地创造，不断地试验，走自己的路，发展自己的"本土民主"。

四　必须反对"民主"霸权主义

以上说明了发展"本土民主"的必要性和历史必然性。但是，发展中国家的"本土民主"不管是什么形式，历来都得不到西方发达国家的承认。80年代以来，西方发达国家在推行新自由主义发展模式的同时，更变本加厉地诋毁发展中国家的"本土民主制"，输出它们自己的自由主义民主；而且，人们越来越看清，它们的关于西方自由主义民主观的宣传已经有了一种全球攻势的规模。美国全球战略的三大基本原则之一就是所谓要"鼓励全球民主革命"，甚至美国国防部还公开宣布，"在拉丁美洲，我们的武装部队将在许多国家帮助推进和扩大最近走向民主的趋势"。西方发达国家统治集团这种无视别国主权，强行输出自己民主制的"民主"霸权主义，不能不引起人们的警惕。在东京举行的有关拉美民主化问题的国际学术讨论会上，已经有人尖锐地指出："现在的国际社会，似乎是几个主要强国在个别地或集体地给民主下定义，给民主制定国际标准。所以我担心，它们是否能懂得或者接受拉丁美洲或第三世界的发展中民主或本土民主，因为那几个主要强国同第三世界国家无论在民主上还是在历史上都是有着完全不同的经历的。"①

这些西方强国为什么要推行"民主"霸权主义政策呢？美国国务卿顾问沃思解释得再明确不过了，那就是，对于美国，"推动全球民主和人权有着重要的利害关系"，"通过在全世界范围内保障基本的自由，不仅能重新致力于实现美国所创立的价值标准，而且还可以加强美国公民的繁荣和安全"。日本的渡部福太郎揭露得更浅显易懂，他说，西方发达国家的统治者最害怕被压迫国家民族主义的复兴，所以，他们的战略就是要以"人权"和"民主"为武器来搞乱发展中国家的政治；鼓吹个人民主主义来削弱这些国家举国一致捍卫民族利益的力量。② 由此可见，当前西方自由主义民主对发展中国家本土民主的挑战，实质上就是要剥夺发展中国家保护民族权益的权利。这正是当前这场国际斗争的关键之所在。

从本世纪拉美政治发展的历史经验来看，社会的发展是由两部发动机来推动的，一部是增长发动机，一部是分配发动机。要使增长发动机高速运转，就要发展市场经济，搞改革开放；要使政治和社会稳定，还要开动分配发动机，搞政治民主化，把增长所创造的收益合理地分配于各社会阶层。最好的政治模式和民主

① 日本拉美学会：《民主正在拉美生根吗？》，东京1993年版，第123页。
② 见渡部福太郎：《建立国际秩序的若干问题》，《世界经济译丛》1995年第1期。

模式就是最能使这两部发动机合理地、协调地运转的政治模式和民主模式。拉美本土民主制之所以能为本国的现代化创造较好的政治条件，就因为这种制度在处理这两部发动机的关系方面有着符合本国国情的成功的经验。西方发达国家在拉美推行的自由主义的"程序民主"则是为发达国家债权俱乐部的利益服务的；从他们作为债权人的立场出发，他们要的是让增长发动机全负荷地运转，至于分配发动机，还是熄火为妙。这样就给拉美带来了一幅戈罗斯蒂阿加所描绘的暗淡的图景："我们正生活在一个陷入深刻文明危机的世界，这种全球市场的文明有助于为世界20%—30%的居民建立民主却不能为世界大多数居民创造民主的经济条件，这是一种不可能普及到全人类的文明。……如果连居民的最低生活水平都不能为全世界所有人提供，那么民主将会完蛋。"所以，他认为，"国际经济关系的民主化对于那些贫穷的、处于边缘的国家来说，是最重要的。"[1]

在当前发展模式转换的进程中，民主建设的当务之急是要坚决反对霸权国家的"民主"霸权主义，为争取国际经济、政治秩序的民主化而斗争。

（原载《拉丁美洲研究》1996 年第 2 期）

---

[1]　日本拉美学会：《民主正在拉美生根吗?》，东京 1993 年版，第 140、153 页。

试论意识形态与稳定发展的关系

——墨西哥执政党意识形态的特点和作用

一　问题的提出

当前，学术界有人认为，意识形态"不能解决人与自然的矛盾"，因而不能像科学技术那样看成是生产力；有人感到意识形态的工作已"成为多余"，公开提出要淡化意识形态；甚至还有人认为，某些发展中国家的现代化之所以能获得成功，是因为那里的领导人"没有意识形态的偏好，而是通过强调现代化和发展来替代以往意识形态的影响，从而使经济建设和民族整合渐渐走上正轨"。在这"某些发展中国家"中，拉丁美洲的墨西哥似乎也是一个典型，因为它不但在 19 世纪末叶的现代化启动时期曾经提出过著名的"政治与工作，零比一百"的口号①，而且在第二次世界大战以后的稳定发展中，据说那里的执政党也

---

① 丹·科·比列加斯：《墨西哥历史概要》，中国社会科学出版社 1983 年版，第 88 页。

"不信任任何固定的意识形态"①。墨西哥的情况究竟怎样？五六十年代墨西哥的稳定发展是不是淡化意识形态的结果？

19 世纪末叶波菲里奥·迪亚斯总统时期的情况比较简单，无需花费太多的笔墨，因为波菲里奥除了提出"政治与工作，零比一百"的口号之外，还提出了一个更为实际、更为重要的口号："面包和棍棒"②。此外，他手下的一帮实证主义"科学派分子"还提出了"自由、秩序和进步"的口号，并将其作为波菲里奥经济自由主义和政治独裁主义政策的理论依据。波菲里奥就是打着这个旗号，依靠收买（面包）和镇压（棍棒）的两手统治墨西哥。毫无疑问，"面包和棍棒"就是百分之百的政治，决不是什么"零"政治；西方实证主义也是百分之百的意识形态，决不是什么不要意识形态，或淡化意识形态。但是，20 世纪 40 年代以来墨西哥执政党的意识形态问题则比较复杂，因为的确有不少外国学者认为这个党是从来不固守某种意识形态的。因此，本文将着重探讨墨西哥执政党的意识形态及其同稳定发展的关系问题。

二　革命制度党的意识形态及其特点

关于墨西哥革命党"不信任任何固定的意识形态"的提法是很不确切的。因为事实恰恰相反，这个党特别重视意识形态斗争。为了指导意识形态的斗争，党的全国执行委员会专门设立了两个机构：公民行动政治指导局和全国出版委员会。前者负责公

---

① 《世界经济与政治》1988 年第 1 期。
② 派克斯：《墨西哥史》（中文版），生活·读书·新知三联书店 1957 年版，第 232 页。

民培训机构的建立和党的学说传播及宣传工作；后者负责党的出版工作和出版物的传播，还负责同文化、科研机构的联系工作。特别值得一提的是，这个党从 1929 年建立时起，就创立了一个研究机构——"政治、经济和社会研究所"，并在各州建立它的下属机构——政治、经济和社会研究中心，从而形成一个从中央到地方的研究网络。墨西哥著名政治家路易斯·哈维尔·加里多指出，这个党不但是一个官方的政党，而且也是"一个重要的意识形态机构"①。

　　然而也应该看到，这个党的意识形态的确不同于西方发达国家的资产阶级意识形态，也不同于东方社会主义国家的无产阶级意识形态，而是一种具有墨西哥特色的中间形态的意识形态。这在一些习惯于"两分法"（不是资产阶级意识形态，就是无产阶级意识形态）的学者看来，这个党似乎没有自己的意识形态。这当然是不对的，因为凡有社会的地方，都必然要在这个社会的经济结构的基础上形成自己的社会意识形态。所以，问题不在于有没有意识形态，而在于有什么样的意识形态。墨西哥在经历了 10 年独立战争，摆脱西班牙的殖民统治之后，又经历了近半个世纪反对美、欧资本主义列强侵略的斗争；后来，为了摆脱半殖民地的命运，又进行了 30 年艰苦的革命斗争，最后才形成了一个稳定的墨西哥民族国家。其间，墨西哥人民付出了半壁江山沦丧、成百万人口牺牲的巨大代价。墨西哥革命制度党的意识形态就是在这一充满悲壮斗争的历史进程中形成起来的，是从墨西哥革命经验和革命思想的总和中产生出来的，它自然有其不同于西方发达国家和东方社会

---

　　① 路易斯·哈维尔·加里多：《制度化革命党》，墨西哥 21 世纪出版社 1985 年版，封底。

主义国家的特点。

革命制度党的意识形态有两个重要特点：一是它的民众主义和民族主义性质；二是它的灵活性、开放性和兼容性。

关于第一个特点，墨西哥前总统德拉马德里在解释革命制度党党纲时已说得很清楚。他在1982年2月的一次讲话中说："宪法就是我们的旗帜，就是不断激励革命党前进的纲领。"这个纲领是什么呢？就是1917年宪法所规定的民众主义和民族主义革命目标和指导思想。按照德拉马德里的解释，革命制度党民众主义和民族主义的指导思想主要体现在三方面，这就是"革命民族主义"、"社会平等"和"全面民主化"。他指出，"民族主义是墨西哥存在的根本价值"，是墨西哥"革命思想体系中的一个基本观念"，"如果没有民族主义，很难想象墨西哥人会以什么样的方式来享受自由，我们的民主会采取什么样的形式，公正价值将如何体现"。他又说："在我们国家，民族主义和革命是不可分割的概念，因为墨西哥的历史已把这两者变成为同一种动力。面对外国的侵略和野心，由于生存的需要，历史已使我们成为民族主义者。"关于"社会平等"，德拉马德里说：当前我们所面临的最大的挑战，就是要建设一个更加平等的社会……不平等是我们的一个最严重、最紧迫的问题，它不仅仅同我们的哲学相悖，还严重制约了我们的发展，造成社会的低效率，引起分裂，并威胁到人民的最高权力。关于"全面民主化"，德拉马德里指出，它不但指政治的民主，也包括社会、经济和文化的民主。他说："《1917年宪法》把民主设想为一种政治结构，一种法律制度和一种建立在不断改善人民经济、社会和文化状况基础之上的生活制度。""全面民主化要求把政治权力建立在多数人的意见基本一致的基础上……无论是在经济进程中，还是在社会生活的其他方面，全面民主化都需要各种不同社会集团的广泛的和公平的参与。"① 墨西哥革命制度党的这种具有广泛历史进步意义的民众主义和革命民族主义的意识形态，明显地反映出具有把近代西方自由主义和社会主义传统结合起来的社会民主主义意识形态的特点。革命制度党的理论家常把这种意识形态称之为"墨西哥革命的原则"或"墨西哥革命的意识形态"。

革命制度党意识形态的这个特点是在长期的革命斗争中逐步形成和发展起来的。1910 年革命爆发时，马德罗并没有什么明确的思想理论，只不过有一股反对专制独裁统治的政治热情。由于有了萨帕塔的阿亚拉计划（1911 年 11 月）及其领导的土地革命运动，革命的思想基础扩大了。1914 年春天美国的武装干涉，激起了墨西哥人民的民族主义情绪，使革命思想增添了反对外国资本入侵的民族主义内容。1915 年 1 月，由于组成"世界工人之家"的墨西哥工人参加了革命，革命又增添了无产阶级的色彩。因为天主教教权主义者反对革命，所以革命的意识形态中又增添了反教权主义的成分。革命的实践和理论在经历了这样一个发展过程之后，墨西哥革命也就从最初的资产阶级反对迪亚斯专制独裁的政治斗争，转变成一场人民革命和社会运动。1917 年墨西哥宪法容纳了所有这些革命潮流的思想内容。因此，它所反映的墨西哥的原则或意识形态，也就成了一种"自由派社会主义"②的意识形态。在政治上，它继承了《1857 年宪法》的传统，吸收西方自由派的思想，规定了一些保障个人自由、实行代议制民主以及政教分离的条款，而在社会经济领域则又抛弃了《1857 年宪法》中的自由主义概念，规定了土地国有、私有权服

_____

① 这一段中的引文见米格尔·德拉马德里《意识形态和党》，墨西哥 1984 年版，第 47、94、95、104、111 页。

② 罗伯特·K. 富尔塔克：《墨西哥的革命与政治稳定》，墨西哥 1978 年版，第 52 页。

从公共利益、禁止大地产、发展村社经济、保障劳工利益和权利等社会化方面的原则和条款。到了 30 年代卡德纳斯执政时期，随着革命形势的发展，革命制度党提出了发展社会主义教育和拥护阶级斗争的口号，使墨西哥革命的意识形态中又增添了某些被认为是属于马克思主义理论的成分。40 年代以后，"社会主义教育"、"阶级斗争"的口号被取消，但民众主义和民族主义的内容仍保持不变。1969 年 3 月公布的《革命制度党原则宣言》规定，"革命制度党是一个维护'墨西哥革命'原则的政治组织"，它的主要目标是"为创建一个新的社会而努力"。"这个新社会的特点是：每个人都能充分享受自由而有尊严地生活所需要的物质、文化福利，人民经常参与政府管理；国家对其全部自然资源拥有绝对支配权和开发权；最大限度地发展生产力；国家有计划地干预经济活动，以保存和发展民族遗产，公正平等地分配财富和收入。"文件还规定，墨西哥人民的这一伟大目标"应该通过和平的道路，通过政治的、立法的和行政的途径，并在宪法的保护下和在履行宪法的过程中来实现"，"这就是墨西哥的发展道路"。关于工人运动，文件指出，"工人及其组织是革命制度党的基本力量之一"，"改善工人的社会经济状况是党的坚定不移的目标"。①

　　革命制度党意识形态的第二个特点体现在这个党在对待墨西哥现代化进程中出现的一些新的社会集团和新的思想理论的态度上。面对这些新集团和新思想对"官方思想"的影响和冲击，革命制度党并不表示强烈的对抗，而往往是进行适当的变通和调整，吸收这些新思想成分。例如在 30 年代，卡德纳斯政府接纳了来自西班牙的共和主义者；70 年代初，埃切维里亚政府又接

---

① 丹尼尔·莫雷诺：《当代墨西哥的政党》，1982 年版，第 333—345 页。

纳了来自智利的社会主义者，并大批任用 1968 年学生运动的领袖人物。这种情况常使官方党的意识形态产生多种思想意识的"杂交"现象。对于墨西哥革命制度党意识形态的开放性，墨西哥著名社会学家、史学家卡萨诺瓦总结说："墨西哥国家和革命制度党对思想斗争是极其关注的，它们力求统治所有的政治概念和政治论证领域……只要英雄是真正的英雄，计划是人民的计划，常识是根深蒂固的常识，理想是纯正的理想，那么，这些英雄、计划、常识和理想都是属于国家的。一个想继承墨西哥人民斗争的国家，对任何真实的历史、有效的纲领、进步的或革命的哲学，以及人民斗争的经验，都不会不表示欢迎……这个国家是墨西哥民族和人类一切理想的保管员，但它也理解持不同政见者的合法的声音，虚心、开放，并不陷入思想专制主义。"他又说，在革命制度党的政治家那里，理论的多样性已成了一种稳固的思想方式。在他们看来，"一个在思想上、事实上和感情上同人民认同的国家，除了人民的敌人或不懂得解释、代表和表达人民的人之外，是不可能有其他敌人的"，因此，"一个这样的国家还不得不代表自己的反对派，不得不代表来自人民或服务于人民的任何反对派"。[①] 譬如，在墨西哥革命历史上，卡兰萨、萨帕塔、比利亚这三个人就属于三个不同的派别。卡兰萨代表的是保守主义立宪派，萨帕塔是土地革命的旗手；而比利亚则既没有社会改革纲领，也没有政治纲领，只是由于他同美国作战，他的斗争才多少带有一点民族主义色彩。这三个人尽管在政治思想上存在着很大的差别，但是在革命制度党看来，他们都体现了墨西哥革命。因此，无论是墨西哥政府，还是革命制度党，都很敬仰

---

① 巴勃罗·冈萨雷斯·卡萨诺瓦：《墨西哥的国家和政党》，墨西哥 1985 年版，第 209 页。

他们。他们同独立战争的英雄伊达尔戈、莫雷洛斯以及墨西哥的革新者贝尼托·华雷斯一样，都成了墨西哥政府制度合法性的基本依据。[①]

革命制度党意识形态的开放性和兼容性，还表现在这个党对左派的意识形态和右派的意识形态的态度上。对于这两种意识形态，革命制度党并不采取全盘否定的态度，而是根据它们具体的政治态度进行具体分析。在革命制度党的理论家看来，左派的意识形态是建立在"破坏性思想"基础之上的，但其中也包含一些"建设性"的东西，这就是那些有助于维护和革新现行社会制度和政治制度，有助于这些制度"健康发展"的思想、主张和意见。对于这些东西，他们予以肯定。同样，对于右派的意识形态，他们也采取分析的态度。在他们看来，右派的意识形态是"过时"的、"反动"的、最没有信誉的、为人们所唾弃的东西，因而右派势力对国家、对人民都是危险的势力。然而，他们也认为，在右派的自由主义意识形态中也有一些建设性的东西，这就是那些同革命制度党的思想相近的、那些有可能为民主理想和公民信念带来进步的思想。对于这些思想，他们是表示欢迎的。[②]总之，正如卡萨诺瓦所说：革命制度党的意识形态不是一种教条主义的，而是一种对其他思想潮流（包括反对派的一些有价值的思想）开放的意识形态，因此，革命制度党是同自己的经验，也同自己所承认、采纳和改造的反对者的经验一起前进的。

革命制度党意识形态的灵活性，最充分地表现在它的政治纲领的发展变化上。在意识形态上，革命制度党不拘泥于对某一种

---

① 罗伯特·K. 富尔塔克：《墨西哥的革命与政治稳定》，墨西哥1978年版，第55—56页。

② 同上书，第213—214页。

理论的信仰，而是根据不断发展的形势、不断变化的施政方针和不断修改的宪法，不断地修改自己的理论、发展自己的理论。革命制度党在创立时取名"国民革命党"，其主要目的是要实现政治生活的制度化，结束给全国人民带来无穷灾难的考迪罗主义政治，捍卫革命的成果。当时，它提出的口号是"制度和社会改革!"进入改革高潮的 30 年代后，为适应国内阶级斗争和国际民族斗争的需要，卡德纳斯政府对官方党进行了第一次改组，把工人组织和农民组织吸收到党内来，改名"墨西哥革命党"，提出了"为劳动者的民主而斗争"的口号，并在其《原则宣言》中，提出要把培养阶级意识作为团结雇用劳动者、解放无产阶级、优先发展农业集体组织和逐步实现大工业国有化的基本依靠，并宣布阶级斗争是战胜资本主义的一种手段。40 年代墨西哥进入经济建设阶段后，国内最大的政治需要是民族团结，于是卡马乔政府在其卸任前夕，又对官方党进行了第二次改组，改名"革命制度党"，并在 1953 年 2 月通过的《原则宣言》中取消了有关阶级斗争的条文，提出了"民主和社会公正"的新口号，并用民族团结标准取代了过去的阶级标准。[①]

革命制度党意识形态的灵活性，还表现在党的应变形式上。革命制度党不承认自己是左派，也不承认自己是右派，甚至也不承认自己是中派。它适应时局需要，在左、右之间来回运动，寻求一种"动态的平衡"。对于这一点，卡萨诺瓦有一段很精彩的总结性描述。他说："革命制度党是一个寻求动态平衡的党。它活动于革命和宪法之间。在马特奥斯时期，它是'宪法范围内的左派'；在埃切维里亚时期，它自下而上继续前进，而在波蒂

---

① 参阅罗伯特·K. 富尔塔克《墨西哥的革命与政治稳定》，墨西哥 1978 年版，第 58—60 页。

略时期，它则反对‘政治几何学’。它没有一种‘安逸、顺从的中间立场’，而是从一边到另一边，在两个极端之间来回的运动中寻求平衡……"①。从以上两个特点看，革命制度党的意识形态是一个发展中国家为了生存和发展而实行的一种实用主义的意识形态。

三　革命制度党的意识形态与稳定发展

由于革命制度党的意识形态具有上述两个特点，以及这种意识形态的精神力量是同政权的物质力量相结合的，革命制度党就能在思想战线上采取主动灵活的战略，使其思想领导和思想控制力量达到墨西哥任何其他政党无法比拟的程度。这主要表现在以下三个方面。

（一）　占领一切政治思想空间

革命制度党除了把自己的意识形态称为"墨西哥革命的意识形态"之外，不为自己贴任何政治标签，因而它可以不向任何思想流派作出承诺，而能够以"人民全部价值观"的代表者身份去占领一切重要的政治思想空间，包括革命的和理想主义的、保守的和老练的、中间派的和稳健派的、发达的和进步主义的政治空间。在革命制度党的这种战略下，没有一个反对党能够打出自己所独有的"建设性的思想"旗帜；各反对党既然无法以自己的思想旗帜去动摇和改变执政党的统治，它们就只好安于政治上的屈从地位，或采取政治上的冷漠态度。这就抑制了各政

① 巴勃罗·冈萨雷斯·卡萨诺瓦：《墨西哥的国家和政党》，墨西哥1985年版，第212—213页。

党之间意识形态的斗争。

（二）运用现实主义武器对付来自任何方面的攻击

　　革命制度党由于摆脱了左、右两派僵化思想模式的束缚，就能较容易地运用现实主义和实用主义的思想武器来对付一切反对派的攻击。革命制度党很重视政府和民众的结合。每当贫富分化、社会不公现象引起人民的不满和反对派的攻击时，它总能通过阐发一种令人不能不信服的革命理论来回击这些攻击。这就是所谓"现实可能性"理论。这种理论认为，政府同民众的完美结合并不是在一个理想的世界里实现的，也不是在一个理想的国家里实现的，而是在一个充满了不平等和不公正、充满了暴力和贫困、被"各种不同标号"的强权国家所包围的国家中实现的。革命政府所面临的就是这样的一种"历史的必然"。在这样的"历史的必然"面前，作为"国家奴仆"和"革命者"的政府领导人，只能在两个意义上承担起自己的职责：首先，他是这种"必然"的奴仆，亦即资本主义的和现实世界的命运的奴仆，其次，他要尽可能为墨西哥国家、为这个国家的人民和劳动者服务，这就是革命。革命就是在"现实可能"的范围内做尽可能多的事情。如果墨西哥政府已经尽了努力，"如果尽人力之所及，在'我们的现实'的范围内已不可能做更多的事情，那么，就只有那种'虚伪的革命者'才会摆出一副'崇高'的面孔，并根据一种'可疑'的现实来妄加批评。这些批评是'很可疑'的，是在向革命的敌人提供武器，制造'挑衅事件'"①。这种对待批评的态度，在1975年埃切维里亚总统的一次讲话中充分体

---

　　① 巴勃罗·冈萨雷斯·卡萨诺瓦：《墨西哥的国家和政党》，墨西哥1985年版，第212页。

现出来。当时他说:"我们已经在社会斗争方面取得进步。尽管存在重重困难,我们仍没有中断向我们的混合经济制度内部提供所需的就业机会……仍没有破坏由政府本着革命的方针和尊重劳动人民的精神进行管理的、属于墨西哥人民所有的工业产业。如果面对这样的事实,仍有人想进行煽动或破坏,那我们认为,这背后一定有某种十分可疑的东西,'它不是革命的东西,而是彻底反革命的东西'。"①

(三) 充当思想斗争的调停者和公断者

由于革命制度党的思想领导权同墨西哥的政权是结合在一起的,也由于这个党自称其意识形态是超派别的,因此,它能凌驾于各个思想流派之上,并且就像墨西哥国家在政治上能充当阶级斗争的调停者和仲裁者那样,在思想斗争中也能充当调停者和公断者的角色,承担起"消除分歧"的职能。有的学者把墨西哥国家的这种职能称之为意识形态上的"父道主义"或意识形态上的"监护制"。为了实现这种职能,墨西哥政府和革命制度党反对任何的反对派联盟。在它们看来,左派如果同自由派联盟,那就是左派为右派张目;如果自由派同右派联盟,那就证明自由派只代表右派的利益。② 在这种情况下,反对派同革命制度党进行意识形态的斗争是非常困难的。

革命制度党十分重视意识形态的控制工作,且有一套灵活的思想方法,因而党的思想统治是很巩固的。历史证明,这个党自建立之日起,60多年来,在思想上还从未遇到过难以应付的挑

①　埃切维里亚在1975年"五·一"国际劳动节前夕对工人的讲话,载墨西哥《至上报》,1975年4月23日。

②　参阅巴勃罗·冈萨雷斯·卡萨诺瓦《墨西哥的国家和政党》,墨西哥1985年版,第212—214页。

战。正因为如此，墨西哥社会各阶层、各政党和各界人民就比较容易地以革命制度党的思想和理论为核心，形成一种对国家重大问题的共识。墨西哥虽然也有几个少数党，其中有些党还是从革命制度党分裂出去的，但是除了辛纳基主义集团以外，所有其他政党在根本利益上都没有同革命制度党发生冲突。比如，社会主义人民党和墨西哥真正革命党所提出的关于加强革命理想的社会主义因素、加快实现革命的理想等主张，国家行动党所提出的关于鼓励私人积极性和保护私有制的主张，都是墨西哥政治制度所容许的活动。① 在政治制度问题上，除了极右的辛纳基主义集团和极左的托洛茨基派"共产党"人之外，所有其他政党都有着基本的共识，也就是说，它们都拥护宪法，都宣布拥护总统制民主政治，都表示要以为国家谋取福利作为其基本宗旨；它们之间虽然也存在分歧（如国家行动党更倾向于实行议会制），但这些分歧都是在共同的宪法基础上的分歧。因此，它们都不想通过人民选举以外的手段来取代革命制度党。在经济制度问题上，虽然各政党的主张分歧较大（如革命制度党、墨西哥真正革命党和国家行动党都认为应该以生产资料私有制为主要的所有制形式，而社会主义人民党则主张实行一种谨慎的、自愿的"生产资料社会化"的制度），但是在经济形式问题上，所有这些党的看法又都是一致的。在80年代经济危机以前，它们都程度不同地主张实行中央集权的计划经济，都认为国家应该干预整个经济进程。在土地改革问题上，尽管各党在关于建立一种什么样的新的所有制形式问题上存在一定的分歧，但是它们都主张土地改革，消灭大地产制。在利用外资问题上，虽然社会主义人民党持反对

① 罗伯特·K.富尔塔克：《墨西哥的革命与政治稳定》，墨西哥1978年版，第161页。

意见，认为外资同国家的主权是不相容的，但是革命制度党、国家行动党和墨西哥真正革命党却一致认为，只要外国投资者遵守墨西哥的限制性法律，并投资于生产部门，墨西哥就应该利用外资来补充国内资本的不足。

总之，由于革命制度党的意识形态具有开放性和灵活性的特点，由于这个党所代表的墨西哥的革命传统和文化传统已经深入人心，更由于墨西哥历史的革命传统的一面使保守派处于完全孤立，而其内战造成 100 万人丧生、国民经济遭受严重破坏的一面，又使左派的暴力革命论不得人心，因而唯有革命制度党的"制度化革命论"最能赢得广大群众的支持，使革命制度党成了全国团结的核心，使全国绝大多数政党或绝大多数政治集团围绕革命制度党的意识形态形成了一种共识。这种共识就是一种强大的思想统治力量，就是一种把墨西哥各阶层人民团结起来的强大的凝聚力。墨西哥的长期政治稳定和社会安定以及五六十年代的稳定发展，就是建立在这种力量的基础之上的。墨西哥著名政治家阿纳尔多·科尔瓦多指出，墨西哥之所以能长期保持稳定，就是因为"国家的政治—军事官僚机器做到了思想霸权和政治的结合"[1]。美国著名史学家托马斯·本杰明也注意到了这一点，认为这是墨西哥政治发展史上的一个非常重要的问题。他说："正如马基雅维里所指出的，'统治就是使人信服'，几十年来，墨西哥国家所实行的思想统治是一个非常重要的而又理解甚差的问题。"[2]

---

[1] 米格尔·巴萨涅斯：《在墨西哥争夺领导权的斗争》，墨西哥 21 世纪出版社 1981 年版，第 11 页。

[2] 托马斯·本杰明：《索加罗广场的巨怪》，《拉丁美洲研究评论》1985 年第 3 期。

四 80年代以来革命制度党意识形态面临的挑战

80年代以来，随着墨西哥经济危机的爆发，这个曾经创造了60年政治稳定"奇迹"的国家开始动荡。这种动荡固然与墨西哥发展模式的转换有直接的关系，但同革命制度党传统意识形态的动摇也有密切的联系。墨西哥债务危机爆发后，西方债权国在强迫墨西哥推行新自由主义经济模式的同时，也联合墨西哥国内的右翼势力，向革命制度党传统的意识形态发起了攻势，要求墨西哥放弃其民族主义和民众主义的意识形态，实行政治制度的自由化。与此同时，墨西哥的左翼力量则坚持其民主主义和革命民族主义的立场，反对萨利纳斯政府大规模的私有化，认为资产阶级不可能建立起真正的民主制度，因为真正的民主是不应损害广大人民群众的利益的；认为80年代在拉美出现的所谓民主化，并不是真正的民主，因为这种民主"一直是以严重的倒退和不平等的分配为特点的"①。在左、右翼势力的挑战下，革命制度党内部也出现了思想混乱，陷入了意识形态危机。面对这种形势，萨利纳斯深感问题的严重。为了维持革命制度党的思想统治，他又一次充当仲裁者的角色，凌驾于两派之上，提出了一种折中主义的理论，即所谓的"新民族主义"和"社会自由主义"的理论。前者为了适应经济全球化趋势和对外开放的需要，放弃了墨西哥一贯坚持的反帝反霸的口号，并把自己旗帜上的反美色彩洗刷殆尽，然而却没有抛弃民族主义的旗帜，仍坚持"捍卫国家主权"的原则。后

---

① 戈兰·塞博恩:《资本的统治和民主主义的兴起》，转引自罗纳德·芒克:《走向民主的拉丁美洲》，伦敦1989年版，第20页。

者虽然和西方国家一样，鼓吹"自由主义"，但不同于西方的"个人主义"，而是仍然坚持"社会利益"的原则，是"在社会利益的原则下谋求自由"。用萨利纳斯的话来说，就是既要有"经济战略"，又要有"社会计划"，就是要"通过稳定和发展契约"这种"社会计划"来实现"经济战略"①。尽管政府的这些宣言是冠冕堂皇的，尽管这种"以社会自由为特点的新思想"已作为总统令在革命制度党于1993年3月召开的第16次全国代表大会上获得通过，被确定为党的指导思想，然而事实上，随着墨西哥的新自由主义改革（国有企业私有化、贸易自由化、村社土地占有关系自由化等）的深化，这些理论或宣言同墨西哥的现实已经相去甚远，人们对这种新的意识形态能否给墨西哥带来稳定和发展已经产生怀疑。由于原来已经制度化的政治体制已陷入所谓"非制度化"的解体状态，墨西哥要想恢复稳定的政治局面，把现代化建设推向前进，毫无疑问需要一个再制度化的进程，而这个再制度化进程只有建立在一个正确的经济发展模式的基础上才有可能成功。当然，正确的经济发展模式的选择离不开正确的意识形态的指导，所以，对于墨西哥的未来来说，意识形态的问题仍将是一个关键的问题。

五 问题的结论

综上所述，笔者可就本文开头提出的问题作出如下三点结论：

（一）墨西哥革命制度党的意识形态不固守某一种思想理论，

---

① 哥伦比亚《旁观者报》1992年12月27日。

具有突出的灵活性和广泛的兼容性。然而，我们绝不能因此而得出结论说，革命制度党不信任任何意识形态，或没有任何自己的意识形态。相反，这个党一贯重视意识形态，并一贯致力于意识形态战线的斗争。

（二）意识形态的正确与否，决定着现代化的成败：错误的意识形态可以把现代化引向失败，正确的意识形态可以把现代化引向胜利。波菲里奥在"实证主义"意识形态的指导下，用百分之百的铁腕政治否定了他的前任自由派的自由主义政治（故谓之"零"政治），从而统一了墨西哥，为墨西哥的现代化启动创造了条件；但在变化了的条件下，也正是他的僵化的实证主义的政治信条使他丧失政权。同样，从 20 世纪 40 年代开始，墨西哥之所以能长期保持相当高的经济增长率，创造出"墨西哥经济奇迹"，在相当大的程度上，是因为"墨西哥革命的意识形态"征服了人心，发挥了巨大的民族凝聚作用，从而为战后墨西哥经济的高速增长创造了稳定的政治环境。80 年代以来墨西哥连续发生政治经济危机，这在一定程度上也同革命制度党意识形态上的混乱有关。很显然，笼统地把意识形态同经济对立起来，说墨西哥的经济奇迹是革命制度党淡化意识形态的结果，或说墨西哥的经济危机是这个党"偏好"意识形态的结果，都是错误的。

（三）意识形态同生产力并非毫无关系。正确的、符合本国国情的意识形态，完全可以通过指导生产关系、形成正确的决策以及提高人的思想素质而转化成巨大的生产力。这一点不仅已为革命制度党意识形态所产生的上述巨大作用的历史事实所证实，而且经济理论研究的最新成果（1993 年诺贝尔经济奖获得者道格拉斯·C. 诺思的制度变迁理论），也以丰富的经验材料和强有力的历史逻辑证明了这一点。在这种理论的三个组成部分中，

"意识形态理论"就是其中之一。[①] 因此，笼统地说意识形态无助于解决人和自然的矛盾，显然也是错误的。

（原载《拉丁美洲研究》1996 年第 3 期）

---

① 王宇：《制度创新与经济增长——诺思的经济思想》，《光明日报》1995 年 11 月 29 日。

关于进口替代工业化战略的再思考

一 实践提出的问题

十余年来，拉美学术界对进口替代工业化战略问题已经作了不少的研究，写了不少文章，虽说意见不完全一致，但结论似乎已清楚：这种战略由于实行贸易保护，国家干预和面向国内市场，严重"压抑了企业家竞争的本能"，"导致国家资源配置不合理"，"造成汇率定值过高"，使经济缺乏活力，使产品在国际市场上丧失竞争力，"是对自由贸易的一种限制或束缚"；60年代末拉美经济之所以开始陷于困境，其原因就在于"进口替代工业化发展本身的性质"，这说明拉美的"赶超战略"是失败的；1982年危机的根本原因，也在于"进口替代工业化进程的历史局限性"；这场危机证明，"进口替代工业化发展战略或模式已经过时"……总之，进口替代似乎是应该否定的东西。然而，中国现代化实践所提出的问题则同拉美学术界的这些结论大相径庭。早在十多年前中国开放初期，人们就曾经在发展战略选择问题上有过"进口替代"与"出口替代"之争。当时，大家觉得应该实行"进口替代"与"出口替代"相结合的双重战略。

现在，经过十多年的发展，人们又觉得，"出口替代"战略确实得到了充分的重视，取得了可喜的成就，使中国的出口总额翻了两三番；但"相对而言，'进口替代'战略在某种程度上是被忽视了"，表现在"很多产品仍旧依赖进口，不仅品种扩大，而且数量增加"，以致在我国市场上，"洋货充斥，国货受挤"，有的行业"几乎整个都被挤垮"，有的人甚至主张"以市场换资金"，把市场"拱手让人"，"不懂得占领市场是发展经济的根本之道"。他们认为，为了纠正这种情况，我们必须在深层次上纠正"战略选择的偏差"，在强调"出口替代"的同时，把"进口替代"也"纳入战略视野"。① 实践是检验真理的标准。既然实践所提出的问题同我们的结论大相径庭，我们就应该对自己的结论进行认真的反思、检讨，以求接近于真理。

二　战后拉美现代化战略选择和"进口替代"

当前，世界上最右翼和最左翼的学者对"进口替代"工业化战略都持彻底否定的态度。前者从工业化国家垄断资产阶级的利益出发，认为发展中国家只有按自由贸易原则办事，才能发挥比较优势，才能使资源配置达到最优化。这实际上就是要发展中国家永远成为发达国家的初级产品供应地和发达国家工业品的销售市场，就是要发展中国家不搞自己的工业化。后者则从平均主义的观点出发，认为"进口替代"工业化模式完全是在发达国家消费方式的"示范"下形成的，是在关税壁垒保护下，由本国制造业生产供少数富人消费的以前需要进口的那些商品，而这种生产又需要消耗大量外汇收入来进口技术、资本货，乃至原材

――――――――――

① 沈立人：《再议"进口替代"》，《光明日报》1995 年 9 月 27 日。

料，从而加深了发展中国家对西方发达国家的依附。总之，按照这两种意见，第二次世界大战以后拉美国家选择"进口替代"工业化战略压根儿就错了。事实果真是这样的吗？

现代化战略的选择并不是自由的，而是受历史条件限制的。在不具备历史条件的情况下硬闯蛮干，是错误的；有了历史的机遇而不抓住它，也是错误的。因此，现代化战略的选择是历史的选择，其正确与否必须受历史的检验。拉美国家在沦为欧洲国家的殖民地之后的 300 多年中，只能为宗主国的消费提供农矿产品，为宗主国的工业品提供市场。直到独立以后，它们才逐步认识到，这种局面如果继续下去，国家是没有前途的，从而产生了民族的觉醒，有了自主发展、搞进口替代工业化的思想。各国觉醒的时间，有先有后。一般说来，受压迫最深者觉醒最快。比如，墨西哥早在大萧条年代以前就已经有了进口替代工业化思想。当时的奥夫雷贡总统就明确指出，必须把经济独立看作是成为一个自治民族的条件。他说：要解决墨西哥的经济问题，国家必须有效地致力于发展，有效地开发自然资源，使本国变成一个出口国，改变世世代代所忍受的那种必须进口自己本可以大量生产的许多消费品的进贡者的地位。[①] 但是，要实行这样一种"进口替代"，就不可避免地要打破业已形成的世界资本主义分工体系，要影响西方发达国家的既得利益，而这在世界资本主义经济体系正常运转的情况下几乎是不可能的。因此，这就需要有历史提供的机会。这个机会终于在 1929 年世界资本主义经济危机爆发后来到了。在 1929—1933 年连续三年多的世界经济危机中，国际贸易中断，原来被西方发达国家工业品所占领的拉美市场，

---

① 墨西哥外交部《墨西哥外交政策：175 年的历史》，墨西哥城，1985 年版，第 252、253 页。

现在空出来了。于是，拉美各国抓住了这个大好时机，搞起了
"进口替代"工业化。显然，在世界资本主义经济体系之内，发
展中国家要想实现现代化，这是唯一可行的道路，唯一可行的战
略选择；没有这种战略的成功，发展中国家只能继续作为西方发
达国家的原料供应地和工业品销售市场，所谓发展、现代化，是
无从谈起的。

　　据南方委员会调查，在战后实行"进口替代"工业化战略
的 30 年间，大多数发展中国家在经济和社会方面都有很大的进
步。20 世纪 60 年代和 70 年代，发展中国家作为一个整体，其
经济增长率比发达国家要高，也比发达国家早期阶段的发展情况
好些。[①]　其中尤以工业的发展最快。譬如巴西，在 1940—1961
年间，其工业发展速度是整个经济发展速度的两倍多。[②]　这个时
期，几乎所有拉美国家都是以工业来带动整个经济发展的。到
70 年代，有些国家的工业已开始能与西方发达国家进行竞争。
所以，在战后一个时期，"进口替代"工业化发展战略给拉美地
区工业所带来的巨大进步，是不可否定的。虽然这一工业化进程
已被 80 年代的经济危机所中断，但是"进口替代"工业化战略
的历史贡献和历史地位还是应该充分肯定的，这一战略的选择应
该说是没有错的。

　　长期以来，美国统治者总是反对拉美国家的"进口替代"
工业化战略，这是没有道理的，因为美国也曾经是殖民地，也曾
经充当过英国的原料供应地和工业品销售市场。如果说出口初级
产品也是当时美国的"比较优势"，那么，为什么美国不维持它

---

　　① 南方委员会的报告《对南方的挑战》，中国对外翻译出版公司 1991 年中文
版，第 2 页。
　　② 路易斯·卡洛斯·布雷塞尔·佩雷拉：《巴西的发展危机》，武汉，1993 年
中文版，第 43—44 页。

的"优势",而要搞工业化呢?如果说单靠初级产品的"比较优势",美国就能实现工业化,并成为工业强国,那么,这种工业化和这个工业强国是怎么实现的呢?是天上掉下来的吗?当然不是。事实是,美国也经历了一个"进口替代"的过程,并在第二次工业革命中,利用欧洲输出的资本,全力推进工业化,才最后超过英国,成为工业强国的。既然如此,那么在美国行之有效的战略为什么别国用起来就不行呢?

三 "进口替代"工业化战略与拉美经济危机

否定论者否定"进口替代"的主要理由是,"进口替代"工业化战略造成了20世纪80年代拉美国家的经济危机。他们提出这条理由的证据就是东亚的例子,说东亚一些国家和地区之所以能在同样的国际条件下避免拉美那样的危机,是因为它们早在60年代就放弃了"进口替代"战略,转到了"出口导向"的战略。事情果真如此吗?

东亚的一些国家和地区的确是在大力推进国际贸易中发展起来的,是实行外向型出口导向战略的,但说它们都放弃了"进口替代"战略,则是不确切的。下面以韩国为例。韩国属于极端出口导向型国家,但它并不像某些西方人所说的那样,60年代以后就已经放弃了"进口替代"工业化战略。60年代,它的战略重点的确是全面促进出口,但到70年代,它又有选择地促进重工业发展,80年代又着重支持技术开发和薄弱工业的发展。这些做法虽不像拉美那样取名"进口替代",但实质是一样的。如果说东亚的例子在这个问题上还不很典型的话,那么,南亚的印度则被公认为一个"典型的强有力的进口替代"国家。按否定论者的推理,这个国家应该和拉美国家一样,陷入80年代的危机。但事实却相反，它的国内生产总值一直在增长，其增长率在 60 年代为 3.4%，70 年代为 3.6%，80 年代为 5.5%。[1]

一般说来，拉美国家过去推行"进口替代"的意识比较强，所采取的措施比较激进，但要说拉美国家都没有像东亚那样转到"出口导向"的战略，则是言过其实。实际上，到 60 年代中期以后，南美的几个大国都已转变了战略。巴西已"从内向型进口替代工业化战略转向更加向外开放的经济战略"[2]。智利自 1973 年皮诺切特发动武装政变，推翻阿连德政权后，就组织了以"芝加哥弟子"为核心的经济班子，废除了"进口替代"工业化时期所实行的国家干预和市场保护政策。到 1979 年，它的关税率已下降到 10%。就是实施"进口替代"工业化战略最坚决的墨西哥，到 1976 年危机之后也开始发生变化，"货币主义者开始压倒结构主义者"。

由此可见，80 年代拉美的经济危机同"进口替代"工业化战略并没有什么必然的联系。相反，从上述事实可以看出，这场危机恰恰是在广大拉美国家开始转向自由主义，转向外向型"出口导向"战略以后发生的事情。所以，有人认为，东亚一些国家和地区成功的主要经验之一，恰恰在于它们"大胆放手地采用了有力的工业政策"[3]；而拉美之所以陷入危机，恰恰在于它所实行的那种"进口替代"战略的不彻底性和片面性（指片面的工业"进口替代"造成了损害农业的"出口替代"，以日益

---

① 阿吉特·辛格：《亚洲和拉丁美洲比较：80 年代经济的歧异》，阿根廷《经济发展杂志》，1995 年第一季度。

② 威廉·泰勒：《巴西的工业经济》，1981 年版，转引自苏振兴、徐文渊主编《拉丁美洲国家经济发展战略研究》，北京大学出版社 1987 年版，第 91 页。

③ 阿吉特·辛格：《亚洲和拉丁美洲比较：80 年代经济的歧异》。阿根廷《经济发展杂志》，1995 年第一季度。

严重的依赖进口去替代原来可喜的农业出口，特别是粮食出口，从而导致结构失衡，债务日重）①。这样的解释不是没有道理的。众所周知，造成当时拉美债务危机的最直接的原因，在于西方发达国家政策的突然改变：首先是突然提高利率（雷内指出，高国际利率是财政霸权国家的货币政策及其旨在填补预算赤字的财政政策造成的 ）②，堵塞了拉美国家通过借债而解决资金问题的道路；其次是西方发达国家控制国际贸易市场，压低了拉美国家出口产品的出口价格，从而又堵塞了它们通过出口解决经济增长所需资金问题的道路。面对这种打击，完全结合于世界经济的国家要比不完全结合于世界经济的国家脆弱得多。东亚一些国家和地区之所以有承受力，没有陷入危机，按阿吉特·辛格的解释，主要有三个原因：第一，如前所说，它们"大胆放手地采用了有力的工业政策"；第二，它们对经济干预的目的是要"引导"市场，而不是适应市场；第三，它们同世界经济不是紧密结合，而是尽可能达到一种"战略上的一体化"。③ 这三条当然不是西方所宣扬的新自由主义的准则，而是更多地带有"进口替代"战略的精神实质。阿根廷《民族报》甚至说得更清楚：不是"进口替代"导致了危机；恰恰相反，是因为有了危机，"进口替代"已经很难了。

四　"进口替代"战略是否已经过时？

在"否定论"者中，有一种相当普遍的意见，就是认为在

---

① 参阅许经勇《论输入型通货膨胀与金融危机》，《求索》杂志 1996 年第 1 期。

② 雷内·比利亚雷亚尔：《走向 2010 年的墨西哥》，墨西哥城，1988 年版，第 238 页。

③ 阿吉特·辛格：《亚洲和拉丁美洲比较：80 年代经济的歧异》，阿根廷《经济发展杂志》，1995 年第一季度。

当前经济国际化蓬勃发展的时代，"进口替代"战略已经过时。从一些后起发达国家的历史来看，这种意见无疑是正确的。这些国家在追赶先进国家的年代，曾经实行过这种战略，一旦获得成功，成为发达国家之后，由于"进口替代"的需要已不存在，它们自然就放弃这种战略，没有必要再实行这种战略了。对发达国家来说，情况是这样。若就大多数发展中国家来说（没有条件建立工业生产体系的小国例外）"过时论"恐怕就不能说是正确的了。

现在，人们都很重视"出口导向"战略，因为出口导向战略可以优化资源配置，促进规模生产，提高劳动生产率，加快现代化的进程。致力于"出口导向"战略，自然是一种正确的选择。但是，我们还必须看到，"出口导向"战略也有两种：一种是自由主义的"出口导向"，另一种是国家指导的"出口导向"。前者虽然也可以在国际经济秩序正常的情况下求得增长，但因为完全受国际市场的支配，很难形成合理的经济结构，所以也就很难形成强大的综合国力，跻身于发达国家之列。这已经是历史所证明了的。后者是以"进口替代"工业化为依托、与"出口替代"战略相结合的一种"出口导向"战略，它既可以发挥市场机制对经济的强大推动作用，也可以在赶超目标的指导下，优化经济的结构，提高市场经济的档次和水平，从而在一定的国际条件下，逐步达到发达国家的生产力水平。关于这一点，南方委员会的报告有一段很好的说明。报告说："在强调促进出口的同时，不应忽视进口替代给实现工业化带来的机会。随着时间的推移，农业的进步和制成品出口的扩大，将大大增加对工业品的需求。在经济发展的最初阶段，这一日益增长的需求可全部或部分靠进口产品来满足，但到一定时候便难保证足够的进口流量，特别是那些需求大出口能力有限的、工业化程度不高的国家。应重视同时建立或扩大国内工业，以满足对工业品日益增长的需求。"又说，"一个国家如不具备制成品生产能力，就不可能出口制成品，而推行进口替代，可以为发展这种生产能力提供必要的动力"。

有人说，推行进口替代战略就是保护落后。这一点必须进行具体分析。不可否认，不适当的保护（过度或僵化）是有这种消极作用的。但是，在一般情况下，进口替代战略的保护是为了扶植幼稚工业，使刚刚起步的幼稚工业不致被发达国家的竞争优势所摧垮，并使之成长壮大，有能力参加全球市场竞争。从这个意义上来说，否定"进口替代"是不对的。对于一个比较落后的国家来说，排斥"进口替代"的"出口导向"，实际上就是回到过去的初级产品出口模式，那才真正是保护落后。

就是一个比较发达的国家，也不能说就已经完成了"进口替代"过程，永远不再需要进口替代，因为发展是不平衡的，出口也不是永保顺利的，只要在竞争中落后，或出口受阻，就有新的替代机会和需要。所以巴西经济学家佩雷拉说，1930—1961年的进口替代过程"虽然产生了一系列严重的畸形，但是，在仍然有替代机会的情况下，它还拥有内部的动力，使其继续发展"[①]。事实也的确是这样的。70 年代中期，当西方发达国家发生经济危机并不择手段向发展中国家转嫁危机的时候，本来已经放弃"进口替代"战略的巴西，在大力促进出口的同时，又决定强化"进口替代"政策，再次实施 40 年代末曾经执行过的"同类产品法"，并采取限制进口的措施，于 1980 年颁布进口管制条例，实行进口许可证制度，大幅度提高工业产品的进口税

---

① 路易斯·卡洛斯·布雷塞尔·佩雷拉：《巴西的发展危机》，武汉，1993 年中文版，第 43—44 页。

率，同时对那些"以进养出"的资本货进口实行优惠政策。① 历史表明，巴西两次实行"进口替代"战略都同经济危机相关，说明"进口替代"是发展中国家的一种必不可少的经济安全机制。

此外，在诸多国际贸易理论中，实际上已有不少涉及新技术、新产品的进口替代问题。如波斯纳的"技术模仿差距"理论和弗农的"产品周期和商业周期"理论就是这样。前者认为产品革新国可以通过新产品的开发在国际贸易中获得比较优势，它的这种优势可以一直保持到这种革新被其他国家所模仿。后者认为产品周期可以划分为三个阶段，即新产品在革新国问世阶段、新产品逐步成熟阶段和新产品完成标准化阶段；在这个产品周期中，模仿差距是由革新国本身填平的，因为出于降低成本和获取更多利润的考虑，革新国在周期的最后阶段，甚至第二阶段就有可能投资于劳动力价格便宜、所需原料富足、地理位置好的发展中国家。② 但是，不管是前一种理论，还是后一种理论，都告诉我们，要把发达国家的科技优势转化为本国的优势，要把世界科技革命和产业革命的成果转化为本国的成果，唯一的途径就是进口替代；"进口替代"无非是这一转化过程的文字表述。没有这个进口替代过程，先进国的优势就只能是别人的优势，世界科技革命的成果就只能是别人的成果，要享有这些现代成果，就只能进口（如果手里有外汇的话），而只靠进口现代洋货过现代生活的国家是根本谈不上实现现代化的。所以，从某种意义上说，"进口替代"在一个各国相互依赖而发展又不平衡的世界

---

① 参见苏振兴、徐文渊前引书，第113页。
② 雷内·比利亚雷亚尔：《走向2010年的墨西哥》，墨西哥城，1988年版，第238页。

里，是一个生生世世永不终止的现代化进程。

五　普雷维什究竟是怎么看的？

在批评"进口替代"工业化战略的一些文章中，很多都抬出了普雷维什这个重要的人物。似乎这个"进口替代"工业化理论的鼻祖、从 50 年代开始就一直指导拉美各国实行进口替代工业化战略的人物，后来也转到了批判"进口替代"工业化战略的立场。事实是不是真的这样？

作为拉美"进口替代"工业化战略的思想领导者，普雷维什对拉美工业化进程中出现的一些偏差和问题提出批评，甚至严厉的批评，这并不是什么奇怪的事情。问题是要弄清楚，他究竟有没有否定"进口替代"战略，有没有认为这种战略已经过时。从他晚年发表的著作看，恐怕不能得出这样的结论。

第一，大量材料证明，普雷维什自始至终都认为，发展中国家是有必要运用"进口替代"战略的。他在这方面有很多的论述，归纳起来主要有以下几点：（1）为了克服对外贸易上的困难，发展中国家需要出口制成品或新的农工产品，以满足其日益增长的进口需要；如果出口受阻，无法出口这些产品，就只能通过适当的保护继续其替代进口。（2）由于发展中国家现代化的历史性延误，发达国家的技术和经济优势不断加强。为了出口，参与市场竞争，发展中国家不能不对替代性工业实行保护，并对工业品出口给予补贴。（3）各国的情况不同，条件不同，有些工业由于其明显的比较优势，应该建立，有些工业由于其明显的比较劣势，而不能建立；应该根据其比较优势和比较劣势来推动出口或进口替代。（4）发达国家出口制成品，其需求随发展中国家的收入增长而趋于急剧增长，而发展中国家出口初级产品，其增长速度随发达国家的收入增长而趋于缓慢。因此，发达国家同发展中国家的贸易不平衡是趋于出超，即出口过量，因而无需进口替代。而发展中国家对外贸易的不平衡趋势则以入超为特点，这就迫使它们在现行的交易准则内实行替代，以避免支付结算中的逆差。不仅如此，发达国家如果因某种正当或不正当的理由而替代来自发展中国家的进口，那就会扩大国际需求的差异性；相反，发展中国家如果对来自发达国家的进口实行替代，则会逐步纠正这种差异性，而使发展成为可能。①

第二，普雷维什虽然批评过某些国家对市场所采取的过度保护的做法，但他并不反对适当保护。在他看来，发展中国家的替代性工业之所以需要适当保护，主要是因为发达国家与发展中国家之间存在着结构性差异。发达国家的优势越大，发展中国家就越需要保护。他说："由于外围发展的延误，中心的技术、经济优势不断加强，说明有必要对替代性工业化实行保护，并对工业品出口给予补贴。"② 他多次表示，由于发展中国家与发达国家之间存在着结构性差异，发展中国家应该在保护方面以及在补贴方面采取适当的措施。

第三，普雷维什对五六十年代拉美国家忽视出口的倾向批评最多，但他并不把矛头对准"进口替代"工业化战略本身，因为"进口替代"工业化并不排斥出口，相反，"进口替代"工业化的发展，正有赖于出口事业的繁荣。所以，在这个问题上，他批评了当时的发展中国家，认为发展中国家"把所有力量集中在进口替代上，而对制成品出口没有给予足够重视"，"没有下

① 劳尔·普雷维什：《外围资本主义》（中文版），商务印书馆1990年版，第182页。
② 同上书，第178页。

决心实行一项明显地有利于制成品出口的政策"；同时，他也批评了发达国家，强调了发达国家所负的责任，认为发达国家当时并没有"为进口发展中国家的某些工业品提供方便"，"没有鼓励外围的制成品出口"，直到 60 年代发达国家的高速发展已经到了极限，发展中国家的简单替代潜力也已经耗尽时，它们才开始鼓励制成品出口。普雷维什还指出，60 年代以后，拉美国家虽然普遍加强了出口，但它们"只是处在中心国家工业品交换迅速增长的边缘"，它们出口的新工业品"主要是那些因技术的新发展而不再更新的产品，或者是只限于先进产品的零部件"而且，发达国家对发展中国家已具有竞争条件的产品，并"没有实行自由化政策，而是实行了完全相反的政策"，即"根深蒂固的保护主义"政策，使发展中国家的出口贸易被"各种不同形式的保护主义所困扰"。①

第四，在普雷维什对拉美"进口替代"工业化的批评中，最深刻的是他指出了这种工业化的依附性。在拉美，替代性的工业化也在一定程度上被跨国公司所支配，而这些公司"感兴趣的主要是在外围开发二流产品，这类产品在中心国家已被体现技术不断革新的新产品所取代"。跨国公司在发展中国家是"强烈地促进了消费国际化，而不是生产国际化"。因此，在现在的工业化进程中，拉美国家"在很大程度上又再次被排斥在外"，陷于再边缘化。有了再边缘化，也就免不了有新的一轮"进口替代"工业化。

总之，普雷维什对"进口替代"工业化进程中出现的一些偏差的批评与西方一些人士的批评是根本不同的。后者对"进

---

① 劳尔·普雷维什：《外围资本主义》（中文版），商务印书馆 1990 年版，第 178—179 页。

口替代"战略的批评是为了推行所谓新自由主义模式，而普雷维什的批评，则是为了推动现行经济体系的改造。普雷维什并不相信资本主义的全球发展，认为"资本主义的全球发展神话，如同外围按照中心的模式发展的神话一样，都已经消失了。市场规律的调节功能的神话也正在逐步消失"。所以，他主张"改造体系"，主张由国家来调节社会对剩余的使用，以提高积累速度。但他不主张把赖以产生剩余的生产资料的所有权、经营权由国家自身掌握，而主张按集体的合理性使用剩余。这种集体的合理性指国家通过民主计划途径来进行调节。他认为，这种改造的选择"意味着社会主义和自由主义之间的一种综合"①。

六　反"进口替代"的思潮值得重视

从上文可以看出，"进口替代"战略的实质，并不是这种战略实施过程中所出现的那些缺点，譬如"保护过度"、"忽视出口"，等等，而是这种战略的工业化目标，是这种战略所体现的民族自主、自立和自强的精神。所谓"进口替代"工业化战略，就是发展中国家优先发展某些工业来替代进口，并以这些工业的优先发展来推动整个现代化进程的一种发展战略；大至现代化的起飞，小至某项先进技术的应用或某项高精产品的投产，都会体现这种战略，都有一个"进口替代"过程。因此，"进口替代"战略不但在发展中国家的现代化历史上享有不容否定的地位，而且，就是到现在，也具有重大的现实意义。

资本主义经济强国要贸易自由，要所有的国家都向它们开放

---

① 劳尔·普雷维什：《外围资本主义》（中文版），商务印书馆1990年版，第43—44页。

市场，因此，它们对坚持自主发展的"进口替代"战略有一种本能的敌视态度，从"进口替代"战略诞生的第一天起，它们就从未停止过对它的攻击。这是一点都不奇怪的。奇怪的是当前在发展中国家中也泛滥着一种否定"进口替代"战略的思潮。这种情况值得我们重视。

西方用以批判"进口替代"战略的武器，是古典经济学的自由贸易理论。这种理论早就受到资产阶级进步理论家的批判，被认为是"强国的经济政策理论"。[①] 目前发展中国家用来批判"进口替代"战略的武器，也是这种理论，只不过添上了一些诸如"改革"、"开放"等很受欢迎的新名词，因而颇有影响力。这是应该引起重视的理由之一。

资本主义世界经济体系的本质，从某种意义上说，就体现在西方发达国家与广大发展中国家的关系上。所谓经济国际化就是在这一矛盾运动中演进的。19 世纪的国际分工（落后国家初级产品出口，发达国家工业制成品出口）正是这一矛盾在当时历史条件下所形成的一种国际经济关系体系。在这个体系中，经济发展较落后的国家若要改变或避免"边缘化"的命运，就需要借助一个强有力的国家机构来干预经济，实行"进口替代"工业化战略。这种战略体现了被压迫民族的一种最宝贵的精神。这就是独立自强精神。批判了"进口替代"战略，也就是批判了这种宝贵的精神，从而导致这种精神的堕落。这是应该引起重视的理由之二。

从 30 年代以来拉美的历史看，"进口替代"工业化总是同经济危机联系在一起的。每到危机来临，拉美国家即拿起了

---

① 罗伯特·吉尔平：《国际关系政治经济学》（中文版），经济科学出版社1994 年版，第 207 页。

"进口替代"这个武器，来对付危机，战胜危机。"进口替代"成了拉美国家在世界资本主义体系中用以抵御经济危机的一种安全机制。但是，到80年代，情况发生了重大变化，西方国家不但把危机转嫁给了拉美国家，而且还利用危机把拉美历来赖以抵抗危机的这个武器"收缴"了。目前在拉美乃至在世界泛滥的反对"进口替代"的思潮，就是这一重大变化的突出反映。没有了这个武器，拉美国家在危机面前显然比战后任何时候都更脆弱了。这是应该引起重视的理由之三。

当然，经不起历史和实践检验的思潮是不可能持久的，实践提出的问题迟早会催人警醒。人们终会体会到，"进口替代"同发展中国家的现代化是有不解之缘的；会体会到，发展中国家的未来战略选择决离不开"进口替代"这个环节。巴西经济学家说得好，现在摆在我们面前的不是要讨论"进口替代"是否有效，因为事实证明它是有效的；也不是要讨论五六十年代是否有别的更好的选择，例如是否可以加入工业品国际市场，因为在工业发达国的竞争下和巴西当时"所处的工业发展时期"，"这种选择是行不通的"；而是要讨论"进口替代"工业化在现代化进程中所产生的各种畸形。① 这种讨论当然不是为了要原封不动地恢复五六十年代的发展模式，因为这种模式并不是"进口替代"战略的全部（它之所以产生各种畸形或偏差，是因为它不能因时而变，走向了僵化的道路；而僵化的"进口替代"战略，是不能与"进口替代"战略画等号的），而是为了要全面、准确地认识"进口替代"战略，克服其僵化的一面，坚持和发扬其体现发展中国家现代化规律的一面，在积极推进外向发展（"出口

---

① 路易斯·卡洛斯·布雷塞尔·佩雷拉：《巴西的发展危机》（中文版），武汉，1993年，第177—178页。

导向")的同时，不放松内源发展（"进口替代"），并把这种内源发展作为"出口导向"战略的基础工程，摆到重要的战略位置上，从而不断地把现代化推向前进。

（原载《拉丁美洲研究》1996 年第 6 期）

世纪之交拉美发展模式新探

——评查韦斯的"第三条道路"

　　查韦斯自 1999 年 2 月执政以来，已快一年半了。在委内瑞拉历史上，这一年多算得上是一个惊心动魄的时期。在这个时期，他以惊人的气魄领导了修改宪法的斗争，开始了他在竞选纲领所提出的"和平、民主革命"，并在 80 年代以来拉美新自由主义改革的历史上第一次明确提出了反对新自由主义的"第三条道路"新战略。[①] 为此，他领导成立了新的立宪机构——全国立宪会议，提出了他的宪法改革建议，并就全国立宪会议起草的新宪法举行了全民公决，赢得了立宪议会选举（1999 年 7 月 25 日）和全民公决（1999 年 12 月 15 日）的辉煌胜利。在这一年，无论是委内瑞拉民众对查韦斯的拥护和支持，还是国内外少数敌对分子对查韦斯的咒骂，都达到了委内瑞拉历史上创纪录的水平。自然，查韦斯的"第三条道路"也对拉美和广大发展中国家产生了不可低估的影响。

---

① 　Maria Teresa Romero, El triunfo de Chávez, en *Nacionales*, 1999 – 1 – 16.

一

关于查韦斯"第三条道路"的提法，最早可以追溯到1998年查韦斯竞选运动时期。据委内瑞拉《宇宙报》报道，查韦斯在竞选运动中曾一再宣布自己是英国布莱尔"第三条道路"的热情追随者。[①] 在 1998 年 12 月举行总统选举的一周前，查韦斯在接受《国民报》记者采访时说："在我谈及'第三条道路'时，指的是布莱尔在英国推行的模式。……在这里，我们称这种经济模式为人道化道路：可以为人民创造就业机会和幸福的人道化经济。"[②] 在总统选举前夕，《委内瑞拉分析》杂志也报道说，查韦斯主张发展一种"第三条道路"的经济，即一种将经济全球主义与经济民族主义相结合的经济。他说：外资是受欢迎的，但它必须首先对委内瑞拉有好处。[③]

根据查韦斯执政后颁布的《改革方案》以及宪法草案的内容，查韦斯的"第三条道路"发展战略主要包括两个方面的内容：在内政方面，查韦斯认为，委内瑞拉的根本问题在于现行的民主制度已经腐化，已完全不适应经济全球化趋势下发展自由市场经济的需要，必须有一场民主革命或政治结构改革来收拾这个体制所产生的种种扭曲现象，用一种新的民主秩序来取代现行的政治秩序。经过改造的国家将是一个高效率的国家，它将成为委

---

① Trino Marquez, El nuevo gobierno y la Tercera Vía, en *El Universal*；Pedro Garcia Otero, Chávez está siguiendo la Tercera Vía, en *El Universal*, 27 de Septiembre, 1999.

② 《一体化、同邻国的关系和第三条道路将成为外交优先目标》，委内瑞拉《国民报》1998 年 12 月 7 日。

③ Ricardo Sucre Heredia and J. Maurice Bell, Could Chávez Win in December? *in Venezuela Analitica*.

内瑞拉政治的强有力的领导者和发展的有效推动者。按特雷莎·罗梅罗的意见，在内政方面，"第三条道路"所要解决的问题是如何更好地把国家主义（estatismo）同自由主义（liberalismo）相结合的问题。① 在外交方面，查韦斯的"第三条道路"特别重视经济全球化与国家主权的关系。他的《改革方案》专门写了"世界的平衡：主权与全球化"一章，指出，"新政府外交政策的根本目标就在于要让委内瑞拉作为一个独立自主的、有能力促进自己国家利益的国家适当地加入国际社会"。为此，委内瑞拉必须坚持自主和在最多样化领域（领土、经济、文化、军事、粮食、能源等）发展国家主权的理论、"国家管辖权不受侵犯的原则"、"国家领土不受侵犯的原则"、"各国人民乃国际关系主人公的原则"、"各国在关心国际正义方面权利一律平等的原则"、"促进国际社会民主化"、"在相互合作原则基础上建立国际经济新秩序"等理论原则和政策原则。②

　　根据查韦斯的《经济计划》，查韦斯的《第三条道路》发展战略主要有以下 5 个要点：第一，实行市场与国家相结合的经济方针。"在一个要尽可能发展市场，而又不能没有国家的地方，必须让看不见的市场之手与看得见的国家之手靠拢在一起"，联手发展国家的经济。第二，建设一种人道主义的、自治的和有竞争力的经济。这种经济将以人为其中心，以人为其存在的理由。查韦斯认为，实行这样的经济，生产工作终将有可能适当满足居民的需要，使之过上体面的生活。第三，充分利用国家的比较优势和竞争优势。这种比较优势和竞争优势将通过本国的自然资源、工人的高训练水平以及外国投资所带来的最先进的生产技术

---

① Maria Teresa Romero, El triunfo de Chávez, en *Nacionales*, 1999 – 1 – 16.

② La propuesta de Hugo Chávez, en*Venezuela Analitica*, 1999 – 1 – 13.

这三者的结合而创造出来。同时，新的经济制度也要依靠国内储蓄的努力和本国企业主的能力。第四，充分发挥国家的作用。国家应保护居民的普遍利益，鼓励私人的经济活动，同时避免不道德竞争情况的发生；应推进全国生产事业的持续协调发展；应鼓励和帮助全国物力资本与人力资本的积累；应以各种形式参与基础设施投资，以求得全国基础设施的协调发展；应提供尽可能高质量的公共服务；应办好能够赢利的国有企业（仅限于基础部门）等。第五，合理的贸易开放。新的发展模式把克服对外脆弱性、实行一种建立在相互性原则和平等原则基础上的对外贸易政策作为自己发展外贸事业的一个根本的前提条件。[①]

总之，查韦斯的"第三条道路"模式，是一种以人为中心的、市场机制与国家作用相结合的、充分利用国家比较优势的、实行合理开放的发展模式。这种模式显然不同于强调政治自由化、市场自由化、公共企业私有化、国家作用最小化的新自由主义发展模式。查韦斯说："20 年来，由于推行新自由主义模式，国家被弄得残破不堪，现在我们正在进行重建。"[②]

二

查韦斯为什么会在 20 世纪 90 年代提出《第三条道路》发展模式呢？这首先同查韦斯的个人经历和委内瑞拉国内外的形势有关。查韦斯·弗里亚斯 1954 年 6 月 28 日出生于委内瑞拉南部巴里纳斯州的一个教师家庭。童年时代生活贫困，为帮助父母维

---

① *Programa económica de Chávez*, Texto completo del documento oficial.

② Presidente Chávez juramentó a nuevos ministros, *El Universal*, 3 de Septiembre, 1999.

持生计，曾沿街叫卖，兜售甜点。查韦斯的贫苦经历使他对下层民众的贫苦生活怀有深切的同情心，同下层民众有着共同的追求和理想。念完中学后，他考入委内拉军事学院，并于 1975 年 7 月 5 日毕业，获得少尉军衔，后来又获得陆军军事科学和艺术硕士学位。在军队服役期间，由于表现出色，曾获"卡拉博博之星"勋章。1982 年，查韦斯开始步入政治生涯。这一年，他创建了以国父玻利瓦尔的名字命名的革命运动组织，并在此基础上开始了"第五共和国运动"。1992 年 2 月 4 日，他发动了旨在推翻当时的安德列斯·佩雷斯总统的军事政变。政变失败后被军事法庭判处监禁，但是，他并没有因此气馁，1994 年出狱后，继续从事政治活动。这时候，委内瑞拉正陷入严重的社会经济危机之中。在 1978 年以后的 20 年中，人均国内生产总值从 32390 玻利瓦尔下降到 26273 玻利瓦尔，工人的实际工资下降了差不多一半；年通货膨胀率从 1978 年的 7.4% 上升到 1996 年的 103%；在一个只有 2300 万人口的国家，70% 的人忍受着贫穷，公开失业率高达 11.3%，半失业率高达 49.5%；儿童死亡率高达 21‰，比哥斯达黎加和乌拉圭高出一倍。① 现实使他深深感到，20 世纪 80 年代以来流行于拉丁美洲的新自由主义发展模式，是挽救不了委内瑞拉的，必须要有一种新的发展战略，一个新的发展模式。恰在这时，欧洲的统治思想已经发生了某种变化，鉴于以撒切尔夫人和里根为代表的保守派自由主义战略（反"福利国家"战略）给欧美带来了日益严重的社会问题，一些欧洲国家的统治者认为是到了纠正这种战略的缺点的时候了。于是，英国工党在布莱尔领导下首先进行了改革，改名为新工党，并在 1997 年提出了"第三条道路"新战略，表示在坚持自由市场经济的同

---

① *Programa económica de Chávez*, Texto completo del Documento Oficial.

时，也要设法缓解分配问题上存在的日益尖锐的矛盾。按安东尼奥·弗兰塞斯的说法，布莱尔的"第三条道路"就是"介于我们称之为'新自由主义'的道路和过去盎格鲁撒克逊国家所推行的'福利国家'道路之间的一条中间道路"[①]。按布莱尔本人的解释，"第三条道路"就是一条居于国家社会主义和资本主义之间的道路；并说，在经济全球化已变成一种不可控制的现实的情况下，英国新工党的这一建议允许国家干预经济事物，以避免社会分裂，但并不是要对经济实行控制，也不是要实行家长制统治。[②] 这个理论，在查韦斯看来，也适用于拉丁美洲，可以用来解决委内瑞拉的问题。所以，他也就拿了过来，作为自己参加总统竞选和领导委内瑞拉改革的思想武器。一年后，他领导"第五共和国运动"与争取社会主义运动、独立团结运动等组织联合组成竞选联盟——"爱国中心"，参加了 1998 年的总统竞选。在竞选运动中，他根据自己对委内瑞拉国情的了解，运用布莱尔的"第三条道路"理论，提出了自己的以修改宪法，发动"和平、民主革命"，实行一种不同于新自由主义发展战略的、反对"野蛮资本主义"的"第三条道路"为主要内容的竞选纲领，并赢得了竞选的胜利。

查韦斯当选总统后，英国政府为了对查韦斯政府施加更多的影响，在查韦斯就任总统的前夕（1999 年 1 月中旬），特别派专使劳埃德到委内瑞拉进行访问。劳埃德对新当选的委内瑞拉总统能够接受联合王国"第三条道路"的经济命题表示满意，但他同时也告诫说，委内瑞拉的经济进程应该面向委内瑞拉自己所处

① Antonio Francés, Existe laTercera Vía ? en *El Universal*, 9 de Febrero, 1999.

② Raquel Seijas, La utopia regresa con la Tercera Vía, en *El Universal*, 20 de Septiembre, 1999.

的环境。他还特别指出，在为实现"第三条道路"所必须遵循的诸宗旨中，有一条是特别重要的，那就是要以强有力的措施，确保对市场的尊重，禁止有过分的举动发生。

以上事实证明，查韦斯"第三条道路"发展战略的提出，的确是同布莱尔在英国推行的"第三条道路"发展模式有关的。但是，如果我们仔细分析起来，这两个人的"第三条道路"主张还是有明显的区别的。他们的共同之处是都重新强调政府的作用，都力图在传统的国家干预与自由主义市场经济之间寻找一种新的、中间的形式。但在另外两个方面，他们则是有分歧的：第一，在政治上，欧美历来是鼓吹自由化的，这一点并没有因为提出"第三条道路"而有所改变。但是，查韦斯则不一样，他强调的是政权的权威性。鉴于近年来委内瑞拉社会问题日益严重，暴力事件时有发生，查韦斯认为，在委内瑞拉，没有一个有权威的、强有力的、能够有效发挥协调、稳定功能的国家机器是不行的，提出要实行"中央集权和自由主义相结合"的政治制度。第二，在经济上，尽管连续发生了好几起金融危机，西方发达国家仍坚持反对发展中国家的民族主义。在这一点上，查韦斯的立场同他们也是不一样的。鉴于近年来民族经济危机的严重，查韦斯反复强调民族主义旗帜的重要性，并把民族主义同宗教结合起来。他的《改革方案》也明确提出，面对当前"以跨国现象和建立在技术统治基础上的竞争为特点"的国际环境，面对经济全球化的趋势，委内瑞拉必须能作出适当的回应，必须有一种"可接受的自治程度"，必须"能在加入国际经济体系的同时，确保我们民族的特性"。总之，查韦斯的"第三条道路"是一个发展中国家的"第三条道路"；他不但在解决国内矛盾上选择了类似于布莱尔的"第三条道路"模式，即一种所谓"人道化的道路"，"一种不同于野蛮的新自由主义的经济模式"，而且，在解决国际领域的民族矛盾方面也选择了"第三条道路"，即"一条经济全球主义和经济民族主义相结合的道路"。从这一方面来说，查韦斯的"第三条道路"无论在立场上还是在理论上，显然是不同于以布莱尔主义为代表的欧美发达国家所主张的"第三条道路"的。

如果说，查韦斯的"第三条道路"同近年来在西方兴起的"第三条道路"是有着根本的区别的话，那么，它同拉美历史上的"第三条道路"倒是有着一种显然的继承关系。在 20 世纪 30 年代世界资本主义危机之后，特别是在战后的"冷战"时期，拉丁美洲曾经兴起过一股强劲的社会民主主义思潮和经济民族主义思潮。当时，世界的主要矛盾是美苏两霸及其所领导的两个阵营的对抗，是社会主义和资本主义两种意识形态的较量。在这种世界格局下，处于美苏两霸和两个阵营抗争夹缝中的许多拉丁美洲国家都曾不同程度地选择了"第三条道路"，即介于社会主义和资本主义之间的"中间道路"。墨西哥的卡德纳斯主义、巴西的瓦加斯主义、阿根廷的庇隆主义等，都属于此种选择之列。譬如卡洛斯·萨维诺教授就指出，庇隆主义的一个主要特点就是它通过一条第三条道路（正义主义道路）同时与资本主义和社会主义拉开距离①。"冷战"结束后，两霸变成了一霸，世界格局发生了巨大的变化。由于霸权国家利用拉美的债务危机在拉美竭力推行新自由主义，打击民族主义；而新自由主义在实践中又不断遭到挫折，相继发生了墨西哥金融危机和东南亚金融危机。于是，推行新自由主义的霸权势力同发展中国家捍卫民族利益的民族主义势力之间的矛盾逐步上升而成了国际范围的主要矛盾。在这种新的世界格局下，许多拉美国家又不得不开始探索新的摆脱

---

① El peronismo como paradigma, en *El Universal*, 12 de febrero, 1999.

困境的道路，开始用一种实用主义的、中间派的办法来处理新自由主义同民族主义的矛盾，一种新的"第三条道路"的主张和理论应运而生，查韦斯主义或查韦斯的"第三条道路"理论即是一例。可见，查韦斯的"第三条道路"同拉美历史上的"第三条道路"尽管产生的背景不同，内容也有很大的差别（后者是在冷战背景下实行的一种"第三条道路"，是一条介于欧美资本主义和苏联社会主义之间的中间道路；前者则是在新自由主义与民族主义的矛盾日益尖锐的背景之下提出的一种"第三条道路"，是一种介于新自由主义与民族主义之间的中间道路），但的确存在着一定的继承关系。所以，有些报刊关于查韦斯主义实际上就是拉美历史上民众主义的现代形式或现代版本，是拉美民族主义、左派民众主义和威权主义的一种混合物，在某种程度上有点类似于阿根廷历史上的庇隆主义等说法①，不是没有道理的。

三

一年来，人们对于查韦斯的"第三条道路"，众说纷纭，莫衷一是，赞扬者有之，诅咒者也不少。归纳起来，大体上有三种意见。一种意见认为，这条道路既不是"失败了的社会主义道路"，也不是教会所控告的"野蛮的资本主义道路"，而是一条"救世之路"。另一种意见认为，这条道路毫无新意可言，无非是拉美国家曾经走了几十年之久的"国有化经济（economia estatizada）之路"；还有一种意见认为，所谓"第三条道路"完全

① Santiago Ochoa Antich, El Populismo de la Tercera Vía, en *Venezuela Analitica*, 29 de Septiembre—6 de Octubre, 1999; Andres Sosa Pietri, ¿Tercera Vía? en *El Universal*, 20 de Noviembre, 1999; Ricardo Sucre Heredia, Could Chavez Win in December? in *Venezuela Analitica*.

是一派胡言，是一种乌托邦。① 不同的社会集团从各自不同的利益出发，发表不同的意见，不足为怪，问题是我们应该怎么来看待这个问题，怎么来估计拉美形势发展的动向。

从上一个世纪拉美的历史经验来看，上述这些意见都有点过于简单。自 20 世纪 30 年代经济大萧条以来，特别是第二次世界大战以来，在拉美现代化历史上已经反复出现过两轮"第三条道路"的理论和实践，而且都和欧洲的影响有关，这绝不是一个偶然的历史现象。第一轮发生在 1910 年墨西哥革命后的几十年，特别是二战后的三十年，由于国际工人运动的发展，欧洲出现了社会民主主义运动，并逐步创建了一批"福利国家"。"福利国家"所依据的理论是：私人企业创造财富，国家则将这些财富的一部分分配给贫穷阶层，这样就可以消除贫困，使所有的人都能"幸福"②。这就是当时的"第三条道路"。这种理论也影响到了拉美，拉美也陆续出现了一批走"第三条道路"的民众主义国家，如墨西哥、巴西、阿根廷等。第二轮发生在近几年。这是新自由主义经济模式在全世界推行了 20 年之后引起拉美各国社会、政治发生重大变化的结果。新自由主义理论主要是建筑在市场运作与国家权力不相容这个前提的基础之上的③，随着自由市场运作日趋破坏各社会阶层之间经济利益的平衡，随着这种不平衡造成社会紧张关系日趋恶化，这个基础也就不能不走向崩溃，受损害的阶层也就不能不奋起抗争了。这就是近几年来不但出现在拉美、也同时出现在世界其他地区的形势。在这种形势下，人们不难得出结论：在没有过去那种威权政府的情况下，

---

① Antonio Francés, Existe la Tercera Vía? en *El Universal*, 9 de Febrero, 1999.

② Antonio Francés, Existe la Tercera Vía? en *El Universal*, 9 de Febrero, 1999.

③ 参见 Jose Miguel Benavente, Virajes y derapajes de la economía Venezolana, en *Revista de la CEPAL*, Diciembre, 1999.

要实行现在这样的自由主义"改革"政策，是越来越困难了。于是，近年来在很多国家的所谓民主制度内部也就开始出现了某种威权主义的发展趋势。这也是近年来在拉美出现的情况。事态的发展迫使西方的政治家不能不考虑他们的改革政策在政治上的可行性，不能不在政策可行性与社会分裂之间作出选择。这就是西方发达国家所谓"第三条道路"发展模式出台的背景。也是查韦斯之所以也选择了"第三条道路"的时代背景。

　　根据以上分析，我们至少可以得出以下几点结论：第一，债权国俱乐部强加于拉美的新自由主义发展模式，在经过了近20年来的实践之后，已经暴露出它深刻的固有矛盾；历史的力量正在按不以人的意志为转移的方向修改这种模式。查韦斯的"第三条道路"理论的提出就是这一历史趋势的具体表现。第二，拉美的"第三条道路"发展战略有其深厚的历史传统。在19世纪后半期开始的自由资本主义发展战略陷入危机之后，拉美曾经有过一个较长时期的"第三条道路"发展的历史（特别是在冷战时期）。在20世纪70年代开始的新自由主义发展战略接二连三地陷入危机之后，拉美又再一次出现了"第三条道路"的思潮和战略，查韦斯的"第三条道路"理论只不过是这一思潮和战略的最突出的代表。这说明在资本主义制度的固有矛盾尚未找到根本出路的时候，第三条道路的选择，从某种意义上来说，就是一种历史的必然。第三，目前的经济全球化是在发达资本主义国家主导和控制下的经济全球化，这种全球化虽然也给发展中国家提供了一些机会，但只要这种全球化继续下去，发展中国家国内的社会阶级矛盾和国际范围内各种形式的民族矛盾就会进一步尖锐起来。国内阶级矛盾尖锐的结果，就是新自由主义发展道路和资产阶级民主秩序难以继续下去；民族矛盾尖锐的结果，就是不合理的国际经济旧秩序难以维持下去。为了缓和这两类矛盾，

"第三条道路"的提出有其历史的必然性。第四，对于发展中国家来说，面对经济全球化进程中稍纵即逝的各种机遇和稍不留神即有灭顶之虞的各种严重挑战，政治的稳定和强有力的政治领导是比什么都重要的东西；没有政治稳定和强有力的政治领导，一切都无从谈起。像查韦斯这样有争议的人物之所以能得到民众的拥护，就因为这些民众在查韦斯身上看到了委内瑞拉政治稳定的希望。

　　总之，查韦斯"第三条道路"发展战略的提出，并不是一个孤立的、偶然的事件，他反映了目前拉美形势乃至世界形势发展的特点，反映了资本主义经济全球化趋势下拉美形势乃至世界形势发展的一种趋势，不管这种战略将来是成功还是失败，它必然会对拉美乃至广大发展中国家今后的战略选择产生深远的影响。

　　　　　　　　　　　（原载《世界经济与政治》2000 年第 11 期）

民主化巩固时期拉美政治发展的特点

20 世纪的最后 10 年过去了。这 10 年是拉美所谓"民主的大陆"建立后为民主制度的巩固而斗争的 10 年。在这 10 年中，拉美发生了几件举世关注的事件，这就是所谓"藤森现象"、"梅内姆主义"、"查韦斯主义"、"A. B. C."3 国社会民主党的执政和墨西哥执政 71 年的老党——革命制度党的下野等。这些看似没有什么联系的事件其实都有一个共同的东西，这就是多少都与拉美的民众主义政治传统有关，都是拉美民主化进程自身矛盾发展的产物，反映了拉美国家民主制度的突出特点，在拉美政治发展史上有着特殊的重要性，也给人们留下许多重要的启示。

深刻的社会政治矛盾

拉美国家虽然在 1990 年已经实现了文人执政的目标，但各国民主化进程的发展是很不平衡的。民主过渡不仅没有完结，而且留下不少的问题。所以，从 1990 年开始，拉美的民主化进程进入了一个新的阶段，即进一步完成和巩固民主化进程的阶段。1990 年在拉美政治史上具有特别重要的意义。这一年，"民主过渡的 10 年"同"民主巩固的 10 年"连接了起来，被拉美一些政治学家称之为"两个年代的接合年"。

拉美巩固民主化的进程恰恰是与新自由主义改革日渐深化的进程同步的。一方面，新自由主义的改革加剧了社会的两极分化，使收入不平等的程度和民众的贫困程度越来越严重，在社会上出现了以失业率上升、最低工资下降、贫困现象日益严重为一个极端[①]，而以少数人的暴富和暴富阶层的惊人增长为另一个极端的现象[②]。另一方面，民主化进程的深化和民主的巩固又提高了民众的参政意识，给了民众以保护自身利益的民主权利和民主武器。因此，80 年代以来，民众要求社会改革的呼声越来越高，反对新自由主义政策的斗争越来越激烈。许多国家的工会都组织了包括罢工、集会、谈判、对话、声援等多种形式的斗争。有十几个国家还组织了政治性的全国总罢工，抗议政府的经济政策。在有些国家，这种罢工甚至多达十几次。1992 年智利最大的铜矿丘基卡马塔铜矿工人的罢工运动，1992 年 6 月阿根廷的教师罢工运动，同年 7 月阿根廷总工

---

①　据联合国拉美经委会对 19 个国家家庭调查作出的统计，拉美贫困人口从 1980 年的 1.359 亿增加到 1994 的 2.093 亿，其中赤贫人口从 6240 万增加到 9830 万，分别增加了 54% 和 57.5%。现在，在全地区约 5 亿人口中，已经有近一半处于贫困状态。转引自苏振兴主编：《拉丁美洲的经济发展》，经济管理出版社 2000 年版，第 207—208 页。

②　据《福布斯》杂志 1994 年公布的数字，在世界 358 名拥有亿万财富的巨富中，1987 年拉美只占 6 人，而到 1994 年增加到了 42 人，在短短 7 年中，拉美的巨富人数增加了 6 倍，这在世界历史上都是罕见的。在拉美 8 个主要国家中，仅占家庭总数 10% 的富裕家庭，其收入要比占家庭总数 40% 的贫困家庭的收入高出 10 倍。巴西的情况尤其突出。仅占巴西人口 1% 的富人却拥有国家 53% 的财富。他们作为一种有组织的高压力量和集中的经济资源，其力量大大超过了其人数在民主程序中所代表的力量。他们同外国公司有紧密的跨国联系，而政府的政策甚至又更大地提升了他们的影响力。

会组织的为增加工资而举行的全国总罢工和委内瑞拉 16.5 万国家雇员的大罢工等,都是拉美有影响的大罢工。1997 年,由巴西"无地农民运动"领导的夺地斗争扩及巴西南北各地,巴西全国有 150 多处无地农民安营扎寨,并举行大规模的向首都巴西利亚进军,要求分配土地。

由于以上两个方面或两个进程的相互作用,90 年代的拉美就出现了民主化进程和新自由主义改革进程相互制约和相互矛盾的局面:民主化进程越深化,新自由主义改革就越难以进行;新自由主义改革越深化,以民主为武器的民众斗争就越激烈,从而形成了一个深刻的社会政治矛盾。正如门诺·维林加所指出的,在拉丁美洲,民主化方向和国家改革方向是相互对立的。所谓"民主化"趋势就是指"社会中过去没有代表权的或者被压迫的阶层现在都提出了自己的权利要求"的趋势,而"国家改革"趋势实际上就是"采取'休克'措施,决然中断国家经营的或国家补贴的社会计划,来回答这些民众的要求"的趋势。二者之间的矛盾是显而易见的。① 这是资产阶级民主制度所固有的矛盾,是阶级关系中"边缘化"与反"边缘化"的矛盾,也是拉美社会民主化进程中不可避免的现象。这个矛盾不解决,其结果不是牺牲民主,就是牺牲改革;而无论牺牲哪一方,国家的现代化和社会的发展都将停滞不前,甚至遭到破坏。所以,在 90 年代的拉丁美洲,贫困与不平等的问题已成了民主稳定的最紧迫的问题;解决这个问题,把政治民主推向社会民主,已成为拉美政治发展的主题。1993 年在日本举行的"关于民主制度在拉美能否巩固"的国际讨论会已经尖锐地指出了这一点。有的学者甚

---

① 参见 Menno Vellinga (edit.), *Social Democracy in Latin America*, *Prospects for Change*, Westview Press, 1993,导言。

至认为，拉美在社会方面，特别是在贫困问题和不平等问题上的民主，对于解决拉美政治民主是更重要的和决定性的。这些问题不解决，拉美地区就不可能有真正的民主。①

军人独裁道路已被堵塞

按过去拉美政治发展的规律，上述矛盾的尖锐化必然会导致民主政治向专制独裁政治转化，出现一种民主与独裁周期性交替的现象。仅在第二次世界大战之后，这种交替现象就出现过两轮。第一轮发生在20世纪40年代后期。当时，由于拉美人民在反法西斯斗争胜利的鼓舞下，掀起了反独裁、争民主、发展民族经济的浪潮，引起了美国和拉美各国统治者的恐惧，拉美各国政治急剧右转。在委内瑞拉（1948）、秘鲁（1948）、古巴（1952）、巴拉圭（1954）、危地马拉（1954）、阿根廷（1955）等国，都相继发生了军事政变，建立起军人独裁统治。哥伦比亚、智利等国的保守党人也上台执政，并秉承美国统治集团的意志，实行独裁统治。第二轮发生在20世纪60年代。当时，在世界民主潮流的推动下，拉美再度兴起民族民主运动高潮，很多国家又进入民主化进程。为了镇压日益高涨的民族民主运动，很多拉美国家的统治者又一次收起了"民主"的旗帜，换上了军人专制独裁统治的制度。首先是1962年阿根廷的弗朗迪西政府和秘鲁的普拉多政府被军人推翻。接着厄瓜多尔军人在1963年夺取了政权。1964年，巴西军人推翻古拉特合法政权，建立起军人独裁统治。1968年，秘鲁贝拉斯科将军上台执政。进入70年

---

① 参见 Latin American Association, *Is Democracy Taking root in LatinAmerica?* Japan, 1933, pp. 40 – 47.

代后，连号称南美洲"民主橱窗"的智利和乌拉圭也发生了军事政变，建立了军人独裁统治。到 1976 年，整个拉美大陆除墨西哥、哥斯达黎加、多米尼加、委内瑞拉和哥伦比亚 5 国外，都处在军人独裁统治之下。

在拉美历史上，军人独裁统治呈周期性反复出现的现象，并不是统治阶级不愿意采用民主的方法进行统治，而是因为民主化进程的发展和民主成果的巩固并不是统治者主观意志的产物，而是各派政治力量较量的结果，是阶级力量对比不断发生变化的一个动态过程。到 20 世纪 90 年代以后，历史的重演并不是完全没有可能，如 1991 年海地发生军事政变，将海地历史上第一位民选总统赶下台；1992 年委内瑞拉两次发生未遂军事政变；1992 年秘鲁总统藤森发动"自我政变"，宣布解散议会，彻底改组司法机构，集立法、司法和行政三权于一身；1993 年危地马拉总统塞拉诺发动"自我政变"，在军队的支持下宣布解散议会和最高法院；等等。从这些事件中都可以看到历史可能重演的影子。当然，这些事件的后果与过去的情况大不相同。90 年代的拉美并没有产生，至少直到现在还没有产生民主化进程逆转的后果，更没有发生军人独裁统治周期性复辟的现象，而是最后都在法制允许的范围内克服了政治危机，基本上维持了拉美政局的稳定局面。之所以如此，主要是因为国内外的各种因素已经堵塞了军人独裁统治的道路。这些因素主要有：军政府统治在拉美已经不得人心；各政党和普通民众都要求维护民主体制；程序民主基本上已经制度化、法制化；阶级力量对比已经发生不利于劳动民众的变化，资产阶级已经无须采用独裁手段来对付民众；过去支持军政府的右翼文职人员现在已经找到了新的政治渠道，无须叩击军营的大门；美国和拉美一体化机构对军事政变等破坏法制的行为采取集体干预的政策；等等。

民主模式多元化和拉美的选择

　　既然军人独裁统治的道路被堵塞，那么拉美国家是怎样解决其经济自由化同政治民主化的矛盾的？由于各国的国情不同，各国解决矛盾的办法也不同，出现民主模式多元化的趋势。按库尔特·韦兰的归纳，目前拉美大致有 4 种不同的民主模式，即自由主义民主模式、民众主义民主模式、基层主义民主模式和协商主义民主模式。[①]

　　自由主义民主模式强调个人自由，并在个人自由的旗号下限制强大集体组织的发展，限制民众所要求的社会改革，维护业已建立的不平等的社会经济秩序。

　　民众主义民主模式认为，最重要的是政治领袖对"民众"的动员，以便在政治进程中获得压倒多数，打破拥有强大特权的政治精英集团的压迫。这种模式强调有魅力的领袖的作用，认为他们在把贫苦民众（在无法自保的情况下，贫苦民众通常都求助于地方权势人物的庇护）从消极臣民改造成积极参与者的斗争中有决定性作用；只有在他们的领导和动员下，广大民众才有可能取得胜利。

　　基层主义民主模式反对民众主义的自上而下的垂直领导和对群众的控制，而是主张通过下层贫苦民众的自我动员和集体行动来进行社会改革。

　　协商主义民主模式承认，权势阶层的权势对决策的影响力要比他们的人数所代表的影响力大得多，认定构成决策进程支

---

　　① Kurt Weyland, Latin America's Four Political Models, *Journal of Democracy*, 6. 4. 1995, pp. 125 – 139.

柱的不是民众主义所支持的压倒多数，而是国家调节的、各利益集团之间的谈判和相互妥协，主张实行逐步而谨慎的社会改革战略；认为协商的做法可以避免同权势阶层的对抗，可以把社会改革的逆转危险缩小到最低限度，从而做到改革与稳定的平衡。

总之，在竭力把社会改革同民主稳定结合起来方面，这4种模式的倾向性是不一样的。民众主义和基层主义显然是寻求激进的改革，但是要冒非常大的失败的危险。自由主义主张进行激进的私有化改革，但反对激进的社会改革。而协商主义充其量只是主张渐进的改良，虽然比较平稳，但速度过于缓慢，因此也有很大的政治风险。

从拉美实际情况看，拉美政界的右翼大都信奉政治自由主义；拉美政界的左翼（如巴西的工党、智利的共产党和秘鲁的统一左派）通常都支持基层主义；智利各个支持艾尔文总统（1990—1994）和弗雷总统（1994—2000）的政党都致力于政治协商战略（这种战略在拉美知识分子中和左派政党中也有信奉者）；民众主义则多半流行于秘鲁、阿根廷、巴西、厄瓜多尔等南美国家。就目前的情况来看，自由主义民主模式和基层主义民主模式在拉美仍然只是一种希望，并不是现实。因为在拉美极度不平等的社会中，想在独立个人的有见识的决定基础上建立起民主制度，是不现实的。协商主义是知识界和多数政治家所追求的一种民主模式。譬如雷内·比利亚雷亚尔就说："一个民主的社会就是从劳动分工本身产生的利益冲突得以适当处理的社会。……把一个民主制度同一个专制制度区分开来的，恰恰就在于它能通过协商和达成协定的办法解决这些冲突。相反，专制制度就是把一个集团的利益强加给其他集团的制度。协商一致有可能最大限度地提高一个集体中的自由程度，同时在少数人利益同多数人利益之间建立起一种平衡。"① 但是，这种模式要求各派政治力量都有比较成熟的组织。据库尔特·韦兰的意见，目前只有智利才具备这种条件。实际上，目前拉美民主制度的主要倾向还是民众主义。秘鲁、阿根廷、巴西和厄瓜多尔的情况都证明了这一点。不过，人们应该看到，这种民众主义不同于拉美历史上卡德纳斯主义、庇隆主义、瓦加斯主义那样的经典的民众主义，而多半是一种同新自由主义相结合的混合型民众主义。在当前的拉丁美洲，经济自由主义并不是同政治自由主义相联系的，而是同政治民众主义相联系的，巴西科洛尔总统和阿根廷梅内姆总统的统治就是如此。所以，库尔特·韦兰说，在宏观经济形势紧张、社会不平等加深和精英权力集中的情况下，只有民众主义和协商主义才是拉美新民主制度可行的模式。②

民众主义的周期性政治更替现象

民众主义怎么能够同反民众主义的新自由主义结合在一起呢？显然这是令人难以置信的。这里所说的"结合"，并不是通常意义上的结合，而是90年代拉美政治舞台上出现的一种新自由主义同民众主义"联姻"的怪现象。这种怪现象可称之为一种从经典民众主义到衰败的混合型民众主义的周期性交替现象。

每一周期通常都可以分成三个阶段。第一阶段是竞选运动的阶段。在这个阶段中，有魅力的政治家常常利用经济危机的形势，信誓旦旦地向民众提出种种与经典民众主义相联系的再分配

---

① René Villareal, *Mexico 2010*, *De la industrialización tardía a la reestructuración industrial*, Editorial Diana, Me'xico, 1988, p. 354.

② Kurt Weyland, Latin America's Four Political Models, *Journal of Democracy* 6. 4. 1995, pp. 125 – 139.

政策和做出克服经济危机的保证，从而赢得选举的胜利，掌握总统的巨大权力。第二阶段是执政阶段。由于他们本来就不想真正推行民众主义政策，所以他们在执政之后往往在民众主义的旗号下，变本加厉地推行新自由主义政策，把他们所许下的民众主义诺言忘得干干净净。结果自然丧失民众的支持，遭到广大民众的反对。由于民众的反对，再加上各反对派的乘机作梗，他们的政治决策就越来越陷入瘫痪，原来的经典的民众主义（一个民众主义领袖占压倒优势）就变成了一种衰败的混合型的民众主义（权力分散和政治分裂）。第三阶段就是垮台的阶段。如果这些民众主义的领袖能把经济搞好，他们往往能够在民众的直接支持下获得连选连任；但如果爆发经济危机或政治危机，民众主义同新自由主义的"联姻"就有可能衰败到破裂的程度，他们的统治也就会垮台。随着他们的垮台，民众主义的这个周期也就结束了。具有讽刺意味的是，这个周期所产生的危机通常都会为另一个民众主义"救星"的兴起扫清道路。此后，政治就会进入第二个从经典民众主义到衰败的混合型民众主义的交替周期。这样，自80年代末以来，一种倾向于在经典民众主义和衰败的混合型民众主义之间周期性摇摆不定和周期性更替的新民主制度，就成了拉美政治的一个明显的特点。90年代秘鲁（从加西亚政府到藤森政府）、巴西（从萨尔内政府到科洛尔政府，再到卡多佐政府）、阿根廷（从阿方辛政府到梅内姆政府）和委内瑞拉等国的政治发展情况就明显地反映了这一特点。

这种民主模式对资产阶级的好处在于：前任总统留下的严重经济政治危机有可能使其后任总统扮演成本国的民众主义"救星"；同时，严重的经济危机又使稳定成了压倒一切的头等任务，从而降低了民众对社会改革的期望；通过解决对贫穷阶层损害最大的超高通货膨胀问题，这些民众主义领袖可以得到民众部门的强有力的支持，从而使痛苦的新自由主义经济改革变成政治上可以接受的东西；经济的稳定又最终给了他们以可观的资源，使他们有可能通过诸如以政治为目标的扶贫计划等手段，在自己的追随者之间对这些资源进行分配。这样一来，这种新自由主义变体的民众主义就在秘鲁和阿根廷等国获得了强有力的政治支持，可以较为顺利地推行新自由主义改革。

但是，这样的民众主义毕竟只是一种政治游戏，对推动拉美的真正民主化并不能起到实质上的作用；而且，新自由主义的民众主义也不能保证政治的成功，因为这毕竟是一种充满了矛盾的、不稳定的民主制度。

民众主义周期性政治更替现象形成的原因

为什么会发生这种周期性的更替现象呢？看来主要的原因是拉美新自由主义改革所引起的社会阶级结构的变化，特别是中产阶级的变化。

拉美的中产阶级同西方发达国家的中产阶级不一样，是比较脆弱的。战后拉美现代化的历史证明，中产阶级的增长并不必然导致民主。在民众运动空前壮大的情况下，中产阶级实际上害怕"过早民主化"，它害怕控制不了民主的进程。譬如在阿根廷、巴西、智利和乌拉圭，它的这种害怕导致它向军人靠拢，支持军人政变，以阻止下层阶级掌权。但是，到 80 年代末，拉丁美洲的军人政府基本上已被文人政府所取代，这在相当大的程度上也应归功于中产阶级的壮大和斗争。所以，拉美的中产阶级同所有其他发展中国家的中产阶级一样，也具有两面性的特点，在有广大民众支持的时候，或感到力量强大的时候，它可以变得很有生气，很有魄力；但当它遭到挫折或受到下层民众威胁的时候，它也可能转到上层统治阶级一边，想依靠非民主的军事独裁来维护自己的利益。所以，有没有一个强大的中产阶级，这个阶级的状况如何，对拉美资产阶级民主政治的发展是一个很重要的因素。60 年代巴西、阿根廷等南美国家的中产阶级之所以默许或支持军事政变，就是因为它们的力量过于脆弱，长期处于不利地位的遭遇使这个阶级在民主化问题的长期阶级较量中形成了一种软弱的和依附的性格。80 年代以来拉美民主化进程所取得的空前成就，主要归功于拉美中产阶级的日益壮大和民众组织力量的增强。因为随着经济实力的增长，这个阶级同军人独裁政权的矛盾也日益尖锐起来，从而成了争取民主的中坚力量。它通过国会中的反对党，以各种方式动员群众同军人独裁政权进行斗争，迫使军政府"还政于民"，恢复政治民主制度。

但是，拉美国家普遍实行新自由主义改革之后，拉美的社会阶级结构发生了两头膨胀、中间萎缩、中产阶级遭受沉重打击、队伍急剧缩小的变化。一方面，中产阶级对上层统治阶级的新自由主义政策不满；另一方面，它又没有足够的力量来影响统治阶级的决策，因而只好向劳动民众靠拢。这就迫使处于孤立的统治集团不得不打出民众主义的旗号，来争取民众的支持。像墨西哥萨利纳斯这样典型的新自由主义政治家，也不敢承认自己执行的是新自由主义政策，甚至连墨西哥公认的右翼政党国家行动党的总统候选人福克斯在当选总统之后，也不得不宣布他代表的并不是国家行动党。这是新自由主义的民众主义周期现象出现的主要原因。而劳动民众的情况怎样呢？由于私有化运动高涨，非正规部门就业人数增多，产业后备军急剧扩张，跨国公司迅猛增长以及工会组织空前涣散，劳动民众已经丧失了他们往日的威力。这个阶级的削弱使经典型的民众主义政治模式成为不可能，这又是经典民众主义或纯粹民众主义蜕变为混合型民众主义的主要原因。在头一届衰败的混合型民众主义政权垮台之后，国内并没有一个阶级（包括大资产阶级）能够靠自己的力量收拾残局，解决新自由主义改革同民主化进程的矛盾，因而，只有一个有魅力的领袖人物，打着民众主义的旗号，才能登上政治舞台，而他实际实行的仍然是有损于民众利益的新自由主义政策。因此，矛盾又再一次激化，从而又开始新的一轮斗争，形成了一种一轮接一轮的从经典民众主义到衰败的混合型民众主义的周期性更替。

几点思考

（一）90 年代拉美政治发展的经验证明，资产阶级民主最多只是一种程序民主，或形式民主，这种民主并不像某些人所说的是什么人类的普遍目的，而只是一种普遍适用的政治工具，具有很强的适应性。任何政党或政权，其真正的目的都是由其所代表的阶级的利益决定的，并不是由某种抽象的民主愿望决定的，而程序民主的各项原则可以被这些不同的阶级利用来加以改造，以形成自己所需要的政治统治模式，来为自己利益服务。这就是为什么在 90 年代拉美的政治"地图"上出现了自由主义民主模式、民众主义民主模式、基层主义民主模式和协商主义民主模式等多种政治模式的原因。所以，尽管程序民主的一些基本原则是有普遍的适应性的，但具体到各个国家，其形成的民主制度则是多样性的，绝不是像西方某些学者所说的那样，只有美国的民主模式才是标准的，别的模式都不算数。对于发展中国家来说，如何根据民主的适应性规律，实现符合本国国情和现代化需要的政治制度创新，才是一项根本的、具有决定性意义的任务。

（二）从拉美的历史看，广大民众的政治民主要求必然要发展成一种社会民主要求，这可以说已成为拉美民主运动的一条规律。① 到 20 世纪 90 年代，由于拉美国家普遍推行新自由主义经济改革，两极分化与不平等的问题已成为民主稳定的最大障碍。如何解决这个问题，把政治民主推进到社会民主，已成为拉美政治发展的主题。凡是在这个问题的解决上有所创新的政治制度，都应该算是民主制度。墨西哥的长期一党执政的制度，就曾经被美国政治学界承认是一种"一党制民主"，而将这种制度咒骂成一种"一党制专制"，则是近 20 年来的事情。② 这里几乎没有什么客观的标准。所以，有的学者指出，国际社会在给民主下定义的时候，在给民主规定"国际标准"的时候，不能只由个别发达国家说了算，而是必须研究和懂得拉丁美洲国家和第三世界国家的发展中民主（developing democracy）或本土民主（native democracy）的性质和要求 ③。因为无论在民主进程上，还是在经济发展历史上，西方发达国家同第三世界国家是有着完全不同的背景和经验的，不管西方发达国家如何卖力地推行其自由主义民主制度的全球化，其最好的结果也只能是把这种制度予以改造，使之适应发展中国家的国情，并同这些国家的发展中民主或本土民主协调起来，而不可能以西方发达国家的民主制度取代发展中国家的、处于发展进程中的本土民主。

（三）"民主"这个概念在政治学研究中是个很复杂的概念，不同的阶级和不同的学派都有不同的理解。在 20 世纪 80 年代拉美的民主化进程中，拉美学者在使用这个概念的时候一般是指建

---

① 参见 Susanne Jonas and Edward J. McCaughan（Edit.），*Latin America Faces Twenty-First Century*, *Reconstructing a Social Justice Agenda*, Westview Press 1994, p. 60.

② Lynn V Foster, *A Brief History of Mexico*, Facts On File, Inc, 1997, p. 186.

③ Latin American Association, *Is Democracy Taking root in LatinAmerica?* Japan, 1933, pp. 40 – 47.

立一种特殊的政治制度，这个制度是建立在所谓具有普遍意义的政治自由主义原则和民主机制的基础上的。这些政治自由主义原则和民主机制主要是：法制国家、人权、个人自由、人民主权、普选、政党多元主义、军权服从民权（即服从文职政权）、司法权独立等。这样的民主制度基本上是按西方的观点解释的。实际上，它没有能够在任何一个拉美国家完全行得通。20 世纪 90 年代的拉美政治证明，在当代拉丁美洲，经济自由主义恰恰不是同政治自由主义相联系的，而是同政治民众主义相联系的；民众主义形式与新自由主义内容的折中和勉强结合，正是 80 年代末期以来拉美民主制度发展的新特点。拉美国家近年来之所以又一次提出"第三条道路"的主张①，也深刻地反映了这个新特点。

（原载《拉丁美洲研究》2001 年第 5 期）

---

① 除了委内瑞拉总统查韦斯提出"第三条道路"的主张之外，拉美其他一些国家现在也都有选择"第三条道路"的倾向。譬如智利基督教民主党就以基督教民主主义为指导思想，宣称走"第三条道路"，"既唾弃自由资本主义的人剥削人，也唾弃极权国家剥夺人的自由"。巴西总统卡多佐、阿根廷总统德拉鲁阿和智利总统拉戈斯，更是西方几个主张走所谓"第三条道路"的首脑人物克林顿、布莱尔、施罗德、达莱马所推崇的"第三条道路"的"未来建设者"，"第三条道路新生的思想家和推动者"。（《鼓励欧洲同拉美之间的对话》，阿根廷《民族报》2000 年 3 月 13 日）。

论全球化与现代化

　　"冷战"结束后，西方国家的一些学者几乎是以一种宗教式的热情鼓吹经济的全球化，他们描绘出一幅蓝图：每个国家都拥有开放的市场；在单一的全球经济之下，所有的国家都共同走向繁荣。但是，曾几何时，几场金融危机顷刻间使几个经济相当繁荣的国家陷入了破产的边缘。这个可怕的事实，不能不使人们对这一宣传得如此火爆的全球化理论加以深入的思考。

　　现在，人们最担心的就是发展中国家现代化的前景和命运，因为当前的宣传攻势大有用"全球化"取代现代化之势。按照这种全球化理论，资本主义已从民族国家的资本主义过渡到了全球性的资本主义，民族国家已不能再作为分析的单位，中心与边缘的关系也已经被打乱，"第三世界"已经丧失其清晰的轮廓，因此以民族国家为出发点和归宿的第三世界现代化理论已经过时，没有必要再谈什么民族国家的"现代化"了。事实上，现在也的确有许多发展中国家已进入新的一轮"非工业化进程"①。

---

　　① Aldo Ferrer, *América Latinayla globalización*, *en la Revista de la CEPAL*, Numero Extraordinario, 1998.

对于这种理论究竟应该怎么看？现代化与经济全球化究竟是一种什么关系？经济全球化究竟能不能取代现代化？如何在经济全球化趋势下实现现代化？是不是"顺应"经济全球化潮流，就能实现现代化？这些问题现在确实已成为发展中国家亟待解决的理论问题和实践问题。

一

关于"现代化"和"全球化"这两个概念，特别是"全球化"这个概念，现在一般的意见都是从经济上进行定义，"现代化"首先是指生产力的现代化，其核心就是工业化；然后在此基础上，引起与生产力变革相适应的社会生活和社会关系各个方面的革命性变化，包括经济基础和上层建筑各个方面的变化，如社会化、商品化、市场化、城市化、民主化、自由化、法治化、知识化等。"全球化"按较能广泛接受的定义，就是指资本、商品、服务、劳动、技术以及信息等生产要素进行全球性跨国界流动的现象，是一个市场经济全球普及化的进程。但是，我认为，光从定义上去讨论问题是不够的，也是解决不了问题的；讨论问题首先应该从实际出发，从事实出发。那么，什么是我们这个世界的实际呢？什么是我们所面临的事实呢？

第一，现在世界上是私人资本日益扩张的资本主义制度占主导地位。

第二，现在世界上还存在霸权，并不存在真正自由的市场经济。

第三，二战以来多数发展中国家的现代化运动并没有能很好地解决发展问题。

这应该是我们讨论问题的出发点。如果这个出发点不错的话，那么我认为，现代化问题和全球化问题尽管都是经济问题，但从实质来看，前者实际上是一个发展问题，后者实际上是一个和平问题，也就是说，我们现在所讨论的全球化问题和现代化问题，正是人类在进入 21 世纪的时候所面临的、并必须要解决的两个"时代主题"的大问题。

关于现代化的任务就是要解决发展中国家的发展问题这一点，过去讨论得较多，现在已无多大疑义。但是要说经济全球化问题是一个和平问题，似乎于逻辑上很难说得过去，需要陈述一下理由。

第一，全球化问题，不管是什么全球化，都是国际问题，都属于国际关系研究的领域；而国际关系的一个核心问题历来都是战争与和平问题，经济全球化问题也不例外。关于这一点，战后国际问题研究的情况就很能说明问题。譬如，由于在战后美苏两个超级大国所主导的"全球化"进程中冲突日益严重，由美国民间发起，国际社会早在 50 年代末就专门创立了一门以和平问题为研究对象的国际和平学（International Irenology），重点研究与国际政治、国际经济的发展变化有关的问题，探讨国际冲突与战争的根源以及防止战争的手段。到 70 年代，随着南北矛盾的日益尖锐，研究重点又转到了由于国际、国内社会分配不均而引起的结构性暴力问题。此期间，在美国的国际和平学界还出现出了一个"世界秩序学派"。可见，经济全球化的一个核心问题，一个全世界人民最关心的问题，就是和平问题，就是如何建立一种合理的国际政治经济新秩序的问题。

第二，从历史上看，500 年来的经济全球化进程虽然也对世界经济的发展起了很大的促进作用，但它从来都不是一个充满田园诗意的进程，而是一个充满摩擦和冲突，带来战争惨祸的进程，是一个关系多数国家生死存亡的进程。近代中国人民所遭受的第一场屈辱性战祸——鸦片战争，就是经济全球化进程中霸权国家所发动的一场典型的经济侵略战争。英国人不大愿意承认这是他们为反对中国政府禁止外国人在中国贩卖鸦片而发动的一场战争，但他们却毫不犹豫地承认这是一场"通商战争"①；而类似的这种所谓"通商战争"（即抢夺销售市场和原料产地的战争）在整个经济全球化历史中简直是难以计数。因为今年是鸦片战争160周年纪念，我在这里只举了这一个例子。

　　第三，美国自20世纪之交在争霸斗争中赢得了霸主地位之后，其对外经济政策也由原来的孤立主义的"经济国家主义政策"转变为"世界主义"的所谓"经济国际主义政策"（实际上就是我们现在所说的经济全球化政策），美国著名政治学家莱丹早在20世纪30年代就深刻地揭示了美国这种经济全球化政策的政治性质，他写道："在现代世界里面，政治与经济已成难解难分，甚而至于难决定二者之此疆彼界。美国资本家在圈取莫苏尔的油田，以及美国商人在争夺中国的市场的时候，都是企求着外交方面保护经济方面的利益，还有美国的金融家和投资家则要求以武力干涉来保全他们在中美洲的利权。美国是一个广阔的经济大国，其安全悉赖于改变它的18世纪之孤立政策，以符合其20世纪世界强国的地位。"② 可见，在霸权国家的经济哲学中，经济从来都是同政治相结合的，因此我们也不应该一相情愿地只从纯粹的经济观点上去看待全球化问题。

---

①　参见［美］安乐博《哈佛学派在鸦片战争史研究中的模式及近年所受到的挑战》，《清史研究通讯》1987年第2期；谭中：《中国和勇敢的新世界》，《国外中国近代史研究》第九辑。

②　莱丹：《美国外交政策史》（*A History of American Foreign Policy*），王造时译，商务印书馆1937年版，第818页。

　　第四，现在的世界形势的确已经发生了很大的变化，正如多数学者所肯定的那样，和平已成为世界政局的主流，而且，多数学者也都乐意把现在的"全球化"同过去"全球化"不光彩的历史严格区分开来，希望能开创一个和平民主的、全球经济融合的新局面。这是令人高兴的事情。但是，全球化进程中出现的许多暴力冲突和霸权宣传，则不能不让人担心。譬如，霸权国家为了推进其政治、经济全球化而接连不断地直接发动侵略战争（如出兵格林纳达，入侵巴拿马等）；霸权国家为控制其经济、政治战略要地或势力范围而不断发动、支持或插手地区战争（如海湾战争、阿富汗战争、波黑战争、科索沃冲突、马岛战争等）；由于大国利益的参与或大国的插手和挑动，很多国家和地区都不时出现激烈的内乱和内战（如俄罗斯、东南亚和非洲一些国家或地区的冲突和内战）；霸权国家为推行其霸权政策而一而再，再而三地炮制各种霸权主义理论（如为践踏别国主权而进行辩护的"人权高于主权论"、以强行输出西方社会制度、政治制度和西方文化为宗旨的"历史终结论"、"和平民主论"和"文明冲突论"等）等。这种以霸权政策来推进经济全球化的趋势，如不及时制止，世界的和平显然是很难得到保障的。

　　由于以上几点理由，我认为，在全球化进程中，强调国际间经济相互开放固然是不错的，也是重要的，但国际经济关系的性质问题，亦即能否建立一种排除霸权政治的、和平的、公正合理的、平等互利的国际经济新秩序的问题，则是更重要的。因为没有这样一种新秩序，对于发展中国家来说，开放难免没有顾虑；即使开放了，也难免不出乱子；出了乱子，受损失的就不只是那些当事国，也包括经济全球化自身。所以，全球化问题实质上是一个和平问题。

二

经济全球化进程同发展中国家现代化进程之间的密切联系是显而易见的。

全球化是以科技革命的成果为原动力的。每一次新的科技革命，都会产生新的生产力革命。正是生产力的变革和发展，特别是交通运输和通信这些全球性技术的发展，使得地球任何角落之间的联系变得越来越容易，越来越紧密，从而推动着经济全球化的发展。现代化也是以科技革命的成果为原动力的，是一个以生产力的变革和发展为主轴的全球性社会变革进程，是从英国工业革命所创造的世界现代化中心向现代化边缘地带不断推进的进程，是在每次工业革命的推动下由中心向边缘呈波浪式向前发展的进程。而且这个进程并不独立于经济全球化进程之外，而是在经济全球化进程之中实现的。因此，现代化同全球化可以说是同一进程的两个不同的领域，存在着某种共性和进程重合的关系。

但是，经济全球化进程与现代化进程并不仅仅具有同一性的一面，它们还具有矛盾性的一面。这主要表现在两个方面：第一，现代化是以民族国家的形式向前推进的，是民族国家社会经济进步的一种历史的发展，是一个纵向发展的演变进程。而全球化是跨国界的、把各别民族国家的利益扩充到全球范围的进程，是一个横向拓展的进程。前者是以各别国家的民族利益主导的，而后者虽然也是各别国家带着各自的利益进入全球经济的舞台，但由于市场竞争的规律（这里且不说国际关系的各种政治的因素），起主导作用的必然是发达国家特别是霸权国家的利益，发展中国家的发言权是很少的。因此，在经济全球化进程中，南北国家之间的矛盾是不可避免的。第二，由于现代化是在每个民族国家的范围内进行的，是每个国家的内政；每个国家采取什么样的现代化战略，遵循什么样的发展模式，都属于每个国家主权范围内的事情，别的国家无权干涉，也不应该干涉。而全球化则是一种全球性的运动和进程，是一个全球性国际经济关系体系的演变进程，而且又是一个强权国家利益主导的进程（至少现在还是这样），发展中国家的主权往往得不到尊重，因而也就不可避免地构成为每个民族国家现代化进程的一种国际制约力，甚至阻力。因此，在现代化与经济全球化进程中，关于主权问题的争论和冲突不可避免。

总之，现代化与全球化的关系是一种既同一又矛盾的关系。

三

由于经济全球化进程与现代化进程具有同一性的一面，因此就有一种意见主张用经济全球化来取代现代化，认为只要"顺应"经济全球化的趋势，就能实现国家的现代化。这种意见对不对呢？我看是不对的，至少是片面的。前面已经说过，经济全球化与现代化固然有同一性的一面，但也有矛盾的一面。截至目前，经济全球化还是中心强权国家利益主导的全球化，这种全球化既包括中心国家先进生产力的全球性传导，也包括其生产关系及与之相适应的社会政治制度和价值观的输出乃至强行输出，如私有制的强行输出、以实行西方民主制度为先决条件的区域经济一体化等。生产力的全球性传导当然是同发展中国家现代化的利益相一致的（这里还应该注意，即使是技术的传导和转让，也是中心国家的利益主导的，并不是按发展中国家的现代化需要设计和安排的）；但生产关系、社会政治制度和价值观的输出，则更多的是引起尖锐的阶级矛盾和民族冲突，甚至全球性危机。关于这一点，19 世纪下半叶和 20 世纪初拉美国家的历史经验足可以说明问题。

19 世纪中叶至 20 世纪初是目前这次全球化浪潮之前的一次最大的全球化浪潮。在这次浪潮中，拉美国家就采取了上面所说的回应态度，即"顺应"全球化的潮流，加入霸权国家和工业强国主导的国际分工，采取外向型初级产品出口战略。当时，效果是很明显的。拉美的对外贸易迅速发展起来，大量的外国资本和数十万移民流入拉丁美洲，拉美开始在经济全球化进程中占有重要的地位（工业强国对外投资的几乎 40％都投在拉美。欧洲移民的大约 50％都在拉美安家落户，拉美出口所占生产总值之比由 1850 年的 10％上升到了 25％）[1]。但是，在这种模式下，拉美的现代化进程仅仅出现在一些与西方发达国家的利益有联系的主要城市、交通运输系统以及那些与增长中心有关的少数部门（这些城市、系统和部门的现代化曾被称之为"出口飞地"（en-clavo exportador)，绝大部分拉美国家居民则都被排除在这个进程之外，开放和加入全球化对工业发展以及对生产结构如何适应因收入增长和技术进步而引起的需求结构变化，并没有什么帮助，并不像有些人所说的，加入全球化就能自然而然地实现资源的合理配置；相反，事实证明，"在工业强国霸权下建立的国际分工体系，是同伊比利亚美洲的现代化利益不相容的"[2]，结果，国内社会矛盾和国际民族矛盾日趋尖锐，乃至爆发了一系列革命运动，特别是墨西哥革命，随后又爆发了第一次世界大战和 20

①　Aldo Ferrer：*Américayla globalización*，*en Revista de la CEPAL*，Numero Extraordinario，1998.

②　Ibid.

世纪 30 年代的全球性发展危机，经济全球化进程本身也因此而中断。

因为经济全球化进程与发展中国家的现代化进程具有矛盾性的一面，因此又有一种意见认为，中心发达国家统治的国际经济关系是不利于发展中国家的现代化的，主张对发达国家主导的经济全球化采取抵制的态度，主张实行内源发展的发展战略，即我们所常说的"进口替代工业化"战略。从 20 世纪 30 年代到 70 年代末、80 年代初，拉美国家就曾经实行过这种战略。这种战略在当时的条件下也的确发挥过重要的作用，曾经在战后的 60 年代和 70 年代创造过经济奇迹，为拉美带来过现代化的"黄金时期"（1945—1970 年）。但是，事实证明，长时期单打一地实行内源发展的战略，对于发展中国家来说，也是行不通的。就在拉美现代化的"黄金时期"，经济全球化进程已开始出现了一些新的趋势。首先，国际劳动分工发生了根本性的变化，技术含量更多的制成品贸易的比重增加了。20世纪 30 年代以前，初级产品占了世界贸易的 2/3，制成品只占1/3。1945 年之后，这个比例逐渐倒转过来了。其次，过去的那种制成品和初级产品相交换的中心—外围关系在相当程度上已逐步被制成品贸易中的中心—中心关系所代替。再次，中心国家企业的跨国扩张，已引起生产过程的逐步全球化。最后还有一个重要的新现象，这就是资本国际流动性的增长和金融市场的一体化产生了大量的短期资本流动，从而造成史无前例的投机现象。经济全球化进程的这些新发展本来要求拉美国家必须尽快对自己的战略进行调整，在加快外源发展的同时，加强对短期资本投机现象的控制。但是，拉美国家并没有对这些全球化新趋势所提供的机遇和挑战作出应有的回应，而是依旧坚持传统的发展战略和贸易结构。结果，拉美在世界贸易中的比重由 1945 年的 14% 下降到了 1970 年的 5% ①。外国企业在最复杂工业领域中的统治地位削弱了拉美国家实现商品、服务生产与本国科技系统及原材料供应一体化的能力，不可能充分发展内部吸收和改造进口技术并进行创新的能力。由于财政失衡和公共债务增加的趋势日益严重，外部的脆弱性也更严重了。面对越来越飘荡的国际金融潮流的冒险，拉美国家又不是起而防卫，而是从 70 年代开始就或多或少地放弃了对金融的管制，从而使自己变成了庞大的外债国，陷入了严重的债务危机。

以上说明，对经济全球化进程，无论是采取抵制的态度，还是采取单纯"顺应"的态度，都是不正确的。任何国家的经济全球化政策都是有选择的，不可能是绝对自由的，因此，在现代化进程中，发展中国家的经济全球化政策也必须是有选择的，必须实行外源发展同内源发展相结合的战略。

四

综上所述，我们可以得出如下几点结论：

一、发展是我们时代的主题，是发展中国家的希望所在，因此，发展中国家必须坚定不移地坚持现代化。和平也是我们时代的主题，是发展中国家现代化建设所必不可少的国际环境，因此，发展中国家也必须为开创和平合理的经济全球化新时代而奋斗。但是，我们应该看到，开创这样一个新时代并不是一件一蹴而就的事情，而现代化是在经济全球化进程中实现的。因此，能否正确地应对经济全球化的挑战，是我们当前现代化成败的

① Aldo Ferrer：*Américayla globalización*, *en Revista de la CEPAL*, Numero Extraordinario, 1998.

关键。

　　二、全球化有生产力全球化和生产关系全球化的两重性。生产力性质的全球化决定我们的现代化必须实行开放的政策，不开放就不能引进先进生产力，就要落后；而生产关系的全球化则决定了全球化进程不可能是一个线性的、无曲折的进程，而必然是一个充满阶级矛盾和民族矛盾的进程。因此，建立和平、合理的国际经济秩序是新阶段经济全球化的主题。

　　三、现代化有外源现代化和内源现代化两重性。发展中国家是落后的国家，无外源现代化，无以实现现代化的启动，也不可能利用经济全球化所提供的机会，所以必须实行开放的、外源发展的现代化战略。但是，如果仅仅实行外源发展的战略，而忽视内源发展的必要性，就不可能周期性地实现从外源现代化到内源现代化的转化，从而就不可能培植自己国家的技术创新能力，形成生产力发展的良性循环，建立自己国家的牢固的现代经济的技术基础。因此，对经济全球化的挑战，无论是消极的"顺应"政策，还是积极的"抵制"政策，都是错误的，必须实行开放的外源发展与自主的内源发展相结合、有选择的开放和有选择的保护相结合的发展战略。

　　总之，我们必须要弘扬当今世界的两大时代主题：和平与发展；必须在发展自己国家的利益的时候兼顾别的国家的现代化利益，以维持经济全球化进程的和平发展。这就是本文的结论。

（原以《全球化不可替代现代化》为题发表于《中国评论》2001年第3期，后经修改载谈世中等主编《经济全球化与发展中国家》，社会科学文献出版社2002年版）

拉美政治现代化进程新探

　　在20世纪50年代西方的现代化理论中,西方政治乐观主义占了统治地位,认为"经济增长、政治参与和民主制的稳定似乎是同步的",会有"好事一块发生"的奇迹。但是到60年代和70年代,正是在拉美工业化和现代化最迅速的南美国家,首先发生了军事政变,建立了军事独裁统治。接着其他国家也纷纷效尤,最后几乎整个拉美都处于军事独裁统治之下。铁的事实宣告了西方现代化理论的失灵。于是,西方现代化理论开始了一个大反思、大修正的阶段,出现了像亨廷顿、奥唐奈尔、阿尔蒙德这样一批政治学家,他们注意到了发展中国家同发达国家的区别,对拉美的政治现象作了新的解释,认为在发展中国家中,经济发展与政治民主并不能像过去所设想的那样做到"同步发展","好事一块发生",而是先要"创造权力集中和经济能力"①。其中尤以亨廷顿的稳定理论最为著名,他把拉美的墨西

----

　　① 罗伯特·帕肯海姆:《自由主义的美国和第三世界》,转引自加布里埃尔·A. 阿尔蒙德、G. 宾厄姆·鲍威尔《比较政治学:体系、过程和政策》(中译本),上海译文出版社1987年版,第433、435页。

哥和社会主义国家视为政治稳定的典范，因而被称之为"西方的列宁主义者"。但是，时间过去还不到 20 年，随着拉美民主化和再民主化运动的兴起，西方政治理论又来了一个 180 度大转弯，稳定理论销声匿迹了，铺天盖地而来的是所谓"民主第三波"理论，并声称世界第三次民主化浪潮的目标就是要使西方的民主制度普及于全世界。这样，出于政治的需要，原本作为西方民主普世论而诞生的西方的政治现代化理论，在"稳定论"上转了一圈之后，又回到了 50 年代的西方民主普世论。①

80 年代末期以来西方政治学界的这种变化是同西方主导的经济全球化运动紧密相连的。伴随经济全球化的冲击，发展中国家也面临西方"政治全球化"的严重挑战。80 年代以来，美国倚仗其经济和军事的实力在全世界推行霸权主义和新干涉主义的同时，也在民主问题上对发展中国家展开了强大的攻势，用花样翻新的西方政治理论为武器，发动了一场持久的、没有硝烟的政治理论战，企图消灭任何敢于对抗西方霸权政治的革命民族主义和民众主义的理论和运动，强行把自己的民主模式和意识形态强加于发展中国家，以期建立单极化的、美国一国独霸的世界政治秩序。上述西方政治学界的变化正是这种战略行动的一部分。面

---

① 亨廷顿在解释他本人的这一变化时说："我以前对政治变迁的研究，把重点放在政治稳定的问题上。我写那本书（指《变迁中社会的政治秩序》）是因为我认为政治秩序是一件好事。我的目的是要发展一项通则性的社会科学理论来解释能否实现稳定的原因、方式和条件。现在这本书（指他 1991 年的著作《第三次浪潮》）的重点是放在民主化上。我写这本书是因为我相信民主自身是一件好东西。而且就像我在第一章中所表明的那样，它对个人的自由、国内的稳定、国际的和平和美国有正面的后果。"他还对自己"放弃了社会科学家的角色，而担当了政治顾问的角色"的行为直言不讳，并自豪地接受了别人给他的"民主马基雅维里"的桂冠。（引文引自亨廷顿著《第三波——20 世纪末的民主化浪潮》（中译本），上海三联书店 1998 年版，第 3 页。）

对这场严重的政治理论战，如何加强政治理论的研究，正确认识和处理全球化条件下的民主问题和政治现代化问题，如何进行政治现代化的建设，如何实现政治民主化，必然成为国际政治斗争的一个焦点；因而也必然会成为拉美各国国内政治斗争的一个焦点。这个问题不解决或解决不好，找不到政治上的出路，那么经济上的现代化也是难有出路的。

　　目前，在所谓"第三次民主化浪潮"的冲击下，在西方"民主外交"的影响下，国内也出现了不少以"传达一个关于民主化时代已经到来的信息"为目的的政治论著，认为民主是普世性的，要搞现代化，政治上就是要"移植"或"嫁接"西方的民主制度；而且认为拉美已经摆脱了威权主义的历史传统，"自由民主制度已经被广泛视为唯一真正的和充分的现代社会"。① 显然，在这里我们面临着一个十分重要的问题，即发展中国家的政治现代化究竟要完成什么任务？政治现代化的任务难道就是要"移植"或"嫁接"西方的民主制度吗？西方的自由民主制度难道是拉美现代化所真正需要的政治制度吗？正确认识和回答这个问题，对于当前面临政治现代化改革、建设民主政治的发展中国家来说，是非常重要的。拉美已经历过两次现代化浪潮，现在正处于第三次现代化浪潮之中，总结拉美现代化进程中政治发展的历史经验，会有助于正确认识和回答这个问题。

拉美第一次现代化浪潮的政治诉求

　　拉丁美洲是在世界第一次工业革命（即英国工业革命）的

---

　　① 参见从日云《当代世界的民主化浪潮》，天津人民出版社1999年版，第42—44页。

后半期获得独立的，当时正是世界第一次现代化浪潮（即从英国工业革命开始然后向西欧扩散的现代化浪潮）兴起之时。拉美的独立革命虽然采取了革命斗争的最高形式即武装斗争的形式，但从社会变革的深度来看，它基本上还只是一场保守的运动，旨在保持现行的社会结构，防止根本性的社会改革，因此，拉美的独立并没有带来任何根本性的社会经济改革和政治变革，许多殖民制度和殖民措施（包括专制独裁制度、中央集权的自上而下的统治等）不但延续下来，而且在有些情况下还更加盛行。由于王权是当时拉美所知道的唯一可行的集权化的政治权威形式，所以在推翻西班牙王室的专制统治之后，拉美（实行君主制度的巴西除外）立即就陷入政治混乱、经济停滞的可悲局面。为了解决政权建设的问题，新独立的拉美国家从欧美引进了西方的代议制民主政治制度，并纷纷召开了议会，制定了以法、美两国宪法为蓝本的宪法，明确规定了各项民主原则（如公民自由权、分权制等），要求建立代议制政府；但同时也规定了一些保留传统社会集团（教会、军队）特权的条款。这就是拉美政治民主化的早期努力。在这种民主化早期努力下通过“移植”办法建立起来的共和政府，由于“水土不服”和受到专制传统的阻碍，从一开始就是虚弱的，根本没有办法维持全国稳定，到处都是地方考迪罗的叛乱、农民起义、印第安人起义、政教分离运动，以及其他各种形式的反叛和分裂活动；传统势力还极力反对国家某些机构对社会的控制权，如公民登记、教育制度、商业条例等；国家下面的行政区域（州、省、县）还利用当时所鼓吹的民主自由组织自己的武装，铸造自己的货币，建立内部关卡，行使与宪法和正式法规很不相同的司法权。在有些国家，无法容忍的无政府状态引起了全国性强大考迪罗的出现。在这些考迪罗中，最著名的有墨西哥的安东尼奥·洛佩斯·德桑塔安纳

（Antonio Lopez de Santa Ana）、阿根廷的胡安·曼努埃尔·罗萨斯（Juan Manuel de Rosas）（1835—1852）等。由于这些人在分裂无序的社会中建立了一定的秩序，所以常被视为一种"必要的弊病"。在学习西方过程中所出现的所谓自由党和保守党，也都是一些松散的组织，它们之间除了最初的一些区别，如自由党主张自由贸易、联邦制和政教分离，保守党主张贸易保护主义、权力集中和保留传统的宗教权力和特权之外，意识形态上并没有多少区别；但是，它们在权力争夺上却是你死我活，常常诉诸暴力。这种混乱的政治局面一直持续到19世纪中叶。所以，拉美独立后，尽管第一次世界现代化浪潮还没有结束，但新独立的拉美国家并没有具备参加这次现代化的条件，特别是政治稳定的条件，因而它们都错过了这次现代化浪潮所提供的大好机遇，被排除在第一次现代化浪潮之外，成了现代化中心国家的外围或边缘。直到19世纪后半期，即欧美发达国家已开始第二次工业革命和出现第二次现代化浪潮的时候，拉美国家才开始其早期现代化进程的启动，出现了拉美历史上的第一次现代化浪潮。

　　1850年以后，由于西欧和北美工业革命的推动和外国资本（主要是英国资本）的流入，拉美国家有了一个作为原材料和农产品出口国而加入全球经济的大好时机。但是，要利用这样一个大好的时机，没有政治的稳定是不行的。所以，从这时候开始，无论是本国的领导人还是外国投资者，都积极想办法，寻求建立一种有能力维持稳定，有能力支持出口发展模式的政治体制。从西方引进的代议制民主体制被事实证明不是这样的体制，所以，到19世纪末，拉美出现了两种威权主义的政府模式，一种是传统土地贵族和出口商人联合建立的寡头统治制度，如南美洲智利、阿根廷等国所建立的政治制度就是这样。另一种是高度集中的考迪罗个人独裁制度，这些考迪罗通常被称之为"秩序与进步独裁者"①。著名的有委内瑞拉的胡安·维森特·戈麦斯（Huan Vicente Gomez）、多米尼加共和国的乌利塞斯·欧鲁（Ulises Heureaux）、墨西哥的波菲里奥·迪亚斯（Porfirio Diaz）等，他们利用严酷的镇压手段建立一种消极的稳定环境，来吸引那些急于要使拉美向世界开放的外国投资者。这些政权以科学和稳定为发展的钥匙，从大量流入的来自发达国家（如英国和美国）的资本和技术获得好处。这些考迪罗中最成功的就是墨西哥的波菲里奥·迪亚斯，他从 1876 年开始统治墨西哥，一直到 1910 年。在他统治期间，墨西哥启动了早期现代化进程。他用"面包加大棒"的政策，重奖自己的支持者，严打自己的反对派，在墨西哥实现了史无前例的政治稳定。外国投资者在迪亚斯作出的"秩序和赚钱"的承诺的吸引下，纷纷投资墨西哥，投资额从 1884 年的 1 亿比索增加到 1911 年的 3 千亿比索，大大刺激了墨西哥经济的增长。墨西哥的矿业、基础设施（如铁路、港口、电气化设施等）和相关工业都取得了惊人的发展。墨西哥的铁路从 1880 年的 700 千米增加到 1910 年的 1.9 万千米。墨西哥出口额在 1877 年到 1910 年的 33 年中增加了 8.5 倍，出口总值增长了 600% 以上②，出口收入的年增长率达到 6.1%③，但是，"秩序和进步"的成功推动是付出了重大的代价的。一方面迪亚斯让外国人控制了墨西哥经济的要害部门，损害了国家的主权。另一方面这种进步主要是以牺牲墨西哥民众为代价的，造成农

---

① Thomas J. D'Agostino, *Latin American Politics*, in *Understanding Contemporary Latin America*, edited by Richard S. Hillman, Lynne Rienner Publishers, 1997.

② Roger D. Hansen, *The Politics of Mexican Development*, The Johns Hopkins Press, p. 18.

③ Ibid., p. 15.

民、工人同统治阶级（他们因为同外国投资者联手合作而获得好处）之间的冲突日趋激化。1910 年开始的、主要由中产阶级发动的争民主的斗争，终于因为社会矛盾的激化而发展成席卷全国的群众性大起义。1911 年迪亚斯军队在华雷斯城的失败以及同年 5 月 25 日迪亚斯的被迫辞职，标志着墨西哥传统寡头政治时代的结束。其他没有发生像墨西哥这样革命的国家，在早期现代化进程中新兴阶级改革要求的压力下，其寡头政治制度也都摇摇欲坠，面临崩溃的命运。

总之，拉美第一次现代化的政治诉求开始是西方民主制度，但是事实证明这个制度解决不了拉美国家的政治问题，于是转而求助于当时唯一可行的考迪罗专制独裁制度或寡头专制独裁制度，结果在拉美历史上出现了从早期的民主主义到考迪罗威权主义政治统治的转变，建立了一大批以实现稳定为目标的考迪罗寡头独裁统治的政府。这是拉美政治史上第一个"民主—专制周期"。

拉美第二次现代化浪潮的政治诉求

在拉美的现代化进程中，30 年代是一个"关键时刻"，由于第一次世界规模的资本主义发展性危机的爆发，拉美早期现代化所采用的初级产品出口发展模式遭到了沉重的打击。由于拉美各国的寡头政权纷纷倒台（通过选举、政变或起义），新的国家领导人转向了一种新的经济发展模式，即自主、自强的工业化发展模式，开始了一场以加速社会经济变革为目的的、以进口替代工业化战略为核心的现代化运动。随着经济现代化的高速发展，拉美的社会结构发生了深刻的变化：出现了两个影响力越来越大的阶级：中产阶级和城市工人阶级。中产阶级在拉美主要国家中发展很快，到 19、20 世纪之交，已占到人口总数的 10%①。城市工人阶级早在 19 世纪下半叶就组织了第一批工会。工会的出现和后来工人政党的成立，标志着工人阶级已登上了拉美各主要国家的政治舞台，成了政治舞台上一个重要的新角色。从此以后，如何对待这两个新的阶级就成了拉美政治发展的最重要的、压力最大的问题。面对自主现代化的宏伟目标，新的政治系统必须能完成两项重要的任务：第一，必须能创新政策，促进经济和社会的发展；第二，必须将现代化改革所催生的各种新的社会力量成功地纳入政治体系之内，发挥他们的作用。由于在执行这两项任务中都存在利益分配上的尖锐斗争，因此，政治系统必须是强大的。为了创造自己的政治优势，许多拉美国家都在 20 世纪中期进行了大规模的政治改革，创造出了拉美历史上从未有过的一种崭新的民主制度——民众主义政治制度，如墨西哥的卡德纳斯主义政治制度、巴西的瓦加斯主义政治制度和阿根廷的庇隆主义政治制度等。这些新的政治制度的一个共同的特点就是把工农民众特别是城市工人阶级吸纳进了政治体系，壮大了政权的社会阶级基础。在这些民众主义政权中，最为成功的是墨西哥的民众主义政权，因为它是墨西哥革命的产物，威信较高，阻力较小，"新生的权力争夺者"顺利地被吸收进一个处于单一官方党（该党从 1946 年开始被称之为革命制度党）控制之下的国家政治体制之中，并在革命制度党独特的职团主义结构中享有相应的地位和权利。由于这个政治系统的惊人的组织力量和动员力量，革命制度党得以稳定地执政达 70 年之久；墨西哥的政治制度也因此

---

① E. 布拉德福德·伯恩斯：《简明拉丁美洲史》（中译本），湖南教育出版社 1989 年版，第 205 页。

被称之为"威权主义民主制"①。制度的创新推动了拉美的现代
化进程，使得拉美进入了第二次世界大战后发展的黄金时期，多
数拉美国家都采用了进口替代工业化战略，掀起了一场有领导、
有计划的工业化运动。

但是，拉美国家的政治发展是很复杂的，是非常不平衡的。
同墨西哥的"威权主义民主制"不同，其他国家的民众主义政
权都不是很稳定，没有墨西哥那样的制度化。譬如巴西和阿根廷
的民众主义政权都主要依靠领袖的个人魅力，领袖一下台（瓦
加斯1954年下台，庇隆1955年下台），政权也就无法维持下去。
尽管也有些国家把工人吸收进多元主义的政党体系（大多数讲
英语的加勒比英联邦国家一般都采用这种战略），但多数国家都
因为民众的参政问题而出现激烈的阶级斗争。特别是在一些较小
的、社会经济较为落后的拉美国家，由于工业化和现代化水平相
对较低，未能形成强大的、高度动员起来的城市工人阶级，工人
的遭遇就非常悲惨。如古巴的富尔亨西奥·巴蒂斯塔（Fulgencio
Batista）政权、多米尼加共和国的拉斐尔·特鲁希略（Rafael
Trujillo）政权、海地的弗朗索瓦·杜瓦利埃（Francois Duvalier）
政权、尼加拉瓜的安纳斯塔西奥·索摩查·加西亚（Anastasio
Somoza Garcia）政权、巴拉圭的阿尔弗雷多·斯特罗斯纳（Al-
fredo Stroessner）政权等都对工人采取残酷镇压的态度。海地的
杜瓦利埃甚至还组织了一个叫做"通顿马库特"的恐怖军事组
织，专门以恐怖的手段对付反对派。但另一方面，随着教育的改
进和接触的新思想增多，人们的政治意识和动员程度达到了从未
有过的水平，从而在拉美出现了一场所谓"期望提升革命"

---

① Thomas J. D'Agostino, *Latin American Politics*, *in Understanding Contemporary Latin America*, edited by Richard S. Hillman, Lynne Rienner Publishers, 1997.

（*revolution of rising expectations*）[①]。面对这种国家倡导的、制度
化的残酷镇压，面对这种在任何现代化压力下都僵死不变、不愿
意同任何改革要求妥协的政权，人民已经忍无可忍，他们走向了
革命的道路。所以，从 50 年代开始，拉美连续掀起了好几场革
命风暴，开始了一连串的革命变革。这就是 1944 年至 1954 年的
危地马拉"十年革命"、1952 年至 1956 年的玻利维亚资产阶级
民主革命和 1953 年开始的古巴革命。

　　拉美的革命运动以及当时拉美民众主义政权的左的激进发
展，引起了政局的动荡和现代化进程的艰难、停滞甚至危机，使
得拉美现代化运动的上层领导阶级和中产阶级感到恐惧，特别是
古巴革命警醒了拉美的领导人和美国的决策者，使他们感到拉美
大陆有可能出现进一步激进改革的"危险"，从而改变他们现代
化的方向，损害他们的利益。在这种情况下，拉美国家的现代化
进程要想继续下去，不解决政治稳定的问题是不行的。于是，多
数拉美国家的中产阶级、上层阶级同美国政府结成了联盟，共同
支持军人干预政治。拉美国家的军人在这个联盟的强有力的支持
下，相继在厄瓜多尔（1963）、巴西（1964）、玻利维亚
（1964）、阿根廷（1966）、厄瓜多尔（1967）、秘鲁（1968）、
乌拉圭（1973）、智利（1973）发动军事政变，建立起了军人
政权。

　　这个时期在拉美所建立的军人政权不同于以前的军人统治。
首先，以前，国家军队的参政比较有节制，一般都是在幕后操
纵，即使政变上台，取代它所不能接受的文职政府也只是短暂
的；而这一次的军人政权则带有强烈的发展主义倾向，追求一种

---

① 　Thomas J. D'Agostino, *Latin American Politics*, *in Understanding Contemporary Latin America*, edited by Richard S. Hillman, Lynne Rienner Publishers, 1997.

雄心勃勃的目标，即致力于国家的现代化和社会、经济的发展。因为在他们看来，为了有效地铲除不稳定的根源，必须对经济制度和政治制度进行全面的改革，全力发展经济；必须要吸引外国投资者；为此，就必须有能力恢复秩序，必须由军人实行长期的制度化的统治。其次，这一次的政变军人还把传统政治看成是造成拉美高度不稳定的主要因素之一，他们厌恶和蔑视腐败的、没有效率的文职领导人，厌恶动员民众来支持文职领导人狭隘政治目标的政党和民众组织，视它们为制造分裂的祸根，对它们采取取缔和镇压的政策。因为这个原因，它们被称之为官僚威权主义制度，或新威权主义制度。这些官僚威权主义政府在夺取政权之后，立即以强有力的军人独裁统治排除其政敌的干扰，推进拉美的现代化。拉美的两大经济奇迹——墨西哥经济奇迹（60 年代）和巴西经济奇迹（1968—1973），就是在这个时期创造的。

可见，同第一次现代化浪潮的情况一样，拉美第二次现代化浪潮的政治诉求也首先是民主制（但这次已不是旧的民主制，而是新的民主制，即民众主义民主制），在此种诉求因无法满足现代化的要求（建立在革命基础上的墨西哥民众主义政治体制除外）而遭到失败之后，又转而求助于专制独裁制度（但这一次已不是旧的考迪罗主义专制独裁制度，而是军人政权的新威权主义制度）。结果，在拉美历史上出现了一个从新民主政治到新威权主义政治（官僚威权主义政治）的转变过程。这是拉美政治史上第二个大的"民主—专制周期"。

拉美第三次现代化浪潮的政治诉求

在拉美现代化进程中，80 年代又是一个重要的转折：人类开始进入信息时代，经济全球化进程以惊人的速度加快向前推进，被债务危机所困扰的拉美国家在失去了可贵的 10 年之后，纷纷进行国际货币基金组织所需要的结构调整，改变发展战略，开始了信息时代所不能不进行的现代化建设，从而出现了第三次现代化浪潮。那么，在第三次现代化浪潮中，拉美国家政治发展的情况又怎么样呢？拉美第三次现代化浪潮的政治诉求会不会还是从民主制转向威权主义，出现第三个"民主—专制周期"呢？这是 90 年代以来研究拉美的学者所特别关心的一个问题。

有人说，这一次现代化浪潮的政治诉求是反常的，它不但不求助于威权主义，反而与民主化结伴而行，兑现了 50 年代西方现代化理论"经济增长与政治民主同步发展"、"好事一块发生"的论断。从一个时期关于"民主化第三波"的声势浩大的宣传来看，情况似乎是这样的。但是，未来的发展情况如何，还是很难说的，因为选取哪一种政治诉求并不是主观愿望所能决定的，而是取决于西方的民主制度能不能给拉美国家带来国家现代化所需要的稳定的政治环境，能不能给拉美国家带来创造这种稳定环境所需要的权威和力量。从这个基本观点来看，无论美国或美洲国家组织怎样干预，到了西方议会民主制实在无法为拉美国家现代化提供必要的、有力的政治支持的时候，拉美国家还是有可能再一次选择某种形式的威权主义政治的。因为现在已经有大量的文献资料告诉我们，80 年代曾经气盛一时的西方民主乐观主义论调已经在一天天消逝了。譬如美国学者托马斯·达戈斯蒂诺就说：80 年代曾经一度占优势的乐观主义已逐渐让位于这样一种发现：巩固民主制度的任务远没有完成；事实上，许多人仍然把民主制度看成是一种试验；而且，中央政府所遭遇的挑战愈来愈严重，愈来愈可怕，以致人们对拉美民主制度能否持续下去产生一连串的疑问：拉美目前的民主化趋势是民主制度成熟的标志，还是只是民主—独裁周期性交替现象的另一个周期？面对广大民众对经济改革的不满，民选文人政府能不能把令人痛苦的经济改革进行到底？面对这种不满，面对文人政府没有能力解决经济问题以满足日益动员起来的民众的高度期望的局面，传统军人会采取什么态度？等等。①

　　当然，对于 60、70 年代那种非人道的军政府的残酷统治，广大人民群众是深恶痛绝的，决不会容许它重现于人世。但是，我们知道，发展中国家现代化对政治发展的要求既不是军人的独裁统治，也不是脆弱的、以民众利益为牺牲的资产阶级一个阶级专政的所谓民主，而是真正能把全国力量团结起来，既民主又集中、能带来实现国家现代化所需要的政治优势的政治制度。然而，拉美的历史经验也告诉我们，如果找不到别的能创造这种政治优势的途径，在文人政府无法保证国家的安全和政治稳定的时候，军人的重新干政，甚至执政，并不是不可能的。所以，目前拉美国家政治现代化所面临的重要任务，就是要继承第二次世界大战之后拉美国家的那种政治创新的精神，创造出一种有足够权威和力量来实现国家现代化的新的民主制度来。

结　论

　　根据以上对拉美三次现代化浪潮中政治发展过程的分析，我们可以得出结论，拉美的政治现代化进程就是拉美统治阶级根据拉美现代化的需要，不断寻求通过各种途径排除政治阻力，寻求政治稳定，创造政治优势的进程。拉美两次现代化浪潮的事实证明，对于拉美国家的现代化来说，西方的民主制度尽管一直是主

---

　　① Thomas J. D'Agostino, *Latin American Politics*, *in Understanding Contemporary Latin America*, edited by Richard S. Hillman, Lynne Rienner Publishers, 1997.

流意识形态所追求的目标，但总也满足不了拉美现代化对政治上层建筑的需要，最后总是被历史所抛弃或被历史所改造；拉美现代化的成就几乎都是在拉美国家实现了制度创新（如墨西哥）或采取了威权主义政治体制，创造了稳定的政治优势之后才取得的。19世纪末期作为拉美早期现代化启动的第一次现代化浪潮是这样，二战后拉美的第二次现代化浪潮的情况也是这样，目前第三次现代化浪潮的情况虽然还难于作结论，但在新自由主义发展战略下西方民主制度已面临越来越严重的挑战、政治危机接踵而至的事实，则是人所共知的。

　　总之，发展中国家政治现代化的目标并不是抽象的民主，而是具体的政治实力和政治优势，是具体的政治组织力和政治动员力。因为发展中国家现代化唯一所能依靠的、唯一可以发挥主动性的东西，就是自己民族的组织力量和政治上的优势，如果连这个优势也没有，连这种优势也创造不出来，政局老是那么动荡，社会老是那么不稳定，那么，在当前如此激烈的国际竞争中就根本没有可能赶上发达国家，就根本没有可能实现自己国家的现代化。正是因为这个原因，拉美国家尽管一次又一次地在政治上遭到挫折，甚至失败，但它们总是一次又一次地为创造自己国家的政治优势而奋斗。

（原载《拉丁美洲研究》2003年第1期）

经济全球化：现代化进程面临的新挑战

——阿根廷发展危机的理论思考

发展中国家世界规模的现代化浪潮是在第二次世界大战以后世界分裂为两大阵营、世界经济分裂为两个平行市场的情况下出现的。现在，情况已经发生翻天覆地的变化，现代化进程所面对的已经不是分裂的世界和分裂的市场，而是滚滚而来的、新的经济全球化浪潮。如何根据新的国际形势和本国的国情，制定新的发展战略，应对这一浪潮，已经成了目前发展中国家现代化建设的一个关键问题。阿根廷是发展中国家中最早明确地以应对经济全球化为目标制定了新的发展战略，并"自上而下"地进行了所谓"第二次革命"的国家，但同时也是发展中国家中最早陷入全面、深重发展危机的国家。阿根廷在19世纪末期的那次经济全球化浪潮中，曾经利用当时发达国家所提供的市场条件，实行一种开发资源、发展贸易、给居民提供日益增长的福利的战略。这种战略曾经获得相当大的成功。到20世纪初，阿根廷已成为世界人均收入最高的国家之一，位居世界人均国内生产总值（GDP）的第6位。1913年，阿根廷的人均 GDP 为 3797 美元，相当于当时美国人均 GDP 的

80％，比同期的法国和德国都高。但是，一个世纪后，到21世纪初这次发展危机爆发的时候，阿根廷却成了一个"灾难国家"①：经济出现负增长；外资银行处在破产的边缘，准备撤出阿根廷；停止偿还1500亿美元的外债；50％以上的居民生活在贫困线以下②，人均GDP降至2100美元，比近1个世纪前的3797美元几乎减少45％，仅仅超过拉美5个最穷的国家③。阿根廷不但不像世界银行几年前曾经预言的那样是"即将进入第一世界的第一候选国"，而且正在沿着下坡路走向"第四世界"，直到现在它仍处在已历时5年之久而且还看不到尽头的经济衰退之中。因此，正如奥斯瓦尔多·科尔特西所说，"对于阿根廷居民所能得到的福利来说，20世纪是一个失去的世纪"④。经过一个世纪的现代化努力，而人民的福利却没有得到任何进展，这在人类历史上是很少见的。因此，阿根廷现象已经引起全世界各界人士的关注。近一年来，我国学界也就这个问题发表了不少研究文章，但都没有注意到梅内姆政府应对经济全球化的"第二次革命"这一历史事实，因而都未能从阿根廷现代化如何应对全球化，以及这种应对如何遭到失败的角

---

①　詹姆斯·佩得拉斯：《西方眼中的样板变成第三世界的灾难》，载西班牙《起义报》2002年5月15日。

②　据阿根廷政府公布的一份报告，1994年以来，阿根廷的贫困人口逐年增多。1998年10月贫困人口占总人口的32％，2001年10月增至40％。到2002年，全国3600万人口中贫困人口达1800多万，占全国总人口的51％，其中700万是严重贫困者；在全国1250万18岁以下少年儿童中，800万人生活贫困。（埃菲社布宜诺斯艾利斯2002年6月9日电）。

③　这5个国家依次为：巴拉圭（人均2000美元）、萨尔瓦多（人均1810美元）、厄瓜多尔（人均1570美元）、玻利维亚（人均970美元）和尼加拉瓜（人均410美元）。

④　Osvaldo Cortesi, Una lectura de la historia economica Argentina: Un "siglo perti-do". http: //www. globali-zation. drg/argentinaCortesiEconomiaHistoria. htm.

度来分析问题，而这恰恰是阿根廷发展危机的关键之所在，也是当前发展中国家中现代化进程面临的严重挑战。本文拟从这一新的角度谈谈自己对阿根廷发展危机的一些看法。

正义党的全球化理论与梅内姆的"第二次革命"

早在 20 世纪 40 年代，阿根廷正义党的缔造者胡安·多明戈·庇隆就已经作出过战略判断，认为世界朝向世界主义前进是一个不可抗拒的进程。1989 年正义党领袖梅内姆领导的政府上台执政后，面对 80 年代以后出现的第二次经济全球化浪潮①，很快提出了一整套关于全球化的理论。正义党的理论认为，在苏联解体、冷战结束之后，新的国际形势具有两个最突出的特点，一是美国确立了军事霸权；二是生产体系全球化。在这种新的国际形势下，"全球化"，即"资本主义制度一体化"，已成为一个"事实"。迅猛发展的信息革命"使全球化具有结构性质和不可逆转"。该理论认为，资本主义工业时代（大企业、大国家、大城市）已经结束；进入 21 世纪之后，世界工业总产值的 90% 将由发展中国家生产，"世界经济的火车头……已转移到外围国家，首先是以中国为首的东南亚国家，其次是转移到拉丁美洲"。该理论还认为，进入全球化时代之后，过去的成功经验已经一无可取："以国家积极干预经济、通过财政刺激和信贷促进出口并限制国际开放为基础的发展战略"，已经行不通，因为"世界生产体系全球化阶段的内在逻辑是非调控和向世界贸易开

---

① 前阿根廷总统府战略计划国务秘书豪尔赫·卡斯特罗认为，1870—1914 年是"全球化的第一个阶段"，或第一个浪潮；20 世纪 90 年代则出现了第二次经济全球化浪潮，他们称作"第二次资本主义制度一体化浪潮"。见［阿根廷］豪尔赫·卡斯特罗《第三次革命》（中文版），世界知识出版社 1999 年版，第 35 页。

放的持续不断的进程"。①

　　阿根廷政府还总结了历史经验，认为"阿根廷经济持续扩张的长周期恰恰处于资本主义扩张阶段和国际贸易开放时期，而阿根廷经济最长的危机和停滞时期是从 1929 年国际危机开始，同全球保护主义贸易盛行同步"②，因此，当前的全球化，对于阿根廷来说，是一次极好的发展机遇。

　　为"适应以美国霸主地位的确立和经济体系全球化为特征的新的国际现实"，在经济体制发生严重危机的关头上台的梅内姆，利用其宪制总统和庇隆主义党合法领导人双重身份的政治资本，迅速完成了阿根廷发展战略上的重大转折，重新调整和确定了阿根廷在冷战后世界中的地位，进行了"结构性的改革"，建立了所谓"符合时代和新世界现实的新经济机制"，开辟了"一个新的历史阶段"。梅内姆政府认为："如果在以美国确立军事霸主地位和生产体系全球化为标志的新国际形势下，不为重新确立阿根廷的地位作出同样艰巨、持续的努力，那么，一切促使阿根廷经济重新发展的努力将是徒劳的。"90 年代梅内姆所实行的战略转折和他所领导的结构改革被称之为阿根廷现代史上的"第二次革命"。③

　　"第二次革命"的主要内容分国际和国内两个方面。在国际方面，阿根廷决定实行所谓"外围现实主义"的外交政策，同美国确立战略结盟关系，并致力于雄心勃勃的地区一体化事业。为了成为美国的战略盟友，阿根廷从 1990 年年初派舰船参加美国发动的海湾战争，到 1997 年获得美国的非北大西洋盟国地位，

---

　　① ［阿根廷］豪尔赫·卡斯特罗：《第三次革命》（中文版），世界知识出版社 1999 年版，第 37、39、47、48、50、52 页。

　　② 同上书，第 54 页。

　　③ 同上书，第 64—67、192 页。

始终没有停止过同美国构筑特殊关系的外交努力。为了实现地区一体化，阿根廷同巴西结盟，建立了南方共同市场，并同智利建立伙伴关系。

在国内方面，阿根廷实行了大刀阔斧的经济、政治改革。经济改革主要是放弃过去的国家工业化方针，按古典经济学的比较优势原则，决定作为农牧业初级产品出口国加入全球化经济的国际劳动分工体系，把农牧业食品专业化作为阿根廷经济发展的战略重点。梅内姆政府认为"全球化经济的一条基本规律"就是："在世界经济全球化情况下，经济不可逆转地实现开放，不可能发展不是立即具有竞争性的工业网络。在具有全球、开放特点的经济中，只有立即具有竞争性才能在国际上取得增长和发展。靠国家资金或有差别的贷款才具有竞争性的工业是不可能取得发展的。只有靠不断吸收技术革新成果，在比较优势基础上，才能创造竞争优势。"[①]

为此，阿根廷实施了如下5个方面的"革命政策"：

（一）通过兑换计划确保货币稳定；

（二）开放经济，并取消经济调控；

（三）对本国和外国私人投资给予充分保障；

（四）在国有企业私有化驱动下改善国家基础设施，尤其是电信、能源、道路和港口的设施等；

（五）通过建立南方共同市场及与智利结成伙伴关系来扩大阿根廷产品的市场。[②]

从这些内容可以看出，所谓梅内姆的"第二次革命"实际

---

① ［阿根廷］豪尔赫·卡斯特罗：《第三次革命》（中文版），世界知识出版社1999年版，第85页。

② 同上书，第71页。

上就是推行华盛顿在拉美所推行的"新自由主义"改革。

　　在政治方面，阿根廷主要是推行西方的代议制民主政治。按总统府战略计划国务秘书豪尔赫·卡斯特罗的说法，阿根廷在这一方面是走了一条与东南亚国家相反的道路。东南亚国家是先进行经济改革，再走向或试图走向政治民主；而阿根廷则先恢复民主（1983），然后才在 1989 年开始进行经济改革。说"阿根廷所做的正是戈尔巴乔夫在苏联想干而没能干的"。说阿根廷的所有那些结构性改革都是"依靠合法的民主政治手段即协议一致、尊重个人权利、充分行使公共民主和尊重人民意志等手段来进行的"。①

　　显然，阿根廷政府的上述全球化理论是一种用西方发达国家的价值观来理解西方发达国家所主导的全球化概念的理论，这一理论可以概括为以下三个基本点：一、以资本主义古典经济学的比较优势论为理论的基础，主张市场的完全自由运作，相信市场的自由化会给任何经济主体带来自己所希望的结果；二、把全球化视同 70 年代以来西方发达国家在拉美所推行的"新自由主义"；三、认定在美国军事霸权和形成全球生产体系的情况下，坚持民族独立、实行自主的行动方针已经没有现实可能性。前阿根廷经济部长阿尔多·费雷尔把这样的全球化理论观点称之为"全球化的原教旨主义观点"②。

　　以上述理论为指导的所谓阿根廷"第二次革命"尽管得到美国的大力支持，但进行得并不顺利。卡洛斯·梅内姆是正义党的领袖。他是靠传统民众主义的竞选纲领赢得了选举胜利，于

---

　　①　［阿根廷］豪尔赫·卡斯特罗：《第三次革命》（中文版），世界知识出版社 1999 年版，第 71—72 页。

　　②　How Can We Best Face Globalization? The speech delivered by Mr, Aldo Ferrer on September 2001. http：//www. lanic. utexas. edu/ ~ sela/AA2K1/ENG/cap/N63 – 11. htm.

1989 年上台执政的。但是，他一上台就来了一个 180 度的大转弯，转向了新自由主义。这是选民们所没有预料到的。在为时 1 年多的宏观经济不稳定和两度高通货膨胀之后，他任命受训于哈佛大学的经济学家多明哥·卡瓦略为财政部长。在梅内姆的全力支持下，卡瓦略推行了阿根廷历史上最无限制地向外国资本开放资本市场以及国有企业私有化的政策。卡瓦略一揽子政策的奠基石是按 1∶1 的汇率把阿根廷比索钉牢在美国美元上的货币局制度。开始时，这一制度曾有助于抑制通货膨胀，但由于美元较之其他通货更加坚挺，阿根廷变得越来越难以出口了。突如其来的贸易自由化使许多本国工业和生产陷入破产。国有企业私有化达到了登峰造极的地步：邮政、航空、铁路系统、社会保险、国家石油公司以及所有公用事业都被卖光，而且售价常常低得惊人。国家垄断权和专卖权被转让给私人部门，结果使惊人的利润汇到了私人部门的国外总部。90 年代初期外资的大量流入，曾刺激了阿根廷消费信贷的繁荣；消费信贷的繁荣带来了消费需求的巨大增长和 1991 年至 1994 年的经济增长。但是，1994 年 12 月墨西哥爆发比索危机后，这次危机的"特基拉效应"造成阿根廷资本大量外流，经济衰退，失业率猛增，暴露了阿根廷新自由主义经济结构的严重缺陷。1994 年以后，阿根廷经济增长率始终飘忽不定，失业率从未降到 13% 以下，收入不平等达到了史无前例的严重程度。

　　中左联盟的总统候选人费尔南多·德拉鲁阿也是靠着民众主义的动听言辞于 1999 年上台执政的。但是执政之后，他很快就变成了另一个梅内姆：公开违背其在竞选总统时所作的一切承诺，满足国际货币基金组织和其他国际金融机构提出的要求。国际货币基金组织告知阿根廷政府：只要阿根廷把政府财政开支缩小到零赤字，外资就会回流。阿根廷照办了。结果，正如任何一位宏观经济学的学生都能预见到的，这种财政紧缩政策使阿根廷的经济衰退更加恶化，经济增长率和政府的财政收入都螺旋下降，赤字有增无减。到 2001 年 3 月，事实证明德拉鲁阿的经济战略已不起任何作用。于是，德拉鲁阿请回了梅内姆执政时期的财政部长卡瓦略，希望他能挽救阿根廷经济。但卡瓦略也没有什么新招，还是采取严厉紧缩和政策调整的老一套做法。这时，政治危机已露端倪。投资者开始大规模提取银行存款。为了阻止资金流失，卡瓦略于 2001 年 12 月 1 日颁布"限制储户提款"的法令，规定每人每月从银行提取的现金不得超过 250 美元。这一法令损害了社会各阶层的利益，银行门前排队取款的队伍越来越长，民众的不满和失望日益加剧。2001 年 12 月 12 日，民众在经济上的不满开始激化为政治上的抗议风暴，阿根廷出现了民众性的"击锅抗议"运动。2001 年 12 月 14 日至 17 日，一个由失业者组织、进步劳工组织、人权组织和小商贩组织联合组成的广泛联盟——"全国反贫阵线"发动起 300 多万民众，要求政府应给予失业者以失业补贴。12 月 18 日，罗萨里奥城开始发生贫苦居民抢劫超市的事件。接着，抢劫风暴席卷其他城市和布宜诺斯艾利斯郊区的许多地方。贫苦民众抢劫超市和商店的画面充斥阿根廷的电视节目，传播到了全世界。12 月 19 日 22 时 45 分，德拉鲁阿总统出现在全国电视屏幕上。他宣布全国处于紧急状态，谴责抢劫行为。总统的话音未落，整个城市立即响起了一片刺耳的敲打锅碗瓢盆的抗议声。午夜，击锅声和咒骂声一浪高过一浪，人们开始涌向财政部长住宅、总统府、五月广场和国会所在地，强烈要求结束新自由主义和惩治腐败。由于警察的残酷镇压，混乱的商业区留下了 5 具尸体。抗议风暴变成了惨案。2001 年 12 月 20 日凌晨 1 时 20 分，财政部长卡瓦略被迫辞职。几个小时后，德拉鲁阿在得不到正义党支持的情况下，也只好辞职。

德拉鲁阿辞职后，第一位临时总统萨阿上台。由于萨阿上台后立即任命几位梅内姆时期的腐败官员为其内阁成员，民众再次上街示威，抗议腐败。上台还不到一周的萨阿也不得不辞职。经过激烈的内部争吵后，正义党任命布宜诺斯艾利斯省参议员杜阿尔德为临时总统。杜阿尔德上台后郑重宣布，他的政府将不再同财政资本联姻，将坚持停付外债，将立即废除已实行 10 年之久的比索钉住美元的固定汇率制度。尽管如此，危机仍继续发展：2002 年 1 月 17 日，民众再次涌向街头，迫使阿根廷中央银行行长罗克·马卡罗内辞职；3 月 4 日，由于比索贬值（1 比索大约只相当于半美元），愤怒的民众向银行投掷鸡蛋、砖块、酒瓶、锤子甚至擀面杖，迫使银行职员出门必戴头盔，如临大敌①；3 月 25 日，比索再度大幅下跌，阿根廷再次发生哄抢超市和商店事件，全国一片恐慌；4 月 23 日，由于国会拒绝考虑政府防止阿根廷银行系统崩溃的计划，第五任经济部长莱尼科夫宣布辞职。这一切表明，梅内姆的"第二次革命"已经以失败而告终，阿根廷已经陷入深重的发展危机。

开放与自主

如上所说，阿根廷的所谓"第二次革命"，实际上是一场以应对经济全球化为战略目标的改革，它的失败自然也就是阿根廷应对全球化战略的失败。阿根廷政府应对经济全球化战略之所以失败，最主要的原因是梅内姆政府所推行的新自由主义的发展模式没有能处理好现代化进程中开放与自主的关系。

正义党全球化理论的最大失误就是在经济全球化的挑战面

---

① 路透社布宜诺斯艾利斯 2002 年 3 月 14 日电。

前，放弃了民族自主的原则，是一种只讲开放、不要自主的全球化理论。在这种理论的指导下，阿根廷选择了新自由主义发展模式。这种模式并不是一般的市场经济发展模式，而是一种以公共企业私有化、贸易自由化和货币准美元化为基础的、野蛮的资本主义发展模式；90 年代末期以来的阿根廷的发展危机首先就是由于实行这样一种发展模式，错误地处理了开放与自主的关系造成的。这主要表现在以下 4 个方面。

首先是实行货币准美元化的货币局制度，丧失了金融政策的自主权。根据正义党的全球化理论，阿根廷所要作的一切，归结起来就是要讨好市场，要确保市场对阿根廷有一个满意的看法；认为只要做到了这一点，资金就可以源源而来，就足以使一个国家的经济走上正确的轨道。所以梅内姆上台后的第一件大事，就是要解决当时高达 4 位数的通货膨胀，以稳定货币，为吸引外资创造条件。为此，他在国内货币政策上实行一种准美元化的货币局制度。货币局制度原本是英国宗主国在其殖民地实行的一种货币制度，最早（1848 年）创立于英国殖民地毛里求斯，目的在于推行英国货币学派的计划，保障外国资产的安全。在 19 世纪和 20 世纪之交，货币局制度曾普及于许多英国殖民地，20 世纪 50 年代达到鼎盛时期。50 年代末和 60 年代，由于殖民体系的瓦解，绝大多数新独立国家都用中央银行取代了货币局。货币局制度从此衰落。在新自由主义改革中重新起用这种制度的，梅内姆算是第一个。这种制度虽然也一时解决了阿根廷 4 位数的通货膨胀率，但却给阿根廷带来了一个可怕的后果，这就是使阿根廷的经济完全丧失了自主发展的能力。在新自由主义经济模式造成民众日渐贫困、国内市场凋敝的情况下，唯一可以挽救国家经济的出路就是发展出口贸易。但是，由于阿根廷实行这种把本国的货币同美元捆绑在一起的货币局制度，丧失了汇率调节的能力，这条出路也就被堵死了。因此，阿根廷的新自由主义发展模式被海因茨·迪特里希·斯蒂芬定义为"新殖民主义发展模式"。①

其次是国有企业的私有化和劳动力市场的自由化，造成大批工人失业和中下阶层的贫困化。从而形成一种部门脱节以及同社会脱节的、畸形的发展模式，丧失了自主调节经济结构的可能性。

梅内姆政府执政之后，对几乎所有的国有企业都进行大拍卖，而且大都廉价卖给了外国跨国公司。这个进程可以说是少数人对阿根廷社会财富进行大掠夺的一个过程。因为第一，国有企业私有化并不完全因为这些企业没有效益。譬如委内瑞拉西蒙玻利瓦尔大学政治学教授弗里德里希·J.韦尔施和何塞·V.卡拉斯格罗就对国有企业私有化的真正目的提出了质疑，他们说："就结果而言，为解决公共部门的问题而将国有企业私有化，未必就比力求提高效率的计划更令人信服；数量的减少可能导致质量的下降"。就拿诺贝尔奖桂冠学者贝克、这位恐怕很难说具有国家主义倾向的经济学家来说，他也要问，既然私有化了的企业仍旧需要政府的补贴，如在玛格丽特·撒切尔治下的英国那样，那么私有化又有什么意义？第二，私有化进程中存在严重的腐败现象，使得很大一部分国家财富落进了少数人的腰包，而广大人民群众则因为国有资产的丧失而陷入进一步的贫困。据《纽约时报》揭露，梅内姆政府出卖国有资产所得100多亿美元的收入，"有很多落进了政府官员的腰包，而没有用于社会服务"。韦尔施和卡拉斯格罗指出，实行国有企业私有化无非两个目的，一是为了减少国家的参与，二是为了获取收益，以便改善公共财政，

---

① Ariel Ogando："Insurrecion y movilizacion popular en Argentina"，24 de enero 2002.

"如若此种'来得容易'的钱竟然导致财政浪费，这些国家的结局可能比没有私有化还要糟"。特别是国有电讯公司的私有化尤其令人难以理解，他们说，"国有电讯公司一向以公认合理的价格提供服务，有效率而能赚钱，这使人很难理解政府为什么如此急于卖掉它们"。[①] 第三，自实行国际货币基金组织所要求的结构调整政策之后，特别是实行梅内姆的休克式经济改革（正义党称"第二次革命"，有些经济学家称梅内姆的"经济政变"）之后，阿根廷的经济收入和财富被大规模转移到了跨国大资产阶级手里，大批工人失业，人民大众和中产阶级陷入贫困，形成了一种以牺牲民众利益为代价的新的积累制度。随着中下阶层的贫困化加剧，国内市场萎缩，许多中小企业陷入破产，经济结构发生部门脱节以及与社会脱节的变化，从而形成一种危险的恶性贫困循环：社会贫困化——国内市场萎缩——经济结构失衡——贫困化进一步加剧——国内市场更加萎缩——经济结构更加失衡……梅内姆是以廉价出卖阿根廷历史上最赚钱的资源而出名的总统，由于他的行为模式在拉美具有普遍性，所以，梅内姆又被认为是普遍流行于拉美的'政治仆从主义'行为模式（即利用总统职位为多国公司的购买要求和购买倾向效劳）的代表人物。正是这种行为模式的流行，使得20世纪90年代成为美、欧银行和美、欧多国公司获利最多的年代，同时也成为拉美国家经济危机最多、民众贫困化加剧的年代。阿根廷胡胡伊省的工会领袖甚至愤愤地说，"梅内姆认为，由于他使我们国家听命于国际货币基金组织，就把我们带进了第一世界。但是，工人们奋斗了一个多世纪才争得的权利，短短几年时间就已经丧失殆尽。现在我们

---

① 弗里德里希·J. 韦尔施、何塞·V. 卡拉斯格罗：《对拉丁美洲国家改革的评论》，《国际社会科学》2001年第1期。

这儿已成了殖民地，只差克林顿来这儿升上美国国旗了！"①

　　再次是以西方古典经济学的比较优势理论为指导，实行任意开放的贸易自由化政策，走上了一条非工业化的道路，陷入了对西方发达国家技术依附的困境，丧失了技术的自主权。

　　早在60年代，国际货币基金组织就曾经对阿根廷的工业化计划进行过干预，强加了各种各样的限制。后来，当美、德、日"三边委员会"开始设计所谓"新的国际劳动分工"时，阿根廷和巴西两国军政府曾经签订比奥拉－菲格雷多协定，指定阿根廷承担"世界粮仓"的角色，就像20世纪初阿根廷所曾经扮演过的角色那样。1989年梅内姆上台执政之后，如前文所说，为适应以美国霸主地位的确立和经济体系全球化为特征的新的国际现实，阿根廷更是明确地放弃了过去的国家工业化方针，自甘作为农牧业初级产品出口国加入全球化经济的国际劳动分工体系，把农牧业食品专业化作为阿根廷经济发展的战略重点。

　　用自己的暂时享有比较优势的自然资源和初级产品去交换发达国家的高附加值制造品和高技术，就眼前来说，也许比自己制造和开发这些产品和技术要合算一些，但是，从长远来说，这是一条走向贫困的道路。著名经济学家S. 兰德斯在谈到南美洲国家这种"比较优势"理论的合理性的时候就清楚地指出，一个国家的比较优势使购买洋货更容易，也更便宜，这一切似乎都合情合理；但是，"这种合理性的问题是：今天的明智也许到明天就成了错误。发展是长期的事情；而逻辑却是暂时有效的"。他还举了一个德国的例子，他说，如果德国人当初听从了英国经济学家的建议，不是"愚蠢"地去制造钢铁，而是坚持生产小麦

　　① Bob Djurdjevic, Perpetual War for Perpetual Commerce, http://www. moneyfiles. org/global000. html.

和黑麦，那么，英国经济学家是满意了，德国的经济会成为英国所希望的那种"合理性经济的完美模式"，但与此同时，德国人结果会穷得多。①从阿根廷的情况来看，这种眼光短浅错误所造成的后果无需等到明天，今天就已经看得很清楚。因为在技术上处于依附地位，所谓自由贸易往往是不公平的，通常都会带来贸易的逆差。譬如从 1990 年到 1998 年，阿根廷的出口总值从 123 亿美元增长到 264 亿美元，10 年间增长了一倍，但同一时期，阿根廷的进口总值却从 41 亿美元增长到了 314 亿美元，增长了近 7 倍②；贸易差额由原来的顺差变成了逆差。之所以产生这种变化，就因为阿根廷需要进口现代技术，没有这些现代技术，国内的出口企业不可能提高产品质量，更不可能参与日益激烈的全球化市场竞争。这种局面如不加以改变，永远按非工业化的方向走下去，其结果必然是一个民族毁灭的进程；因为没有工业也就没有主权，而主权正是一个民族存亡的根本。

最后是过于依赖外资、实行借债发展的方针。由于过于相信西方发达国家开具的自由市场药方，以为只要实行私有化、贸易自由化和废除控制的自由市场经济制度，阿根廷就能自然而然地走向繁荣，所以，梅内姆政府放手借债。西方国家在认定梅内姆领导的阿根廷是美洲最有前途的"巨大新兴市场"、而且很讲信用之后，也源源不断地把大笔大笔的贷款送到阿根廷政府手里，即使是 1998 年已经出现了危机的迹象，他们也视而不见，仍继续借款给梅内姆政府。这样，阿根廷的外债负担就从拉美债务危机爆发时候的 430 亿美元猛增到了 2000 年的 1320 亿美元。从

① 〔美〕戴维·S. 兰德斯：《国富国穷》（中文版），新华出版社 2001 年版，第 443 页。

② Size of Argentina's Foreign Trade, http://www.invertir.com/argentina/c06-70.html.

1999 年开始，阿根廷用于偿债的开支已经占了阿根廷出口收入的 70% 以上。① 在这种情况下，无论什么样的"比较优势"，也经不住债务负担这个无底洞的吞噬了。所以，尽管靠着大量外国资本的支持，阿根廷曾经创造了拉丁美洲最高的增长纪录（1997 年曾达到 8.1% 的增长率），但毕竟长久不了。因为，靠外债撑起的增长，其能否持续下去，主动权并不在阿根廷，而是决定于外债的供应是否能继续下去；一旦外债中断，增长也就成了水中月了。关于这一点，经济学家沙姆韦说得很清楚，他说："由于一些从未搞清楚的原因，它（阿根廷）一直依赖于外国资本，看贷款国的眼色行事，由此严重损害了这个国家处理自己事务的能力。"② 事实的确是，自 1998 年外资开始撤出阿根廷之后，阿根廷也就开始陷入了发展危机。

　　综上所述，很清楚，阿根廷政府应对经济全球化战略的主要问题是未能正确地认识和处理开放与自主的关系，错误地放弃了自主发展的方针，重新陷入了日益严重的依附地位。这是阿根廷日益陷入贫困以致濒临破产境地的根本原因。正如美国学者詹姆斯·佩德拉斯在分析阿根廷危机的原因时所指出的，阿根廷的问题是它"全盘执行了新自由主义经济专家开出的正宗药方，这些药方养肥了银行家和外国投资者，伤了本国经济的元气"③。墨西哥《永久》周刊也指出，拉美又重新陷入了一种新殖民主义依附状态，并且说，"（拉美）的新殖民主义依赖性问题在新

---

　　① 阿根廷偿债开支所占出口总值的比例 1994 年为 35.6%，1996 年为 46.9%，1998 年为 55.8%，1999 年为 71.1%，2000 年为 74.1%，2001 年为 74.8%。（资料来源：Argentina, http://www.trading-safely.com/sitecwp/ceen.nsf/v…）

　　② Shumway, "*Invention of Argentina*"，转引自戴维·S. 兰德斯《国富国穷》，新华出版社 2001 年版，第 455 页。

　　③ 詹姆斯·佩德拉斯：《西方眼中的样板变成第三世界的灾难》，西班牙《起义报》2002 年 5 月 15 日。

自由主义政策盛行的 20 年来越来越严重了，这使得一些国家在向自由和人民进步迈进之后，又出现了剧烈的倒退"。① 阿根廷之所以发生了"失去一个世纪"这样"剧烈的倒退"，应该从它在应对全球化问题上处理开放与自主关系上的失误去进行反省。弗里德里克·C. 特纳说得对，"一个国家不能照搬另一个国家的治理模式，……改革战略必须适应自己国家经济的特点，适应自己的历史、自己的价值观"。② 而要做到这一点，首要的前提就是要坚持自主发展的立场。在经济日益全球化的时代，不实行开放是不行的；但开放是自主的开放，是每个独立国家为了自身的发展而自主地把自己的大门向全世界打开的开放，如果没有了国家的独立，连大门都没有了，那么，也就没有了开放。

市场与国家

阿根廷应对经济全球化战略的第二个重大失误是未能正确地认识和处理国家与市场的关系。

近 20 年来，在发展问题上宣传得最多的恐怕是如何限制国家的作用，如何排除国家对经济的干预的各种理论。阿根廷正义党的全球化理论在政治上就属于这样的一种理论。其总的精神就是鼓吹市场至上，由市场来指挥一切。该党还有一种颇有影响的理论，叫做"外围现实主义"理论（前面已经提到过），这是该党外交政策设计师、梅内姆总统外交顾问卡洛斯·埃斯库德提出的一种理论。按照这种理论，在民主制度中，至高无上的并不是

---

① 《拉美和加勒比的革命性而非资产阶级的过渡》，墨西哥《永久》周刊，2000 年 8 月 24 日。

② 弗雷德里克·C. 特纳：《国家作用的变化：测量、机会与问题》（仕琦译），《国际社会科学》2001 年第 1 期。

国家，而是"公民"个人；① 只要"公民"个人得到好处就行，国家是无所谓的。阿根廷的历史和阿根廷这次发展危机的经验证明，这种市场至上和个人至上的理论是十分片面的，也被实践证明是彻底失败的。

回顾阿根廷的历史，我们可以看到，一个多世纪以来，阿根廷也曾经有过几次经济发展的高潮。但是，每次高潮都是以政治的稳定开始，而以政治的危机告终。阿根廷的第一次发展高潮发生在 19 世纪末和 20 世纪初。它开始于 1880 年胡利奥·阿亨蒂诺·罗加（Hulio Argentino Roca）当选总统。由于罗加执政后创建了民族自治党，建立了全国统一的国民军，削减了各省和各地方考迪罗的势力，并使国民军成为中央政府的坚定支持者，阿根廷自独立以来第一次有了相对稳定的政治和法律体系，为经济和社会的发展提供了一个比较稳定的政治环境。在这期间，罗加政府发动了所谓"荒漠远征"，将印第安人赶至内格罗河以南，夺取了大片土地，并将这些土地出售给移民，以吸引欧洲移民和引进外资。罗加政府还致力于公共教育事业，并鼓励外国投资建设铁路。与此同时，阿根廷开始了民主制度的试验。1891 年创建的激进公民联盟多次参加总统竞选，并在 1916 年赢得竞选的胜利。该党主席伊里戈延执掌政权后，同罗加一样，也主张总统集权和强大的中央政府，致力于政治的稳定。总之，从 1880 年到 1930 年的半个世纪，是阿根廷政治史上一个相对稳定的时期。阿根廷最繁荣的时期也正是在这个时期。在这一时期，阿根廷经济的年均增长率超过 5%。② 有些史学家（如戴维·布鲁克肖）

---

① Carlos Escude, *Foreign Policy Theory in Menem's Argentina*（http://www.upf.com/Spring 1997/escude.html）

② ［英］莱斯利·贝塞尔主编：《剑桥拉丁美洲史》（中文版）第五卷，社会科学文献出版社 1992 年版，第 367 页。

甚至认为，按照当时的标准，阿根廷"已由一个比较落后的国家变成一个现代化国家"①。但是，好景不长，1928年伊里戈延再次当选总统不久，世界经济危机爆发。这场危机也殃及阿根廷。伊里戈延采取了一些相应的措施，如取消比索的自由兑换，向英、美寻求新贷款以解决外债困难，削减国家开支等，以期能够顺利渡过危机。然而，当这些措施触犯官僚们的利益时，伊里延戈的权威就遭到反对派的严重挑战，统治阶级内部的矛盾爆发了。这一矛盾是如何解决的呢？在经过几十年的民主试验之后，反对派本应遵循民主的竞争规则行事，通过一定的民主程序来解决问题，但是实际上，他们并没有这样做，而是选择了武装政变的道路。1930年9月，在胡斯托将军的支持下，何塞·乌里武鲁将军发动了军事政变，推翻了民选的伊里戈延政府。与此同时，阿根廷经济也进入了危机阶段。

　　阿根廷的第二次发展高潮出现在1946年至1955年的庇隆执政时期。庇隆执政的9年是阿根廷难得的又一个政治比较稳定的时期。庇隆成功地将改良主义的工会领袖吸引到自己一边，实行所谓"阶级调和"的、民族主义的、"正义主义"的特殊发展道路和进口替代工业化发展战略。阿根廷出现了一个经济相对高涨的时期，其工业企业从1939年的5.4万家增加到1948年年底的8.2万家。② 阿根廷的钢铁工业、农业机械工业和汽车制造业等重要工业部门都是在这一时期开始起步的。阿根廷的制造业在这一时期有了重大突破，制造业产值在GDP中占的比重从1945年

---

　　① ［英］莱斯利·贝塞尔主编：《剑桥拉丁美洲史》（中文版）第五卷，社会科学文献出版社1992年版，第367页，

　　② ［苏］维·沃尔斯基主编：《拉丁美洲概览》（中文版），中国社会科学出版社1987年版，第352页。

的 22.8% 提高到了 1955 年的 29.2%。① 但是，又一次由于政治的危机，这种发展没有能持续下去。1955 年 9 月，阿根廷右派军人发动军事政变，把庇隆政权推翻了。此后，阿根廷进入了一个庇隆主义和反庇隆主义无休止的争论、政变不断、军人和文人交替执政的政治动荡时期。从 1955 年洛纳迪将军政变上台（1955 年 9 月至 11 月），到魏地拉将军发动政变推翻马丁内斯·德庇隆政府的 20 年中，政治危机不断，共换了 12 个政府，平均差不多一年半就换一个总统。在这种情况下，经济自然难以持续发展。

阿根廷的第三次发展高潮发生在 1958 年至 1962 年的弗朗迪西执政时期。弗朗迪西政府是上述政治动荡时期难得的一届实行稳定化计划的发展主义政府，是一个致力于深化进口替代工业化发展战略的政府。在弗朗迪西执政时期，阿根廷工业曾出现一个爆炸性发展阶段：汽车生产量从 1957 年的 1.6 万辆增加到 1961 年的 13.6 万辆；铸铁和钢铁的产量分别从 1957 年的 3.4 万吨和 22.1 万吨增加到 1961 年的 39.9 万吨和 44.1 万吨；农业在 GDP 中占的比重从 1945 年的 20.3% 降到 1961 年的 13.9%；而工业（包括制造业）在 GDP 中占的比重从 1945 年的 22.8% 升到 1961 年的 35.1%。但是，这是一个很短暂的时期，由于右翼军人对弗朗迪西的进步政策不满，军事政变又发生了。1962 年，趁弗朗迪西总统出访美国之机，代行总统职务的副总统何塞·马里亚·吉多发动军事政变，推翻了弗朗迪西政权，由政变头目吉多任代理总统。尽管吉多进行了军事总动员，在全国实行高压政策，力图稳定政局，但弗朗迪西的发展主义政策已陷入风雨飘摇

① 苏振兴、徐文渊主编：《拉丁美洲国家经济发展战略研究》，北京大学出版社 1987 年版，第 44 页。

之中，再也无法有序地贯彻执行。

在经过十几年的政局动荡之后，阿根廷也同南锥体其他国家一样，建立起了军人独裁统治，这就是阿根廷历史上臭名远扬的魏地拉－加尔铁里军人政权（1976—1982）。与 60 年代后半期出现于南美洲的、致力于国家现代化的军政府不同，为期 7 年之久的阿根廷军政府没有留下任何值得一提的现代化业绩。由魏地拉政变开始的 7 年是新自由主义经济政策开始在阿根廷盛行的时期。对阿根廷财富的大规模掠夺是这一时期的突出"成果"：开放商品市场，造成许多民族企业破产；开放资本市场，纵容了国际金融资本在阿根廷的猖狂投机活动；残酷镇压劳工和反对派，留下了 3 万多失踪者，损失了一代社会活动家。军人独裁政府虽然在经济、社会和军事（马岛战争）灾难中于 1983 年下台，但这个政权造成的国家工业能力缩减 30%、资本外逃、外债猛增、收入分配极不平等的影响，则是灾难性的，从而导致阿根廷政治发展的更加扭曲和困难。

1983 年劳尔·阿方辛上台执政后，恢复资产阶级民主制度，并试图放弃军政府的新自由主义政策。政府起初的计划是成功的，但当劳资双方都发现自己的实际收入减少时，对阿方辛的支持就开始削弱了。经过几次日益"正统的"，即新自由主义的调整之后，经济形势再次失控，引起资本加紧外逃，国际金融机构又见死不救，以致造成超高通货膨胀，国内局势空前混乱，迫使阿方辛举行选举，提前 5 个月离职。从此，历史进入了正义党执政的梅内姆主义时期。

梅内姆执政的 10 年（1989—1999）也是阿根廷历史上难得的一个较为稳定的时期，因而经济上也曾出现了一个短暂的增长高潮，增长率曾一度达到 8%。但是，同历史上的任何一次增长高潮一样，这次增长高潮也是由于政治的危机而告终了，而且发展成了一次严重的、至今都未能摆脱的发展危机。

　　这一次的政治危机与以往的政治危机有很大的不同，是在阶级结构发生重大变化的情况下发生的。70 年代以来，由于推行新自由主义政策，阿根廷的社会阶级结构发生了很大的变化，首先是在上层出现了一个新的跨国资产阶级。这个阶级的许多人原来都是政客，他们都是在国有企业的私有化进程中暴发起来的。他们利用自己手中的政治权力，为外国跨国资产阶级服务，从这种损国利己的服务中牟取暴利。这些人在获取暴利后，就没有任何法律能够阻挡他们作为股东或合伙人参与国有企业私有化的进程。由于这一阶级与跨国公司有着千丝万缕的联系，因而也被称作拉丁美洲的"跨国资本主义"新阶级。[1] 经济权力结构上的这一变化反映到政治上，就是这一阶级急切需要控制国家的政权。[2] 90 年代掌权的梅内姆就是这一阶级的代表人物。这个阶级十分腐败。在这个阶级的控制之下，阿根廷存在一个由特权集团安排的、不生产却可以每月照领工资的寄生者集团，这一集团的人数估计有 10 万人之多，2001 年用于这方面的"政治开支"高达 20 亿至 40 亿美元。[3]

　　1999 年，普通阿根廷退休职工每个月只能靠相当于 150 美元的养老金勉强糊口，85% 的退休者的养老金低于最基本的生活需要。但阿根廷的劳动部长却除了每月领取相当于 8000 美元的工资之外还领取大约 9000 美元的国家退休金。[4] 尤其严重的是，

---

①　Campesinado y Estado en America Latina . htm.

②　Secretaria Permanente del SELA，"Inversiones Extranjeras directas en America Latina y el Caribe"，Octubre de 2001.

③　The New york Times，February 18；October 18，2001. 转引自江时学《阿根廷危机的由来及其教训》，《拉丁美洲研究》2002 年第 2 期。

④　弗雷德里克·C. 特纳：《国家作用的变化：测量、机会与问题》（仕琦译），《国际社会科学》2001 年第 1 期。

在梅内姆政府内还存在一个高层犯罪集团，专门从事军火走私活动。他们与军队以及军工企业相互勾结，通过国际"幽灵企业"，多次进行国际军火走私，走私的武器多达6500吨，涉嫌这类案子的政府官员达40多人。据揭露，走私军火的收入总共计1亿美元，而政府得到的只有4000万美元，其余都落到了私人的腰包。在瑞士银行有两笔同梅内姆有关的、总额为1065万美元的款子，很可能就是出售6500吨军火所得1亿美元中的一部分。由于这一新阶级的利益需要，阿根廷选择了所谓新自由主义的发展模式。这是一种依附于西方发达国家的模式，被有些学者称之为"奴性总统模式"（model de peonismo presidencial）①。这个阶级同阿根廷人民的矛盾十分尖锐。

　　其次是中产阶级陷入了深刻的贫困化进程，发生了严重的分化。据米纽吉（Alberto Minujin）和凯斯勒（Gabriel Kessler）多年的调查研究，近20年来，阿根廷整个劳动民众的收入几乎损失了40%，布宜诺斯艾利斯地区的贫困程度在90年代增长了67%，其中有一个群体特别值得注意，这就是中产阶级，他们是新加入贫困者行列的成员，其人数增加了338%。据这两位学者描述，这些新贫困者在某些社会文化方面并不像贫困者，譬如他们能受到中高等教育，小孩的数量比结构贫困者家庭少得多，等等，但在同危机的关系方面则又很像旧式穷人，如失业、就业不稳、健康无保障等。两位学者指出，阿根廷中产阶级的贫困并不是过去造成的，而是最近的一种现象；标志着一种特定社会模式的结束。在这之前，阿根廷是一个相当一体化的社会，在这个社会中，中产阶级是作为社会进步的结果而出现的一个重要的阶级，它的继续壮大一直不成问题。但是今天，在经过几乎20年

①　James Petras, "el menemismo：el contexto internacinal de la decada de los 90".

的中产阶级大规模贫困化之后，"这个国家已经不是原来的国家了"①。拉美经委会最近的一份研究报告也指出，尽管阿根廷90年代也有过经济增长，但中产阶级的贫困化却仍在继续。半个世纪以来，这个阶级由于生活条件比较优裕，从来都是恪求稳定，决不参加上街游行示威这一类活动。但是，在阿根廷的这次危机中，中产阶级也成了"反模式"的英勇斗士，参加了2001年12月20日晚上布宜诺斯艾利斯的暴乱。他们的斗争方式就是发动"敲锅运动"（el cacerolazo），以示抗议。一阵阵急雨般的锅碗瓢盆敲打声证明了这一阶级的威力，经济部长卡瓦略、总统德拉鲁阿、临时总统萨阿等一大批显赫人物都是被他们的"敲锅抗议"赶下台的。

再次是在下层出现了一个庞大的失业者阶层。在军事政变前的1975年，阿根廷的贫富收入之比是1:8，到梅内姆上台之后的第二年即1991年，这个比例已恶化为1:16，到1997年，更恶化为1:25。梅内姆不是宣布阿根廷已经进入"第一世界"吗！实际上，享受第一世界生活的人还不到1/5，80%的人都生活在一个完全不同的世界里。由于工厂大批裁员，失业率高达创纪录的20%，工人的生活水平急剧下降，使2/3以上的人从第三世界降到第四世界。②据艾克·纳克姆（Ikc Nahcm）的估算，阿根廷的贫困人数以每天1.5万人的增长速度增加，如果为了还债而接受国际货币基金组织的贷款条件，那么，阿根廷的失业率还将进一步超过20%—25%。③在全国普遍营养不良的情况下，如

---

①　Alberto Minujin, Gabriel Kessler, "La nueva pobreza en la Argentina", Ano: 1995.

②　参见詹姆斯·佩德拉斯、亨利·韦尔特迈耶《千年末的拉丁美洲》，美国《每月评论》1999年第3期。

③　Ikc Nahcm, Argentina's Permanent Crisis, July 2002.

果再借款还债，变本加厉地剥夺老百姓，必将激起民众的更大愤怒。90 年代在阿根廷出现的"皮克特运动"（el movimiento piquetero）就是一个证明。

"皮克特运动"是阿根廷这次危机中出现的一种新的政治现象。"皮克特"（piquete）一词原指纠察队，一般是罢工运动中维持秩序的组织。在这里，"皮克特"是指那些组织起来反对失业和贫困的工人团体。"皮克特运动"最早（1995 年年初）出现于阿根廷的内乌肯市，是以市镇或街区失业者委员会的形式组织起来的。当时正值梅内姆准备连选连任总统之时。梅内姆政府执政之后奉行的那种牺牲工人利益的政策以及工会官僚对失业者的漠不关心，使失业所造成的社会问题达到了灾难性的程度。为了生存，工人们决定组织起来，进行共同的斗争。"皮克特运动"的旗帜仍然是"庇隆主义"或"正义主义"。"皮克特"成员的斗争方法同中产阶级人士不同，他们不是敲打锅碗瓢盆，而是以拦截道路的方式进行示威。他们都是失业者，罢工的方法已经同他们毫无关系，因此，他们选择了拦截重要通道的斗争手段。目前，"皮克特运动"已经有了巨大的发展，它在全国已建立了"争取土地和住房联合会"、"阶级战斗派组织"、"全国皮克特集团"和"阿尼瓦尔·贝罗恩失业工人联合会"等 4 个大的皮克特集团。每个集团又都有很多的基层组织，这些组织和它们的活动主要分布于布宜诺斯艾利斯、恩特雷里奥斯、米西奥内斯、科连特斯、萨恩斯佩尼亚、查科、圣地亚哥－德埃斯特罗、萨尔塔、胡胡伊、圣胡安、门多萨、科尔多瓦、圣路易斯、内乌肯和里奥内格罗等十几个省和地区。由于民众生活状况的急剧恶化，自去年年底以来，"皮克特运动"迅速壮大，已经严重影响到阿根廷政治的稳定。今年 1 月中旬，胡胡伊省的"皮克特运动"曾发动了一场规模巨大的群众斗争，致使全省陷于瘫痪。

最后斗争取得胜利，迫使政府不得不发放了 5000 多份失业补贴。6 月下旬，"皮克特运动"再次占领布宜诺斯艾利斯各主要街道，要求萨阿政府兑现其许诺的就业计划。6 月 26 日，斗争再次发展成暴力事件，在布宜诺斯艾利斯省的阿维利亚内达火车站附近，"皮克特"分子同警察发生激烈冲突，造成两名年轻的皮克特成员死亡。惨案发生后，局势更加恶化，7 月 4 日，在这些组织的发动下，成千上万的示威者从大布宜诺斯艾利斯的各个地区向首都五月广场集中，要求惩办那些造成两名皮克特青年死亡的政治责任者、思想责任者和组织责任者；甚至指控警察是"祖国的叛徒"，是"国际货币基金组织所豢养的刽子手"，其政治声势和政治影响之大远远胜过去年年底的"击锅运动"和哄抢商店事件。

　　以上是对现代化进程中阿根廷政治发展史的简要回顾。回顾虽然极其简单，但已足以证明，阿根廷经济是极不稳定的，虽然也有几次发展机会，但都因为政治危机而被中断了或被破坏了，始终未能有一个较长时期的持续发展。有的学者把阿根廷的这种发展状况称之为"走走停停"模式。① 之所以会有这种"走走停停"模式发生，就是因为阿根廷始终未能找到解决国家政治问题的出路，未能建立一种符合阿根廷国情的政治发展模式或国家统治模式，连最起码的程序民主都未能制度化。这种情况虽不能说是"有乱无治"，但至少是"乱多于治"，患了如有的学者所说的"民主痉挛症"②。阿根廷经济的"走走停停"，正是阿根廷政治的"民主痉挛症"造成的。目前的情况已远不只是这个

---

　　① 刘纪新：《阿根廷现代化进程与国际关系》，载曾昭耀主编《现代化战略选择与国际关系》，社会科学文献出版社 2000 年版，第 154 页。

　　② Eduardo Dermardirossian, "Argentina 'atipica'"（http：//www. ucm. es/info/solidarios/ccs/articulos/america /argentina _ atipica. htm）

走走停停的问题了，而是整个国家的发展都被一个历史性的政治难题挡住了，寸步难行。这种局面，从根本上来看，是一个世纪以来沿袭下来的、时续时断的严重的政治危机造成的，同时也是同梅内姆统治时期的政治危机密切相关的。正如博罗恩所说，梅内姆的统治代表了"一种反常的国家形式"，"在当今新自由主义全球化的形势下，它使资本家的劫掠合法化，使一个变得无自卫能力的、成为资本家利益猎获物的社会，陷入解体，成了这种掠夺的牺牲品"。① 而且，在梅内姆执政以来的十几年中，右的自由资本主义的势力和左的民众"反模式"斗争的力量都在走向极化；梅内姆主义遗产"已经使新自由主义的资本主义经济与社会主义经济之间的选择两极化了"②，因而矛盾很难解决。所有这些都证明，在经济全球化迅速发展的形势下，国家在现代化进程中的作用不但不应该缩小，反而应该强化。国家的最重要的一项职能就是维护社会的和政治的稳定，这是任何国家现代化建设所不可少的先决条件。没有稳定就没有发展，这是很简单的道理。所以，国家对于经济发展有举足轻重的作用。市场经济不可避免地会造成社会资源分配的不平等，自然也会带来公民政治上的不平等。在经济全球化的情况下，由于竞争的加剧，这个情况就更加严重，乃至引起原有的国家福利计划普遍遭到破坏，招致社会矛盾的激化。所以如何在全球经济竞争中有效保持自己竞争力的同时，又能维持一定的社会福利水平，保证人民的生活水平不断得到提高；如何在想方设法充分实现社会和政治平等的同时，又不丢掉市场经济创造财富的好处，是当前国家的一项极其

① Atilio A`Boron, "Menemismo, antimenemismo y posmenemismo en la politica Argentina". http://www.memoria.com.mx/132/Boron.htm.

② James Petras, el menemismo: el contexto internacinal de la decada de los 90。

艰巨的任务。不解决这个问题，就不可能有社会的稳定，而要解决这个问题，没有政府的强有力的干预是不行的。市场固然重要，但因此而否定或排斥国家的积极作用则是一个严重的错误。

结 论

以上谈了阿根廷在应对经济全球化挑战方面的两个主要问题。前一个是开放与自主的问题，主要讲的是发展问题；后一个是市场与国家的问题，主要讲的是稳定问题。稳定是发展的前提，没有稳定，根本谈不上发展；但如果没有发展，贫困人口越来越多，社会冲突越来越尖锐，也是很难维持稳定的。但是，无论是发展还是稳定，最根本的还是要有一种建立在正确理论基础上的改革方略。阿根廷的发展危机恰恰就是一个腐败的政府，以一种错误的全球化理论为指导，实行一种错误的改革方略的结果。关于这一点，拉美的一些学者也已经清楚地看到了，譬如阿根廷前经济部长阿尔多·费雷尔就承认："我们所采用的应对当前全球化的方法没有获得成功。我们太过于依靠当时的金融形势了，……我们以一种高估的货币开放了自己的经济，因而摧毁了很大一部分国内产品的竞争力，并造成了严重的社会问题。换句话说，我们以错误的贸易政策、金融政策和外资政策来应对全球化的挑战。"①

阿根廷发展危机给我们的一个重要的启示就是，发展中国家现在的现代化进程正面临着经济全球化的严重挑战。在这种挑战面前，必须要对经济全球化有一个正确的认识。经济全球化的规律决不是像阿根廷正义党理论家所说的那样是什么在全球性开放

---

① James Petras, el menemismo: el contexto internacinal de la decada de los 90.

经济中，只要承认美国军事霸权和全球性生产体系的现实，采取
"外围现实主义"的态度，以自己眼下就具有竞争力的产业（农
牧业食品出口产业）融入全球化经济，就能在国际上赢得增长
和发展。事实证明，这是一种非常片面的认识。因为阿根廷发展
危机的事实已经证明，以这种所谓的"规律"为依据的新自由
主义战略已经遭到彻底的失败。在当前的情况下，经济全球化的
规律不是别的，就是市场经济的全球性竞争规律，就是优胜劣
败、强为刀俎、弱为鱼肉的、反社会的生存斗争规律；其必然的
结果就是全球性的两极分化，就是全球性社会冲突的日趋激化。
因此，世界生产体系全球化的内在逻辑也绝不是什么"非调控
和向世界贸易开放的持续不断的进程"，而是矛盾发展到极点，
必然会走向反面；是人类社会的发展必然会创造出一种与世界生
产体系全球化生产力相适应的、合理的全球性生产关系；这种生
产关系决不是什么"非调控"的，而是有全球性宏观调控的；
决不是反社会的、自由放任的"开放进程"无限制地持续下去，
而是一种在民主、互利的国际经济新制秩序下运行的全球经济共
同发展的开放性生产关系。

　　毫无疑问，在当前的情况下，为了发展，我们必须实行开放
政策，但开放绝对代替不了发展中国家的现代化，代替不了发展
中国家的发展，因此必须坚持自主的原则；把现代化的全部希望
寄托于全球化的自由贸易，那只能是幻想。关于这一点，费雷尔
说得非常好，他说："发展是不能进口的……只有那些能够把自
己土生土长的发展概念付诸实践，并且在此基础上融入世界体系
的国家才能获得成功。"[1] 美国也有一批资深经济学家说过类似

　　① 弗雷德里克·C. 特纳《国家作用的变化：测量、机会与问题》，仕琦译，
《国际社会科学》2001 年第 1 期。

的话，他们警告说："从根本上说，发展是一个民族内部的过程，也是一个地区内部的进程"，因此，"内源的方面是根本性的，仅仅无条件地依赖外部的事件，是不可能成功地发展的"。[①]这就是说，发展只能是土生土长的事业，只能靠自己，也就是只能靠我们常说的自力更生。因此每个国家的领导人绝不能把自己国家的希望只寄托在外国的帮助上，寄托在神话般的市场魔力上，而是必须在充分了解自己国家的资源、能力和可能性的基础上来推进国家的现代化。

阿根廷发展危机的影响是深远的，它使世界上无数的人们，特别是发展中国家的人们，能够通过拉美第三经济大国几乎陷入破产、失去整整一个世纪这一令人震惊的事件，好好思考发展中国家的出路问题；用罗伯托·帕米特斯塔的更具体的说法，就是它可以"让拉美次大陆的大多数国家在社会经济指数还没有恶化到沦为第四世界国家之前，就设法脱离这条看来非常有害的道路"。通过阿根廷危机，"拉美人民会慢慢地懂得，这里不存在魔法般的解决办法，也没有快速解决的办法，只有政治领袖、政府官员、有觉悟的企业家和有组织的民众协调一致的、有效的和持久的努力，才有希望看到美洲大陆这一地区的以及世界其他贫困地区的贫困程度呈现出实质性缩减的前景"[②]。这一点连阿根廷的现总统杜阿尔德也看清楚了，他在他的总统就职仪式上就曾庄严宣布："我的责任就是要废除一个已经枯竭的模式……创造一个能够恢复生产、恢复阿根廷人的工作、恢复国内市场、能够

---

① How Can We Best Face Globalization? The speech delivered by Mr. Aldo Ferrer on September 2001.

② Roberto Palmitesta, "La crisis argentina, una advertencia oportuna para Latino-americana". http://www.talcualdigital.com/ediciones/2001/08/06/p15s1.htm.

促进财富公平分配的新模式。"① 哥伦比亚大学经济学教授、诺贝尔奖获得者约瑟夫·斯蒂格利茨在分析阿根廷危机之后也指出，拉美国家已经在所谓"华盛顿共识"的范围内进行了 10 多年的经济改革，但是它们的经济增长率仍然只有五六十年代保护主义战略时代经济增长率的一半。由此他得出结论："看来有两种经济政策，一种是北方国家的政策，另一种是南方国家的政策。"② 这实际上告诉人们，发展中国家的国情与发达国家是不一样的，它们不应该只是在"华盛顿共识"的圈子里转悠，这样做是没有出路的，而是要从本国的国情出发，致力于模式创新，走自己的路。

（原载《现代化研究》第 2 辑，商务印书馆 2003 年版）

---

① Ariel Ogando, "Insurreciony movilizacion popular en Argentina", 24 de ene-ro2002.

② Argentina：Fracaso del FMI no sorprende, *La Semana del Sur*No. 69, del 26 de abril al 2 de mayo 2002.

发展中国家的经济发展与政治文明建设

——论玻利维亚长期落后的历史教训

　　玻利维亚幅员辽阔（在版图上为南美第五大国），资源丰富，风景优美，被誉为"安第斯山区的一颗明珠"。但是，像这样一个本不应落后的国家却长期处于落后状态，至今仍是拉美除海地之外最落后的国家。这是什么原因呢？要回答这个问题，可以有多种多样的答案，但据笔者肤浅的研究，最根本的原因还在于政治，在于它始终没有能培植出一种适合本国国情的政治文明。可以毫不夸张地说，凡是好好读过几本玻利维亚历史著作的人，都会惊叹地发现：玻利维亚独立后一个多世纪发展与改革的历史，特别是它后期现代化的历史，实在是发展中国家一部不可多得的政治文明建设的好教材！

玻利维亚经济的三起三落

　　1900 年以前的半个多世纪是玻利维亚的白银时代，1900 年之后的 40 年为玻利维亚的锡矿时代。在这两个时代相交的 30 多年（1890—1929）中，玻利维亚曾经有过一个比较繁荣的时期。

1918 年，玻利维亚的出口值（按现行的币值计算）曾达到 1.8
亿多玻利维亚诺，贸易盈余达 1 亿多玻利维亚诺。但是到 1927
年以后，玻利维亚经济开始陷入危机，采矿业由发展转入停滞，
出口急剧萎缩，1929 年的出口额只有 1928 年的 48% [①]。矿业发
展的结束，也导致农业经济的停滞，全国虽有 2/3 以上经济自立
人口从事农业，但玻利维亚仍然是一个粮食纯进口国。1952 年
革命胜利后革命政府所采取的改革措施也没有能像墨西哥革命那
样带来工业化的高潮和经济奇迹，玻利维亚仍然处于慢性经济危
机之中。此期间，工业占国内生产总值的比例虽有所增加（从
1950 年的 12% 提高到了 1955 年的 15%），但人均国内生产总值
（按不变价格计算）反而下降了，从 1945 年至 1950 年的年均
0% 下降到 1950 年至 1955 年的年均 −0.8% [②]。这是玻利维亚经
济的第一轮起落。

　　班塞尔军政府执政后，玻利维亚的经济曾有一个为时不长的
繁荣时期（1971—1976 年），国内生产总值的年均增长率达到
5.7%，外贸部门也一时欣欣向荣，这在玻利维亚历史上是很少
见的，因此也有人把这段时期的玻利维亚经济称之为"经济奇
迹"。但是，1976 年之后，石油产量下降，可供出口的剩余产品
急剧减少，经济形势急转直下，很快就从短暂的繁荣走向危机。
1980 年，玻利维亚的人均收入成了拉美倒数第一（海地除外）。
在 1980 年至 1986 年的 7 年中，人均收入又减少了 27%，采矿业
的产量下降了一半，出口总值也差不多减少一半，1985 年的通

　　① 参见莱斯利·贝塞尔主编《剑桥拉丁美洲史》第 6 卷（上），当代世界出版
社 2000 年版，第 77 页。
　　② 同上书，第 139 页。

货膨胀率超过 10000%，[①] 经济严重衰退，其衰退程度几乎是海地的两倍，是整个拉美的四倍。玻利维亚再一次遭遇了经济的灾难。这是玻利维亚经济的第二轮起落。

在经济危机的逼迫下，1985 年开始执政的埃斯登索罗政府进行了大刀阔斧的新自由主义改革，玻利维亚经济条件有所改善，通货膨胀率从 1985 年的 11700% 下降到了 1988 年的 20%。此后的两届政府（帕斯·萨莫拉政府和桑切斯·德洛萨达政府）继续推行前任政府的自由市场政策和私有化政策，经济出现上升趋势，国内生产总值的年均增长率从 80 年代的 0.2% 上升到了 1991 年至 1998 年的 4.2%，成了 90 年代新自由主义改革时期拉美国家的佼佼者。但是到 90 年代末以后，经济形势又急剧恶化，国内生产总值不但人均增长率连续 4 年为负增长（1998 年为 4.8%，1999 年为 - 4.9%，2000 年为 - 1.0%，2001 年为 - 6.6%，2002 年为 - 4.9%），而且绝对值也明显下降，由 1998 年的近 85 亿美元下降到 2002 年的 78 亿美元。[②] 这是玻利维亚经济的第三轮起落。

经济的第一轮起落与政治的关系

玻利维亚经济周期性三次起落的历史是同玻利维亚政治周期性三次治乱的历史分不开的。

玻利维亚经济的第一次起落发生于 19 世纪末和 20 世纪前半期。当时，正是矿业寡头统治时期。对于矿业寡头来说，当时流

---

① 莱斯利·贝塞尔主编《剑桥拉丁美洲史》第 8 卷，兵器工业出版社 1998 年版，第 570—578 页。

② 1999 年为 83 亿美元，2000 年为 83.8 亿美元，2001 年为 80.10 亿美元。参见 Country Profile, 2002, Bolivia, Economist Intelligence Unit, 2003.

行于西方的自由主义经济思想是他们所欢迎的，因为在西班牙殖民统治时期，殖民地在贸易关系上受宗主国的限制很多，吃尽了苦头，一旦解放，自然很容易把西方的自由主义作为立国的最根本的原则，玻利维亚的第一部宪法就清楚地证明了这一点。但是，事实上，自由主义的倾向基本上只是体现在经济上，而不是在政治上。在政治上，则完全是相反的趋势，即寡头（考迪罗）独裁统治的趋势；宪法上的所谓共和民主制度完全是纸面上的东西，同实际的政治毫无关系。太平洋战争（1879—1883）失败后虽然也出现了两个政党（"自由党"和"保守党"），但它们都只不过是矿业寡头的代言人，算不上现代资产阶级政党，更没有资产阶级民主政治所必不可少的政党制度。所以，当时的政治秩序仍然是几百年来人们所习惯的、旧的、封建性秩序的继续，平民百姓完全被排除在政治之外，不存在后来政党林立、政派纷争的混乱局面。在这种情况下，只要玻利维亚的矿产品有市场，有资本，矿业的发展就没有问题。而资本和市场这两个问题，早就由当时欧、美的工业革命给准备好了。所以，在玻利维亚出现矿业繁荣是不奇怪的。

但是，到1927年之后玻利维亚的这种矿业繁荣就结束了，经济开始进入了危机阶段。对于玻利维亚来说，这次危机虽然同1929年世界经济危机的爆发和玻利维亚在查科战争中的灾难性失败有直接的联系，但仅仅用这两个事件来解释是不够的，因为玻利维亚的经济危机同别的许多国家都不同，持续的时间非常长，一直持续到班塞尔军政府上台，足足有40年之久。因此，玻利维亚经济第一轮衰退的原因只能从本国政治上去找。世界经济危机和查科战争失败在玻利维亚不仅仅是引起严重的经济危机，更重要的是引发了寡头政治制度的急剧崩溃和暴风骤雨式的政治改革。起初，玻利维亚的传统政党还想继续把持政治制度的领导权，阻挡改革的浪潮，恢复战前社会的旧面貌。但是，无论从哪个方面来看，他们的时代都已经过去了；没有新的制度，玻利维亚的政治、经济和社会都将无法治理。但是实行一种怎样的新的政治制度，各派政治力量都没有成熟的方案。在政治领导权陷入真空的情况下，激进派军人托罗和布什相继掌握了政权（1936—1939），他们受德国国家社会主义和意大利法西斯主义的影响，曾一度建立了"军事社会主义政府"，采取了一系列所谓"社会立宪主义"的措施，还想创建类似于墨索里尼党那样的"政府社会主义党"。在改革与反改革的激烈斗争中，这两个政府都只是昙花一现，很快被推翻了。与此同时，玻利维亚出现了一系列民众主义政党，如工人革命党（1934）、玻利维亚社会主义长枪党（1937）、左派革命党（1940）、民族主义革命运动党（1941）、社会民主党（1944）等。这些政党都以这种或那种方式对现行政治制度的形式和实质提出了疑问。但是，这些政党也都是按照或仿效国外的各种政党建设方案建立的，他们的许多领导人都是查科战争时期被流放到邻国的一些政治家，他们受邻国反对派政党斗争经验的影响很深，有些政党甚至是在国外建立起来的。譬如工人革命党是在阿根廷的科尔多巴建立的；玻利维亚社会主义长枪党是在智利的圣地亚哥建立的；左派革命党的建立受秘鲁马克思主义理论家马里亚特吉的影响很深；民族主义革命运动党的建立受秘鲁人民党的影响很深，等等，因此，他们对玻利维亚本国的国情并没有深刻的认识。此外，玻利维亚政党的建设也遇到了社会自身条件的严重阻力。这阻力就是玻利维亚社会的极端复杂性。在玻利维亚，各民族、各地区和各部门之间社会发展的程度是很不平衡的，呈现出一幅光怪陆离的、各种不同社会经济关系混杂的景象：既存在封建主义的社会经济关系，也存在资本主义的社会经济关系，甚至还存在原始共产主义的社会经济关系。这些发展程度不同的经济成分既相互斗争，又相互同存共处。因此，在反映玻利维亚这种社会经济关系杂合体的政治体系中，自然也就存在各种不同政治色彩的政党；在每个政党内部也就不可避免地存在反映这些社会差别和不同利益的政治观点和派别，存在各不同派别之间的复杂的矛盾和冲突，特别是在玻利维亚社会性质问题、印第安人问题、土地问题、矿业问题和普选问题等上，存在着严重的政治分歧，使得玻利维亚很难出现成熟的、思想上能够达成共识的政党。当时，在各进步政党中，最激进的是工人革命党，但是它反对议会斗争，认为普选对无产阶级是没有用处的，所以它的工作只局限于矿业和制造业内部的工会政治方面，虽然自称是工人阶级的先锋队，但基本上是一个封闭式的政党，只有民族主义革命运动党把议会斗争（选举斗争）同工会政治结合起来，主张照顾中产阶级，实行阶级联盟的理论和方针，是玻利维亚唯一的一个群众性的政党。因此，领导革命的历史任务自然就落到了这个政党的身上。1952年，玻利维亚终于爆发了革命，历史进入了民众主义政治的时代。

但是，与墨西哥革命不同，革命虽然暂时获得了成功，民众虽然动员起来了，玻利维亚却始终未能建立起一种稳定的政治秩序。起初，民族主义革命运动党想学习墨西哥革命制度党的榜样，通过执政党的组织结构，把玻利维亚所有的工会组织都控制起来，使之支持自己的政权。但是，在玻利维亚，拥有自己武装力量（民兵）的总工会却拒不服从执政党的领导。在玻利维亚总工会看来，当时的玻利维亚国家已成了民族主义革命运动党的工具，必须把它夺过来，以为工人阶级谋利益。与此同时，反政府的右翼势力也在急剧增大。在左右两派势力的压力下，民族主义革命运动党自身也开始分裂，革命的领导力量严重削弱。因此，革命政府虽然进行了一些重大的、深孚众望的改革，却始终未能建立起正常的、制度化的政治秩序，最后连埃斯登索罗本人也被他的副总统巴里恩托斯领导的一场政变所推翻，坚持了 12 年之久的"民众主义政权"归于失败，自然也就无法解决经济衰退的问题。总之，玻利维亚经济第一轮周期性衰退的主要的原因是政治的动荡，是 1929 年危机之后整整 40 年中玻利维亚始终没有能创造出经济繁荣所需要的政治条件。

经济的第二轮起落与政治的关系

玻利维亚经济的第二轮起落发生在班塞尔军政府独裁统治时期。埃斯登索罗文人政府被推翻之后，军人上台执政，在玻利维亚历史上出现了一个为时 18 年之久的军人政治时期。这个时期开始的头 5 年是巴里恩托斯执政的时期，史称"修复时期"，意思是要"纠正"民族主义革命运动党统治时期所犯的错误，在玻利维亚建立起一种法制的统治秩序。但是，就在这个时期，玻利维亚出现了埃内斯托·切·格瓦拉领导的游击运动。因忙于镇压游击运动，巴里恩托斯的所谓"修复时期"被打断了，并蜕变成了一个反动时期。后来的两届军政府，因受秘鲁"国家安全理论"的影响，也都把注意力集中于国内的安全，无暇顾及经济的发展。直到班塞尔军政府执政后，情况才有了转变。班塞尔建立的军政府执政长达 7 年，是 20 世纪玻利维亚历史上掌权时间最长的总统。他上台以后的第一件事就是整顿社会秩序，他从巴西军政府的统治经验中得到启发，颁布了所谓《新玻利维亚计划》（Plan Nueva Bolivia），决心要对玻利维亚国家与社会的关系进行彻底的改造。计划颁布后，班塞尔即宣布取消计划中的大选，建立了清一色的军人内阁，禁止所有政党、工会以及其他社团的活动。在他执政的头 6 年中，大学被长期关闭，进步人士被拘捕、流放，全国约有 1 万 5 千人被关进监狱，1 万 9 千人流放国外。1973 年 3 月他还恢复了《国家安全法》，变本加厉地对工农群众的抗议斗争进行镇压。1972 年 10 月，他镇压了拉巴斯工人的罢工斗争。1974 年 1 月，科恰班巴地区的农民因不满政府的价格政策而举行抗议，遭到军政府的血腥镇压，100 多无辜农民被杀。1976 年 6 月，高原地区的矿工为争得生存权利而举行罢工，又遭到军政府的残酷镇压。与此同时，在这种暴力秩序下，军政府又在经济上采取了一系列有力的措施，如颁布《投资法》、《石油法》等法令，以鼓励外国投资；大力发展基础设施（建成了拉巴斯至贝尼的公路、完成了奥鲁罗至坦博盖马多公路沥青路面的铺设、开始建设拉巴斯至埃尔阿尔托的高速公路、将铁路设备全部更新、开辟了几条新的国内外航线等），以吸引外资等。由于国内秩序有了保障，政府的经济政策得以贯彻执行，经济得以较快发展。

但是，以暴力建立的秩序是长久不了的。随着军政府镇压的增强，反军政府的民主运动也一天天壮大，涌现出了好几个致力于民主事业的新政党，如社会主义党（1971）、左派革命运动党（1971）和左翼民族主义革命运动党等。在国内外民主力量的压力下，班塞尔政府不得不在 1977 年表示有限度地开放政治，向民主制度过渡。但是，民主的口子刚刚打开一条缝，政局就很快失控。先是爆发了 1977 年玻利维亚"饥饿大罢工"，接着又发生选举舞弊，及继之而来的、连续的军事政变。刚刚走上增长轨道的经济又一次遭到破坏。

经济的第三轮起落与政治的关系

在长期的政治动荡和经济衰退的逼迫下，玻利维亚国会推举

1952 年革命的著名领导人帕斯·埃斯登索罗为总统。这一次，埃斯登索罗已经完全换了一副面孔，他按照"华盛顿共识"的要求，实行一种同 1952 年革命原则完全对立的所谓"新经济政策"，开创了所谓"新自由主义民主政治"的时期，并在克服经济危机方面取得了上文所说的成功。埃斯登索罗政府之所以能有这种成功，首先是执政党民族主义革命运动党同民族主义民主行动党达成了《争取民主条约》，确立了其统治的政治基础。这个条约使政府得到了国会多数的支持。在这个条约所体现的两大政党的强大联盟面前，所有的反对党都没有可能进行有效的反对活动，因为任何反对派的活动都会被"国会的碾子"压得粉碎。其次是埃斯登索罗政府颁布了严厉的、被称之为"重建国家对社会的权威"的调整计划，该计划的首要目标就是要取缔玻利维亚工会的社会权力，在工会起而反抗的时候，又成功地通过大量解雇矿工等手段，"打破了工会的对抗"，"第一次得以用强硬的手段消灭了公民社会特别是工人工会的反抗能力，从而奠定了确保社会秩序和国家权威的基础"①，再次，原来一直站在政府对立面的玻利维亚总工会，由于在西莱斯政府时期不顾经济的崩溃而举行数百次罢工，已引起社会各界的厌恶，丧失了原先的影响力，没有力量发动和组织全国性的总罢工。所有这些都使得玻利维亚政局基本上能够维持稳定。这就是 80 年代末期至 90 年代初玻利维亚经济之所以能再度复兴的主要原因。

但是，这种成功只持续了不到 10 年，到 90 年代末，玻利维亚的经济又陷入衰退，究其根本原因，仍然在于政治。

首先，作为埃斯登索罗政府政治基础的《争取民主条约》

---

① Enrique Ibanez Rojo, *Democracia neoliberal en Bolivia？Sindicalismo, crisis social y estabilidad politica*, Uviversidad Complutense-Madrid.

只有 4 年的有效期，到 1989 年完成下一届总统选举的准备工作之后，其有效期也就结束了。

其次，在这次民主化进程中，玻利维亚的政党制度出现了政府所无法左右的许多新的变化：（一）各左派政党在经历了西莱斯政府时期严重的"政治、社会灾难"之后，都力图进行重建，普遍出现了分化和改组的现象；而且这次的重建、分化和改组都具有明显的反对政府新自由主义政策的倾向。与此同时，玻利维亚还涌现出了许多以地区利益、种族利益以及个人忠诚为基础的政治势力和一大批新的政党，如"自由玻利维亚运动党"（1985）、"祖国意识党"（1988）、"四月九日革命先锋党"（1989）、"公民团结联盟"（1989）、"玻利维亚革新联盟"（1993）、"新共和力量党"（1996）、"玻利维亚起义党"（1996）、"左翼革命阵线"（1996）、"社会主义运动党"（1998）、"玻利瓦尔运动党"（1999）、"大无畏运动党"（1999）、"帕查库蒂土著运动党"（2001）等。在这些新出现的政党中有一些是明显代表新兴利益集团的利益的，如"祖国意识党"的社会基础是近年来增加起来的移民群体和广大就业于"非正规部门"的民众；"公民团结联盟"代表的是玻利维亚啤酒企业界的利益，主要成员是工人、农民和中层知识分子；"社会主义运动党"代表的是下层民众的利益，特别是古柯种植农的利益。这些政党出现后都很活跃，并很快在政坛取得重要的地位，如"祖国意识党"一出世就出人意料地闯入了 1989 年的总统竞选，并赢得了 11% 的选票，一下子成了玻利维亚的第四大党；"公民团结联盟"也是出世不久就在 1993 年大选中赢得了第 4 大党的地位；"社会主义运动党"更是一鸣惊人，居然在 2002 年的总统选举中，一举成为玻利维亚的第二大党。所有这些都证明，近年来玻利维亚政治多元化倾向急剧加强，政局更加难以控制。（二）过去一直统治政界的传统政党，如民族主义革命运动党、左翼革命运动党、民族主义民主行动党等，由于推行有损于民众利益的新自由主义政策，声望都已经明显下降，它们再也不能像过去那样单独争得竞选的胜利，单独执掌国家的政权，只能同其他政党联合起来执政。① 多党联合执政的政府往往政出多头，很难统一，不可能实行强有力的领导。（三）新出现的政党大都是民众主义政党，是新自由主义政策在群众中引起严重不满，导致民众主义思潮再一次复兴的结果。但是，新兴的民众主义政党有一个明显的特点，就是除了个别左翼政党之外，大都避免使用"左派"、"革命"等一类传统名称，而是使用像"祖国意识"、"公民团结"等一类中性名词，说明玻利维亚政治的新的格局，不容许新兴政党明确地定位于"左"或"右"的某个轴心上，而是寻求一个更模糊的、中左的、中间的或中右的立场。因此，在当前的玻利维亚政界，不确定的因素越来越多。

再次，新自由主义民主政治制度具有两种相互敌对的趋势，一方面是资本的自由性，它导致经济上的压迫加强，另一方面是政治的民主性，它导致政治上的参与度加大；结果是受压迫的广大民众纷纷拿起民主的武器为争取自己的正当权益而斗争，涌现出了大量的民众组织和规模宏大的民众运动。其中最主要的有玻利维亚总工会领导的工人运动和新兴农民组织领导的农民运动。玻利维亚工人运动在经受了 1985 年以来新自由主义改革的严重打击之后，各个方面都发生了变化。强大的矿工工会虽然有 2/3 的矿工被解雇，但他们并没有放弃斗争，而是重新动员起来，组

---

① 1989 年是左翼革命运动党和民族主义革命运动党两党联合竞选；1993 年是民族主义革命运动党为首的三党联合竞选；1997 年是民族主义民主行动党为首的五党联合竞选；2002 年是民族主义革命运动党为首的四党联合竞选。

织小规模的矿业合作社，发展手工式的采矿业。截至 2001 年 6 月，这样的合作社已增加到 514 个，合作社社员约 5 万人，生产锡、银、钨、金等多种矿产品，其生产的矿产品约占玻利维亚全国矿业出口品的 30%，解决了 30 万人的吃饭问题。由于他们的发展受到资金、技术等各种各样的限制，矿工们从合作化运动一开始就不断地进行斗争，并建立了玻利维亚矿业合作社全国联合会。2001 年 6 月，该组织曾发动 1 万 2 千矿工进军首都拉巴斯，要求政府拨款 1 亿美元来振兴全国矿业合作社，要求政府给予他们以同多国公司一样的待遇，要求只缴纳一种税，要求提供仓库、备件、电力、矿业银行等基础设施。2003 年 6 月，他们又以封锁各主要公路为手段，发动了强有力的斗争，要求政府拨款 5 千万美元，并要求政府出卖原矿业公司的非矿业资产，支持合作矿业的发展。现在，合作矿业已成了国家经济的第三大部门，实力越来越大。玻利维亚的农民运动主要是"无地农民运动"和"古柯种植农运动"。自从实行新自由主义政策以来，围绕土地问题和作物问题的农村阶级矛盾和民族矛盾日益激化。为了经济上获得一小块土地、政治上争得土著民族的自治权，无地农民纷纷起来斗争。2002 年 8 月 12 日，"玻利维亚农业工人工会联合会"还在塔里哈城召开全国代表大会，通过决议要求政府把没有耕作的土地分配给无地的农民，如果政府拒绝这样做，该联合会将联合玻利维亚无地农民运动等组织，用自己的办法从大地产主和外国人手里收回自己的土地，以求得土地占有的合理化。古柯种植农运动也是近年来才兴起的。古柯种植地区，特别是恰帕雷地区的古柯种植农，为了反对政府在美国政府压力下销毁古柯作物的政策，争取作物选择和作物种植的自由权，纷纷组织起来，同政府的暴力压迫作斗争。2003 年 1 月，他们为抵抗政府销毁古柯作物的暴政，封锁了通往古柯种植区的公路，并与武装警察展开了斗争，造成了数十人伤亡的严重悲剧。他们不但要求自由种植古柯，而且还反对通过智利输出天然气给美国，反对玻利维亚加入美洲自由贸易区。民众运动的新发展说明玻利维亚目前的社会和政治已经很不稳定，政府已不可能像 80 年代下半叶埃斯登索罗政府那样解决社会控制问题。这就是 90 年代末期以来玻利维亚经济衰退的最根本的原因。

玻利维亚历史给予发展中国家的几点教益

尽管玻利维亚的三次经济繁荣是在暴力秩序下取得的，不足为训，但它的三次起落和政治治乱的关系却值得人们深思，它至少可以给我们提供如下的五点教益：

第一，必须重视政治文明的建设。上述玻利维亚经济起落与政治治乱的历史事实证明，经济的发展和繁荣总是与政治的稳定相联系的，而经济的衰退和危机总是与政治的动乱相联系的；不仅如此，从玻利维亚的历史我们还看到，上一轮的政治治乱和经济起落的循环又不可避免地总是与下一轮政治治乱和经济起落的循环相联系的，从而在玻利维亚发展与改革的历史上形成了一种惊心动魄的经济危机与政治危机的恶性循环，严重地阻碍了玻利维亚经济的发展，使玻利维亚始终未能摆脱落后的命运。发展的问题通常属于经济问题，人们往往容易把分析的焦点对准各种经济问题，譬如汇率改革问题、货币投机问题、关税政策问题、经济自由化问题、金融市场问题、收入分配问题、外部冲击问题等，很少把焦点对准各种政治问题。实际上，玻利维亚的历史以鲜明的事例和无可辩驳的逻辑向我们证明，政治问题相对于这些具体的经济问题来说，更具有支配的作用、决定的作用，因为对于发展中国家来说，经济落后本来就是一个不可否定的事实，要改变它，仅有正确的、符合经济发展规律的经济政策是远远不够的，是不可能实现超越式发展的，还必须有强大的政治优势，也就是说，还要靠自己民族的组织力量和政治上的稳定优势。如果像玻利维亚那样，连这种政治优势也创造不出来，政局老是那么动荡，社会老是那么不稳定，[①] 那么，在当前如此激烈的国际经济竞争中就根本没有可能赶上发达国家，摆脱落后的命运。所以，政治文明建设对发展中国家的发展与改革具有决定性的意义。

第二，不可讳言专政。对于任何国家来说，政治稳定都是政治文明建设的一项主要目标。那么什么是政治稳定呢？很多学者都认为就是国家对社会的控制：控制得住就是稳定；失控就是不稳定。西班牙孔普鲁顿塞大学教授伊巴涅斯·罗霍在总结玻利维亚政治发展特点的时候也指出，"几十年来，这个安第斯国家由于一方面是高度的社会动员，而另一方面是政治组织程度的一贯不足，一直就是拉丁美洲普力夺政治（pretorianismo）的最典型的例子"[②]，也就是说，社会的动员超出了国家所能控制的能力，天下就会大乱。他又说，到 80 年代中期，玻利维亚的局势颠倒过来了，玻利维亚令人吃惊地成了拉美政治民主化改革首先获得"成功"的事例，其关键性的原因应该到该国曾一直在国家历史事件中发挥压倒性作用的"工会运动的毁灭"中去寻找。[③] 也就是说，玻利维亚 1985 年民主秩序之所以能恢复，根本的原因是工会运动被镇压下去了。这个学者坦率而尖锐的论断告诉了我们

---

① 在 1825 年独立至 20 世纪 80 年代的一个半世纪里，玻利维亚共发生政变 180 多次，平均每年都有一次政变，这自然要严重影响国家经济的发展。

② Enrique Ibanez Rojo, *Democracia neoliberal en Bolivia? Sindicalismo, crisis social y estabilidad política*, Uviversidad Complutense-Madrid.

③ Ibid.

一个很基本的道理：民主和专政是不可分割的；社会控制和政治民主的关系就是专政同民主的关系。玻利维亚的历史事实也的确是这样，资产阶级专政如果陷入瘫痪，资产阶级民主制度也就解体了，军人政变的时候也就来临了。其实，马克思主义早就告诉我们，国家是阶级统治的工具；民主的实质就是阶级的统治。可惜，现在的人们总是把二者割裂开来，总是讳言专政，谈民主就是绝对的民主，谈专政似乎就是犯罪，这不但在理论上是错误的，在实践上也是非常有害的。玻利维亚工人运动中的无政府主义倾向，就反映了这种民主理论的危害性。政治文明建设必须澄清这个问题上的错误观念，树立起科学的民主观。

第三，发展中国家政治文明建设的核心问题是要妥善解决两个现代阶级即资产阶级与无产阶级的关系问题。从玻利维亚的历史可以看到，玻利维亚国家的一个最突出的特点就是资产阶级同工人阶级这两个现代阶级势均力敌，谁也不让步，谁也战胜不了谁，以致"使玻利维亚成了一个工会势力同国家精英势力双方势均力敌、都拥有足够资源来否决对方的计划，但都没有能力巩固自己的、相互进行殊死争斗的社会的典型"。[①] 这就是玻利维亚之所以长期以来政局老是动荡不止的最根本的原因，也是许多落后国家政治发展的一个带有普遍性的问题。在人类社会尚存在现代市场经济的漫长时期中，两个现代阶级的共存是不可避免的，如何解决这两个现代阶级之间的矛盾，给迄今为止尚处于被压迫地位的工人阶级和广大民众以现代地位和现代待遇，是现代政治文明建设最核心的内容。20 世纪以来拉美政治发展中的一切问题都可以从这一对矛盾的发展情况和解决情况中得到解释。

---

① Enrique Ibanez Rojo, *Democracia neoliberal en Bolivia? Sindicalismo*, *crisis social y estabilidad política*, Uviversidad Complutense-Madrid.

墨西哥革命所创造的政治制度因为较好地解决了这个问题，所以能实现长期的政治稳定，并创造过相当辉煌的经济奇迹；玻利维亚革命因为在解决这个问题上失败了，不但未能实现政治的稳定，解决经济停滞的问题，而且最后连革命本身也被断送了。这是历史给予我们的最严重的教训。

第四，政治多元化与民主政治并不是同一个概念。由于西方政治多元化宣传的影响，现在很多人常常把政治多元化混同为民主政治，这是错误的。玻利维亚可以说是一个政治多元化最典型的国家，每逢政治稍稍开放，就会有成打的新政党涌现出来，但是我们知道，玻利维亚也是一个最典型的军人干政、动乱不止的"普力夺主义"国家。可见，政治多元化同民主政治完全是两个概念。前者指政治行为者（个人和集体）的数量，而后者则指政治行为者总体的一种可能的制度表现，即一定的政治文明规范。社会的开放和经济的发展必然地会产生政治的多元化，但如果没有政治文明的规范，政治多元化不会自发地发展成民主政治，弄得不好，还会走向反面，转化为政治混乱；如果出现这种情况，民主政治本身也就被破坏了。玻利维亚几乎每个历史阶段的事实都可以证明这一点。所以把政治多元化混同于政治民主化是非常有害的。这是玻利维亚历史给予我们的又一教益。

第五，出路在于制度创新。玻利维亚政治发展进程中的一个明显的特点就是它的政治发展总是跳不出传统的圈子。玻利维亚主要有两种传统，一种是西化传统，即实行西方民主制的传统，另一种是本土传统，即实行考迪罗式的军人独裁制的传统。玻利维亚政治发展史上延绵不断的民主政治与军人独裁政治周期性交替的现象，实际上就是这两种传统的周期性交替。在那里，只有传统的反复，而没有制度的创新。这是玻利维亚政治发展的最大的弱点，是玻利维亚政治文明建设最主要的阻力，也是玻利维亚始终未能实现政治稳定的根本原因。因为政治是上层建筑，政治的发展是受自己国家的社会经济基础及经济基础所决定的社会阶级结构影响的；国家的经济基础和社会阶级结构是无法引进的，政治的发展和政治文明的建设只能从实际出发，不断探索符合自己国家的政治制度；脱离本国的国情，照抄照搬别国的政治制度是行不通的；政治的出路只能寄希望于制度创新，正如汉斯－于尔根·普尔所说，"民主化不会只有一种而是有多种多样的方式。……不是第一世界的历史经验所提供的一切模式，也不是任何特定模式中的一切因素，都适合于发展中国家；发展中国家必须寻求自己的糅合了现代化进程不同成分的适当模式；即使有机会学习第一世界国家，其学习的成果也将是有限的，因为第一世界中没有哪个社会在其现代化进程中必须同时对付欠发达的缺点和屈从于数世纪以来的依附性资本主义与现代帝国主义种种机制的处境。在第一和第三这两个世界中，迥然不同的历史条件已经产生了并将继续产生不同的现代化与发展的道路。"[1]

（原载《拉丁美洲研究》2004 年第 4 期）

---

[1]　汉斯－于尔根·普尔：《欧洲现代化与第三世界》载塞缪尔·亨廷顿等《现代化理论与历史经验的再探讨》（中文版），上海译文出版社 1993 年版，第 327—330 页。

拉美现代化进程中政治发展的几点经验

　　在拉美国家一个多世纪的现代化进程中，西方的"民主制度"在这里生而又死，死而复生，生生死死，交替反复了十几次，一直到1978年，拉美才开始了一个史无前例的、"民主制度"持续统治20余年、至今仍能维持的时代。但是，在这同时，拉美的社会危机日益严重，经济发展不足，人民生活贫困，社会极端不平等，公民对现行民主制度越来越不满，有些地区已不断发生不稳定现象。联合国开发计划署2004年关于拉美民主状况的调查报告指出，拉美20多年来的民主化成就仍然是不巩固的，"事实上，从民主化浪潮开始以来的25年中，民主化并没有能避免挫折和倒退"，现在，"民主似乎已经丧失活力；虽然还只能选择这种制度，但对它改善人民生活条件的能力已经不抱信任态度，各政党在人民中的威信已降低到最低点，有些地方作为近20多年特点的民主热潮正在低落"。该报告警告说，目前，为获得社会经济的实际进步而准备牺牲民主政治的拉美人所占被调查人员的比例，已经超过了

50%。① 回顾拉美国家现代化进程中政治发展的历史，我觉得有以下几点经验值得借鉴。

一　现代化最基本的政治诉求是政治稳定

纵观拉美独立两百年以来政治发展的历史，每一次大的周期性民主专制交替，大体上都发生在现代化运动的高潮时期，都是围绕政治稳定的问题展开的。在 19 世纪后半期开始的拉美第一次现代化浪潮中，从西方引进的民主政治在拉美还是一个新事物，但是，由于它无法给拉美现代化提供稳定的政治环境，随着拉美早期现代化进程的启动和加速，拉美各国的政治诉求就从西方的政治民主转到了本国的政治稳定；最后，经济运动终于为自己开辟了道路，建立了当时唯一可以给拉美带来政治稳定的考迪罗专制独裁制度或寡头独裁制度。

在 20 世纪上半期开始的拉美第二次现代化浪潮中，新兴民族资产阶级自主现代化发展战略的选择，催生了拉美的民族民主革命运动和政治经济改革运动，创造性地建立了各式各样的民众主义新型民主制度。但是，由于冷战后的国际环境和国内阶级力量对比的不利条件，这些制度（除了个别例外）都未能达到制度化的程度，仍然不能为拉美国家的现代化提供稳定的政治环境和政治秩序。因此，到 60 年代中期拉美现代化运动进入高潮以后，拉美现代化的政治诉求又一次从政治民主转变为政治稳定。结果，绝大多数国家的民众主义新型民主制度逐一被军事政变所

---

① Programa de las Naciones Unidas para el Desarrollo, *Ideas y Aportes*：*La Democracia en América Latina*, *Hacia una democracia de ciudadanas y ciudadanos*, Primera edición, New York, abril de 2004, p. 26.

推翻；经济运动再一次为自己开辟了道路，在拉美普遍建立了军人独裁统治的政治秩序，以残酷镇压的手段排除政治斗争的干扰，推进拉美的现代化。

在 80 年代开始的拉美第三次现代化浪潮中，拉美国家破天荒第一次实现了全地区的"民主化"，并持续 20 余年基本上保持了"民主政治"秩序。但是，这个民主化进程是在严重的经济危机中复兴的，是在执行"华盛顿共识"所要求的新自由主义经济政策的进程中推进的，它只是一个向"新自由主义国家"过渡的阶段，并逐步地、系统地将前半个世纪人民所争得的一点点权利和福利取消殆尽①，从而引起社会冲突的激化和政治的动荡。在这种情况下，同历史上头两次现代化浪潮所发生的情况一样，近年来拉美各国又开始强烈地呼吁政治稳定了，80 年代曾经气盛一时的西方民主乐观主义论调已经在一天天消逝。无稳定，即无发展；寻求政治稳定的探索，现在已成为拉美政治发展的一项最紧迫的任务，舆论日益强烈地要求"重新发挥国家的社会指导者和领导者的作用"。②

历史证明，在改革频仍、社会冲突增加、政治容易动荡的现代化时期，如何保持社会与政治稳定是政治发展的头等重要的问题；拉美政治发展的进程实际上就是一个不断寻求通过各种途径创造政治稳定优势，以满足国家现代化建设政治稳定诉求的进程；当西方议会民主制实在无法为拉美国家现代化提供必要的、有力的政治支持，无法保证国家的安全和政治稳定的时候，拉美

---

① 参见 Victor Manuel Duran, *Estado social de derecho*, *democracia y participacion*, http://utal. org/movimien l ld. htm.

② Programa de las Naciones Unidas para el Desarrollo, *Ideas y Aportes: La Democracia en América Latina*, *Hacia una democracia de ciudadanas y ciudadanos*, Primera edición, New York, abril de 2004, p. 26.

国家现代化的经济运动总能开辟道路，为自己的发展找到一种能维持政治稳定的政治形式和政治手段，而不管这种形式或手段是民主的还是专制的。这是拉美现代化进程启动以来政治发展的一条基本规律。

二　发展中国家必须高度重视国家在现代化进程中的作用

西方议会民主制的一个突出的特点是崇尚自由，反对国家干预经济，推行"经济无政府主义"。这种理论和政策对于早期现代化国家（现在的发达国家）来说，是可行的，而且是有利的，因为在早期现代化国家，资产阶级是强大的，他们的统治是稳固的，他们所需要的只是自由扩张的权利，国家只要充当他们的"管理委员会"就行了。西方的议会民主制正是这个"管理委员会"的制度。但是，要在迟现代化的拉美国家推行这种理论和制度就不行了，因为迟现代化国家的现代化，无论内部条件还是外部条件，都是同早期现代化国家的现代化不同的。

第一，迟现代化国家的现代化并不是本国生产力自发推进的内源型现代化，而是一种在外部压力下不得不追赶先进国家的外源型现代化，这种现代化只能靠国家的力量自上而下地启动和推进，在相当大的程度上是一种政治行为，没有国家的领导、动员和组织是不行的。

第二，迟现代化国家的现代化不是像早期现代化国家那样可以靠生产力的内源发展，自发地、缓慢地从野蛮的原始资本积累阶段进到自由企业阶段，再发展到资本集中阶段，而是必须同时要实现现代化所有各个阶段的任务，肩负着早期现代化国家所未曾经历过的人口的压力、发达国家消费示范的压力、革命和改革的压力，是一个高度"浓缩"的现代化进程，任务特别艰巨，其所产生的快速城市化、快速政治参与与收益分配结构的急剧变化，都是对社会秩序和政治秩序的重大冲击，因而没有强大国家机器的社会调解和相应速度的政治制度化，国家就会陷入难以控制的社会分裂和政治动荡。

第三，市场经济的最本质的特点是它的自由竞争原则和比较优势原则，始终对强者有利。对于落后的、经济实力脆弱的发展中国家来说，光靠市场经济自发的私人积极性，是不可能实现国家的工业化的，更不可能实现科学的、可持续的、和谐统一的发展。近20多年来拉美国家实行私有化和自由市场经济的经验证明，私人投资的目的只是赚钱，决不考虑国家发展的需要，如果国家不能集中其资源去创建和发展一些以投资数额巨大和投资周期长为特点的风险企业，那么，这个国家也就不可能在国家现代化方面有什么大的作为。所以，正如伯恩斯·卡斯特罗所指出的，对于市场竞争来说，"必须要有一个强大的、运作规则明确无误的法制国家，以避免出现扭曲和垄断"①。

第四，在经济全球化的国际环境中，现代化战略的选择是一种重大的国家行为，其成功与否取决于国家能否对经济全球化的挑战做出正确的回应。回应正确，国际关系就有可能促进国内的改革、经济的增长和社会的一体化，加强自己掌握自己命运的能力；回应错误，就有可能造成相反的后果：国家陷入分裂；经济陷入崩溃，自己无法掌握自己的命运。显然，国家在这里具有决定性的作用。

第五，一个国家的福利和生活质量、它的活力、经济竞争水

---

① Palabras de Eduardo R. Bours Castelo enel Foro Regional de Consulta sobre la modernizacion de laindustria electritica y apertura ala inversion privada, Mexico, 22 de marzo de 1999.

平以及社会一体化水平，是这个国家基础结构情况的客观反映，决定了这个国家能否做到安定团结和政治稳定；而基础结构是要靠国家的力量来建设的。①

以上五点说明，对于发展中国家的现代化来说，国家的作用是具有决定性的，不但不应削弱，而且还要加强。所以，联合国开发计划署 2004 年《报告》严肃指出，"对拉丁美洲来说，十分紧迫的事情是要恢复强有力的、高效的和有威望的国家概念；需要有一个有监督能力、调节能力和控制能力的国家，需要有一个民主的、尊重和保证所有人权利的国家"。②

三　强国之道在于要建设一个有广泛群众基础的强大的政党

拉美的经验告诉我们，为了能建设一个"强有力的、高效的和有威望的国家"，最根本的途径就是要创建一个有广泛群众基础的强大的政党。因为在发展中国家，资产阶级软弱、分裂，且有严重的对外依赖性，人民大众又处于无权地位，现代化事业唯一所能依靠的就是自己民族的组织力量和政治稳定优势。要获得这种力量和优势，就必须要有一个能领导、组织和团结全国各阶层力量的核心。这个核心就是政党。20 世纪六七十年代，由于政局紊乱的问题无法解决，拉美大陆几乎所有的国家都发生了军事政变，建立了军人独裁统治，惟有墨西哥、哥斯达黎加、委

---

① Programa de las Naciones Unidas para el Desarrollo, *Ideas y Aportes：La Democracia en América Latina，Hacia una democracia de ciudadanas y ciudadanos*, Primera edición, New York, abril de 2004, p. 26.

② Programa de las Naciones Unidas para el Desarrollo, *Ideas y Aportes：La Democracia en América Latina，Hacia una democracia de ciudadanas y ciudadanos*, Primera edición, New York, abril de 2004, pp. 26, 28.

内瑞拉和哥伦比亚等四个国家在没有军人介入的情况下基本保住
了和平民主的政治秩序。之所以如此，就是因为这四个国家相对
说来都有比较强大的执政党（墨西哥有革命制度党、哥斯达黎
加有民族解放党，委内瑞拉有民主行动党和基督教社会党，哥伦
比亚有自由党）；而且这些党都在反对独裁统治或暴政统治的斗
争中建立过功勋，有比较高的威望（墨西哥革命制度党领导过
著名的墨西哥资产阶级民主革命，哥斯达黎加民族解放党领导过
1948 年内战和后来得到广大民众拥护的改革运动，委内瑞拉的
民主行动党和基督教社会党领导过 1958 年推翻希门尼斯反动独
裁统治的斗争，哥伦比亚的自由党领导过 20 世纪 40 年代末至
50 年代末反对保守党暴政的斗争），都实行民族自主的发展主义
战略和国家干预的社会福利政策，得到民众拥护，能较为顺利地
调解国内阶级矛盾。在这四个国家中，墨西哥的例子最能说明
问题。

墨西哥自 1910—1917 年革命胜利后，为了建立稳定的政治
秩序，为了给国家的现代化创造良好的、稳定的政治环境，当时
的革命政府进行了一系列重大的政治改革，创造性地建立了一个
新的、职团主义结构的执政党——革命制度党。所谓职团主义结
构，按加里·温尼亚（Gary Wynia）的解释，就是"反对公开竞
争和政府中立观念，主张由政府做出有意识的努力，以组织和协
调公私部门之间的关系；政府承担领导社会的责任，私人经济组
织和社会集团则成为政府进行这一工作的工具；各利益集团不是
互相竞争，以影响政府官员，而是直接以官员的名义同官员打交
道"。① 具体地说就是：这个党有意识地将广大的工人、农民和
公务人员都动员起来，组织为一些职团机构，如墨西哥劳工联合

---

① Gary Wynia, *The Politics of Latin American Development*, NY, 1990, p. 43.

会、全国农民联合会、全国人民组织联合会等，作为唯一合法的
利益集团，吸收进党内，分别构成该党的工人部、农民部和人民
部，来代表它们所属各行业部门的利益；同时又使这些利益集团
服从国家的控制。这个党一方面让所有这些民众集团有更多的参
政机会，有更多的机会进入政府部门，另一方面又使这些民众集
团不得不牺牲自己集团的政治独立性，服从政府的领导。不仅如
此，这个制度还给各反对党创造了活动的空间，承认政权的合法
性应该有一个竞争性的选举制度。这个党的创立从根本上改变了
国家与各主要生产要素（资本与劳动）之间的关系，它能成功
地将"新生的权力争夺者"吸收进自己所控制的国家政治体制
之中，并在这个党的独特的职团主义结构中享有相应的地位和权
利，能成功地把中产阶级、广大工农阶级和大资产阶级的阶级关
系纳入和平、协调的轨道，形成了一个由国家调节和仲裁各生产
要素之间关系的独特的政治模式。由于这一政治模式的成功，墨
西哥得以在此后几十年内始终保持政局稳定，即使是在风云激
荡、内战频仍、政变迭起的六七十年代，也没有出现政局不稳的
情况，保证了墨西哥现代化战略的贯彻执行。

同样的道理，如果执政党腐败变质，或不能与时俱进，没有
能力适应国内外环境的新变化，那么，其必然的结果就是政局再
度陷入动荡，现代化进程再度陷入挫折或危机。进入 80 年代以
后的墨西哥就是这样。由于战后现代化进程所引起的社会阶级结
构的变化（中间阶级迅速壮大，独立公民组织不断出现）以及
实行以国有企业私有化和经济自由化为主要内容的新自由主义改
革，墨西哥出现了原有政治模式同经济自由化进程不相适应的矛
盾，再加上在美国政治自由化压力面前墨西哥并没有可以抵御这
种压力的理论武器，原来经过巨大努力而制度化的墨西哥政治关
系很快陷入"非制度化"过程，一个创造了 70 年政治稳定奇迹

的政治制度开始陷入动摇，墨西哥政局也因此而开始动荡，并开始失去对经济的控制，导致恰帕斯农民起义和严重的经济危机，最后连政权也丢掉了。这一教训从反面说明了政党建设的重要性。目前拉美日益严重的社会冲突和国家机器的脆弱无能，大体上也都与拉美普遍出现的"政党危机"（crises de los partidos políticos）有密切的关系。由于老党衰败，新党林立，且无论新党、老党，大都放弃自己的意识形态和政纲，常常因为个人利益而陷入分裂，几乎完全丧失了作为民主基础的政党的作用，因而国家的制度权力就逐步转到了制度外权力集团手中，国家也就很难行使其决策功能、管理功能和法治功能。[①]

总之，拉美的经验证明，一个国家如果没有一个作为政治领导核心和民主基础的政党，国家的组织力量就无从发挥，政治稳定的优势就无法创造出来，政治就会动荡，社会难以稳定，在当前如此激烈的国际竞争中，这个国家就根本没有可能赶上发达国家，实现自己国家的现代化。所以，对于发展中国家来说，强国之道就在于要创建一个有广泛群众基础的、能团结全国力量致力于现代化建设的、强大的政党。

四　根本的出路在于创新

最后，拉美的经验还告诉我们，要想建立一个有广泛群众基础的强大的政党，并以这个政党为中心建设一个强有力的、高效的和有威望的国家，实现国家的政治稳定和社会团结，推进国家

① Programa de las Naciones Unidas para el Desarrollo, *Ideas y Aportes*：*La Democracia en América Latina*，*Hacia una democracia de ciudadanas y ciudadanos*，Primera edición，New York，abril de 2004，pp. 66 – 71.

的现代化建设，最根本的是要解放思想，勇于创新。

　　在拉美，民主—专制周期性交替的现象，或如《报告》所说的民主的"生—死交替"现象，实际上就是拉美政治发展进程中西化传统与本土传统周期性交替的现象。这种现象说明，在拉美的政治发展进程中，多数国家都只有传统的反复，而缺乏制度的创新。这是拉美政治发展的一个最大的弱点。拉美目前的情况又再一次证明了这一点。90 年代以来，拉美尽管史无前例地呈现为一片"民主的大陆"，但是，这种"民主"仍然只是西方民主模式的反复，自然同历史上的情况一样，仍然无法实现国家的政治稳定和社会稳定。据联合国开发计划署 2004 年的调查报告，这里又开始陷入"制度危机"和"政党危机"，许多国家的中央权力机构相继发生"自我政变"、政变、关闭议会、总统被解职或被撤换、政要被暗杀、总统任期被中断等重大政治事件，很多政党已成为政治领袖的私人财产，忘记了自己的意识形态和纲领，常常为了某些人的特殊利益而分裂，党员改换党派和主张的现象使政党威望大大降低，执政党的执政能力严重削弱；反对派政党的政见也只在于反对几个有争议的人物，而不是从政纲出发，不是表达大多数人的意志；政党已不再是拉美政治的唯一主角，政治舞台上出现了许多非制度化的、常常超出宪法所许可范围的参政形式和非党派的新角色，还出现了一些因权力下放改革不当而重新复活的"庇护主义"、"裙带主义"和腐败等现象。①按拉美历史的经验，一个国家每当发生这种"制度危机"和"政党危机"，并找不到克服危机的出路的时候，军人政变的机会就来临了，接着就是军人的专制统治，即如乌拉圭前总统桑吉内蒂所说的，"每当人们力图以民主的名义实行某种制度，以求

---

①　参见 Programa de las Naciones Unidas para el Desarrollo，pp. 26，28。

得民主的全部答案时，建立的就是一种专制制度"。① 这说明，资产阶级的民主只不过是资产阶级统治的一种形式；资产阶级民主的不稳固实际上就是资产阶级统治的不稳固，是阶级矛盾尖锐化的表现；拉美每次出现的从民主到专制的交替变化，实际上就是这种阶级矛盾发展到不可调和的产物。同时也说明，在拉美现代政治的发展进程中，西方民主政治始终未能确立为符合拉美现代化需要的有效的政治制度。

西方民主政治之所以未能确立为符合拉美现代化需要的有效的政治制度，主要是因为这种政治制度脱离拉美的实际情况。政治是经济的上层建筑，一个国家的政治制度是建立在这个国家的经济基础之上的；经济基础中属于物质层面的物质生产力的发展，特别是科学技术的发展，遵循的是自然规律，因此，物质生产力发展的成果，包括科学技术发展的成果，是具有跨国界、跨时代的普遍适用价值的，因而是可以、而且应该引进的，我们通常所说的发展中国家现代化进程的"后发优势"，就是指的这种可以借用现成的先进成果，实现跨越式发展的优越性。但是政治发展的情况则完全不同，政治发展所要解决的问题是属于上层建筑的问题，是阶级关系的问题，它是同经济基础中属于社会层面的生产关系、社会阶级结构紧密相连的，是受一个国家的社会历史传统的深刻影响的，是无法从国外引进的。在现代拉美社会，主要的社会阶级就是资产阶级和劳工阶级（包括农业工人）这两个现代阶级。拉美的这两个现代阶级同西方早期现代化国家两个现代阶级的情况是大不一样的。在拉美，资产阶级是分裂的，

---

① Julio María Sanguinetti, "Reflexiones finales", *en Informe sobre laDemocracia enAmerica Latina*, pp. 202, 203, PNUD, 2004, http：//www. undp. org/spanish/proddal/idal_ 3b. pdf.

脆弱的，并受外国大资产阶级的控制或影响；劳工阶级则从出生的时候开始就受国际工人运动的影响，有觉悟，有组织，很早就登上政治斗争的舞台。因此，尽管西方的选举民主制度可以确保资产阶级的执政，但却无法保证这个阶级单独一个阶级的有效统治。联合国开发计划署《报告》所揭示的、广泛存在于拉美各国的"制度权力与实际权力"（poderes institucionales y poderes fácticos）的矛盾，就证明了这一点。在那里，尽管国家的权力机构是通过选举产生出来的，愿意实行选民所认可的施政纲领，照顾中下层阶级的利益，但由于它们没有强大政党的支持，它们的"制度权力"往往受到企业主集团、金融集团、通讯媒体等实际权力集团和美国、多边债权机构和风险机构等治外法权因素的严密限制，丧失了自主决策的能力；拉美的民主实际上"是一种同普遍利益脱节的民主制，它基本上只同实际权力因素相联系，结果造成国家经济的寡头化，把一个民主政府改变成了一个富豪统治的政府"①，招致广大民众的不满和反对，因而无法提供现代化所需要的政治稳定，社会又再一次发出求稳定的呼声，经济运动又不得不再一次开始为自己开辟政治稳定的道路。拉美正反两个方面的经验都证明，脱离本国的国情，照抄照搬西方国家的政治制度是行不通的，而是要像墨西哥革命时期的墨西哥人民那样，有一种制度创新的勇气，抵制发达国家的政治压力，从本国的实际出发，创造出符合自己国家需要的新的民主制度。如果无视历史的经验教训，仍抱着数百年前第一代资产阶级的传统理论和制度不放，不在制度创新上下功夫，那么，拉美的政治难题将仍无解决的希望，"上世纪因追求民主而酿成的悲剧"② 仍

---

① Programa de las Naciones Unidas para el Desarrollo, pp. 68 – 70.

② Julio María Sanguinetti.

将不可避免。值得庆幸的是，联合国开发计划署 2004 年《报告》的作者们已经在理论创新方面开了一个好头，他们在《报告》里已经提出不少新的观点，正如分析家加西亚·利内拉（Alvaro García Linera）所指出的，《报告》显示了联合国开发计划署在解释民主的方式上的转舵。① 譬如《报告》明确地将发展权运用到了民主的概念之中，明确提出了"完整公民权"（ciudadanía integral）概念②，认为民主应包括公民权的各个不同的方面，既包括政治公民权、也包括个人公民权和社会公民权；认为"民主"是人的发展的一个重要的方面，而"人的发展"应定义为一种"为人所有、为人所为、为人所享"的发展，并对目前拉美的"民主—贫困—不平等"三角（el triángulo latino-americano："democracia-pobreza-desigualdad"）③ 进行了批判，明确提出了要"吸取近期的历史经验，了解新的社会现实，探究新的道路"的努力方向。④ 这是一个可喜的现象，是拉美学界思想开始解放的标志。虽然《报告》对西方的民主政治仍存有幻想，但我们相信，随着实践经验的不断积累和对这些经验的不断思考和总结，拉美人民终将摆脱西方民主思想的束缚，走出自己政治发展的一条真正民主的康庄大道来。

[原载《江汉大学学报》季刊（社科版）2006 年第 1 期]

---

① Miguel E. Gómez Balboa, *Entre democracia y desarrollo*, La Paz, Octubre24,

② Programa de las Naciones Unidas para el Desarrollo, p. 27.

③ Miguel E. Gómez Balboa.

④ Programa de las Naciones Unidas para el Desarrollo, p. 73.

发展中国家现代化成功率论纲

一 问题的提出

在我们的现代化研究中，有两件事情值得注意。一件是 2004 年以来，一些密切关注中国经济和社会发展状况的中外有识之士提醒中国领导，要特别警惕出现"拉美化"倾向。他们指出，按国际经验，在人均 GDP 达到 1000 美元至 3000 美元的时候，现代化进程便到达一个关键性的阶段，可能会出现两种前途：一种是搞得好，经济社会会进入"黄金发展期"，即保持一个较长时间的经济持续快速增长和实现国民经济整体素质的明显提高，顺利实现工业化和现代化；另一种是搞得不好，就会出现所谓的"拉美现象"，即出现贫富悬殊、失业激增、两极分化、社会动荡，经济社会发展长期徘徊不前甚至倒退。他们认为中国的发展已经逼近了这个临界点，如何避免"拉美化"，把中国引向"黄金发展期"，是决定中国人民历史命运的大事情。另一件是 2008 年以来拉美国家相继大规模举行庆祝活动，纪念它们的独立二百周年，纪念活动的主题大体上都是总结历史经验，思考和探究拉美国家社会经济发展缓慢的原因。这恰好同我国近年来的"拉美化"之忧是同一个主题，也就是要解决一个发展中国家如何在自身传统的基础上，参与世界发展潮流，实现新的跨越，以赶上发达国家的发展水平的问题。

恰在这时，中国现代化研究中心发布了 2010 年的研究报告，对 21 世纪中国现代化的发展前景作了一个预测，认为 21 世纪中国升级为发达国家的概率约为 4%（几乎接近于零）①。这个预测以极端尖锐的形式，再一次把上述关系着广大第三世界国家人民前途命运的问题提了出来，震动了整个中国社会：一个已经连续 20 多年高速增长、连年创造经济奇迹、让中国人民感到无比自豪的中国现代化进程，怎么会是这样一个结果呢？很多人对此想不通。

据不久前媒体的民意调查，对于这个预测，绝大多数人表示怀疑，只有大约 20% 的人觉得有些道理。因为这个预测同中国人民近 20 年来的亲身感受，距离实在太远，他们有怀疑是可以理解的，但科学研究毕竟不能感情用事，必须凭事实说话，采取实事求是的态度。那么，后发国家现代化的前景到底如何？是不是真如《现代化报告》所说的那么黯淡？怎么来认识这个问题？这确是我们现代化研究者必须要深入研究的一个重大问题。能不能解决好这个问题，关系着现代化的前途，关系着国家、民族的前途。

二 拉美的事实

2009 年拉美报刊上有一篇文章说："我们无需回溯多久的历

① 中国科学院中国现代化研究中心：《中国现代化报告 2010——世界现代化概览》，北京大学出版社 2010 年版，第 viii、92、235 页；参见王莉萍报道《未来晋级赛，中国胜算有多少——专访中国现代化战略研究课题组组长何传启研究员》，《科学时报》2010 年 2 月 1 日。

史就可以发现，美国同拉美国家出发点的条件并没有多大的区别。譬如在 1750 年，所有美洲国家的贫穷程度大致上都是相同的。但是，仅仅 250 年的历史，就使得北、南美洲地区的财富产生了天渊之别。"①

这个"天渊之别"到底是多大的差别？1700 年，美国的人均收入（527 国际元）还不如巴西（529 国际元）和墨西哥（568 国际元），但是到 1990 年，这三个国家的人均收入已经拉开了惊人的距离，分别为 28263 国际元、3090 国际元和 4966 国际元。到 2000 年，美国的人均 GDP 更上升到 34950 国际元，而巴西和墨西哥则分别仅为 3564 国际元和 5968 国际元。② 有一个资料说得更形象，说 2007 年，墨西哥的国内生产总值（7410 亿美元）仅相当于美国伊利诺斯州的生产总值；巴西的国内生产总值（6210 亿美元）仅相当于美国纽约州的生产总值；阿根廷的国内生产总值（2100 亿美元）仅相当于美国密执安州的生产总值。③

如果把 1700 年至 1992 年美国同墨西哥以及巴西的人均 GDP 做一个比较，贫富差距不断拉大的现象就更清楚了：

美国和墨西哥人均 GDP 的比例如下：1700 年为 0.93∶1；1820 年为 1.69∶1；1870 年为 3.46∶1；1900 年为 3.54∶1；1913 年为 3.62∶1；1950 年为 4.59∶1；1973 年为 3.96∶1；1992 年为 4.22∶1。

---

① Gurus Hucky, *Por qué Latinoamerica es más pobre que los EEUU?*, http：//www.gurusblog.com/archives/%C2%BFpor-que-latinoamerica-es-mas-pobre-que-los-eeuu/15/05/2009/.

② 中国科学院中国现代化研究中心：《中国现代化报告 2008——国际现代化研究》，北京大学出版社 2008 年版，第 352—353 页。

③ 131 – *US States Renamed For Countries With Similar GDPs*, 21st Century Map, America., Non-Fictional, Statistics, USA.

美国和巴西人均 GDP 的比例如下：1700 年为 0.99：1；1820 年为 1.92：1；1870 年为 3.32：1；1900 年为 5.82：1；1913 年为 6.33：1；1950 年为 5.72：1；1973 年为 4.24：1；1992 年为 4.65：1。[①]

拉美独立革命至今已经 200 年，拉美开始现代化至今也已经近一个半世纪，但是截至目前，拉美还没有一个国家称得上是发达国家。也就是说，两个世纪来，目前这个地区的 33 个国家中升级为发达国家的比率仍然为零。现实虽然残酷，但却是无可否认的事实。

三　关于后发国家不能升级发达国家原因的种种解释

如何解释这个事实？历来都存在严重分歧。

在拉丁美洲，主要有两派意见，一派是激进派的意见，另一派是主流派的意见。激进派的意见主要是依附论学者的意见，依附论学者将世界资本主义体系描绘成一个由中心和外围构成的体系，处于依附地位的外围只能作为中心经济扩张的一种反应而活动，具有产生不发达的特性。依附论也有色彩不同的多种学派，包括原拉美经委会领导人劳尔·普雷维什的思想；早期依附论者巴兰和弗兰克的革命理论；费尔南多·恩里克·卡尔多索和恩佐·法来托的依附发展思想，等等，但它们都有一个共同的观点：拉美发展的中心动力是在自己的国家之外，因此，他们的选择受到中心资本主义发展的限制；为了摆脱这种限制，外围的生

---

① 数据来源：（英）安格斯·迈迪森（Angus Maddison）：《世界经济千年史》（中译本），北京大学出版社 2003 年版，第 286 页；安格斯·麦迪森（Angus Maddison）：《世界经济二百年回顾》（中译本），改革出版社 1997 年版，第 4 页。

产结构必须改革，改革的一个基本的要素就是必须实行进口替代工业化。[①]

主流派的意见主要是传统的或新古典主义经济学家的意见。他们认为，不发达的最一般的原因在于狭小的市场规模、缓慢的资本积累、缺乏外汇和熟练工人，以及不民主的政治组织。[②]

近年来，也有一些政治首脑人物倾向于从自己身上找原因。譬如哥斯达黎加总统阿里亚斯就认为：把一切坏事的责任都归咎于美国是不公正的，因为双方发展的起点一样，至少 1750 年以前，所有的美洲人大体上都是一样的穷；而且，拉美发展高等教育甚至比美国还早，但是，当工业革命在英国出现的时候，德国、法国、美国、加拿大、澳大利亚、新西兰等国都搭上了这班列车，而拉丁美洲却置若罔闻，使得工业革命就像一颗彗星掠过一样，没有人注意它，从而丧失了一个重要的机会。50 年前，墨西哥比葡萄牙富裕；1950 年，巴西的人均收入比南韩高；60 年前，洪都拉斯人均财富高于新加坡；而经过 35 或 40 年之后，今天的新加坡已经是一个人均年收入 4 万美元的国家；事情弄成这样，肯定是拉丁美洲人自己有什么事情做错了。[③]

在我们国内，最早研究这个问题的是北京大学已故教授罗荣渠。他深入研究了后发国家所面临的"迟发展效应"的问题，并得出结论说："第三世界发展中国家之间及其与发达国家之间，出现差距拉大的趋势。指望其中多数国家在现行的世界经济秩序下赶超发达国家，是根本不可能的。那些在竞争中最落伍的

①　参阅 Eliana Cardoso, Ann Helwege, *LatinAmerica's Economy: Diversity, Trends, andConflicts*, The MIT Press, 1992, pp. 56 – 60.

②　Ibid., pp. 61 – 69.

③　Palabras del presidente Óscar Arias en la Cumbre de las Américas, Trinidad y Tobago. 18 de abril de 2009, http://latinamericapuede.org/2009/06/16/algo-hicimos-mal/.

国家，即最不发达的国家，将分化为'第四世界'，并面临经济
恶化的异常严峻的形势。"①

目前，国内主要有两派意见，一派是"后发劣势"论，另
一派是"后发优势"论。前者认为后发国家的主要问题，是存
在后发劣势，只有模仿好西方发达国家的共和宪政体制，才能克
服这种"后发劣势"，实现国家的现代化。后者则反对此种"劣
势"论，认为经济发展的速度主要决定于技术创新，后发国家
可以利用同发达国家的技术差距，通过引进先进技术的方式，来
加速技术变迁，从而使经济发展得更快。这就是所谓"后发优
势"，正因为有这种"后发优势"的存在，后发国家才有可能赶
上发达国家。

四　现代化的客观规律

在上述几种意见中，较能解释拉美现代化零成功率的理论，
恐怕还是罗荣渠教授的"迟发展效应"理论和拉丁美洲的"依
附论"。但是"依附论"存在明显的局限性，在这派学者看来，
发展中国家除了革命，似乎找不到别的出路，给人一种悲观的感
觉。所以，最关键的还是要深入探讨现代化的客观发展规律。笔
者认为，从拉美国家一个多世纪现代化努力的历史经验中，至少
可以总结出如下几条带根本性的规律：

（一）资本主义世界体系的中心—外围结构和中心国家的排
他性规律

不发达外围是资本主义世界体系的一个客观的存在，而且是

---

　　①　罗荣渠：《现代化新论》，北京大学出版社 1993 年版，第 207 页。

与发达中心不可分割的一种客观存在，是资本主义生存与发展的
需要。这是资本主义发展的一条客观的历史规律；外围与中心的
矛盾必然随着国际秩序的民主化而激化，并最后葬送资本主义。

大量的历史事实证明，资本主义发达国家特别是霸权国家为
了维护自己的世界统治地位和霸权地位，毫无例外地都阻挡不发
达外围国家的工业化。

（二）　全球化进程的周期性规律

历史证明，全球化是周期性地呈浪潮式向前推进的，并同英
国工业革命开始的现代化进程密切相关。

第一个全球化周期发生在 15 世纪至 18 世纪，是欧洲列强通
过征服和掠夺美洲，进行资本主义原始积累的过程。几度争霸的
结果，霸权先后归了荷兰、法国和英国。争霸失败的法国发生革
命后，欧洲秩序大乱，造成了全球化进程的第一次断裂
（1789—1860）。全球化的断裂造成了殖民统治链条上的薄弱环
节，从而发生了拉丁美洲的独立革命，拉美从而获得了政治上的
独立。但由于拉美自身条件的不成熟和欧洲列强的争霸，拉美贻
误了第一次工业化的大好机遇。

第二个全球化周期发生在 19 世纪末叶至 20 世纪中叶。这
时期，资本主义已演变成帝国主义，帝国主义阶段的资本主义
具有特别强烈的侵略性和掠夺性，因而开始了全球性的殖民扩
张，从而形成了资本主义的世界殖民体系，政治上算是独立的
拉美国家被沦为半殖民地。这时期所启动的拉美早期现代化只
能是一种依附性的现代化。第一次世界大战爆发后，全球化进
程再一次陷入断裂，这一次的断裂由于 30 年代的世界经济危
机和接踵而来的第二次世界大战而形成了一个长达半个世纪之
久的断裂期。在这次全球化进程断裂所形成的资本主义统治链

条的薄弱环节上，爆发了俄罗斯的十月革命、中国的革命以及包括拉丁美洲在内的广大发展中国家的民族民主革命和工业革命。拉美国家开始了自主型的现代化进程。可惜，由于第三世界改善国际经济秩序努力的失败，拉美的工业革命和现代化进程因债务危机而陷入断裂。

第三个全球化周期发生在 20 世纪 70 年代以来的这个时期。在这个周期中，世界的情势发生了重大的变化，主要表现在以下三个重大的具有划时代意义的事件：

第一个是第三世界的崛起和世界殖民主义体系的崩溃。第二个是东欧剧变，华约消亡，德国统一，苏联解体，"冷战结束"。第三个是邓小平在中国领导的改革开放。三大事件证明：过去那种欧美与亚非拉之间垄断支配与依附从属关系的格局已被打破或正在被打破，世界正在逐渐走向多极化，走向全球和平发展的时代。

维护霸权与反对霸权的斗争以及不断爆发的经济危机会不会带来全球化进程的第三次断裂，会不会对发展中国家的现代化进程再一次产生不利的影响，现在还难以预断。

全球化的历史证明，在资本主义的国际秩序下，全球化进程的每一个高潮都是发达国家资本主义全球性扩张的高潮，只有在全球化断裂时期，发展中国家才有可能在这个断裂的缝隙中获得一些自主发展的机会，但大都未能持久。

（三）　现代化进程的时间差规律

拉美工业化的起步晚于欧美国家一百多年。这是决定后发国家落后命运的第一个现代化"时间差"。这个"时间差"是拉美国家一切发展难题的根源。这个"时间差"越大，国家就越落后，翻身的机会就越少。怎样才能弥补这个"时间差"呢？唯一的办法就是要创造一种具有赶超速度和赶超效能的"第二个时间差",即在每一个单位时间内,发展的速度都要超过发达国家;没有这样的一个新的"时间差",所谓"升级发达国家"就是一句空话。为要创造出这样的一个"时间差",不但要调动每一个人的积极性,尤其要发挥国家的组织作用,依靠科技,充分发挥科技的后发优势。而这是处于依附地位和被排斥地位的国家所难以做到的。

(四) 后发劣势递增与后发优势递减的规律

随着第一个"时间差"的扩大,后发劣势会相应地递增,譬如先发国家在它们那个时代并没有遇到什么环境挑战,没有想过像气候变化这种人类共同的生存危机问题;但是,如今的发展中国家还没有实现工业化就已经面临如何"改变"生活方式的问题了;发展中国家实现工业化起码还需要几十年,但气候变化已经不允许它们将传统的工业经济模式再延续几十年了。又譬如,先发国家的上层阶级并没有受过什么高消费示范效应的影响,所以,其对下层劳苦阶级的剥削还能限制在其成本核算所许可范围之内,而今发展中国家的上层阶级因为有发达国家上层阶级高消费示范效应的影响,其生活之腐败和对下层劳苦阶级的剥削是无度的,而且,随着"时间差"的扩大,情况会日益恶化。比如拉美腐败程度最严重的国家就是现代化"时间差"最大的国家海地和巴拉圭(在 2005 年"透明国际"公布的世界各国腐败指数排行榜上,海地和巴拉圭分别居 155 位和 144 位),这就很说明问题。

至于后发优势递减的例子,最典型的就是"知识产权"对发展中国家的限制。富国当初在其发展的时期根本就没有受过什么"知识产权"条款的极端性制约,但是,他们现在却要利用这些条款来保护自己的公司，打压贫穷国家的公司。

（五）后发国家的政治发展规律

至少包括以下两条规律：

第一，后发国家现代化进程的政治领先规律。后发国家的现代化并不是内源性现代化，现代化的目标完全是被外在决定的，并不是成熟经济基础上产生的资产阶级的自发行为，因此，必须首先有先进政党的领导和国家机器的推动。这是与先行现代化国家完全不同的。所以，政党的建设和政权的建设极其重要。

第二，政治优势决定现代化成败的规律。后发国家是在资本主义的世界体系中谋取生存和发展的，他们的现代化必然会遭到国际霸权势力的种种阻挠，譬如20世纪80年代以来，霸权国家为了控制世界和维护霸权，竭力鼓吹"私有化"和所谓"民主化"。因为"私有化"可以严重削弱人民大众的经济力量，从而削弱他们的政治力量；民主化虽然可以调动一切社会个体的积极性，但同时也可以调动社会最落后势力的政治野心；对于落后国家的现代化来说，宗法性的和封建割据性的落后势力与"私有化"、"民主化"相结合，具有最严重的破坏性，它必然会在落后国家激化社会矛盾，制造社会动乱，甚至引发内战。所以，发展中国家为了实现国家的现代化，必须要创造自己国家的政治优势，保证政治和社会的稳定，这是决定现代化成败的一条颠扑不破的规律。

然而，正是在这两个方面，实行资本主义制度的拉美国家没有什么可以抵御西方霸权国家政治攻势的武器，因而自独立以来，它们始终未能实现政治和社会的持久稳定。这是拉美国家现代化之所以难以成功的主要原因之一。

五　发展中国家现代化成功之路何在？

以上五条都属于资本主义世界体系中后发国家现代化进程的规律。正是由于这些规律的存在，决定了绝大多数发展中国家永远无法达到发达国家水平的命运。但是，历史证明，堵塞了大多数国家和人民的出路、成为大多数国家生产力发展桎梏的制度，最后总是要灭亡的，因为归根结底人民是历史的主体，历史总会开创出自己的出路来。在当今时代，这出路就是创建与现代社会化生产力相适应的社会主义制度。所以，对于后发国家来说，除了要认识上述五条资本主义现代化进程的规律之外，还必须掌握社会发展的一条最根本的规律，这就是社会主义必然胜利的规律。

社会主义之所以必然胜利，是因为历史证明，只有这个制度才能代表全人类的共同利益，才能实现全人类的和谐，才能在全世界的范围内促进社会化大生产力的发展；也只有这个制度才能用人民民主专政的政治力量稳定政局、稳定社会；用国家机器的组织力量集中人力、物力、财力和智力，赶超前沿现代科学技术，发展现代化成功所不可少的核心现代工业体系，从而实现国家的现代化。

当今的世界格局虽然还没有摆脱资本主义世界体系的中心——外围结构，但这个结构的各个方面都已经发生了松动，第二次世界大战前的那种中心完全统治外围、外围完全从属中心的关系格局，已被打破或正在被打破，世界正在逐渐走向多极化和民主化。虽然霸权国家维护霸权与世界人民反对霸权的斗争还会继续很长一段时间，有时甚至还表现得很尖锐，但是，世界人民维护主权、争取国际关系民主化、争取和平与发展和争取社会公

正的斗争则是当今世界发展的主流。这一点不应该有任何的
怀疑。

　　在拉丁美洲，近年来就有两种趋势特别值得注意，第一，拉
丁美洲的一体化有了新的、创造性地发展：为了摆脱美国霸权的
地区控制，抵制美国统治集团提出的"美洲自由贸易区"计划，
他们成立了"美洲玻利瓦尔替代计划"组织（截至目前已经有9
个成员国）；为了抵制国际货币基金组织和世界银行的压力，他
们成立了自己的金融机构——"南方银行"。这是拉美一体化历
史上从未有过的新事物。第二，拉丁美洲的社会主义运动有了新
的、创造性的发展。在拉美，目前还只有一个社会主义国家——
古巴。古巴虽然在科学、燃料、工业方面还未达到最发达国家的
自足自给水平，但它已经显示出社会主义制度的优越性。墨西哥
著名政治学家和社会学家卡萨诺瓦在考察了这个社会主义国家之
后曾说：可以毫不夸张地说，古巴比任何第三世界国家都发展得
快。古巴的发展指数包括它的工业化水平，它在某些部门的新技
术，它的居民的生活水平，特别是它消灭了贫困，它的全就业政
策，全民保健，人均12年以上教育水平等成就，都是无可怀疑
的。[①] 所以，尽管美国对它实行了40余年的封锁，至今仍对抗
世界潮流，拒不解除这种反正义、反人道的封锁，千方百计想把
它消灭，但是，社会主义古巴却岿然屹立，并越来越得到世界人
民特别是拉美人民的尊重、钦佩和保护。这说明社会主义制度政
治上的强大。尤其值得注意的是，近20年来，拉丁美洲由于吃
尽了华盛顿所谓新自由主义发展战略的苦头，越来越多的国家开

---

　　① 卡萨诺瓦关于古巴的思考，见 Susanne Jonas, Edward J. McCaughan, *Latin A-
merica Faces the Twenty-First Century*：*Reconstructing a Social Justice Agenda*，Westview
Pr.，1994.

始探索新的、社会主义的现代化道路，并提出了"21世纪社会主义"的概念和理论。这也是拉美历史上从未有过的新事物。

这些新事物的出现，说明社会化大生产力的发展必然要逐步地为自己创造出一种社会化的生产关系和社会制度来，而不是倒退到自由资本主义时期的那种资本绝对统治和完全私有化的生产关系和社会制度。所以，不管现代化的道路多么曲折，前途终归是光明的。

（原载《理论与现代化》2010年第6期）

主要著作目录

《美洲华侨华人史》（合著），东方出版社1990年版。

《教育大辞典》第12卷（合著），上海教育出版社1992年版。

《拉丁美洲史稿》第三卷（合著），商务印书馆1993年版，2001年再版。

《当今墨西哥教育概览》（合著），河南教育出版社1994年版。

《战后拉丁美洲教育研究》（主编之一），江西教育出版社1994年版。

《政治稳定与现代化——墨西哥政治模式的历史考察》，东方出版社1996年版。

《现代化战略选择与国际关系——拉美经验研究》（主编），社会科学文献出版社2000年版。

《世界教育大事典》（拉美卷主编），江苏教育出版社2000年版。

《简明拉丁美洲百科全书》（合著），中国社会科学出版社2001年版。

《拉丁美洲与中拉关系》（合著），时事出版社2001年版。

《阿根廷危机反思》（合著），社会科学文献出版社2004年版。

《玻利维亚》（列国志），社会科学文献出版社2005年版。

《拉美国家现代化进程研究》（合著），社会科学文献出版社2006年版。

《拉丁美洲发展问题论纲——拉美民族200年崛起失败原因之研究》，当代世界出版社2011年版。

作者年表

1937 年 12 月　出生于湖南省洞口县高沙区新屋村。

1948 年至 1952 年　在湖南武冈简易师范学校学习。

1952 年至 1953 年　任湖南武冈师范学校附属小学教师。

1953 年至 1956 年　在湖南武冈师范学校中师部学习。毕业后考入北京师范大学历史系。

1960 年　北京师大历史系毕业，留任历史系世界现代史助教。

1960 年至 1963 年　在北大历史系进修拉美史，受业于罗荣渠先生。

1963 年至 1964 年　任北京师大历史系拉美史课程李春辉教授助教。

1965 年　调任北京师大"外国问题研究所"助教。

1980 年　任北京师大"外国教育研究所"《外国教育动态》杂志编辑。

1983 年　任北京师大"外国教育研究所"讲师。

1988 年　任北京师大"外国教育研究所"副研究员。

1988 年　调任中国社会科学院拉丁美洲研究所副研究员。

1990 年至 1993 年　任中国社会科学院拉丁美洲研究所政治研究室副主任。

1990 年 9 月至 1991 年 3 月在智利、厄瓜多尔和墨西哥学术访问，并出席拉美及加勒比史学家协会墨西哥分会在特拉斯卡拉召开的墨西哥第四次全国学术研讨会。

1991年 任中国拉丁美洲史研究会第四届理事会理事。

1992年 任北京市历史学会理事会理事。

1993年 任中国社会科学院拉丁美洲研究所研究员、政治研究室主任。

1994年至1999年 任中国社会科学院拉丁美洲研究所学术委员会副主任。

1995年至1999年 任中国社会科学院研究生院拉丁美洲系系主任。

1996年 受聘为中国社会科学院研究生院拉丁美洲专业教授及博士生导师。

1999年 任中国拉丁美洲史研究会第五届理事会副理事长。

2003年 退休。任北京大学拉丁美洲研究中心副主任和中国拉丁美洲史研究会第六届理事会顾问。

2006年至今 继任北京市历史学会理事会理事。